U0922539

2015

马鞍山统计年鉴

MAANSHAN STATISTICAL YEARBOOK

马鞍山市统计局 编

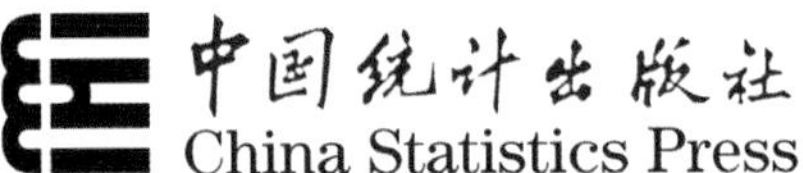

图书在版编目（CIP）数据

马鞍山统计年鉴. 2015 / 马鞍山市统计局编.
-- 北京 : 中国统计出版社, 2015.8
ISBN 978-7-5037-7526-0
Ⅰ. ①马…
Ⅱ. ①马…
Ⅲ. ①统计资料－马鞍山市－2015－年鉴
Ⅳ. ①C832.543-54
中国版本图书馆 CIP 数据核字(2015)第 185587 号

马鞍山统计年鉴-2015

作　　者/ 马鞍山市统计局
责任编辑/ 陈越月　宋必友
装帧设计/ 合肥万银印刷有限公司
出版发行/ 中国统计出版社
地　　址/ 北京市丰台区西三环南路甲 6 号
邮　　编/ 100073
电　　话/ 邮购（010）63376909　书店（010）68783171
网　　址/ http://csp.stats.gov.cn
印　　刷/ 合肥万银印刷有限公司
经　　销/ 新华书店
开　　本/ 890mm×1240mm　1/16
字　　数/ 900 千字
印　　张/ 34　0.5 彩页
版　　别/ 2015 年 8 月第 1 版
版　　次/ 2015 年 8 月第 1 次印刷
定　　价/ 300 元

如有印装差错，由本社发行部调换。

《马鞍山统计年鉴—2015》编辑委员会
MaAnShan Statistical Yearbook-2015 Editorial Board

统计工作回顾剪影 TONGJI GONGZUO HUIGU JIANYING

2014年，马鞍山市统计局在市委、市政府坚强领导下，在省统计局关心支持下，围绕全市“转型升级、加快发展”主题，服务大局、锐意创新、开拓进取，增强服务意识，丰富服务内容，提升服务能力，满足各界服务需求，打造现代化服务型统计品牌，统计事业取得可喜成绩。

2014年，本局先后荣获：国家级“第三次全国经济普查先进集体、第十六届文明单位（连续四届）、2014年度党风廉政责任制优秀单位、2014年度全市县级以上党委（党组）中心组理论学习先进单位、2014年度人口和计划生育综合治理先进单位、2014年度全市政务信息工作先进单位、2014年度全市对外宣传工作先进集体和2014年度招商引资完成任务奖。

荣誉证书

市统计局：

在2014年对外宣传工作中，成绩显著，被评为“先进集体”，特发此证，以资鼓励。

中共马鞍山市委对外宣传领导小组

2015年2月

荣誉证书

市统计局：

在2012年度和2013年度全市目标管理考核中，取得显著成绩，给予记集体三等功，以资鼓励。

二〇一四年九月

▲省局党组书记、局长钱晓康赴马鞍山市调研经济形势和基层统计工作

▲市委常委、常务副市长方晓利来我局调研指导工作

▲市统计局召开全局职工大会部署2015年工作

▲统计局局长方成发布2014年全市经济社会发展情况

统计工作回顾剪影 TONGJI GONGZUO HUIGU JIANYING

▲市统计局开展“争做爱岗敬业的统计人”演讲比赛

▲市统计局全体人员参观和县烈士纪念馆

◀市统计局开展职工健步行走活动

▲马鞍山市直机关全民健身活动成果展示暨第五届运动会开幕式

▲市统计局荣获市直机关第五届运动会团体总分前五名及组织奖

编 辑 说 明

一、《统计年鉴—2015》收录了 2014 年全市及各县区经济社会各方面的统计数据，是一部综合反映马鞍山市国民经济和社会发展情况的资料性年刊，具有全面性、实用性、权威性的特点，是深入了解市情、分析发展趋势的必备工具书。

二、本年鉴共分 24 个篇章，即：综合；国民经济核算；人口；就业人员和职工工资；固定资产投资；能源生产和消费；财政金融；物价指数；城乡人民生活；城市概况；自然资源和环境保护；农业；工业；建筑业；运输与邮电；国内贸易；对外经济贸易；旅游；教育和科技；卫生和社会服务；文化和体育；公共管理和其他；区域经济和附录。为了进一步帮助读者理解和使用有关数据，各篇章附有简要说明和主要指标解释。书中还附有统计公报、统计法律法规和统计要事等资料。

三、本年鉴所使用的度量衡单位，采用国际统一标准计量单位。表中的符号使用说明：“－”表示该统计数据不详或无数据；空格表示该统计数据值为“0”；“#”表示其中的主要项。

四、本年鉴数据资料取自我局各专业 2014 年统计年报和有关部门统计年报及部分抽样调查资料。

五、本年鉴中部分合计数或相对数由于单位取舍不同产生的计算误差，均未作机械调整。

目　　录

四、就业人员和职工工资

五、固定资产投资

六、能源生产和消费

七、财政金融

八、物价指数

九、城乡人民生活

十、城市概况

十一、自然资源和环境保护

十二、农　　业

十三、工　　业

十四、建 筑 业

十五、运输和邮电

十六、国内贸易

十七、对外经济贸易

十八、旅　游

十九、教育和科技

二十、卫生和社会服务

二十一、文化和体育

二十二、公共管理及其他

二十三、区域经济

二十四、附　录

2014年马鞍山市国民经济和社会发展情况统计公报

马 鞍 山 市 统 计 局

（2015年2月27日）

2014年，面对复杂严峻的宏观经济环境，全市人民在市委市政府的坚强领导下，紧紧围绕转型升级、加快发展，主动适应经济发展新常态，抢抓长江经济带建设等重大机遇，全力推进“项目突破年”等活动，聚焦工业发展、勇于改革创新、奋力攻坚克难，经济社会发展取得新的成绩。经济运行总体平稳、稳中有进，经济结构不断优化，发展成果惠及民生。

一、综　　合

经济总量再上新台阶。全年实现地区生产总值（GDP）1357.41亿元，按可比价格计算，比上年增长9.7%（见图1）。其中，第一产业增加值83.66亿元，增长4.5%；第二产业增加值859.59亿元，增长10.7%；第三产业增加值414.16亿元，增长7.9%。

图1：全市地区生产总值及增幅

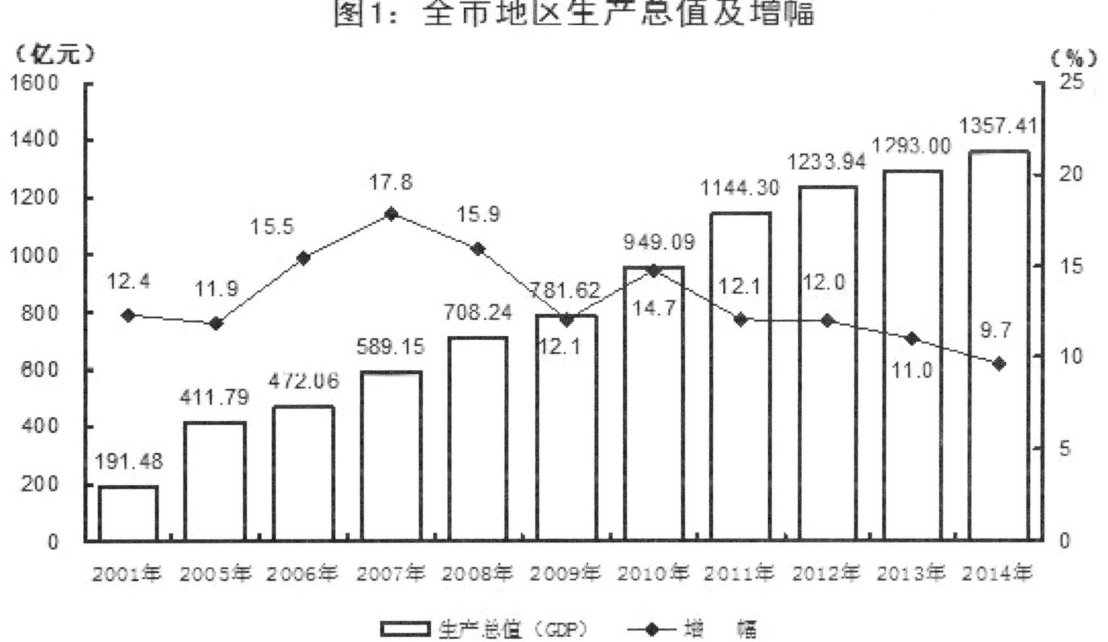

市场物价稳定。全市居民消费价格（CPI）比上年上涨1.6%。八大类商品及服务价格呈“七涨一跌”格局，其中，涨幅靠前的主要是娱乐教育文化用品类、食品类和衣着类，分别上涨3%、2.4%和1.5%；居住类价格上涨1.3%，医疗保健和个人用品类价格上涨1%，家庭设备用品价格上涨0.4%，烟酒类价格上涨0.3%；交通和通信类价格下跌0.4%。工业生产者出厂价格（PPI）比上年下跌6.5%。

国民经济和社会发展中存在的困难和问题主要是：经济体量不够大，传统产业占比较大，新的经济增长点不多，资源环境承载压力仍然存在。

二、工业和建筑业

工业经济较快增长。全年完成规模以上工业增加值625.82亿元，扣除价格变动因素，比上年增长11.9%。县区、开发园区工业生产快速增长，其中，三县规模以上工业增加值增长16.8%；三区规模以上工业增加值增长12.5%，开发区及新区规模以上工业增加值增长16.1%。

战略性新兴产业持续发展。全年战略性新兴产业产值为543.63亿元，比上年增长18.6%。其中，电子信息产业增长47.4%，节能环保产业增长12.7%，高端装备制造业增长13.2%，新材料产业增长33.9%，生物产业增长5.6%，公共安全产业增长13.7%。

工业企业产销衔接良好。全年规模以上工业企业产品销售率为98.3%。主要工业产品产量保持增长（见下表）。

主要工业产品产量

产品名称	单 位	产 量	比上年增长（%）
生铁	万吨	1699.94	0.5
粗钢	万吨	1774.28	2.3
钢材	万吨	1998.88	2.9
水泥	万吨	1315.38	-2.9
改装汽车	辆	7205	7.5
汽车及底盘	辆	16330	-22.4
机制纸及纸板	万吨	132.59	27.5
发电量	亿千瓦时	271.62	-7.9
啤酒	万千升	14.18	6.9
纱	万吨	0.87	2.8
服装	万件	5475	9.9
泵	万台	7.18	28.6
阀门	万吨	2.34	14.3

建筑业平稳发展。全年实现建筑业增加值82.7亿元，按可比价格计算，比上年增长6.3%。全市房屋建筑施工面积2152.55万平方米，房屋竣工面积870.28万平方米。

三、农　　业

粮食作物再获丰收。全年完成农业总产值138.6亿元，比上年增长4.5%。全市粮食作物种植面积为15.51万公顷，比上年扩大1%，粮食作物和经济作物之比由上年的1.87:1上升到2:1。粮食产量实现“十一连增”，达

106.26万吨，增长4.4%；蔬菜产量67.98万吨，增长0.3%。油料、棉花等主要经济作物产量因种植面积下降而有所减少；其中，油料产量下降6.7%，棉花产量下降18.1%。

养殖业生产稳定发展。全市肉类总产量8.01万吨，比上年下降0.1%；蛋类产量2.1万吨，增长2.8%；牛奶产量4.02万吨，下降1.3%；水产品产量11.14万吨，增长1.9%。生猪生产平稳，全年生猪饲养量为56.17万头，增长3.8%。奶牛年末存栏8951头，增长1%。

四、固定资产投资

固定资产投资稳步增长。全年完成固定资产投资1674.74亿元，比上年增长17%（见图2）。其中，房地产开发投资245.58亿元，下降4%。

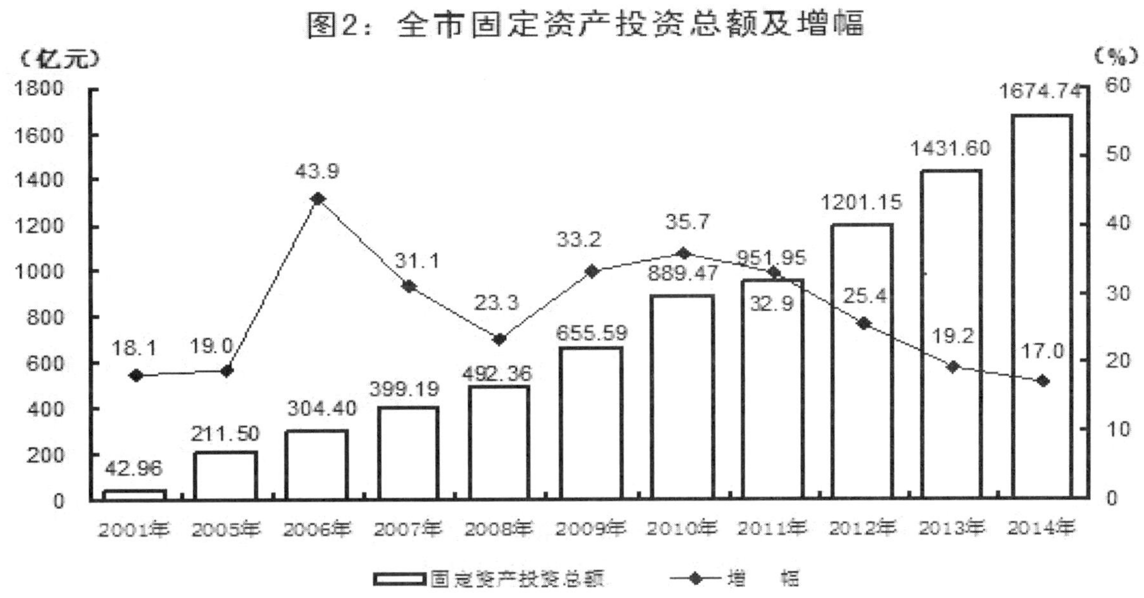

工业投资增幅较高。全年第一产业完成投资35.19亿元，比上年增长7.2%。第二产业完成投资795.75亿元，增长20.7%；其中，工业投资完成792.72亿元，增长20.6%；工业投资占全市投资的比重达47.3%，比上年提升1.4个百分点。第三产业完成投资843.8亿元，增长14.1%（见图3）。

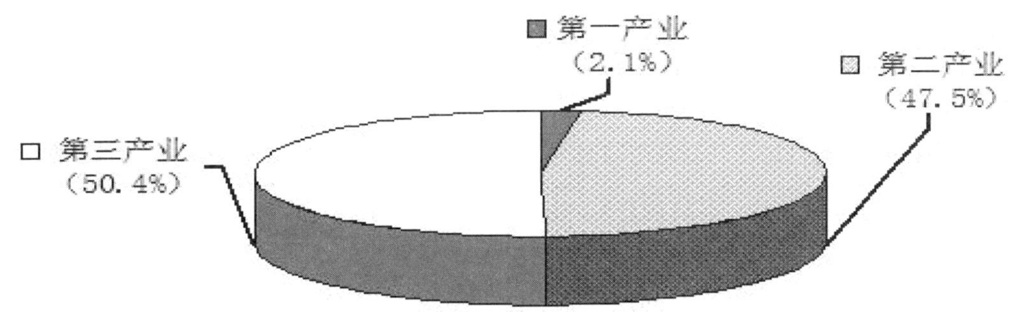

“项目突破年”活动成效显著。全年实施重点项目659个，完成投资854.9亿元，占投资总额的51.2%。省亿元以上重点项目完成投资640亿元。山鹰80万吨造纸等123个重点项目基本建成，威博新能源等166个重点项目开工建设。

五、国内贸易

消费品市场繁荣兴旺。全年实现社会消费品零售总额340.34亿元，比上年增长13.3%（见图4）。分地区看，城市市场与农村市场同步发展，城镇和乡村市场分别实现零售额314.44亿元和25.9亿元，分别增长13.3%和13.4%。分行业看，批发零售业实现零售额296.82亿元，增长13.4%；其中，限额以上企业实现零售额142.42亿元，增长12%。住宿餐饮业实现零售额43.52亿元，增长12.9%；其中，限额以上企业实现零售额6.07亿元，增长0.2%。

图4：全市社会消费品零售总额及增幅

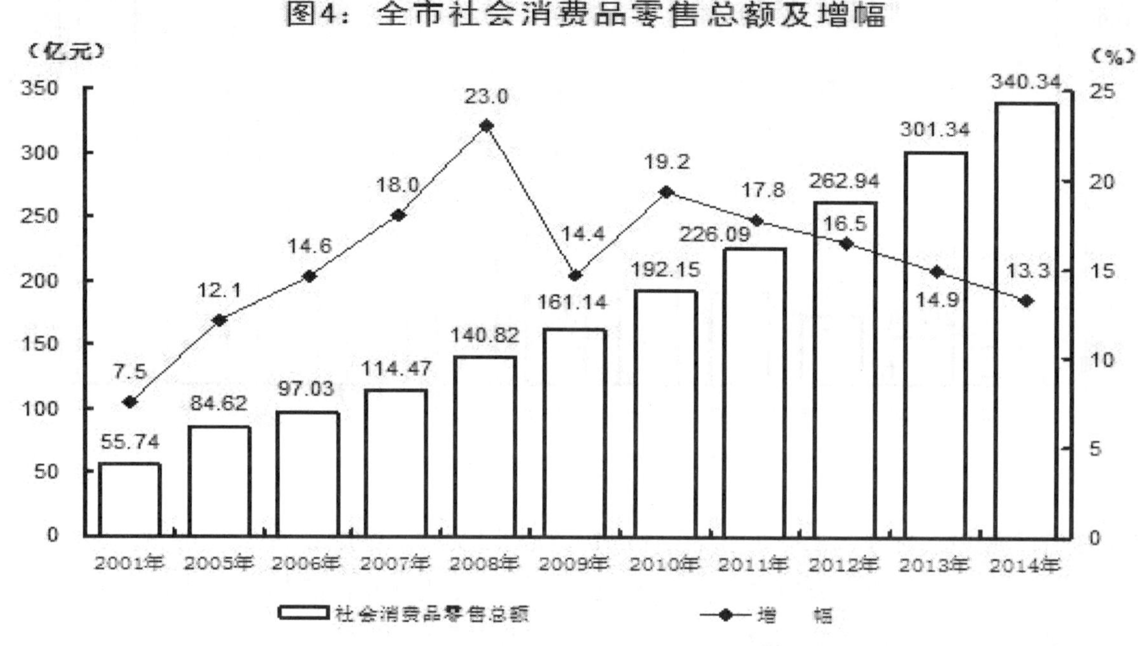

六、对外经济

招商引资取得新成绩。全年实际利用外资17.62亿美元，比上年增长0.9%。其中，外商直接投资17.61亿美元，增长19.1%。

中小企业进口增长较快。全年实现进出口总额29.72亿美元，比上年下降18.1%。其中，进口总额17.26亿美元，下降23.1%；出口总额12.46亿美元，下降10.0%。中小企业完成进出口总额13.47亿美元，下降11.9%；其中，进口总额5.72亿美元，增长30.6%；出口总额7.75亿美元，下降29%。

七、交通、邮电和旅游

交通运输能力提升。全年铁路旅客发送量109万人，铁路货运发送量297万吨。港口货物吞吐量8100万吨，比上年增长8.2%；集装箱吞吐量11.45万标箱，增长61.9%。郑蒲港一期工程开港运行；马鞍山港慈湖综合码头、天顺港集装箱堆场等项目开工建设。宁安城际铁路马鞍山段、合福铁路含山段加快建设。205国道改造南段、226省道改造一期建成。裕溪河大桥建成通车；马滁高速、206省道改造积极推进。

邮电通讯业增长。全年完成邮电业务收入17.31亿元，比上年增长1.9%。年末固定电话用户45.7万户，其中，城市电话用户22.5万户。年末移动电话用户173.67万户，年末宽带用户38.35万户。

旅游产业发展再上新台阶。全年旅游业总收入142.5亿元，比上年增长14.7%；其中，国际旅游外汇收入0.75亿美元，增长10%。全年共接待海外旅游者11.02万人次，增长8.6%。年末星级饭店20家；其中，五星级2家，四星级6家，三星级9家。现有A级景区23处，其中，4A级景区3处。

八、财政、金融和保险

财政收入质量提升。全年实现财政收入202.72亿元，比上年下降10.3%（见图5）。税收收入174.74亿元，占全市财政收入比重为86.2%，比上年提升8.9个百分点。地方财政收入121.02亿元，下降17.2%。财政支出182.46亿元，下降9.9%；其中，社会保障和就业支出17.8亿元，下降2.4%；民生支出150.06亿元，下降9.6%。

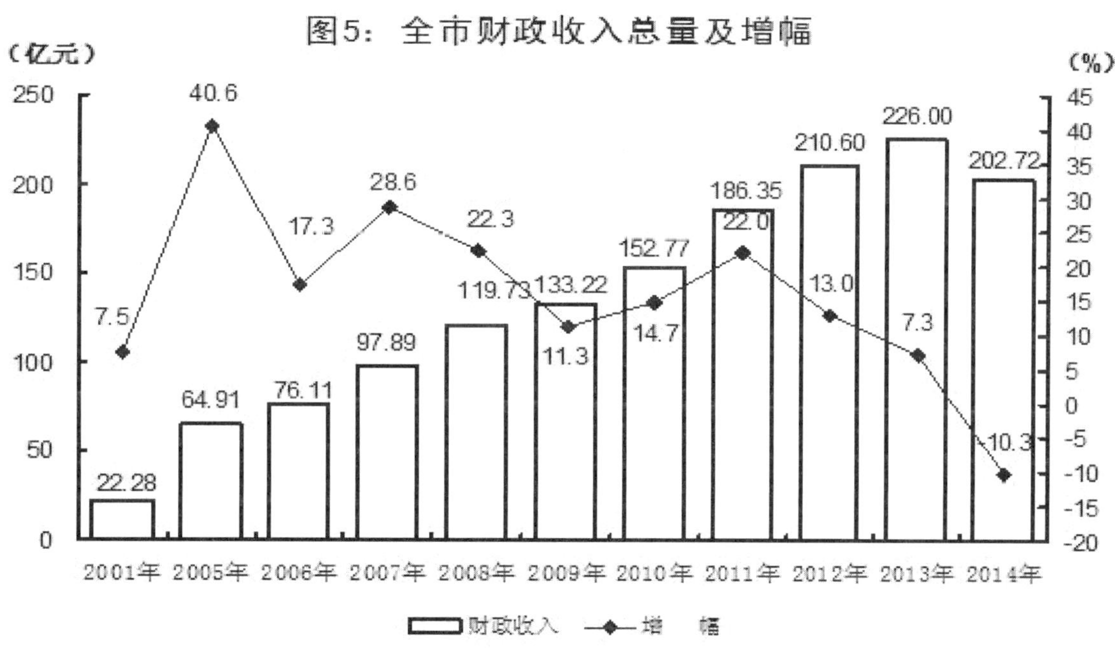

中长期贷款规模扩大。年末全市金融机构本外币存款余额1475.62亿元,比年初增加27.77亿元；其中，单位存款余额635.18亿元，比年初减少20.4亿元。年末金融机构本外币贷款余额1103.34亿元，比年初增加102.27亿元；其中，短期贷款368.85亿元，比年初减少64.44亿元。中长期贷款588.07亿元，比年初增加116.25亿元。

保险事业持续发展。全市各类保险机构20家。全年保费总收入27.48亿元，比上年增长18.9%；其中，财产险保费收入10.82亿元，增长20.1%；人身险保费收入16.66亿元，增长18.1%。

九、城市建设

城乡综合承载能力增强。城市建成区面积92平方公里，城镇化率达63.9%。全市建设公共自行车站点124个，投放公共自行车2500辆。实现廉租房和公租房并轨，保障性住房新开工2.4万套、竣工9436套。改造提升11个老旧小区；美好乡村建设深入推进，22个省级中心村、33个市级示范村建设加快推进。

城市绿化水平提升。完成向山广场游园、二招游园改造，完成湖北路、天门大道等主干道绿化补植更新。新增城市绿道62公里。新增绿地面积123公顷，市区人均公园绿地面积15.39平方米，建成区绿化覆盖率43.8%。

十、科学技术和教育

科技创新能力增强。我市成为首批省级创新型试点城市。全年专利申请量6231件，比上年增长17.1%。承担实施省级以上科技计划项目74项。市级工程技术研究中心36家，市级重点实验室16家。新增院士工作站2家，新引进高层次科技人才团队6家。

高新技术产业发展较快。全年高新技术产业产值780亿元，比上年增长11.3%。大力培育发展高新技术企业、高新技术产品，高新技术企业达213家，高新技术产品1049个。民营科技企业达439家，技工贸总收入120亿元。

教育事业全面进步。全年财政用于教育的支出26.65亿元。全面启动教育综合改革，推进名校集团化办学，新建农村标准化教学点43个，新改扩建公办幼儿园7所，市二中郑蒲港分校建成投入使用。全市高等院校6所；中小学及其他各类学校647所，其中，幼儿园247所，小学274所，特殊教育学校3所，普通中学104所。全市省一类幼儿园10所，省示范高中11所，省特色初中1所，省特色小学2所，国家重点职业学校5所。全市中小学及其他各类学校共有在校学生31.45万人、教职工2.32万人。全市高中阶段在校学生8.17万人，高中阶段教育毛入学率127.3%。

人才队伍持续壮大。全年引进中级职称以上人才811人，建成博士后科研工作站17个，引进国外专家24人，培训专业技术人才2.44万人次，培养高技能人才4949人。新增博士后工作站1家、国家级技能大师工作室1家。

十一、文化、卫生和体育

大力发展文化事业。我市成为全国10个公共文化服务标准化试点地区之一。市图书馆总分馆模式全国领先，市文化馆数字化改造列入文化部试点。建成35个乡镇综合文化站和7个农民文化乐园。节俭举办第26届李白诗歌节，荣获“中国诗歌之城”称号。年末拥有公共图书馆7个，藏书109万册；专业艺术表演团体20个，文化馆7个；广播人口覆盖率、电视人口覆盖率均为100%。综合档案馆7个，档案资料139.5万卷（件），总建筑面积1.4万平方米。

医疗服务水平提高。全市共有卫生机构993个。其中，医院、卫生院96个；社区卫生服务机构104家；标准化村卫生室392所。共有病床8532张，卫生技术人员1.18万人。全市以乡镇为单位四苗、五苗接种率99%，乙肝疫苗首针接种率99.96%。

体育事业蓬勃发展。我市荣获省第十三届运动会团体总分第二名。获得奖牌279枚，其中，金牌125.25枚、银牌66.75枚、铜牌87枚。位居金牌榜第四名，奖牌榜第二名。成功举办2014年苏浙皖三省十一市（县、区）“古漕运杯”象棋邀请赛、南京都市圈第四届城市龙舟邀请赛、首届马鞍山广场舞大赛、第四届长三角城市（马鞍山?博望）自行车越野邀请赛、市直机关全民健身活动成果展示暨第五届运动会。

十二、资源、环境和安全生产

矿产资源丰富。全市已发现36种矿种；其中，金属矿产10种，非金属矿产25种，水汽矿产1种。查明资源储量的矿种共计24种；其中，金属矿产5种，非金属矿产19种。

环境保护力度加大。完成省政府下达的220项大气污染治理工程目标任务，全年PM10平均浓度比上年下降21%。扎实推进节能减排，含山光大生物质能发电等一批项目建成运行。建成21项污染减排重点工程，主要污染物排放总量控制在省下达指标以内。水生态文明城市建设试点工作扎实推进。全市空气质量优良率85.5%，城市饮用水水质达标率100%。

安全生产形势稳定。全年亿元GDP安全事故死亡人数0.070人，比上年下降6.7%。

十三、人口、人民生活和社会保障

人口总量平稳。年末全市户籍人口227.7万人；其中，农业人口146.1万人，非农业人口81.6万人。据抽样调查，全市常住人口222.9万人，人口出生率10.5‰，死亡率5.6‰，自然增长率4.9‰。

城乡居民收入提升。据抽样调查，全年城乡居民人均可支配收入25648元，比上年增长10.3%，比同期GDP增速高0.6个百分点。其中，城镇居民人均可支配收入32560元，增长9%；农村居民人均可支配收入14969元，增长11.9%。

个人存款余额增加。全市年末个人存款余额819.37亿元，比年初增加67.31亿元。其中，定期存款余额535.06亿元，比年初增加39.47亿元；活期存款余额217.53亿元，比年初减少0.66亿元。

社会保障事业持续推进。全年新增就业5.39万人；其中，下岗失业人员再就业2.11万人，“4050”人员等困难群体再就业4599人，城镇登记失业率为2.8%。抓好下岗失业人员再就业培训，完成就业再就业技能培训2.03万人，创业培训4595人。城镇职工基本养老保险参保人数60.05万人，失业保险参保人数24.62万人，工伤保险参保人数30.52万人，生育保险参保人数57.55万人。城镇居民医疗保险参保人数50.1万人。新型农村社会养老保险参保人数99.74万人，参保率为94.88%。被征地农民养老保障实现即征即保，参保人数为14.38万人。

社会福利事业健康发展。城乡低保标准和补助水平稳步提高，城乡低保、农村五保供养和孤儿基本生活费标准均提高10%，社会散居和集中供养的孤儿保障标准分别是每人每月不低于888元、1465元。全年城乡最低生活保障救助111万人次，全年支付低保金3.21亿元。全市社会收养性福利床位数1.43万张；抚恤、补助各类优抚对象1.65万人；接受社会捐赠612万元；拥有便民利民服务网点680个。全年福利彩票销售2.3亿元，比上年增长3.7%。筹集福利彩票公益金6675万元，增长3.7%；其中，市本级2503万元。

说明：

1. 本公报为初步统计数，正式统计数据以《2015马鞍山统计年鉴》为准。

2. 公报中全市生产总值及三次产业增加值绝对数按现价计算，增长速度按可比价计算。

一

综　合

简要说明

一、本篇包括我市行政区划、国民经济综合资料等内容。

二、各行业机构单位数资料由市统计局普查科整理。

三、国民经济总量、速度、结构、比例和效益指标均取自本年鉴各篇；国民经济综合资料由市统计局综合核算科整理。

1—1　行 政 区 划（2014年末）

地　　区	街道办事处（个）	社区居委会（个）	乡　　镇（个）	村 委 会（个）	土地面积（平方公里）
全　　市	**13**	**142**	**35**	**393**	**4049**
花 山 区	9	40	1	22	179
雨 山 区	4	32	3	24	174
博 望 区		3	3	37	351
含 山 县		24	8	95	1025
和　　县		30	9	85	1318
当 涂 县		13	11	130	1002

1—2　乡镇、街道名录（2014年末）

地　　区	乡　镇、街 道 数（个）	所辖乡镇及街道办事处名称
花 山 区	10	9个街道：沙塘路街道、解放路街道、湖东路街道、桃源路街道、霍里街道、金家庄街道、江东街道、塘西街道、慈湖街道 1个乡：慈湖乡
雨 山 区	7	4个街道：平湖街道、雨山街道、安民街道、采石街道 2个镇：向山镇、银塘镇 1个乡：佳山乡
博 望 区	3	3个镇：丹阳镇、新市镇、博望镇
含 山 县	8	8个镇：环峰镇、仙踪镇、林头镇、清溪镇、陶厂镇、铜闸镇、运漕镇、昭关镇
和　　县	9	9个镇：历阳镇、白桥镇、姥桥镇、西埠镇、香泉镇、乌江镇、善厚镇、石杨镇、功桥镇
当 涂 县	11	8个镇：姑孰镇、黄池镇、乌溪镇、石桥镇、塘南镇、护河镇、太白镇、年陡镇 3个乡：大陇乡、湖阳乡、江心乡

1—3 各行业机构单位数（2014年）

单位：个

行业类别	单位数	#法人单位	#规模、资质或限额以上单位
合　计	**27557**	**23182**	**1890**
农、林、牧、渔业	**1218**	**1164**	
农　业	432	428	
林　业	173	158	
畜牧业	213	212	
渔　业	165	165	
农、林、牧、渔服务业	235	201	
采矿业	**187**	**174**	**37**
煤炭开采和洗选业	2	2	
黑色金属矿采选业	106	100	22
有色金属矿采选业	1	1	
非金属矿采选业	74	68	15
开采辅助活动	1	1	
其他采矿业	3	2	
制造业	**5613**	**5492**	**985**
农副食品加工业	302	289	65
食品制造业	71	70	15
酒、饮料和精制茶制造业	47	46	7
纺织业	70	70	9
纺织服装、鞋、帽制造业	460	455	58
皮革、毛皮、羽毛(绒)及其制品业	27	27	6
木材加工及木、竹、藤、棕、草制品业	99	98	7
家具制造业	59	59	10
造纸及纸制品业	51	49	8
印刷业和记录媒介的复制	134	128	3
文教体育用品制造业	69	60	10
石油加工、炼焦及核燃料加工业	8	8	3
化学原料及化学制品制造业	190	187	57
医药制造业	24	24	7
化学纤维制造业	5	5	1
橡胶和塑料制品业	133	134	27
非金属矿物制品业	502	485	114
黑色金属冶炼及压延加工业	408	398	110
有色金属冶炼及压延加工业	68	64	19
金属制品业	828	814	102
通用设备制造业	1113	1100	147
专用设备制造业	358	354	60
汽车制造业	107	106	37
铁路、船舶、航空航天和其他运输设备制造业	52	49	13
电气机械和器材制造业	169	166	42
计算机、通信和其他电子设备制造业	58	58	20
仪器仪表制造业	51	49	10
其他制造业	45	44	3
废弃资源综合利用业	54	50	14
金属制品、机械和设备修理业	51	46	1
电力、燃气及水的生产和供应业	**139**	**93**	13
电力、热力的生产和供应业	53	20	6
燃气生产和供应业	19	17	3
水的生产和供应业	67	56	4
建筑业	**1665**	**1214**	158
房屋建筑业	364	194	75
土木工程建筑业	339	236	32
建筑安装业	298	214	16
建筑装饰和其他建筑业	664	570	35
批发和零售业	**6915**	**6052**	226
批发业	4744	4482	50
零售业	2171	1570	176
交通运输、仓储和邮政业	**878**	**693**	77
铁路运输业	7	2	
道路运输业	516	434	47

1—3　续表

单位：个

行　业　类　别	单 位 数	#法人单位	#规模、资质或限额以上单位
水上运输业	102	99	12
航空运输业	2	1	
管道运输业	2	2	
装卸搬运和运输代理业	107	92	11
仓储业	42	28	6
邮政业	100	35	1
住宿和餐饮业	**418**	**315**	71
住宿业	129	115	21
餐饮业	289	200	50
信息传输、软件和信息技术服务业	**475**	**354**	14
电信、广播电视和卫星传输服务	118	23	4
互联网和相关服务	46	40	
软件和信息技术服务业	311	291	10
金融业	**590**	**127**	
货币金融服务	427	70	
资本市场服务	41	25	
保险业	108	23	
其他金融业	14	9	
房地产业	**1053**	**925**	209
房地产开发经营	386	372	201
物业管理	397	337	8
房地产中介服务	223	176	
自有房地产经营活动	24	19	
其他房地产业	23	21	
租赁和商务服务业	**1994**	**1804**	43
租赁业	235	216	2
商务服务业	1759	1588	41
科学研究和技术服务业	**830**	**703**	23
研究和试验发展	131	118	2
专业技术服务业	443	352	17
科技推广和应用服务业	256	233	4
水利、环境和公共设施管理业	**353**	**162**	7
水利管理业	186	32	
生态保护和环境治理业	15	13	2
公共设施管理业	152	117	5
居民服务、修理和其他服务业	**513**	**465**	7
居民服务业	182	162	3
机动车、电子产品和日用产品修理业	198	176	2
其他服务业	133	127	2
教　育	**860**	**590**	7
学前教育	195	160	1
初等教育	328	112	
中等教育	126	121	1
高等教育	9	9	
特殊教育	6	5	
技能培训、教育辅助及其他教育	196	183	5
卫生和社会工作	**702**	**283**	4
卫生	597	220	4
社会工作	105	63	
文化、体育和娱乐业	**490**	**458**	9
新闻和出版业	10	6	1
广播、电视、电影和影视录音制作业	33	27	4
文化艺术业	90	80	1
体　育	28	21	1
娱乐业	329	324	2
公共管理、社会保障和社会组织	**2664**	**2114**	
中国共产党机关	63	53	
国家机构	1228	735	
人民政协、民主党派	17	16	
社会保障	32	27	
群众团体、社会团体和其他成员组织	763	723	
基层群众自治组织	561	560	

1—4 国民经济和社会发展总量与速度指标

指　　标		总　量　指　标				
		2000	2005	2010	2013	2014
人口与就业						
人　口						
年底总人口 ※	(万人)	119.0	125.6	227.8	228.4	227.7
#非农业人口		50.8	59.2	81.4	82.2	81.6
农业人口		68.2	66.4	146.4	146.2	146.1
#男性人口		61.8	65.0	117.9	117.8	117.5
女性人口		57.2	60.6	109.9	110.6	110.2
出生人口 ※	(人)	1.39	1.08	2.10	2.33	2.52
死亡人口 ※	(人)	0.73	0.52	1.35	1.83	1.70
人口密度 ※	(人/平方公里)	706	745	564	564	562
年末总户数 ※	(万户)	35.3	37.8	72.4	73.1	73.1
#乡村户数		18.9	19.3	40.8	40.3	40.0
就　业	**(万人)**					
经济活动人口 ※		66.1	61.1	132.7	135.8	140.9
从业人员		65.2	60.2	132.7	131.7	136.9
#国有经济		11.6	5.5	6.8	6.9	7.5
城镇集体经济		5.0	1.5	1.4	1.0	1.3
港澳台投资经济		0.1	0.2	0.5	0.5	0.5
外商投资经济		0.1	0.3	0.8	1.2	1.1
城镇私营经济		2.3	2.2	6.6	10.1	15.8
城镇个体		5.5	3.3	9.9	19.1	20.3
职工人数		22.8	14.1	18.0	23.7	23.1
国有经济		11.5	4.5	6.3	6.9	7.6
城镇集体经济		5.3	1.0	1.3	1.0	1.0
其他经济合计		6.0	8.6	10.4	15.7	14.6
城镇登记失业人数 ▲			0.9	0.8	1.8	1.9
宏观经济						
国民经济核算						
生产总值	(亿元)	173.2	411.8	949.1	1293.0	1333.1
第一产业		25.0	35.5	58.1	79.6	77.0
第二产业		85.9	244.9	627.5	834.1	831.1
#工　　业		74.2	221.6	573.7	756.7	746.9
第三产业		62.3	131.4	263.5	379.3	425.0
固定资产投资 ※	**(亿元)**					
固定资产投资额		30.6	191.4	889.5	1431.6	1674.7
#国有单位			39.3	210.9	345.5	297.3
集体单位			2.4	7.2	9.2	25.4
固定资产投资按产业分						
#第一产业			1.1	15.8	32.8	35.2
第二产业			124.8	441.1	659.4	795.8
第三产业			65.5	432.6	739.4	843.8
#房地产开发			26.4	103.1	255.8	245.6

注：1．本表中带“※”的指标，2010年以后数据为新区划口径，其它年份为原区划口径；
2．本表中带“▲”的指标，2011年以后数据为新区划口径，其它年份为原区划口径；
3．本表中未标注的指标，各年份均为新区划口径。

速度指标　(%)					
指　数　(2014年为以下各年)				平均增长速度	
2000	2005	2010	2013	2001—2005	2006—2010
		100.0	99.7	1.1	
		100.2	99.3	3.1	
		99.8	99.9	-0.5	
		99.7	99.7	1.0	
		100.3	99.6	1.2	
		120.0	108.2	-4.9	
		125.7	92.7	-6.6	
		99.7	99.7	1.1	
		101.0	100.0	1.4	
		98.0	99.2	0.4	
		106.1	103.7	-1.6	
		103.2	104.0	-1.6	
		110.0	108.4	-13.9	
		92.9	130.0	-21.4	
		104.0	104.0	14.9	
		138.8	92.5	24.6	
		239.8	156.7	-0.9	
		204.7	106.1	-9.7	
		128.5	97.6		
		120.2	109.7		
		76.9	100.0		
		140.0	92.7		
592.0	307.2	151.5	109.7	14.0	15.2
178.8	146.5	117.5	103.7	4.1	4.5
766.0	362.9	159.7	110.7	16.1	17.9
826.6	380.7	161.9	111.1	16.8	18.6
502.4	256.7	144.2	108.0	14.4	12.2
		188.3	117.0	44.3	
		141.0	86.1		
		353.3	276.5		
		222.7	107.3		
		180.4	120.7		
		195.1	114.1		
		238.2	96.0		

1—4 续表1

指 标		总 量 指 标				
		2000	2005	2010	2013	2014
财 政	**(亿元)**					
财政收入 ▲		18.4	62.7	140.0	226.0	202.7
中 央		9.0	33.7	70.1	79.8	81.7
地 方		9.4	29.0	69.9	146.2	121.1
#增值税		11.6	34.4	53.4	74.3	59.3
营业税		1.6	5.6	12.5	29.3	26.7
企业所得税		0.8	7.7	11.9	16.9	23.0
地方财政支出 ▲		9.4	29.1	87.4	202.6	182.5
一般公共服务				10.1	21.6	19.5
教 育				10.2	31.3	26.7
科学技术				2.4	6.1	5.8
社会保障和就业				6.7	18.2	17.8
物价总指数	**(上年=100)**					
商品零售价格指数		99.0	100.2	103.1	101.2	100.4
居民消费价格指数		102.5	100.6	103.0	101.8	101.6
工业生产者出厂价格指数			101.7	112.5	95.2	93.5
利用外资 ※▲	**(万美元)**					
签订利用外资协议额		1549	18549	16975	9462	30167
实际利用外资额		1889	14630	81478	174655	176231
#外商直接投资		1889	4798	79852	147895	176131
能源生产与消费	**(万吨标准煤)**					
能源生产总量 ※			337.8	675.3	816.8	790.2
能源消费总量 ※			946.9	1687.0	2000.5	1809.1
产 业						
农 业						
总播种面积	(公顷)	216270	231519	233874	235783	232663
#粮食播种面积		117429	117270	144963	153540	155120
农林牧渔业总产值	(亿元)	41.4	59.5	96.1	131.6	138.6
农林牧渔业总产值指数	(上年=100)				103.6	104.4
主要农产品产量						
粮 食	(万吨)	82.04	86.55	94.46	101.79	106.30
棉 花	(万吨)	0.87	1.29	1.60	1.27	1.04
油 料	(万吨)	14.39	17.25	10.68	9.84	9.19
茶 叶	(吨)	191	305	326	272	255
猪 肉	(万吨)	3.00	3.33	3.21	2.87	2.97
牛 肉	(吨)	659	545	395	392	293
羊 肉	(吨)	1177	1866	1417	1412	1371
肉猪出栏	(万头)	41.00	41.21	39.72	35.70	37.06
奶 类	(吨)	848	1952	39587	40767	40230
淡水产品	(万吨)	9.51	10.31	10.49	10.93	11.12
农业机械总动力	(万千瓦)	90.00	111.18	130.13	137.81	141.58
有效灌溉面积 ▲	(万公顷)	4.81	5.19	5.22	14.79	14.79
农用化肥使用量	(万吨)	12.72	10.25	12.33	8.66	8.61
农村用电量	(万千瓦时)	20098	26604	33070	48152	53180

速度指标　(%)					
指　数　(2014年为以下各年)				平均增长速度	
2000	2005	2010	2013	2001—2005	2006—2010
		144.8	89.7	27.8	17.4
		116.5	102.3	30.2	15.8
		173.2	82.8	25.3	19.2
		111.0	79.7	24.3	9.1
		213.9	91.3	28.5	17.4
		192.9	135.9	16.3	14.9
		208.8	90.1	25.4	24.6
		192.6	90.0		
		261.3	85.1		
		239.6	94.3		
		265.7	97.8		
		97.4	99.2	0.9	3.0
		98.6	99.8	1.1	2.9
		83.1	98.2		3.2
		177.7	318.8	64.3	-1.8
		216.3	100.9	50.6	41.0
		220.6	119.1	20.5	75.5
		117.0	96.7		
		107.2	90.4		
107.6	100.5	99.5	98.7	1.4	0.2
132.1	132.3	107.0	101.0		4.3
334.8	232.9	144.2	105.3	7.5	10.1
			100.8		
129.6	122.8	112.5	104.4	1.1	3.4
119.5	80.6	65.0	81.9	8.2	4.4
63.9	53.3	86.0	93.4	3.7	-9.1
133.5	83.6	78.2	93.8	9.8	1.3
99.0	89.2	92.5	103.5	2.1	-0.7
44.5	53.8	74.2	74.7	-3.7	-6.2
116.5	73.5	96.8	97.1	9.7	-5.4
90.4	89.9	93.3	103.8	0.1	-0.7
4744.1	2061.0	101.6	98.7	18.1	82.6
116.9	107.9	106.0	101.7	1.6	0.3
157.3	127.3	108.8	102.7	4.3	3.2
307.5	285.0	283.3	100.0	1.5	0.1
67.7	84.0	69.8	99.4	-4.2	3.8
264.6	199.9	160.8	110.4	-1.9	3.6

1—4 续表2

指　　标		总　量　指　标				
		2000	2005	2010	2013	2014
工业（规模以上）※						
主要工业产品产量						
生　铁	(万吨)	397.11	896.39	1469.72	1691.55	1699.94
粗　钢	(万吨)	395.40	1021.09	1545.13	1733.75	1774.28
钢　材	(万吨)	360.12	951.91	1578.10	1943.56	1998.88
水　泥	(万吨)		93.61	963.30	1364.19	1315.38
载货汽车	(辆)			29315	21032	16330
改装汽车	(辆)	915	3286	10878	6700	7205
机制纸及纸板	(万吨)	13.65	48.25	96.01	103.96	132.59
发电量	(亿千瓦时)	41.00	75.65	175.85	295.03	271.62
滚动轴承	(万套)		2.03	7.84	8.84	9.69
金属成型机床	(万台)	0.38	0.60	1.79	2.00	2.15
啤　酒	(千升)		63896	143273	132712	141837
纱	(万吨)	0.91	1.00	2.08	0.85	0.87
服　装	(万件)	551.21	966.00	2870.66	4144.00	5475.04
乳制品	(万吨)			29	39	52
泵	(万台)			3.49	5.58	7.18
阀　门	(万吨)			1.02	2.04	2.34
企业单位数	(个)	120	341	1014	895	1035
#大型企业					14	13
工业总产值	(亿元)	132.41	537.65	1497.86	2377.39	2560.21
工业增加值	(亿元)	49.37	196.20	422.42	578.49	598.82
资产总计	(亿元)				2270.5	2318.3
负债合计	(亿元)				1302.9	1284.8
主营业务收入	(亿元)				2581.7	2556.6
利润总额	(亿元)				151.2	1761.2
建 筑 业						
企业单位数	(个)	77	105	158	147	134
企业从业人员	(万人)	4.2	4.9	9.9	8.7	8.5
建筑业总产值	(亿元)	17.84	73.05	176.46	271.94	282.62
房屋建筑施工面积	(万平方米)	177.78	564.73	1228.54	2058.86	2152.55
房屋建筑竣工面积	(万平方米)	108.40	248.40	689.38	881.34	870.28
#住宅面积					669.65	638.11
交通运输 ▲						
货运量	(万吨)					
铁　路		941	1452	1785	1579	1398
公　路				9458	16747	8414
水　运				1441	2993	8041
客运量	(万人)					
铁　路		178	211	218	219	220
公　路				2120	8246	5079
货物周转量	(万吨公里)					
公　路				1411706	2478800	916490
水　运				672932	1388881	4037599
公路里程	(公里)		1124	2223	6989	6989
等级路里数	(公里)		906	2180	6753	6792

速度指标　(%)					
指　数　(2014年为以下各年)				平均增长速度	
2000	2005	2010	2013	2001—2005	2006—2010
		115.7	100.5	17.7	
		114.8	102.3	20.9	
		126.7	102.8	21.5	
		136.5	96.4		
		55.7	77.6		
		66.2	107.5	29.1	
		138.1	127.5	28.7	
		154.5	92.1	13.0	
		123.6	109.6		
		120.1	107.5	9.6	
		99.0	106.9		
		41.8	102.4	1.9	
		190.7	132.1	11.9	
		177.1	132.4		
		205.7	128.7		
		229.4	114.7		
		102.1	115.6	23.2	
			92.9		
		170.9	107.7	32.3	
		141.8	103.5	31.8	
			102.1		
			98.6		
			99.0		
			1164.8		
		84.8	91.2	6.4	
		85.9	97.7	3.1	
		160.2	103.9	32.6	
		175.2	104.6	26.0	
		126.2	98.7	18.0	
			95.3		
		78.3	88.5	9.1	4.2
		89.0	50.2		
		558.0	268.7		
		100.9	100.5	3.5	0.7
		239.6	61.6		
		64.9	37.0		
		600.0	290.7		
		314.4	100.0		14.6
		311.6	100.6		19.2

1—4 续表3

指　　标		总　量　指　标				
		2000	2005	2010	2013	2014
邮电通信业 ▲						
函　件	(万件)	403.46	480.31	1117.00	734.21	1114.00
报刊期发数	(万份)	132.27	157.46	366.20	22.36	31.00
本地固定电话局用交换机容量	(万门)		23.37	33.22	55.05	47.13
长途电话交换机容量	(路端)		17305	31610	28818	14208
移动电话年末用户	(万户)		24.10	104.12	167.88	176.67
固定电话年末用户	(万户)		43.64	47.38	56.56	44.33
城　市					45.77	36.07
农　村					10.79	8.26
国内贸易						
社会消费零售总额	(亿元)	53.63	84.62	192.15	301.34	373.53
#批发零售业		35.36	71.27	166.73	262.77	325.76
住宿和餐饮业		6.04	11.45	25.42	38.57	47.77
其　他		1.14	1.90			
批发零售业购进总额	(亿元)	31.65	143.35	297.50	486.76	394.11
批发零售业销售总额	(亿元)	32.68	146.10	318.15	517.07	420.39
批发零售业库存总额	(亿元)	1.79	5.01	13.52	24.64	34.48
对外经济贸易						
进出口总额	(万美元)	25082	128810	307302	362512	297185
进口额		13732	92936	238542	223880	172627
出口额		11350	35874	68760	138632	124558
国际旅游 ▲						
旅游人数	(人次)	4340	12452	43567	104156	110230
#外国人		2474	11868			
旅游外汇收入	(万美元)	261.41	1077.60	5135.42	6818.78	4275.30
旅游星级宾馆个数	(个)	8	18	20	19	21
金融保险						
金融机构本外币存款余额	(亿元)			1078.21	1447.85	1475.62
#单位存款				472.30	653.93	635.18
个人存款				481.57	752.05	819.37
金融机构本外币贷款余额	(亿元)			631.54	998.50	1103.34
#短期贷款				259.77	430.71	368.85
中长期贷款				311.65	471.82	588.07
保险公司保费收入 ▲	(亿元)			16.52	23.12	27.47
保险公司赔款及给付 ▲	(亿元)			3.58	11.07	11.79
教育、科技、文化						
教　育						
幼儿园数	(个)	23	127	166	241	247
入园儿童数	(万人)	2.80	2.14	2.73	5.02	4.76
学龄儿童入学率	(%)	99.89	99.96	99.99	100.00	99.93
专任教师数	(人)	10403	11919	14067	22142	22323
普通高等学校		641	1286	2408	2959	3066
中等专业学校		361	597	747	566	544
普通中学		3395	4343	4757	8395	8499
#高　中		767	1440	1678	2965	2930
职业中学		274	34	93	239	193
小　学		4816	4902	4665	7900	7806

速度指标　（%）					
指　数　（2014年为以下各年）				平均增长速度	
2000	2005	2010	2013	2001—2005	2006—2010
		99.7	151.7	3.5	18.4
		8.5	138.6	3.5	18.4
		141.9	85.6		7.3
		44.9	49.3		12.8
		169.7	105.2		34.0
		93.6	78.4		1.7
			78.8		
			76.6		
696.5	441.4	194.4	124.0	9.6	17.8
921.3	457.1	195.4	124.0	15.0	18.5
790.8	417.2	187.9	123.8	13.6	17.3
				10.8	
1245.2	274.9	132.5	81.0	35.3	15.7
1286.4	287.7	132.1	81.3	34.9	16.8
1926.3	688.2	255.0	139.9	22.9	22.0
		96.7	82.0	38.7	19.0
		72.4	77.1	46.6	20.7
		181.1	89.8	25.9	13.9
		253.0	105.8	23.5	28.5
				36.8	
		83.3	62.7	32.7	36.7
		105.0	110.5	17.6	2.1
		136.9	101.9		
		134.5	97.1		
		170.1	109.0		
		174.7	110.5		
		142.0	85.6		
		188.7	124.6		
		166.3	118.8		
		329.3	106.5		
		148.8	102.5	40.7	5.5
		174.4	94.8	-5.0	5.0
		99.9	99.9	0.01	0.01
		158.7	100.8	2.8	3.4
		127.3	103.6	14.9	13.4
		72.8	96.1	10.6	4.6
		178.7	101.2	5.0	1.8
		174.6	98.8	13.4	3.1
		207.5	80.8	-34.1	22.3
		167.3	98.8	0.4	-1.0

1—4 续表4

指　　标		总　量　指　标				
		2000	2005	2010	2013	2014
在校学生数	(万人)	21.89	24.22	24.32	36.39	34.91
普通高等学校		0.87	2.15	4.36	5.25	5.42
中等专业学校		0.55	2.05	1.21	1.04	0.83
普通中学		5.97	8.61	7.87	11.64	10.85
#高　中		1.14	2.30	2.98	4.81	4.43
职业中学		0.27	0.08	1.01	1.05	0.95
小　学		11.40	9.14	7.10	12.35	12.08
在校学生毕业生数	(万人)	5.67	6.57	6.67	10.43	10.08
普通高等学校		0.15	0.43	1.09	1.25	1.34
中等专业学校		0.15	0.32	0.34	0.36	0.38
普通中学		1.45	2.59	2.49	4.16	4.01
#高　中		0.32	0.55	0.93	1.46	1.68
职业中学		0.15	0.02	0.43	0.45	0.37
小　学		1.90	2.08	1.35	2.24	2.15
教育经费支出	(亿元)			10.20	31.31	26.65
科　技						
科技活动人员	(万人)	0.55	0.49	0.62	1.56	1.59
研究与试验发展经费支出	(亿元)	0.30	1.35	10.98	23.64	26.99
技术市场成效额	(万元)			13510	80656	100358
文　化						
出版数量						
杂　志	(万册)	18	18	32	16	17
报　纸	(万份)	9046	9049	9387	12430	11872
公共图书馆	(个)				6	6
公共图书藏书量	(千册)				1061	1117
电视节目制作时间	(小时)			6475	3279	3087
广播覆盖率	(%)			100	100	100
电视覆盖率	(%)			100	100	100
家庭、生活、环境						
家　庭	**(人)**					
城镇居民平均每户人口		3.06	3.00	2.90	2.75	
农村居民平均每户人口		3.97	3.92	3.98	3.68	
婚　姻	**(对)**					
结婚数		8598	8958	13468	25378	24125
离婚数		1000	2063	4843	6345	6098
居　住	**(平方米)**					
城市居民人均居住面积					30.35	
农村居民人均居住面积		23.70	27.60	33.00	38.88	
生　活	**(元)**					
城镇居民人均可支配收入		6904	11935	23159	34048	32560
城镇居民人均消费性支出		5775	8222	14184	22369	21565
#食品支出		2311	3184	5273	8359	6571
农民居民人均可支配收入		2408	3789	8018	12339	14969
农民居民人均生活费支出		1593	2851	5019	8936	10925
#食品支出		845	1353	2082	3353	3713

速度指标 (%)					
指　数 (2014年为以下各年)				平均增长速度	
2000	2005	2010	2013	2001—2005	2006—2010
		143.5	95.9	2.0	0.1
		124.3	103.2	19.8	15.2
		68.6	79.8	30.1	-10.0
		137.9	93.2	7.6	-1.8
		148.7	92.1	15.1	5.3
		93.7	90.1	-21.6	66.1
		170.1	97.8	-4.3	-4.9
		151.1	96.6	3.0	0.3
		122.9	107.2	23.4	20.4
		111.8	105.6	16.4	1.2
		161.0	96.4	12.3	-0.8
		180.6	115.1	11.4	11.1
		86.0	82.2	-33.2	84.7
		159.3	96.0	1.8	-8.3
		261.3	85.1		
		256.5	101.9	-2.3	
		245.8	114.2	35.1	
		742.8	124.4		
		53.1	106.3		12.2
		126.5	95.5		0.7
			100.0		
			105.3		
		47.7	94.1		
		100.0	100.0		
		100.0	100.0		
				-0.4	-0.7
				-0.3	0.3
		179.1	95.1	0.8	8.5
		125.9	96.1	15.6	18.6
					7.7
				3.1	3.6
471.6	272.8	140.6	95.6	11.6	14.2
373.4	262.3	152.0	96.4	7.3	11.5
284.3	206.4	124.6	78.6	6.6	10.6
621.6	395.1	186.7	121.3	9.5	16.2
685.8	383.2	217.7	122.3	12.3	12.0
439.4	274.4	178.3	110.7	9.9	9.0

1—4 续表5

指标		总量指标				
		2000	2005	2010	2013	2014
工资、居民生活和保障						
城镇非私营单位就业人员工资总额	(亿元)	17.20	34.79	71.35	125.26	132.95
国有单位		8.92	10.84	23.41	38.66	44.83
城镇集体单位		1.56	1.12	3.64	4.05	3.90
其他单位		6.72	22.82	44.29	82.55	84.23
城镇非私营单位就业人员平均工资	(元)	9487	23993	40927	53582	57144
城镇居民最低生活保障 ▲	(万人)		2.36	3.37	4.91	4.16
农村居民最低生活保障 ▲	(万人)		0.75	1.79	4.73	4.11
卫　生						
卫生机构数	(个)			796	971	993
#医院、卫生院				92	91	96
疾病防治中心				7	7	8
妇幼保健站				7	7	7
卫生机构床位数	(张)				7258	8019
#医院、卫生院					6847	7558
卫生机构人员数	(人)			11473	13433	14063
专业卫生技术人员	(人)			9445	10476	11058
#执业（助理）医师				3602	3919	4107
注册护士				3685	4412	4794
市政建设						
供水管道长度	(公里)	356	426	1149	1931	1980
供水总量	(万立方米)	45637	49281	22145	17033	17125
#居民家庭用水量		5002	4228	3719	3807	3983
用水人口	(万人)	46.79	52.53	56.72	66.97	70.64
天然气供气量	(万立方米)		2719	13136	18962	21877
#家庭用量			1686	2612	3623	3541
液化石油气供气量	(吨)	9841	8823			
污水排放量	(万平方米)	15766	18108	15665	12998	12948
污水处理量	(万平方米)	12616	16465	13787	11308	12829
排水管长度	(公里)	201	448	595	1380	1415
生活垃圾清运量	(万吨)	7	11	18	20	20
生活垃圾无害化处理量	(万吨)	7	11	18	19	19
公共汽（电）车总数	(辆)				675	632
出租汽车数 ▲	(辆)	2160	2895	2298	3314	2298
道路长度 ▲	(公里)	241	343	386	461	467
公园面积	(公顷)	276	284	291	350	350
公园绿地面积 ▲	(公顷)	366	631	792	1052	1087
建成区绿化覆盖率	(%)	41.3	42.1	42.7	43.8	43.8
环境、灾害						
污染治理项目本年完成投资额 ▲	(万元)		11865	26890	100824	225168
COD排放量 ▲	(万吨)		2.3	2.1	2.8	2.8
二氧化硫排放量 ▲	(万吨)		5.3	6.2	6.7	6.1
火灾事故发生数	(起)	164	180	360	872	890
火灾伤亡人数	(人)	2	5			
火灾损失金额	(万元)	102	448	179	960	646
交通事故发生数	(起)	887	1112	410	753	710
交通受伤人数	(人)				784	693
交通死亡人数	(人)				131	131
交通事故损失金额	(万元)	315.6	184.3	70.5	274.1	185.0

注：城镇非系着营单位就业人员工资总额及平均工资2012年以前数据均为在岗职工口径。

速度指标　(%)					
指　数　(2014年为以下各年)				平均增长速度	
2000	2005	2010	2013	2001—2005	2006—2010
				15.1	
				4.0	
				-6.4	
				27.7	
				20.4	11.3
					7.4
					19.0
		124.7	102.3		
		104.3	105.5		
		114.3	114.3		
		100.0	100.0		
			110.5		
			110.4		
		122.6	104.7		
		117.1	105.6		
		114.0	104.8		
		130.1	108.7		
		172.3	102.5	3.7	21.9
		77.3	100.5	1.5	-14.8
		107.1	104.6	-3.3	-2.5
		124.5	105.5	2.3	1.5
		166.5	115.4		37.0
		135.6	97.7		9.1
				-2.2	
		82.7	99.6	2.8	-2.9
		93.1	113.5	5.5	-3.5
		237.7	102.5	17.4	5.8
		110.3	99.3	8.4	9.8
		108.2	102.5	8.4	9.8
			93.6		
		100.0	69.3	6.0	-4.5
		121.0	101.3	7.3	2.4
		120.3	100.0	0.6	0.5
		137.2	103.3	11.5	4.7
		102.5	100.0	0.4	0.3
		837.4	223.3		17.8
		131.4	98.6		-2.4
		98.4	91.0		3.3
		247.2	102.1	1.9	14.9
				20.1	-100.0
		361.1	67.3	34.6	-16.8
		173.2	94.3	4.6	-18.1
			88.4		
			100.0		
		262.4	67.5	-10.2	-17.5

1—5 主要年份国民经济和社会发展结构指标

单位：%

指　　标	2000	2005	2010	2011	2012	2013	2014
人口与就业							
人　口							
城乡结构							
城　镇	42.7	47.1	49.9	35.7	36.0	36.0	35.8
乡　村	57.3	52.9	50.1	64.3	64.0	64.0	64.2
性别结构							
男	52.0	51.7	51.4	51.7	51.6	51.6	51.6
女	48.0	48.3	48.6	48.3	48.4	48.4	48.4
就　业							
产业结构							
第一产业	37.7	30.4	31.0	31.8	31.5	31.5	31.4
第二产业	38.9	39.9	35.1	33.9	32.2	31.1	30.8
第三产业	23.4	38.7	33.9	34.3	36.3	37.4	37.8
宏观经济							
国民核算							
生产总值产业结构							
第一产业	8.9	5.0	6.1	5.9	5.9	6.1	5.8
第二产业	54.2	64.1	66.1	68.1	66.4	64.5	62.3
第三产业	36.9	30.9	27.8	26.1	27.7	29.4	31.9
投　资							
固定资产投资结构							
第一产业		0.6	1.8	1.6	2.6	2.3	2.1
第二产业		65.2	49.6	52.9	49.9	46.1	47.5
第三产业		34.2	48.6	45.5	47.5	51.6	50.4
资金来源结构							
国家预算内资金		0.5	3.7	2.2	2.7	2.0	3.0
国内贷款		40.6	13.5	11.6	15.0	15.7	10.9
利用外资		1.8	0.5	0.2	0.1	0.3	0.6
自筹和其他投资		57.1	82.3	85.9	82.2	82.0	85.5
财　政							
财政收入结构							
中　央	48.0	57.5	48.7	51.1	39.3	35.3	40.3
地　方	52.0	42.5	51.3	48.9	60.7	64.7	59.7
财政支出结构							
地　方	100.0	100.0	100.0	100.0	100.0	100.0	100.0
利用外资							
外商直接投资	100.0	32.8	98.0	99.5	95.5	84.7	99.9
产　　业							
农　业							
农林牧渔业产值结构							
农　业	42.5	43.0	50.2	50.4	52.5	50.5	50.1
林　业	1.1	1.2	1.6	1.4	1.5	1.5	1.6
牧　业	15.3	14.8	13.7	14.4	15.5	15.5	15.4
渔　业	41.1	38.8	29.0	28.0	24.1	25.1	25.2

注：本表2010年以前年份数据均为原区划口径。

1—5　续表1

单位：%

指　　标	2000	2005	2010	2011	2012	2013	2014
工　业							
工业总产值规模结构							
大型企业	88.7	72.9	48.1	49.3	40.3	37.3	33.6
中型企业	5.5	17.5	20.2	16.6	18.2	20.1	20.2
小型企业	5.8	9.6	31.6	34.1	41.5	42.6	46.2
建筑业							
建筑业总产值结构							
建筑工程	84.6	81.1	55.9	51.7	85.9	82.0	84.0
安装工程	11.1	12.9	11.5	11.8	6.6	9.9	8.1
其　他	4.3	6.0	32.6	36.5	7.5	8.1	7.9
运输业							
货运量结构							
铁　路	36.2	28.8	12.7	11.7	8.5	7.4	7.8
公　路	4.8	28.6	67.3	77.9	76.1	78.7	47.2
水　运	59.0	42.6	20.0	10.4	15.4	13.9	45.0
国内贸易							
社会消费品零售总额结构							
城　镇	55.0	58.9	91.9	91.9	91.9	92.5	92.4
乡　村	23.3	21.4	8.1	8.1	8.1	7.5	7.6
对外经济贸易							
出口商品结构							
初级产品		11.7	6.2	2.6	2.4	1.1	3.5
工业制成品		88.3	93.8	97.4	97.6	98.9	96.5
进口商品结构							
初级产品	70.7	70.1	21.8	30.1	90.7	91.6	90.9
工业制成品	29.3	29.9	78.2	69.9	9.3	8.4	9.1
金融保险业							
金融机构资金来源结构							
#各项存款			98.4	86.4	93.9	97.6	95.6
其　他			-4.2	-1.9	-4.5	-7.3	5.4
金融机构资金运用结构							
#各项贷款			64.3	64.1	64.4	67.1	72.0
其　他			6.8	5.4	4.5	4.5	0.0
教育与科技							
教　育							
在校学生结构							
大学生	8.3	8.9	17.9	12.3	13.3	14.4	15.5
中学生	64.7	44.4	41.5	41.1	32.9	32.0	31.1
小学生	27.0	37.8	29.2	35.4	34.0	33.9	34.6
在校教师结构							
大　学	6.2	10.8	17.1	12.3	12.5	13.4	13.7
中　学	38.7	41.7	39.8	41.8	37.6	37.9	38.1
小　学	46.3	41.7	33.2	37.7	36.8	35.7	35.0
科　技							
研究与试验发展经费支出							
#基础研究							
应用研究		21.5	0.5	0.4	0.6	2.7	0.4
试验发展		78.5	99.5	99.6	99.4	97.3	99.6

1—5 续表2

单位：%

指　　标	2000	2005	2010	2011	2012	2013	2014
生活、环境							
生　活							
城市居民消费结构							
食品类	40.0	38.7	37.2	37.7	37.5	37.4	30.5
衣着类	8.7	9.3	10.7	9.5	9.7	9.5	8.0
居　住	7.8	7.4	9.7	7.9	7.8	7.9	18.9
生活用品及服务	12.0	7.0	5.9	4.7	5.0	5.8	6.2
交通通信	8.3	13.4	12.2	13.6	12.9	16.6	16.7
教育文化娱乐服务	12.6	13.8	15.0	16.4	17.5	16.6	12.6
医疗保健	4.8	7.0	6.0	6.6	6.0	3.5	4.2
其他商品与服务	5.7	3.2	3.3	3.6	3.6	2.7	2.8
农村居民消费结构							
食品类	53.0	47.5	41.5	40.3	38.5	37.5	34.0
衣着类	6.0	7.1	6.8	7.2	6.8	6.1	6.4
居　住	13.2	12.5	17.0	13.3	11.3	26.0	24.4
生活用品及服务	5.5	6.0	6.1	5.5	5.8	4.6	5.3
交通通信	4.6	9.2	9.6	10.4	10.0	10.0	13.5
教育文化娱乐服务	10.8	10.5	10.2	13.3	17.4	8.6	8.1
医疗保健	5.1	5.5	6.6	7.5	8.2	4.7	6.6
其他商品与服务	1.8	1.7	2.2	2.5	2.0	2.5	1.7
卫　生							
卫生技术人员结构							
#执业（助理）医师		44.4	38.1	36.8	36.2	37.4	37.1
注册护士		33.2	39.0	42.1	42.8	42.1	43.4
医院床位结构							
市医院	76.6	72.9	53.8	54.2	35.1	54.9	54.6
县医院	23.4	27.1	46.2	45.8	34.9	45.1	45.4
环境、灾害							
污染资金使用结构							
治理废水		79.8	12.9	8.9	6.8		47.1
治理废气		15.7	81.6	87.5	93.2	100.0	43.1
治理固体废物		0.2					
治理噪声							
其　他		4.3	5.5	3.6			9.8
火灾事故损失额结构							
特　大							
重　大		21.8					
一　般	100.0	78.2	100.0	100.0	100.0	100.0	100.0
交通事故损失额结构							
一次性死亡三人以上事故		0.3	6.4	21.7			0.1
重　大		13.5	38.3	21.2	19.9	16.9	14.4
一　般		86.3	55.3	57.1	80.1	83.1	85.5

1—6　主要年份国民经济和社会发展比例和效益指标

指　　标		2000	2005	2010	2011	2012	2013	2014
人　口								
出生率	(‰)	10.50	10.20	8.43	8.48	10.30	10.30	9.51
死亡率	(‰)	5.20	4.50	5.75	5.91	5.45	5.50	4.97
自然增长率	(‰)	5.30	5.70	2.64	2.57	4.85	4.80	4.54
就　业								
三次产业从业者比例（以第一产业为100）								
第一产业		100.0	100.0	100.0	100.0	100.0	100.0	100.0
第二产业		103.3	131.1	113.3	107.0	102.4	99.0	98.0
第三产业		61.8	97.8	109.5	108.1	115.5	119.0	120.1
城镇登记失业率	(%)		3.7	3.1	2.9	2.8	2.8	2.8
国民核算								
全社会劳动生产率	(元/人)	21114	58063	71535	93841	96993	98140	97372
第一产业		4974	9486	14145	17304	18356	19167	17895
第二产业		29389	93450	134760	188219	199771	203399	197088
第三产业		33449	60279	58534	71315	73928	76943	82213
人均生产总值	(元)	11609	27963	43711	52108	56306	58724	60091
固定资产投资								
固定资产投资相当于生产总值比例	(%)	22.2	54.8	93.7	83.2	97.3	110.7	125.6
房屋建筑面积竣工率	(%)	53.6	38.8	42.1	33.9	31.6	24.0	25.5
财　政								
财政收入相当于生产总值比例	(%)	13.4	18.4	16.1	16.3	17.1	17.5	15.2
财政支出相当于生产总值比例	(%)	6.6	8.3	11.6	12.1	15.4	15.7	13.7
地方收入相当于中央财政收入比例	(%)	108.5	74.0	105.3	95.5	154.4	183.1	148.1
利用外资								
实际利用外资额相当于签订利用外资额比例	(%)	23.0	78.9	480.0	358.0	943.1	1845.9	584.2
能源生产与消费								
能源生产弹性系数			0.94	0.25	0.10	1.07	0.54	-
电力生产弹性系数			0.36	0.76	0.38	3.36	1.31	-
能源消费弹性系数				0.61	0.57	0.55	0.37	0.26
电力消费弹性系数			1.24	0.55	0.49	0.56	0.67	0.36
每万元生产总值消耗的能源	(吨标准煤)		2.64	1.78	1.70	1.61	1.51	1.25

注：1．本表2010年以前数据均为原区划口径；
　　2．表中带“▲”项目2011年以后为新区划口径，其余年份为原区划口径。

1—6 续表1

指 标		2000	2005	2010	2011	2012	2013	2014
农 业								
农业从业者人均农产品产量	（公斤）							
粮 食		1433	2132	2298	2487	2540	2457	3380
棉 花		7	19	39	43	39	31	32
油 料		235	422	260	261	256	238	292
肉 类		104	150	115	203	193	193	255
水产品		231	355	255	273	265	264	354
每公顷播种面积农产品产量	（公斤）							
粮 食		3794	3739	4039	6594	6634	6630	6850
棉 花		590	1020	1298	1305	1297	1358	1161
油 料		1804	2248	2363	2257	2362	2427	2493
工 业								
总资产贡献率	（%）	4.9	11.1	13.0	10.9	10.0	11.9	9.0
资产负债率	（%）	33.8	48.5	55.8	57.1	60.5	57.4	55.4
成本费用利润率	（%）	2.4	8.1	6.0	5.3	5.1	6.2	4.0
流动资产周围次数	（次/年）	1.4	2.4	2.4	2.6	1.8	2.7	2.7
产品销售率	（%）	98.6	99.4	98.0	97.6	97.2	97.3	98.0
交通运输业								
铁路网密度	（公里/万平方公里）			89	89	89	89	89
公路网密度	（公里/万平方公里）		6666	13186	11328	12583	16866	15850
铁路货运密度	（吨/公里）	261278	403333	495694	481500	460833	438611	388333
公路货运密度	（吨/公里）			42542	25665	21339	24684	12039
邮电通信业								
全市电话普及率	（部/百人）			37	28	26	26	19
移动电话普及率	（部/百人）			81	67	72	77	78
国内贸易								
批零和住宿餐饮业人均消费品零售额	（元）				10298	11512	13193	16405
对外经济贸易								
进出口总额相当于生产总值比例	（%）	12.0	25.6	21.9	23.7	18.2	17.4	13.6
国际旅游								
每一来华游客花费	（美元）	602	865	1179	1371	1628	654	2374
国内旅游人均花费	（元）	521	520	494	622	672	663	687

1—6　续表2

指　　标		2000	2005	2010	2011	2012	2013	2014
金融保险								
金融机构存款相当于生产总值比例	(%)	81.5	88.2	102.1	95.6	101.3	112.0	110.7
金融机构贷款相当于生产总值比例	(%)	59.3	53.4	63.1	70.5	69.5	77.2	82.8
教　育▲								
学龄儿童入学率	(%)	99.9	100.0	100.0	100.0	100.0	100.0	99.9
小学升学率	(%)	96.3	102.0	102.8	100.5	97.1	97.8	96.9
初中升学率	(%)	60.3	67.8	112.8	107.1	101.0	91.5	91.3
高中毛入学率	(%)							
学校教师负担系数	(%)							
高等学校		13.6	16.7	17.6	18.1	18.1	17.7	17.7
中等学校		16.9	21.6	21.6	15.5	16.1	14.9	13.7
小学学校		23.7	18.7	15.2	16.8	15.8	15.6	15.5
科　技								
研究与开发经费支出相当于生产总值比例	(%)	0.2	0.4	1.2	1.4	1.6	1.8	2.0
卫　生								
每万人执业（助理）医师数	(人)			15.8	15.1	15.9	17.2	18.0
每万人医院床位数	(张)	28.0	27.0	20.2	21.2	23.1	25.6	35.2
医院病床使用率	(%)			81.3	87.1	76.6	72.1	70.8
文　化								
每百万人有艺术表演团体	(个)				3.9	4.8	5.7	7.0
每百万人有公共图书馆	(个)				2.2	3.1	2.6	2.6
每百万人有博物馆	(个)				4.4	4.8	4.4	6.1
婚　姻								
离婚率	(‰)	1.7	3.3	7.5	5.4	2.6	2.7	2.6
生　活								
城市与农村居民收入增长率比例（1995＝100）		0.8	0.8	0.8	0.8	0.8	0.8	0.8
国际旅游								
城市自来水普及率	(%)	100.0	100.0	100.0	100.0	100.0	100.0	100.0
城市用气旁及率	(%)	98.2	100.0	100.0	100.0	100.0	100.0	100.0
人均公园绿地面积	(平方米)	8.9	12.0	14.0	15.0	16.0	15.7	15.4

1—7 主要年份平均每天主要社会经济活动

指　　标		2000	2005	2010	2011	2012	2013	2014
每天创造的财富								
地区生产总值	（万元）	3772	9576	26003	31351	33807	35419	36524
第一产业		333	476	1593	1836	2013	2176	2111
第二产业		2045	6145	17190	21344	22435	22853	22770
工　业		1794	5653	15718	19494	20421	20731	20464
建筑业		251	492	1472	1849	2014	2122	2310
第三产业		1393	2956	7219	8171	9359	10390	11643
财政收入	（万元）	505	1717	4185	5105	5770	6192	5554
#地　方		258	793	2146	2494	3501	4005	3316
粮　食	（吨）	961	1063	2807	2933	2785	2789	2911
棉　花	（吨）	5	10	44	46	43	35	29
油　料	（吨）	157	210	293	279	281	270	252
布	（万米）	15	11	3	2	2	1	1
发电量	（万千瓦时）	1123	2073	4818	5039	7071	8083	7442
生　铁	（吨）	10880	24559	40266	41902	44306	46344	46574
粗　钢	（吨）	10833	27975	42332	42538	43612	47500	48610
钢　材	（吨）	9866	26080	43235	44526	45162	53248	54764
机制纸及纸板	（吨）	374	1322	2630	2448	2772	2848	3633
每天其他经济活动								
财政支出	（万元）	258	798	3009	3789	5216	5562	4999
固定资产投资	（万元）	1152	6153	24369	26081	32908	39222	45883
城　镇		944	5676	22249	24413	31070	36466	44348
农　村		208	477	2120	1668	1838	2756	1536
社会消费品零售总额	（万元）	1056	1768	5264	6194	7204	8256	10234
进出口总额	（万美元）	68	337	842	1150	1001	993	814
出口额		31	86	188	217	329	380	341
进口额		37	251	654	932	672	613	473

注：本表2010年以前年份数据均为原区划口径。

主要统计指标解释

可比价格

指计算各种总量指标所采用的扣除了价格变动因素的价格，可进行不同时期总量指标的对比。按可比价格计算总量指标有两种方法：一种是直接用产品产量乘某一年的不变价格计算；另一种是用价格指数进行缩减。

平均增长速度

我国计算平均增长速度有两种方法：一种是习惯上经常使用的“水平法”，又称几何平均法，是以间隔期最后一年的水平同基期水平对比来计算平均每年增长（或下降）速度；另一种是“累计法”，又称代数平均法或方程法，是以间隔期内各年水平的总和同基期水平对比来计算平均每年增长（或下降）速度。在一般正常情况下，两种方法计算的平均每年增长速度比较接近；但在经济发展不平衡、出现大起大落时，两种方法计算的结果差别较大。

本《年鉴》内所列的平均增长速度，均用“水平法”计算。从某年到某年平均增长速度的年份，均不包括基期年在内。如建国四十三年的平均增长速度是以 1949 年为基期计算的，则写为 1950-1992 年平均增长速度，其余类推。

企业（单位）登记注册类型

是以在工商行政管理机关登记注册的各类企业为划分对象，以工商行政管理部门对企业登记注册的类型为依据，将企业登记注册类型分为内资企业、港澳台商投资企业和外商投资企业三大类。内资企业包括国有企业、集体企业、股份合作企业、联营企业、有限责任公司、股份有限公司、私营公司和其他企业；港澳台商投资企业和外商投资企业分别包括合资经营企业、合作经营企业、独资经营企业和股份有限公司。对不在工商行政管理部门进行登记注册的行政机关、事业单位和社会团体，主要按其经费来源和管理方式进行划分。

法人单位

指具备以下条件的单位：（一）依法成立，有自己的名称、组织机构和场所，能够独立承担民事责任；（二）独立拥有（或授权使用）资产或者经费，承担负债，有权与其他单位签订合同；（三）具有包括资产负债表在内的帐户，或者能够根据需要编制帐户。法人单位包括五种类型：企业法人、事业单位法人、机关法人、社会团体和其他成员组织法人、其他法人。

产业活动单位

法人单位所属的产业活动单位，指具备以下条件的单位：（一）在一个场所从事一种或主要从事一种社会经济活动；（二）相对独立组织生产经营或业务活动；（三）能够掌握收入和支出等业务核算资料。

单位数

表中的单位数为单产业法人数和多产业法人所属的产业活动单位数之和。

国有企业

指企业全部资产归国家所有，并按《中华人民共和国企业法人登记管理条例》规定登记注册的非公司制的经济组织。不包括有限责任公司中的国有独资公司。

集体企业

指企业资产归集体所有，并按《中华人民共和国企业法人登记管理条例》规定登记注册的经济组织。

股份合作企业

指以合作制为基础，由企业职工共同出资入股，吸收一定比例的社会资产投资组建，实行自主经营，自负盈亏，共同劳动，民主管理，按劳分配与按股分红相结合的一种集体经济组织。

联营企业

指两个及两个以上相同或不同所有制性质的企业法人或事业单位法人，按自愿、平等、互利的原则，共同投资组成的经济组织。联营企业包括国有联营企业、集体联营企业、国有与集体联营企业和其他联营企业。

有限责任公司

指根据《中华人民共和国公司登记管理条例》规定登记注册，由两个以上、五十个以下的股东共同出资，每个股东以其所认缴的出资额对公司承担有限责任，公司以其全部资产对其债务承担责任的经济组织。有限责任公司包括国有独资公司以及其他有限责任公司。

股份有限公司

指根据《中华人民共和国公司登记管理条例》规定登记注册，其全部注册资本由等额股份构成并通过发行股票筹集资本，股东以其认购的股份对公司承担有限责任，公司以其全部资产对其债务承担责任的经济组织。

私营企业

指由自然人投资设立或由自然人控股，以雇佣劳动为基础的营利性经济组织。包括按照《公司法》、《合伙企业法》、《私营企业暂行条例》规定登记注册的私营有限责任公司、私营股份有限公司、私营合伙企业和私营独资企业。

其他内资企业

指上述企业之外的其他内资经济组织。

与港澳台商合资经营企业

指港澳台地区投资者与内地企业依照《中华人民共和国中外合资经营企业法》及有关法律的规定，按合同规定的比例投资设立、分享利润和分担风险的企业。

与港澳台商合作经营企业

指港澳台地区投资者与内地企业依照《中华人民共和国中外合作经营企业法》及有关法律的规定，依照合作合同的约定进行投资或提供条件设立、分配利润和分担风险的企业。

港澳台商独资经营企业

指依照《中华人民共和国外资企业法》及有关法律的规定，在内地由港澳台地区投资者全额投资设立的企业。

港澳台商投资股份有限公司

指根据国家有关规定，经外经贸部依法批准设立，其中港、澳、台商的股本占公司注册资本的比例达 25% 以上的股份有限公司。凡其中港、澳、台商的股本占公司注册资本的比例小于 25%的，属于内资企业中的股份有限公司。

中外合资经营企业

指外国企业或外国人与中国内地企业依照《中华人民共和国中外合资经营企业法》及有关法律的规定，按合同规定的比例投资设立、分享利润和分担风险的企业。

中外合作经营企业

指外国企业或外国人与中国内地企业依照《中华人民共和国中外合作经营企业法》及有关法律的规定，依照合作合同的约定进行投资或提供条件设立、分配利润和分担风险的企业。

外资企业

指依照《中华人民共和国外资企业法》及有关法律的规定，在中国内地由外国投资者全额投资设立的企业。

外商投资股份有限公司

指根据国家有关规定，经外经贸部依法批准设立，其中外资的股本占公司注册资本的比例达 25% 以上的股份有限公司。凡其中外资股本占公司注册资本的比例小于 25%的，属于内资企业中的股份有限公司。

行政机关、事业单位和社会团体

参照企业登记注册类型，主要按其经费来源和管理方式划分。具体规定如下：

⑴行政机关：包括国家机关和政党机关，原则上均列为“国有”。但有特殊规定的，如供销社等，则列为“集体”。

⑵事业单位：包括经国家机构编制部门和有关业务主管部门批准成立的各类事业单位，不包括实行企业化管理的事业单位。事业单位的划分办法如下：

①由国家财政预算拨款或列入财政预算外资金管理以及经费主要来源于国有主管部门或国有上级单位的事业单位，列为“国有”。

②经费主要来源于集体单位的事业单位，列为“集体”。

③公民个人（或个人合伙）开办的事业单位，列为“私营”。

④上述以外的其他事业单位，如果其经费来源不明确，按管理方式进行归类。

⑶社会团体：包括经民政部门批准成立以及未纳入社会团体管理条例范围的工会、妇联等各类社会团体。社会团体的划分办法如下：

①未纳入民政部社会团体管理条例范围的工会、妇联、共青团、青联、工商联、科协、侨联等社会团体，国家拨款设立的基金会或基金管理组织以及经费主要来源于国有业务主管部门或国有上级单位的社会团体，列为“国有”。

②经费主要来源于集体单位的社会团体，列为“集体”。

③公民个人（或个人合伙）开办的社会团体，划为“私营”。

④上述以外的其他社会团体，如果其经费来源不明确，改按管理方式进行归类。

二

国民经济核算

简要说明

一、本篇包括国民经济核算资料等内容。

二、有关“指数”部分分为“以上年为 100 的指数”和“以 1978 年为 100 的指数”两个方面，“以上年为 100 的指数”表中 2000 年以前（含 2000 年）的数据是按 1990 年价格计算的，2000-2005 年的数据按 2000 年价格计算的，2005-2010 年的数据按 2005 年价格计算的，2010 年以后的数据按 2010 年价格计算的；“以 1978 年为 100 的指数”是以 1978 年为基数，每年指数相乘得到的。

三、全市人均 GDP 为按年平均常住人口算，县人均 GDP 为按年均户籍人口测算。

四、本篇资料由市统计局普查科整理。

2—1 主要年份生产总值

本表按当年价格计算

年份	生产总值(亿元)	第一产业	第二产业	工业	建筑业	第三产业	人均生产总值(按常住人口计算)(元)
2000	173.15	24.97	85.87	74.18	11.68	62.31	7907
2001	191.48	25.70	93.88	79.88	14.00	71.90	8715
2002	216.26	26.87	105.65	90.13	15.53	83.74	9811
2003	266.95	28.26	140.34	122.40	17.93	98.36	12071
2004	359.59	34.49	203.39	181.46	21.92	121.71	16207
2005	411.79	35.52	244.90	221.60	23.31	131.36	18499
2006	472.06	37.60	285.82	259.01	26.81	148.64	21138
2007	589.15	42.67	367.44	337.69	29.75	179.05	26270
2008	708.24	49.02	448.95	411.07	37.88	210.26	31403
2009	781.62	52.52	491.31	446.37	44.95	237.79	34515
2010	949.09	58.13	627.45	573.71	53.74	263.51	43711
2011	1144.30	67.02	779.04	711.54	67.50	298.24	52108
2012	1233.94	73.46	818.86	745.36	73.50	341.62	56306
2013	1293.02	79.62	834.14	756.67	77.47	379.25	58733
2014	1333.12	77.04	831.12	746.94	84.30	424.96	60091

注：2014年起，三次产业划分采用新的国家标准，与历史年份数据不可比，下同。

2—2 主要年份生产总值构成

本表按当年价格计算　　　单位：%

年份	生产总值	第一产业	第二产业	工业	建筑业	第三产业
2000	100.0	14.4	49.6	42.8	6.7	36.0
2001	100.0	13.4	49.0	41.7	7.3	37.6
2002	100.0	12.4	48.9	41.7	7.2	38.7
2003	100.0	10.6	52.6	45.9	6.7	36.8
2004	100.0	9.6	56.6	50.5	6.1	33.8
2005	100.0	8.6	59.5	53.8	5.7	31.9
2006	100.0	8.0	60.5	54.9	5.7	31.5
2007	100.0	7.2	62.4	57.3	5.0	30.4
2008	100.0	6.9	63.4	58.0	5.3	29.7
2009	100.0	6.7	62.9	57.1	5.8	30.4
2010	100.0	6.1	66.1	60.4	5.7	27.8
2011	100.0	5.8	68.1	62.2	5.9	26.1
2012	100.0	5.9	66.4	60.4	6.0	27.7
2013	100.0	6.2	64.5	58.5	6.0	29.3
2014	100.0	5.8	62.3	56.0	6.3	31.9

2—3 主要年份生产总值指数

本表按不变价格计算（上年为100）

年　份	生产总值	第一产业	第二产业	工　业	建筑业	第三产业	人　均生产总值
2000	107.6	102.1	106.6	106.9	104.4	111.8	106.5
2001	112.4	103.9	109.9	108.5	118.7	119.4	111.6
2002	112.8	104.6	114.0	114.8	108.2	114.0	112.1
2003	114.3	100.9	118.1	119.3	110.8	113.7	112.7
2004	118.9	109.4	122.1	123.0	116.0	117.4	118.8
2005	111.9	101.8	116.8	118.8	103.5	107.8	111.4
2006	115.5	102.7	120.1	120.7	114.0	110.4	115.2
2007	117.8	102.6	120.8	122.4	104.0	115.7	117.2
2008	115.9	106.9	117.8	118.4	111.4	113.8	115.3
2009	112.1	106.1	113.5	114.2	104.7	110.1	111.7
2010	114.7	104.2	117.2	117.6	111.0	111.3	111.4
2011	112.1	104.1	114.3	114.3	113.4	108.8	111.8
2012	112.0	105.2	112.4	112.9	107.5	112.5	112.2
2013	111.0	103.5	112.3	112.9	105.1	109.1	110.5
2014	109.7	103.7	110.7	111.1	106.3	108.0	108.8

2—4 主要年份生产总值指数

本表按不变价格计算（1978＝100）

年　份	生产总值	第一产业	第二产业	工　业	建筑业	第三产业	人　均生产总值
2000	1058.1	322.7	1086.0	1096.2	531.7	1970.2	776.8
2001	1189.4	335.2	1193.1	1189.0	630.9	2352.0	867.1
2002	1341.2	350.6	1360.4	1365.6	689.3	2681.1	972.3
2003	1532.6	353.6	1607.0	1629.6	763.5	3047.6	1095.7
2004	1822.3	386.8	1961.8	2004.5	885.6	3578.8	1302.3
2005	2039.0	393.8	2292.2	2380.5	916.4	3856.6	1451.4
2006	2354.5	404.6	2752.1	2873.4	1044.4	4255.8	1671.4
2007	2774.3	415.1	3323.6	3518.0	1085.7	4924.7	1958.2
2008	3215.2	443.6	3915.9	4164.2	1209.1	5605.0	2257.5
2009	3603.0	470.8	4445.9	4757.1	1265.7	6169.7	2522.2
2010	4133.8	490.8	5210.2	5596.2	1405.0	6866.3	2810.2
2011	4634.8	510.9	5953.2	6398.7	1592.8	7467.1	3142.5
2012	5191.0	537.5	6691.4	7224.2	1712.2	8400.5	3525.9
2013	5710.0	556.3	7514.4	8156.1	1799.5	9165.0	3896.1
2014	6263.9	576.9	8318.4	9061.4	1912.9	9898.2	4239.0

2—5 主要年份三次产业贡献率

本表按不变价格计算　　　　单位：%

年　份	生产总值	第一产业	第二产业	工　业	第三产业
2000	100.0	7.4	71.2	61.1	21.5
2005	100.0	2.0	87.5	85.8	10.5
2006	100.0	1.8	69.2	64.8	29.1
2007	100.0	1.8	88.5	83.5	9.6
2008	100.0	3.6	74.2	67.3	22.3
2009	100.0	4.0	82.5	74.8	13.6
2010	100.0	1.9	77.0	73.9	21.2
2011	100.0	1.9	71.4	65.3	26.7
2012	100.0	2.5	69.5	65.9	28.1
2013	100.0	1.7	75.8	73.2	22.5
2014	100.0	1.7	76.0	72.6	22.3

注：产业贡献率指各产业增加值与GDP增量之比，按不变价格计算。

2—6 主要年份三次产业拉动率

本表按不变价格计算　　　　单位：百分点

年　份	生产总值	第一产业	第二产业	工　业	第三产业
2000	7.6	0.6	5.4	4.7	1.6
2005	11.9	0.2	10.4	10.2	1.3
2006	15.5	0.3	10.7	10.0	4.5
2007	17.8	0.3	15.8	14.9	1.7
2008	15.9	0.6	11.8	10.7	3.5
2009	12.1	0.5	9.9	9.0	1.6
2010	14.7	0.3	11.3	10.9	3.1
2011	12.1	0.2	8.7	7.9	3.2
2012	12.0	0.3	8.3	7.9	3.4
2013	11.0	0.2	8.3	8.0	2.5
2014	9.7	0.2	7.4	7.0	2.1

注：产业拉动率指GDP增长速度与产业贡献率之乘积，按不变价格计算。

2—7 按行业、产业和收入法构成分的全市生产总值

本表按当年价格计算 单位：亿元

指　　标	2014
全市生产总值	**1333.12**
按行业分	
农、林、牧、渔业	83.66
工　业	746.94
建筑业	84.30
批发和零售业	94.71
交通运输、仓储和邮政业	32.74
住宿和餐饮业	26.75
信息传输、软件和信息技术服务业	19.33
金融业	41.00
房地产业	41.63
租赁和商务服务业	48.01
科学研究和技术服务业	14.36
水利、环境和公共设施管理业	5.78
居民服务、修理和其他服务业	25.10
教　育	19.78
卫生和社会工作	14.58
文化、体育和娱乐业	8.61
公共管理、社会保障和社会组织	25.84
按产业分	
第一产业	77.04
第二产业	831.12
第三产业	424.96
按收入法构成分	
劳动者报酬	434.84
生产税净额	296.28
固定资产折旧	207.34
营业盈余	394.66

2—8 第三产业增加值

本表按当年价格计算 单位：亿元

指　　标	2014
总　计	**424.96**
批发和零售业	94.71
交通运输、仓储和邮政业	32.74
住宿和餐饮业	26.75
信息传输、软件和信息技术服务业	19.33
金融业	41.00
房地产业	41.63
租赁和商务服务业	48.01
科学研究和技术服务业	14.36
水利、环境和公共设施管理业	5.78
居民服务、修理和其他服务业	25.10
教　育	19.78
卫生和社会工作	14.58
文化、体育和娱乐业	8.61
公共管理、社会保障和社会组织	25.84

注：按照新的三次产业分类，第三产业还包括农、林、牧、渔业中的农、林、牧、渔服务业，采矿业中的开采辅助活动，制造业中的金属制品、机械和设备修理业，所以表中门类合计不等于总计数，下同。

2—9 第三产业增加值构成

本表按当年价格计算 单位：%

指　　标	2014
总　计	**100.00**
批发和零售业	22.30
交通运输、仓储和邮政业	7.70
住宿和餐饮业	6.30
信息传输、软件和信息技术服务业	4.50
金融业	9.60
房地产业	9.80
租赁和商务服务业	11.30
科学研究和技术服务业	3.40
水利、环境和公共设施管理业	1.40
居民服务、修理和其他服务业	5.90
教　育	4.70
卫生和社会工作	3.40
文化、体育和娱乐业	2.00
公共管理、社会保障和社会组织	6.10

2—10 第三产业增加值指数

本表按不变价格计算（上年为100）

行　　业	2014
总　计	**108.0**
批发和零售业	108.9
交通运输、仓储和邮政业	108.2
住宿和餐饮业	107.1
信息传输、软件和信息技术服务业	105.7
金融业	104.9
房地产业	102.7
租赁和商务服务业	113.8
科学研究和技术服务业	104.0
水利、环境和公共设施管理业	107.8
居民服务、修理和其他服务业	115.1
教　育	106.4
卫生和社会工作	105.7
文化、体育和娱乐业	117.3
公共管理、社会保障和社会组织	102.2

2—11 主要年份各县生产总值和指数

本表绝对数按当年价格计算，指数按不变价格计算。

地　区	生产总值（亿元）				
	2000	2005	2010	2013	2014
全　市	**173.15**	**411.79**	**949.09**	**1293.02**	**1333.12**
含山县	17.62	29.61	64.42	103.91	116.10
和　县	17.87	32.65	73.98	116.43	129.16
当涂县	25.65	58.17	189.40	243.48	264.51

地　区	指数（上年＝100）				
	2000	2005	2010	2013	2014
全　市	**107.6**	**111.9**	**114.7**	**111.0**	**109.7**
含山县	106.9	110.8	114.2	113.4	113.7
和　县	107.3	114.5	113.0	113.6	113.0
当涂县	105.6	115.6	118.4	115.2	111.1

2—12 各县生产总值（2014年）

本表绝对数按当年价格计算，指数按不变价格计算。

地　　区	生产总值（亿元）	第一产业	第二产业			第三产业	人均生产总值（元/人）
				工　业	建筑业		
全　　市	**1333.12**	**77.04**	**831.12**	**746.94**	**84.30**	**424.96**	**60091**
含山县	116.10	20.92	60.74	52.86	7.88	34.44	26169
和　县	129.16	23.34	69.99	59.51	10.48	35.84	23885
当涂县	264.51	27.67	188.42	169.4	19.02	48.42	55863

地　　区	构　　成（%）				指数（以上年为100）			
	生产总值	第一产业	第二产业	第三产业	生产总值	第一产业	第二产业	第三产业
全　　市	**100.0**	**5.8**	**62.3**	**31.9**	**109.7**	**103.7**	**110.7**	**108.0**
含山县	100.0	18.0	52.3	29.7	113.7	105.4	119.3	108.4
和　县	100.0	18.1	54.2	27.7	113	105.4	118.4	106.9
当涂县	100.0	10.5	71.2	18.3	111.1	105.2	112.4	108.3

注：县人均生产总值按户籍人口计算。

主要统计指标解释

国内生产总值（GDP）

指按市场价格计算的一个国家（或地区）所有常住单位在一定时期内生产活动的最终成果。国内生产总值有三种表现形态，即价值形态、收入形态和产品形态。从价值形态看，它是所有常住单位在一定时期内生产的全部货物和服务价值超过同期投入的全部非固定资产货物和服务价值的差额，即所有常住单位的增加值之和；从收入形态看，它是所有常住单位在一定时期内创造并分配给常住单位和非常住单位的初次收入之和；从产品形态看，它是所有常住单位在一定时期内最终使用的货物和服务价值减去货物和服务进口价值。在实际核算中，国内生产总值有三种计算方法，即生产法、收入法和支出法。三种方法分别从不同的方面反映国内生产总值及其构成。

三次产业

三产业的划分是世界上较为常用的产业结构分类，但各国的划分不尽一致。我国的三次产业划分是：

第一产业是指农、林、牧、渔业。

第二产业是指采矿业，制造业，电力、煤气及水的生产和供应业，建筑业。

第三产业是指除第一、二产业以外的其他行业。

劳动者报酬

指劳动者因从事生产活动所获得的全部报酬。包括劳动者获得的各种形式的工资、奖金和津贴，既包括货币形式的，也包括实物形式的，还包括劳动者所享受的公费医疗和医药卫生费、上下班交通补贴、单位支付的社会保险费、住房公积金等。对于个体经济来说，其所有者所获得的劳动报酬和经营利润不易区分，这两部分统一作为劳动者报酬处理。

生产税净额

指生产税减生产补贴后的余额。生产税指政府对生产单位从事生产、销售和经营活动以及因从事生产活动使用某些生产要素（如固定资产、土地、劳动力）所征收的各种税、附加费和规费。生产补贴与生产税相反，指政府对生产单位的单方面转移支出，因此视为负生产税，包括政策亏损补贴、价格补贴等。

固定资产折旧

指一定时期内为弥补固定资产损耗按照规定的固定资产折旧率提取的固定资产折旧，或按国民经济核算统一规定的折旧率虚拟计算的固定资产折旧。它反映了固定资产在当期生产中的转移价值。各类企业和企业化管理的事业单位的固定资产折旧是指实际计提的折旧费；不计提折旧的政府机关、非企业化管理的事业单位和居民住房的固定资产折旧是按照统一规定的折旧率和固定资产原值计算的虚拟折旧。原则上，固定资产折旧应按固定资产当期的重置价值计算，但是目前我国尚不具备对全社会固定资产进行重估价的基础，所以暂时只能采用上述办法。

营业盈余

指常住单位创造的增加值扣除劳动者报酬、生产税净额和固定资产折旧后的余额。它相当于企业的营业利润加上生产补贴，但要扣除从利润中开支的工资和福利等。

人口

简要说明

一、本篇资料反映我市人口方面的基本情况，包括全市主要人口统计数据，主要指标有：总户数、总人口、家庭户规模、性别比等。

二、本篇资料来源主要有以下三个方面：

1、有关家庭户数据、人口性别比、人口受教育程度、抚养系数等资料是根据历年人口抽样调查和人口普查数据整理计算的。

2、有关六次人口普查资料，是根据历次人口普查资料整理的。

3、有关户籍人口、非农业人口、农业人口、人口变动情况，是根据公安部门提供的户籍人口统计年报资料整理的。

三、本篇资料由市统计局人口和社会科技科整理编制。

3—1　主要年份人口指标

年份	户籍人口			常住人口				
	总数（万人）	非农业人口	非农业人口占比重(%)	总数（万人）	城镇人口比重(%)	出生率（‰）	死亡率（‰）	自然增长率（‰）
2000	119.0	50.8	42.7	119.7	50.34	10.54	5.21	5.33
2001	120.0	51.8	43.2			11.50	4.90	6.60
2002	122.1	54.2	44.4	123.0		10.85	4.27	6.58
2003	124.1	56.4	45.4	123.0		10.50	4.80	5.70
2004	124.4	58.2	46.8	125.0		10.30	4.70	5.60
2005	125.6	59.2	47.1	125.0	58.50	10.20	4.50	5.70
2006	126.6	60.1	47.5	126.0		10.10	4.60	5.50
2007	127.3	61.1	48.0	127.0	64.20	10.10	4.80	5.30
2008	128.1	63.1	49.3	128.0	66.00	10.20	4.90	5.30
2009	128.6	64.1	49.8	129.0	67.30	10.20	5.00	5.20
2010	129.1	64.5	49.9	220.3	57.70	8.43	5.79	2.64
2011	228.6	81.5	35.7	218.8	59.40	8.48	5.91	2.57
2012	228.4	81.5	36.0	219.5	61.20	10.30	5.45	4.85
2013	228.4	82.2	36.0	220.8	62.57	10.30	5.50	4.80
2014	227.7	81.6	35.8	222.9	63.86	9.51	4.97	4.54

注：户籍人口为公安户籍统计数，常住人口为人口抽样调查推算数；2000年和2010年常住人口数为普查数，2010年及以前年份数据为原区划口径。

3—2　主要年份户籍人口数及构成

年份	总户数（户）	总人口（万人）				非农业人口（万人）	农业人口（万人）
		合计	男	女	性别比（女=100）		
2000	353445	119.0	61.8	57.2	108	50.8	68.2
2001	357002	120.0	62.3	57.7	108	51.8	68.2
2002	362844	122.1	63.3	58.8	108	54.2	67.9
2003	369858	124.1	64.3	59.8	108	56.4	67.7
2004	373796	124.4	64.4	60.0	107	58.2	66.2
2005	378291	125.6	65.0	60.7	107	59.2	66.4
2006	383407	126.6	65.4	61.2	107	60.1	66.5
2007	389476	127.3	65.7	61.6	107	61.1	66.2
2008	395339	128.1	66.0	62.1	106	63.1	65.0
2009	399504	128.6	66.2	62.4	106	64.1	64.5
2010	405565	129.1	66.3	62.8	106	64.5	64.6
2011	736240	228.6	118.1	110.5	107	81.5	147.1
2012	726627	228.4	117.8	110.5	107	81.5	146.9
2013	730839	228.4	117.8	110.6	107	82.2	146.2
2014	730995	227.7	117.5	110.2	107	81.6	146.1

注：表内数据为公安户籍人口数。

3—3 主要年份人口系数

单位：%

年　份	少年儿童系　数	老年系数	老少比	少年儿童抚养系数	老年抚养系　数	总抚养系数	年龄中位数（岁）
2000	20.76	7.53	36.28	28.95	10.50	39.45	
2005	18.28	9.96	54.52	25.44	13.87	39.31	
2010	16.36	12.74	80.39	18.84	15.14	33.98	39.52
2014				18.54	19.15	37.68	

注：2000年、2010年为普查数据，其余年份为人口变动抽样调查数。

3—4 主要年份每10万人受教育程度和总人口文盲率

单位：人

年　份	大专及以上	高中、中专	初　中	小　学	总人口文盲率（%）
2000	4778	12148	31950	32695	8.89
2002	5476	12229	35246	30137	9.75
2004	6027	13282	35642	30961	8.14
2006	5718	13291	38581	27163	9.93
2007	5710	13781	41101	32174	6.86
2008	5578	14181	42460	30772	6.62
2010	8130	12096	37141	29105	9.09
2011	8801	14907	35754	29211	5.38
2012	5770	11970	38430	31146	6.29
2013	11750	14492	38879	27209	5.00
2014	12357	11974	36232	26039	4.98

注：2000年和2010年总文盲率为普查数据。

3—5 分县区常住人口（2014年）

地　区	年末常住人口（万人）	比2010年人口普查增长
全　市	222.9	2.6
花山区	43.7	0.5
雨山区	31.7	0.7
博望区	17.2	0.2
含山县	38.0	0.4
和　县	46.3	0.3
当涂县	46.0	0.5

3—6　全市人口变动情况（2014年）

单位：人

地区	出生			死亡		
	合计	男	女	合计	男	女
全　市	**25161**	**13556**	**11605**	**16965**	**9282**	**7683**
花山区	**2925**	**1503**	**1422**	**1746**	**1007**	**739**
沙塘路街道	353	200	153	260	135	125
解放路街道	404	202	202	182	96	86
湖东路街道	335	171	164	148	97	51
桃源路街道	489	256	233	268	152	116
霍里街道	568	264	304	352	237	115
金家庄街道	156	91	65	232	129	103
塘西街道	218	116	102	99	44	55
慈湖高新技术产业开发区	385	196	189	201	116	85
江东街道	17	7	10	4	1	3
雨山区	**2170**	**1108**	**1062**	**2190**	**1269**	**921**
雨山街道	271	133	138	482	291	191
平湖街道	190	101	89	224	129	95
安民街道	359	190	169	161	89	72
采石办事处	231	123	108	168	90	78
九华派出所（市开发区）	31	17	14	2		2
佳山乡	592	285	307	452	250	202
向山镇	294	159	135	583	353	230
银塘镇	202	100	102	118	67	51
博望区	**2150**	**1202**	**948**	**2122**	**1019**	**1103**
丹阳镇	565	296	269	486	254	232
博望镇	1128	648	480	1285	591	694
新市镇	457	258	199	351	174	177
含山县	**5310**	**2967**	**2343**	**3363**	**1859**	**1504**
环峰镇	1542	822	720	779	435	344
仙踪镇	657	363	294	345	187	158
昭关镇	247	149	98	464	261	203
清溪镇	510	307	203	225	128	97
陶厂镇	700	382	318	183	108	75
铜闸镇	422	241	181	217	104	113
林头镇	785	451	334	798	461	337
运漕镇	447	252	195	352	175	177
和　县	**7161**	**3897**	**3264**	**3736**	**2069**	**1667**
历阳镇	1837	1019	818	792	444	348
白桥镇	702	388	314	426	242	184
姥桥镇	958	524	434	496	292	204
功桥镇	716	374	342	312	166	146
西埠镇	787	425	362	343	184	159
乌江镇	736	424	312	545	288	257
香泉镇	471	239	232	414	215	199
善厚镇	509	279	230	134	82	52
石杨镇	445	225	220	274	156	118
当涂县	**5445**	**2879**	**2566**	**3808**	**2059**	**1749**
湖阳乡	298	148	150	347	179	168
大陇乡	384	205	179	244	131	113
江心乡	368	175	193	200	106	94
太白镇	548	292	256	351	201	150
姑孰镇	1144	622	522	788	438	350
黄池镇	555	288	267	420	233	187
乌溪镇	288	148	140	184	102	82
护河镇	356	193	163	265	134	131
塘南镇	408	223	185	213	120	93
石桥镇	557	294	263	416	205	211
当涂经济开发区	136	78	58	90	56	34
年陡镇	403	213	190	290	154	136

3—6 续表

单位：人

地区	迁入			迁出		
	合计	省内迁入	省外迁入	合计	迁往省内	迁往省外
全　市	**9770**	**5207**	**4563**	**12150**	**5394**	**6756**
花山区	**2523**	**1493**	**1030**	**2560**	**854**	**1706**
沙塘路街道	330	170	160	362	99	263
解放路街道	371	198	173	350	100	250
湖东路街道	356	174	182	541	205	336
桃源路街道	460	247	213	724	247	477
霍里街道	291	212	79	108	33	75
金家庄街道	251	157	94	216	74	142
塘西街道	244	178	66	109	47	62
慈湖高新技术产业开发区	210	150	60	148	48	100
江东街道	10	7	3	2	1	1
雨山区	**1588**	**867**	**721**	**2455**	**1041**	**1414**
雨山街道	255	137	118	365	81	284
平湖街道	141	58	83	236	80	156
安民街道	320	151	169	393	106	287
采石办事处	77	40	37	70	27	43
九华派出所（市开发区）	116	65	51	112	65	47
佳山乡	327	210	117	354	179	175
向山镇	263	133	130	879	475	404
银塘镇	89	73	16	46	28	18
博望区	**611**	**259**	**352**	**655**	**148**	**507**
丹阳镇	187	89	98	211	74	137
博望镇	312	139	173	297	41	256
新市镇	112	31	81	147	33	114
含山县	**1443**	**802**	**641**	**2247**	**1354**	**893**
环峰镇	451	247	204	589	338	251
仙踪镇	199	114	85	273	131	142
昭关镇	94	45	49	92	43	49
清溪镇	129	67	62	156	88	68
陶厂镇	107	62	45	146	98	48
铜闸镇	109	57	52	172	108	64
林头镇	213	136	77	552	386	166
运漕镇	141	74	67	267	162	105
和　县	**1871**	**906**	**965**	**2492**	**1000**	**1492**
历阳镇	462	210	252	882	488	394
白桥镇	142	62	80	158	75	83
姥桥镇	257	103	154	135	19	116
功桥镇	186	96	90	158	88	70
西埠镇	233	139	94	221	89	132
乌江镇	229	106	123	331	69	262
香泉镇	105	38	67	201	37	164
善厚镇	91	51	40	193	79	114
石杨镇	166	101	65	213	56	157
当涂县	**1734**	**880**	**854**	**1741**	**997**	**744**
湖阳乡	80	21	59	108	19	89
大陇乡	105	49	56	82	44	38
江心乡	100	57	43	49	29	20
太白镇	134	71	63	259	191	68
姑孰镇	650	389	261	596	354	242
黄池镇	126	67	59	149	95	54
乌溪镇	68	28	40	75	37	38
护河镇	101	35	66	91	52	39
塘南镇	68	20	48	92	39	53
石桥镇	125	47	78	135	63	72
当涂经济开发区	51	24	27	35	23	12
年陡镇	126	72	54	70	51	19

注：表内数据为公安户籍人口数。

3—7　近两次全市人口普查基本情况

指　　标		2000	2010
总 人 口	**（人）**	**1196916**	**2202899**
男		617633	1134024
女		579283	1068875
育龄妇女　（15—49岁）		330943	623184
总 户 数	**（户）**	**366610**	**739334**
家 庭 户		360503	723224
集 体 户		6107	16090
家庭户规模	**（人/户）**	**3.24**	**2.90**
各年龄组人口	**（人）**		
0—6岁		99384	135059
7—14岁		161504	174660
15—64岁		845879	1644204
65岁以上		90149	248976
劳动年龄人口		923604	1859264
男60岁、女55岁以上人口		165327	442324
民族人口	**（人）**		
汉　　族		1189101	2188218
少数民族		7815	14681
每十万人拥有受教育程度人口	**（人）**		
大专以上		4778	8129
高　　中		12148	12096
初　　中		31950	37140
小　　学		32695	29104
文盲人口及文盲率			
文盲人口	（人）	106349	172041
文 盲 率	（%）	8.89	9.09
城镇乡村人口	**（人）**		
城　　镇		602528	1271608
乡　　村		594388	931291

注：2010年数据包括含山县、和县。

3—8 计划生育基本情况（2014年）

单位：人

项目	全市	市区
领证及女性初婚情况		
育龄妇女人数	623613	221447
已婚妇女人数	483213	170609
#无孩妇女人数	26516	11345
一孩妇女人数	298949	122940
二孩妇女人数	142959	32816
多孩妇女人数	14789	3508
领取独生子女证人数	158618	83225
女性初婚人数	15967	5062
#19岁以下人数	697	116
23岁以上人数	9268	3692
节育情况		
采取各种节育措施人数合计	434769	148859
#男性绝育	167	58
女性绝育	130540	25271
本期采取各种节育手术例数	25891	5800
#男性绝育	2	1
女性绝育	2181	539

3—9 各区、县主要人口指标（2014年）

地 区	总户数（户）	户籍人口（人）				性别比（女=100）	非农业人口比重（%）
		总 数	非农业人口	男	女		
全 市	**730995**	**2277312**	**816155**	**1174839**	**1102473**	**107**	**35.8**
花山区	**125793**	**377025**	**339616**	**188595**	**188430**	**100**	**90.1**
沙塘路街道	16171	52068	52068	25947	26121	99	100.0
解放路街道	19283	58576	58576	29494	29082	101	100.0
湖东路街道	13061	41675	41675	20722	20953	99	100.0
桃源路街道	23084	72650	72644	36510	36140	101	100.0
霍里街道	17260	45313	25223	21956	23357	94	55.7
金家庄街道	12417	36366	35228	18758	17608	107	96.9
塘西街道	10371	29976	27222	15366	14610	105	90.8
慈湖乡	7967	22782	13233	11260	11522	98	58.1
江东街道	6179	17619	13747	8582	9037	95	78.0
雨山区	**87259**	**260529**	**199567**	**131444**	**129085**	**102**	**76.6**
雨山街道	15467	46442	46439	23464	22978	102	100.0
平湖街道	10205	34246	34246	17859	16387	109	100.0
安民街道	16239	49390	47782	24877	24513	101	96.7
采石办事处	7241	22920	10496	11357	11563	98	45.8
九华派出所（市开发区）	507	1735	1735	1096	639	172	100.0
佳山乡	16890	47502	25033	23363	24139	97	52.7
向山镇	15673	42445	30359	21504	20941	103	71.5
银塘镇	5037	15849	3477	7924	7925	100	21.9
博望区	**54520**	**184396**	**15196**	**97266**	**87130**	**112**	**8.2**
丹阳镇	17082	54979	5387	28570	26409	108	9.8
博望镇	24208	89895	8316	47857	42038	114	9.3
新市镇	13230	39522	1493	20839	18683	112	3.8
含山县	**142913**	**442604**	**82793**	**232069**	**210535**	**110**	**18.7**
环峰镇	39753	120098	44215	62299	57799	108	36.8
仙踪镇	19969	64105	3795	33579	30526	110	5.9
昭关镇	6823	24912	697	13116	11796	111	2.8
清溪镇	17444	49104	3213	25893	23211	112	6.5
陶厂镇	11143	39663	2626	20949	18714	112	6.6
铜闸镇	9783	33441	3618	17569	15872	111	10.8
林头镇	25320	71137	16480	37617	33520	112	23.2
运漕镇	12678	40144	8149	21047	19097	110	20.3
和 县	**166622**	**539408**	**81751**	**282542**	**256866**	**110**	**15.2**
历阳镇	44540	137660	51176	71531	66129	108	37.2
白桥镇	13953	53729	5530	28165	25564	110	10.3
姥桥镇	18357	66152	3812	34256	31896	107	5.8
功桥镇	15557	51134	2592	27604	23530	117	5.1
西埠镇	18157	56148	4932	30020	26128	115	8.8
乌江镇	20977	62336	6711	32203	30133	107	10.8
香泉镇	11332	39831	2298	20710	19121	108	5.8
善厚镇	11383	33639	2028	17773	15866	112	6.0
石杨镇	12366	38779	2672	20280	18499	110	6.9
当涂县	**153888**	**473350**	**97232**	**242923**	**230427**	**105**	**20.5**
湖阳乡	9233	28472	2930	15117	13355	113	10.3
大陇乡	8923	32697	1148	17484	15213	115	3.5
江心乡	9742	25666	876	12848	12818	100	3.4
太白镇	15561	41953	6482	21396	20557	104	15.5
姑孰镇	36911	109229	67985	54903	54326	101	62.2
黄池镇	16187	48773	3599	25084	23689	106	7.4
乌溪镇	7634	24833	1918	12945	11888	109	7.7
护河镇	10022	31799	1963	16561	15238	109	6.2
塘南镇	9183	32191	1000	16895	15296	110	3.1
石桥镇	14259	47346	2624	24629	22717	108	5.5
当涂经济开发区	4025	11741	4744	5770	5971	97	40.4
年陡镇	12208	38650	1963	19291	19359	100	5.1

注：表内数据为公安户籍人口数。

主要统计指标解释

人口数

指一定时点、一定地区范围内的有生命的个人的总和。

常住人口

是指具有中华人民共和国国籍并在中华人民共和国境内常住的人。

（1）居住本乡、镇、街道，户口在本乡、镇、街道的人；

（2）居住本乡、镇、街道半年以上，户口在外乡、镇、街道的人；

（3）在本乡、镇、街道居住不满半年，离开户口登记地半年以上的人；

（4）居住本乡、镇、街道，户口待定的人；

（5）原住本乡、镇、街道，现在国外工作学习，暂无户口的人；

常住户口在本乡、镇、街道，但已离开本乡、镇、街道半年以上的人，在户口所在地只登记人数，不计入户口所在地的常住人口数内。

文盲率

15岁及以上不识字人数与总人口数的比例。

出生率（又称粗出生率）

指在一定时期内（通常为一年）平均每千人所出生的人数的比率，一般用千分率表示。计算公式为：

出生率＝年出生人数/年平均人数×1000‰

式中：出生人数指活产婴儿，即胎儿脱离母体时（不含怀孕月数），有过呼吸或其他生命现象。年平均人数指年初、年底人口数的平均数，也可用年中人口数代替。

死亡率（又称粗死亡率）

指在一定时期内（通常为一年）一定地区的死亡人数与同期平均人数（或期中人数）之比，一般用千分率表示。计算公式为：

死亡率＝年死亡人数/年平均人数×1000‰

人口自然增长率

指在一定时期内（通常为一年）人口自然增加数（出生人数减死亡人数）与该时期内平均人数（或期中人数）之比，一般用千分率表示。计算公式为：

人口自然增长率＝（年出生人数－年死亡人数）/年平均人数×1000‰

＝人口出生率－人口死亡率

抚养系数

指被抚养人口（0-14岁和65岁以上人口）与15-64岁人口的比例。计算公式为：

抚养系数＝被抚养人口/15-64岁人口×100%

老年抚养系数

指老年人口（65岁以上人口）与15-64岁人口的比例。计算公式为：

老年抚养系数＝老年人口/15-64岁人口×100%

少年儿童抚养系数

指0-14岁少年儿童与15-64岁人口的比例。计算公式为：

少年儿童系数抚养＝少年儿童人口/15-64岁人口×100%

四

就业人员和职工工资

简要说明

一、本篇资料反映我市劳动经济方面的基本情况，包括全市和三区三县的主要劳动统计数据。主要指标有：从业人员、城镇私营和个体从业人员、城镇登记失业人员及失业率、单位从业人员、在岗职工、职工工资总额和职工平均工资等。

二、本篇资料来源主要有以下四个方面：

1、职工人数、工资总额、平均工资及单位从业人员情况，是根据《2014年度全市劳动统计年报》汇总整理提供的。

2、私营企业和个体从业人员，是根据市工商局提供的资料整理的。

3、城镇登记失业人数、城镇登记失业数、新就业人数、城镇登记失业率、职业介绍机构、职业介绍工作情况和劳动保障、劳动仲裁情况，是根据市人力资源和社会保障局提供的资料整理的。

4、就业基本情况是根据全市劳动统计年报、全市2014年人口变动抽样调查资料、市统计局农业统计年报、市工商局统计年报等综合编制的。

三、1998年及以后城镇单位就业人员、职工工资、工资总额、平均工资等指标中不再包括离开本单位仍保留劳动关系的职工及其生活费。

四、本篇资料由市统计局人口和社会科技科整理编制。

4—1 按三次产业分的从业人员数

单位：万人

指　　标	2000	2005	2010	2013	2014
经济活动人口	**66.10**	**61.10**	**133.50**	**135.75**	**140.86**
就业人员合计	**65.20**	**60.20**	**132.70**	**131.73**	**136.91**
第一产业	24.60	18.30	41.10	41.43	43.05
第二产业	25.40	24.00	46.60	41.01	42.17
第三产业	15.20	17.90	45.00	49.29	51.69
就业人员构成（合计=100）					
第一产业	37.70	30.40	31.00	31.50	31.44
第二产业	38.90	39.90	35.10	31.10	30.80
第三产业	23.40	38.70	33.90	37.40	37.76
按城乡分就业人员					
城镇就业人员	27.00	21.90	36.80	68.25	76.67
国有单位	11.60	5.50	6.80	6.94	7.48
城镇集体单位	5.00	1.50	1.40	1.03	1.30
股份合作单位		0.10	0.20	0.04	0.03
联营单位					
有限责任公司	0.80	3.50	3.80	8.80	7.67
股份有限公司	4.90	5.30	5.40	5.02	5.18
私营企业	2.30	2.20	6.60	10.11	15.83
港澳台商投资单位	0.10	0.20	0.50	0.54	0.52
外商投资单位	0.10	0.30	0.80	1.18	1.11
个　　体	5.50	3.30	9.90	19.06	20.27
其　　他			1.50	15.53	17.28
乡村就业人员	29.00	9.70	30.00	63.49	60.24
私营企业	0.80	2.30	17.90	5.11	6.02
个　　体	5.10	7.10	7.50	2.26	2.05
其　　他	2.50	0.30	4.50	56.12	52.17
全部职工人数	**22.80**	**14.10**	**6.20**	**23.69**	**23.13**
国有单位	11.50	4.50	6.30	6.94	7.57
城镇集体单位	5.30	1.00	1.30	1.03	1.00
其他单位	6.00	8.60	10.40	15.72	14.56
城镇单位女性就业人员	**3.20**	**3.40**	**6.10**	**7.25**	**6.98**
城镇登记失业率　　（%）		**3.7**	**3.1**	**2.8**	**2.8**

注：全社会就业人员总计、城镇和乡村就业人员小计资料根据有关部门资料进行了调整，2010年起为新行政区划数据。

4—2 主要年份分行业从业人员数

单位：万人

行　　业	2005	2010	2013	2014
总　　计	**18.30**	**15.08**	**131.74**	**136.91**
农、林、牧、渔业	2.60	1.99	41.43	43.05
采矿业	14.00	15.08	3.17	3.73
制造业	0.40	0.42	25.44	24.98
电力、燃气及水的生产和供应业	7.00	8.43	0.77	0.80
建筑业	3.30	4.03	11.64	12.66
批发和零售业	1.60	2.32	9.91	2.73
交通运输、仓储及邮政业	0.40	0.56	6.35	0.86
住宿和餐饮业	0.50	0.80	9.83	20.13
信息传输、软件和信息技术服务业	6.30	10.26	1.47	7.74
金融业	0.20	0.51	1.35	1.15
房地产业	0.40	1.23	2.05	1.36
租赁和商务服务业	0.30	0.74	2.14	2.29
科学研究和技术服务业	0.20	0.18	1.14	1.31
水利、环境和公共设施管理业	1.40	1.67	0.50	0.46
居民服务、修理和其他服务业	1.30	1.38	4.47	4.46
教　育	0.40	0.68	3.33	3.52
卫生和社会工作	0.30	0.33	1.96	1.96
文化、体育和娱乐业	1.30	1.38	1.49	0.81
公共管理、社会保障和社会组织	60.20	66.74	3.30	2.91

注：2011年前均为原区划口径数据。

4—3 各县区按三次产业分的从业人员数（2014年）

地　区	从业人员（万人）				构　成（合计＝100）		
		第一产业	第二产业	第三产业	第一产业	第二产业	第三产业
全　市	**136.91**	**43.05**	**42.17**	**51.69**	**31.4**	**30.8**	**37.8**
花山区	22.90	3.26	5.18	14.46	14.2	22.6	63.2
雨山区	18.78	0.82	8.61	9.35	4.4	45.8	49.8
博望区	8.35	3.56	2.73	2.06	42.6	32.7	24.7
含山县	26.03	10.26	7.15	8.62	39.4	27.5	33.1
和　县	31.95	12.93	8.49	10.53	40.4	26.6	33.0
当涂县	28.90	12.22	10.01	6.67	42.3	34.6	23.1

4—4 主要年份按城乡分的从业人员数

单位：人

年份	合计	城镇						
		小计	国有单位	集体单位	股份合作单位	联营单位	有限责任公司	股份有限公司
2000	652000	270000	116000	50000			8000	49000
2005	602000	219000	55000	15000	1000		35000	53000
2006	615000	228000	54000	14000	1000		35000	54000
2007	619000	233000	44000	10000	1000		42000	54000
2008	645972	261587	43604	10550	470	186	39321	53334
2009	649671	262802	44232	8661			38160	51825
2010	667401	28517	245280	7960			37352	51540
2011	1219506	633899	63269	11454	2516		32367	51697
2012	1272195	656790	69939	11644	438	47	38915	55577
2013	1317365	682422	69365	10323	362		88030	50223
2014	1369131	766713	74784	13031	297		76739	51844

年份						乡村			
	私营企业	港澳台商投资单位	外商投资单位	个体	其他	小计	私营企业	个体	其他
2000	15000	1000	1000	30000		382000	7312	25659	51000
2005	22000	2000	3000	33000		383000	23776	27852	71000
2006	25000	3000	4000	38000		387000	29006	26262	68000
2007	20000	3000	6000	53000		386000	24121	3903	60000
2008	49170	3590	6192	55170		384385	53501	24603	35006
2009	47447	4448	9044	57554	1431	386869	58789	15859	37000
2010	51073	4615	8316	63808	15228	382229	52629	14569	382229
2011	89912	6848	7921	107431	260484	585607	63742	18267	503598
2012	88931	6485	7832	168425	208557	615405	52018	24945	538442
2013	101060	5390	11833	190632	155204	634943	51066	22635	561242
2014	158292	5182	11110	202688	172746	602418	60242	20454	521722

注：2011年前均为原区划口径数据。

4—5 各县区按城乡分的从业人员数（2014年）

单位：人

地区	合计	城镇						
		小计	国有单位	集体单位	股份合作单位	联营单位	有限责任公司	股份有限公司
全市	1369131	766713	74784	13031	297		76739	51844
花山区	229037	192964	17764	907			17730	20083
雨山区	187819	163479	23279	1231			49899	20360
博望区	83466	48754	2256	195			314	287
含山县	260282	122902	9318	351	297		3177	5522
和县	319520	136864	11862	9628			3422	4703
当涂县	289007	101750	10305	719			2197	889

地区						乡村			
	私营企业	港澳台商投资单位	外商投资单位	个体	其他	小计	私营企业	个体	其他
全市	158292	5182	11110	202688	172746	602418	60242	20454	521722
花山区	42289	1195	3340	89656		36073	15464	7265	13344
雨山区	38042	3501	5320	11375	10472	24340	6781	3114	14445
博望区	6133	71		8862	30636	34712	6525	2801	25386
含山县	13655			31838	58744	137380	9511	2913	124956
和县	13438	242	747	33561	59261	182656	8426	1422	172808
当涂县	44735	173	1703	27396	13633	187257	13535	2939	170783

4—6　各县区分行业城镇非私营单位就业人员数（2014年）

单位：人

地　区	合　计	农林牧渔业	采矿业	制造业	电力、燃气及水的生产和供应业	建筑业	批发和零售业	交通运输、仓储和邮政业	住宿和餐饮业	信息传输、计算机服务和软件业
全　市	**231329**	**737**	**24389**	**67890**	**4573**	**32078**	**6199**	**6960**	**672**	**3507**
花山区	61300			11091	2220	12301	3138	3955	385	1440
雨山区	102280		23744	47952	712	3199	1424	1531	135	1744
博望区	2945	51		119			5			
含山县	17304	191	520	2534	243	2716	371	460		115
和　县	30613	339		3030	733	13516	490	459	114	121
当涂县	16887	156	125	3164	665	346	771	555	38	87

地　区	金融业	房地产业	租赁和商务服务业	科学研究、技术服务和地质勘查业	水利、环境和公共设施管理业	居民服务和其他服务业	教　育	卫生、社会保障和社会福利业	文化、体育和娱乐业	公共管理和社会组织
全　市	**9726**	**2543**	**4543**	**4610**	**3379**	**1872**	**22859**	**10594**	**1178**	**23020**
花山区	4820	901	1012	984	1018	41	5738	5161	458	6637
雨山区	2953	758	3003	2878	254	1572	3996	1286	251	4888
博望区		34	82		36		1413	193		1012
含山县	645	296	81	140	746	31	3594	1163	102	3356
和　县	904	326	51	120	545	23	4235	1518	165	3924
当涂县	404	228	314	488	780	205	3883	1273	202	3203

4—7 主要年份城镇非私营单位就业人员数

单位：人

行　　业	2005	2010	2013	2014
总　　计	**141439**	**177282**	**236928**	**231329**
农、林、牧、渔业	565	929	763	737
采矿业	17906	15260	25218	24389
制造业	65083	70115	69535	67890
电力、燃气及水的生产和供应业	3859	4792	4820	4573
建筑业	8321	15570	33854	32078
批发和零售业	3805	4403	7120	6199
交通运输、仓储及邮政业	4393	3580	8358	6960
住宿和餐饮业	729	544	553	672
信息传输、软件和信息技术服务业	631	940	3335	3507
金融业	2716	5004	9666	9726
房地产业	502	522	2578	2543
租赁和商务服务业	343	2568	4192	4543
科学研究和技术服务业	2572	2571	5152	4610
水利、环境和公共设施管理业	2400	2645	3229	3379
居民服务、修理和其他服务业	203	114	1763	1872
教　育	12196	20378	22546	22859
卫生和社会工作	3253	7964	10128	10594
文化、体育和娱乐业	1103	1257	1145	1178
公共管理、社会保障和社会组织	10859	18126	22973	23020

注：2012年以前为在岗职工数。

4—8 各县区城镇非私营单位就业人员数（2014年）

单位：人

地　区	合　计	国有经济单位	城镇集体经济单位	其他经济单位	比重(%) 国有经济单位	比重(%) 城镇集体经济单位	比重(%) 其他经济单位
全　市	**231329**	**75729**	**10024**	**145576**	**32.7**	**4.3**	**62.9**
花山区	61300	18492	728	42080	30.2	1.2	68.6
雨山区	102280	20694	1527	80059	20.2	1.5	78.3
博望区	2945	2256	195	494	76.6	6.6	16.8
含山县	17304	10373	677	6254	59.9	3.9	36.1
和　县	30613	13105	6178	11330	42.8	20.2	37.0
当涂县	16887	10809	719	5359	64.0	4.3	31.7

4—9　城镇非私营单位在岗专业技术人员数（2014年）

单位：人

行　　业	合　　计	国有经济单　　位	城镇集体经济单位	其他经济单　　位
总　　计	**57416**	**28505**	**1692**	**27219**
按执行会计制度类别分组				
企　业	30210	2591	772	26847
事　业	25403	24174	905	324
机　关	1701	1688	13	
民间非营利组织	47		2	45
其　他	55	52		3
按国民经济行业分组				
农、林、牧、渔业	214	214		
采矿业	4940	864	45	4031
制造业	9343	87	31	9225
电力、燃气及水的生产和供应业	996	307	52	637
建筑业	5331	206	544	4581
批发和零售业	643	81	22	540
交通运输、仓储及邮政业	421	227	10	184
住宿和餐饮业	52		4	48
信息传输、软件和信息技术服务业	1357	84		1273
金融业	2375	840		1535
房地产业	638	81		557
租赁和商务服务业	410	91	32	287
科学研究和技术服务业	2768	924		1844
水利、环境和公共设施管理业	531	440	51	40
居民服务、修理和其他服务业	88	28		60
教　育	16948	16537		411
卫生和社会工作	7152	4428	886	1838
文化、体育和娱乐业	550	409	13	128
公共管理、社会保障和社会组织	2659	2657	2	

4—10　各县区城镇非私营单位在岗专业技术人员数（2014年）

单位：人

地　　区	合　　计	国有经济单　　位	城镇集体经济单位	其他经济单　　位
全　　市	**57416**	**28505**	**1692**	**27219**
花 山 区	15584	7664	135	7785
雨 山 区	21224	4960	159	16105
博 望 区	1288	1094	134	60
含 山 县	7211	5113	344	1754
和　　县	8026	6428	594	1004
当 涂 县	4083	3246	326	511

4—11 城镇非私营单位分行业就业人员数（2014年）

单位：人

行　　业	合　计	国有经济单　位	城镇集体经济单位	其他经济单　位
总　　计	**231329**	**75729**	**10024**	**145576**
按执行会计标准类别分组				
企　业	169444	16650	8836	143958
事　业	40507	38739	1140	628
机　关	20304	20273	31	
民间非营利组织	264		5	259
其　他	810	67	12	731
按国民经济行业分组				
农、林、牧、渔业	**737**	**737**		
农　业	71	71		
林　业	367	367		
牧畜业				
渔　业				
农、林、牧、渔服务业	299	299		
采矿业	**24389**	**7225**	**981**	**16183**
制造业	**67890**	**869**	**275**	**66746**
#酒、饮料和精制茶制造业	637	230		407
烟草制品业				
石油加工、炼焦和核燃料加工业	37			37
化学原料和化学制品制造业	4980			4980
橡胶和塑料制品业	241			
非金属矿物制品业	1899	199	120	1580
黑色金属冶炼和压延加工业	32801		41	32760
有色金属冶炼和压延加工业	97			97
金属制品业	2896	84	85	2727
通用设备制造业	4091	83		4008
汽车制造业	156			156
电气机械和器材制造业	1236	250		986
电力、热力、燃气及水的生产和供应业	**4573**	**916**	**460**	**3197**
建筑业	**32078**	**1043**	**6107**	**24928**
房屋建筑业	20369		5074	15295
土木工程建筑业	3007	628	178	2201
建筑安装业	402		370	32
建筑装饰和其他建筑业	8300	415	485	7400
批发和零售业	**6199**	**703**	**78**	**5418**
批 发 业	2502	672	36	1794
零 售 业	3697	31	42	3624
交通运输、仓储和邮政业	**6960**	**2912**	**111**	**3937**
#铁路运输业				
道路运输业	3447	986	16	2445
水上运输业	281	58		223
航空运输业				
邮 政 业	1362	1362		
住宿和餐饮业	**672**	**33**	**40**	**599**
住 宿 业	439	33		406
餐 饮 业	233		40	193

4—11 续表

单位：人

行　　业	合　计	国有经济单位	城镇集体经济单位	其他经济单位
信息传输、软件和信息技术服务业	**3507**	**223**		**3284**
电信、广播电视和卫星传输服务	2425	215		2210
互联网和相关服务				
软件和信息技术服务业	1082	8		1074
金 融 业	**9726**	**1731**		**7995**
货币金融服务	5464	1443		4021
资本市场服务	49	17		32
保险业	4208	271		3937
其他金融业	5			5
房地产业	**2543**	**293**		**2250**
#房地产开发经营	2337	152		2185
物业管理	65			65
租赁和商务服务业	**4543**	**1477**	**485**	**2581**
租赁业	132	120	12	
商务服务业	4411	1357	473	2581
科学研究和技术服务业	**4610**	**2027**		**2583**
研究和试验发展	380	173		207
专业技术服务业	3875	1655		2220
科技推广和应用服务业	355	199		156
水利、环境和公共设施管理业	**3379**	**2841**	**383**	**155**
水利管理业	855	855		
生态保护和环境治理业	170	119		51
公共设施管理业	2354	1867	383	104
居民服务、修理和其他服务业	**1872**	**116**		**1756**
居民服务业	270	116		154
机动车、电子产品和日用产品修理业	30			30
其他服务业	1572			1572
教　　育	**22859**	**21890**		**969**
#高等教育	3217	3217		
中等教育	10545	9658		887
初等教育	8272	8272		
卫生和社会工作	**10594**	**6772**	**1066**	**2756**
卫　生	10366	6544	1066	2756
社会工作	228	228		
文化、体育和娱乐业	**1178**	**906**	**33**	**239**
新闻和出版业	217	179		38
广播、电视、电影和影视录音制作业	255	255		
文化艺术业	580	427	33	120
体　育	45	45		
娱乐业	81			81
公共管理、社会保障和社会组织	**23020**	**23015**	**5**	
中国共产党机关	673	673		
国家机构	21625	21625		
人民政协、民主党派	144	144		
社会保障	205	200	5	
群众团体、社会团体和其他成员组织	373	373		

4—12 城镇非私营单位分行业在岗女性就业人员占全部就业人员比重（2014年）

以本类型从业人员为100　　单位：%

行　　业	合　计	国有经济单　位	城镇集体经济单位	其他经济单　位
总　　计	**30.2**	**36.2**	**23.5**	**27.5**
按执行会计标准类别分组				
企　业	26.5	25.1	19.3	27.1
事　业	44.7	44.3	56.6	47.9
机　关	29.9	29.9	6.5	
民间非营利组织	58.7		40.0	59.1
其　他	82.5	37.3	58.3	87.0
按国民经济行业分组				
农、林、牧、渔业	**24.4**	**24.4**		
农　业	29.6	29.6		
林　业	28.9	28.9		
牧畜业				
渔　业				
农、林、牧、渔服务业	17.7	17.7		
采矿业	**21.6**	**19.6**	**70.2**	**19.6**
制造业	**24.7**	**29.0**	**17.5**	**24.7**
#酒、饮料和精制茶制造业	42.9	42.6		43.0
烟草制品业				
石油加工、炼焦和核燃料加工业	21.6			21.6
化学原料和化学制品制造业	35.4			35.4
橡胶和塑料制品业	61.4			
非金属矿物制品业	19.0	6.5	15.0	20.9
黑色金属冶炼和压延加工业	14.1		7.3	14.1
有色金属冶炼和压延加工业	36.1			36.1
金属制品业	23.6	60.7	9.4	22.9
通用设备制造业	22.2	15.7		22.3
汽车制造业	19.9			19.9
电气机械和器材制造业	37.9	29.2		40.1
电力、热力、燃气及水的生产和供应业	**28.3**	**21.7**	**31.3**	**29.8**
建筑业	**12.8**	**8.0**	**8.0**	**14.2**
房屋建筑业	15.6		5.6	18.9
土木工程建筑业	15.4	7.8	28.7	16.5
建筑安装业	32.6		34.3	12.5
建筑装饰和其他建筑业	3.9	8.2	5.2	3.6
批发和零售业	**57.2**	**21.9**	**32.1**	**62.2**
批 发 业	33.9	21.1	38.9	38.6
零 售 业	73.0	38.7	26.2	73.9
交通运输、仓储和邮政业	**30.4**	**34.0**	**15.3**	**28.1**
#铁路运输业				
道路运输业	28.1	9.2	31.3	35.6
水上运输业	14.6	15.5		14.3
航空运输业				
邮 政 业	54.9	54.9		
住宿和餐饮业	**61.3**	**57.6**	**90.0**	**59.6**
住 宿 业	62.6	57.6		63.1
餐 饮 业	58.8		90.0	52.3

4—12 续表

以本类型从业人员为100　　单位：%

行　　业	合　计	国有经济单位	城镇集体经济单位	其他经济单位
信息传输、软件和信息技术服务业	**32.3**	**19.3**		**33.2**
电信、广播电视和卫星传输服务	36.0	19.5		37.6
互联网和相关服务				
软件和信息技术服务业	23.9	12.5		24.0
金 融 业	**60.2**	**50.7**		**62.2**
货币金融服务	51.1	49.6		51.6
资本市场服务	36.7	58.8		25.0
保险业	72.3	56.1		73.4
其他金融业	60.0			60.0
房地产业	**31.2**	**25.9**		**31.9**
#房地产开发经营	31.1	23.7		31.6
物业管理	43.1			43.1
租赁和商务服务业	**35.1**	**16.9**	**42.1**	**44.2**
租赁业	29.5	26.7	58.3	
商务服务业	35.3	16.1	41.6	44.2
科学研究和技术服务业	**20.7**	**25.2**		**17.1**
研究和试验发展	29.2	26.0		31.9
专业技术服务业	17.7	24.2		12.8
科技推广和应用服务业	44.2	32.7		59.0
水利、环境和公共设施管理业	**24.4**	**24.4**	**20.4**	**34.8**
水利管理业	23.5	23.5		
生态保护和环境治理业	22.9	19.3		31.4
公共设施管理业	24.8	25.1	20.4	36.5
居民服务、修理和其他服务业	**17.7**	**26.7**		**17.1**
居民服务业	44.4	26.7		57.8
机动车、电子产品和日用产品修理业	16.7			16.7
其他服务业	13.1			13.1
教　　育	**45.3**	**45.1**		**49.0**
#高等教育	47.5	47.5		
中等教育	38.0	36.8		51.2
初等教育	52.3	52.3		
卫生和社会工作	**63.9**	**65.3**	**57.5**	**62.9**
卫　生	63.6	65.0	57.5	62.9
社会工作	74.1	74.1		
文化、体育和娱乐业	**43.7**	**40.0**	**45.5**	**57.7**
新闻和出版业	35.5	27.9		71.1
广播、电视、电影和影视录音制作业	30.6	30.6		
文化艺术业	54.0	52.7	45.5	60.8
体　育	20.0	20.0		
娱乐业	46.9			46.9
公共管理、社会保障和社会组织	**30.4**	**30.4**	**40.0**	
中国共产党机关	21.5	21.5		
国家机构	30.4	30.4		
人民政协、民主党派	22.9	22.9		
社会保障	48.3	48.5	40.0	
群众团体、社会团体和其他成员组织	36.7	36.7		

4—13 主要年份城镇非私营单位就业人员工资总额和指数（2014年）

年　份	工资总额（万元）			
	合　计	国有单位	城镇集体单位	其他单位
2000	172035	89231	15605	67200
2005	347853	108384	11227	228242
2006	372788	110988	11469	250331
2007	454116	114781	11901	327434
2008	503875	129326	13139	361410
2009	545837	148940	13479	383419
2010	713457	234093	36445	442920
2011	827854	283113	35329	509411
2012	936589	341734	39568	555287
2013	1252618	386632	40533	825453
2014	1329527	448302	38961	842264

年　份	指　数（上年=100）			
	合　计	国有单位	城镇集体单位	其他单位
2000	105.4	104.3	93.8	110.1
2005	114.5	74.9	105.1	153.8
2006	107.2	102.4	102.2	109.7
2007	121.8	13.4	103.8	130.8
2008	111.0	112.7	110.4	110.4
2009	108.3	115.2	102.6	106.1
2010	130.7	157.2	270.4	115.5
2011	116.0	120.9	96.9	115.0
2012				
2013	133.7	113.1	102.4	148.7
2014	106.1	116.0	96.1	102.0

注：2012年以前工资总额和平均工资为城镇非私营单位在岗职工工资总额和平均工资（以下各表同）。

4—14 主要年份城镇非私营单位就业人员年平均工资和指数（2014年）

年　份	平均货币工资（元）			
	合　计	国有单位	城镇集体单位	其他单位
2000	9487	9432	4817	12368
2005	23993	22861	10588	26226
2006	26282	25119	12501	28292
2007	31888	29880	15400	34012
2008	36000	34683	18851	37762
2009	38217	37903	22574	39300
2010	40927	38840	30975	43301
2011	46439	44810	32932	48814
2012	49756	48904	37427	51519
2013	53582	55877	41530	53316
2014	57144	59205	39781	57239

年　份	指　数（上年=100）			
	合　计	国有单位	城镇集体单位	其他单位
2000	111.0	109.6	103.2	113.2
2005	114.5	113.9	111.7	109.0
2006	109.5	109.9	118.1	107.9
2007	121.3	119.0	123.2	120.2
2008	112.9	116.1	122.4	111.0
2009	106.2	109.3	119.7	104.1
2010	107.1	102.5	137.2	110.2
2011	113.5	115.4	106.3	112.7
2012				
2013	107.7	114.3	111.0	103.5
2014	106.6	106.0	95.8	107.4

4—15 城镇非私营单位分行业就业人员工资总额（2014年）

单位：万元

行业	合计	国有经济单位	城镇集体经济单位	其他经济单位
总计	**1329527**	**448302**	**38961**	**842264**
按执行会计标准类别分组				
企业	966758	97842	32935	835981
事业	231127	222103	5728	3296
机关	128108	127859	249	
民间非营利组织	844		19	825
其他	2690	498	30	2162
按国民经济行业分组				
农、林、牧、渔业	**2972**	**2972**		
农业	145	145		
林业	1204	1204		
牧畜业				
渔业				
农、林、牧、渔服务业	1623	1623		
采矿业	**159968**	**48721**	**4489**	**106758**
制造业	**391369**	**4414**	**836**	**386119**
#酒、饮料和精制茶制造业	3251	1136		2115
烟草制品业				
石油加工、炼焦和核燃料加工业	128			128
化学原料和化学制品制造业	20768			20768
橡胶和塑料制品业	1263			
非金属矿物制品业	8915	848	399	7668
黑色金属冶炼和压延加工业	233150		138	233012
有色金属冶炼和压延加工业	425			425
金属制品业	13457	246	245	12966
通用设备制造业	21914	565		21349
汽车制造业	464			464
电气机械和器材制造业	5649	1485		4164
电力、热力、燃气及水的生产和供应业	**32807**	**6661**	**1891**	**24256**
建筑业	**154936**	**4699**	**22420**	**127817**
房屋建筑业	89336		17733	71603
土木工程建筑业	14032	2453	578	11001
建筑安装业	2033		1863	170
建筑装饰和其他建筑业	49535	2246	2246	45043
批发和零售业	**24331**	**1819**	**405**	**22107**
批发业	11933	1641	195	10098
零售业	12398	178	210	12010
交通运输、仓储和邮政业	**38331**	**16426**	**342**	**21563**
#铁路运输业				
道路运输业	19404	5997	36	13371
水上运输业	1953	182		1771
航空运输业				
邮政业	8442	8442		
住宿和餐饮业	**2152**	**99**	**169**	**1883**
住宿业	1475	99		1376
餐饮业	677		169	508

4—15 续表

单位：万元

行业	合计	国有经济单位	城镇集体经济单位	其他经济单位
信息传输、软件和信息技术服务业	**20961**	**1086**		**19875**
电信、广播电视和卫星传输服务	14173	1046		13127
互联网和相关服务				
软件和信息技术服务业	6788	40		6748
金融业	**62942**	**12154**		**50788**
货币金融服务	47858	11064		36794
资本市场服务	502	116		386
保险业	14550	973		13577
其他金融业	31			31
房地产业	**16272**	**1895**		**14377**
#房地产开发经营	14933	903		14030
物业管理	347			347
租赁和商务服务业	**18456**	**5259**	**1684**	**11512**
租赁业	520	489	30	
商务服务业	17936	4770	1654	11512
科学研究和技术服务业	**41619**	**12600**		**29019**
研究和试验发展	2286	679		1607
专业技术服务业	37635	10764		26872
科技推广和应用服务业	1698	1158		540
水利、环境和公共设施管理业	**16826**	**15041**	**1172**	**613**
水利管理业	4708	4708		
生态保护和环境治理业	488	295		193
公共设施管理业	11631	10038	1172	420
居民服务、修理和其他服务业	**6942**	**634**		**6308**
居民服务业	1045	634		411
机动车、电子产品和日用产品修理业	128			128
其他服务业	5770			5770
教育	**132322**	**127923**		**4399**
#高等教育	20739	20739		
中等教育	59479	55358		4121
初等教育	47553	47553		
卫生和社会工作	**57739**	**38803**	**5439**	**13496**
卫生	56826	37890	5439	13496
社会工作	913	913		
文化、体育和娱乐业	**6882**	**5414**	**95**	**1374**
新闻和出版业	1594	1455		139
广播、电视、电影和影视录音制作业	1650	1650		
文化艺术业	3007	2117	95	795
体育	191	191		
娱乐业	440			440
公共管理、社会保障和社会组织	**141701**	**141682**	**19**	
中国共产党机关	4933	4933		
国家机构	132193	132193		
人民政协、民主党派	1097	1097		
社会保障	1010	991	19	
群众团体、社会团体和其他成员组织	2468	2468		

4—16 各县区城镇非私营单位分行业就业人员工资总额（2014年）

单位：万元

地 区	合 计	农林牧渔业	采矿业	制造业	电力、燃气及水的生产和供应业	建筑业	批发和零售业	交通运输、仓储和邮政业	住宿和餐饮业	信息传输、计算机服务和软件业
全 市	**1329527**	**2972**	**159968**	**391369**	**32807**	**154936**	**24331**	**38331**	**2152**	**20961**
花山区	340034			49401	18436	68169	10972	21714	1055	6748
雨山区	642071		155474	304041	4415	12799	8003	10402	604	12589
博望区	16564	251		320			36			
含山县	82004	496	3969	11261	2108	5840	981	1521		419
和 县	154274	1688		13514	4239	66967	1185	2084	358	664
当涂县	94580	536	525	12833	3609	1161	3154	2610	135	542

地 区	金融业	房地产业	租赁和商务服务业	科学研究、技术服务和地质勘查业	水利、环境和公共设施管理业	居民服务和其他服务业	教 育	卫生、社会保障和社会福利业	文化、体育和娱乐业	公共管理和社会组织
全 市	**62942**	**16272**	**18456**	**41619**	**16826**	**6942**	**132322**	**57739**	**6882**	**141701**
花山区	32035	5443	3507	6554	7162	262	36462	27754	3137	41224
雨山区	18014	5421	11667	31478	1529	5770	20905	7544	1229	30189
博望区		165	635		212		7003	1067		6874
含山县	5692	1389	376	711	2316	151	19430	5502	544	19299
和 县	5245	2175	261	554	3110	97	20269	8331	781	22753
当涂县	1956	1679	2009	2322	2498	663	28253	7541	1192	21363

4—17 各县区城镇非私营单位就业人员工资总额（2014年）

单位：万元

地　　区	合　　计	国有经济单位	城镇集体经济单位	其他经济单位
全　　市	**1329527**	**448302**	**38961**	**842264**
花 山 区	340034	114565	2550	222920
雨 山 区	642071	127288	7112	507671
博 望 区	16564	13532	1087	1945
含 山 县	82004	56842	2308	22855
和　　县	154274	67985	22437	63852
当 涂 县	94580	68091	3467	23022

4—18 主要年份城镇非私营单位分行业就业人员年平均工资

单位：元

行　　业	2005	2010	2013	2014
总　　计	**23993**	**40927**	**53582**	**57144**
农、林、牧、渔业	9820	20595	37050	39993
采矿业	23960	46930	63429	64532
制造业	26196	42699	53053	57260
电力、燃气及水的生产和供应业	24056	40763	73409	71150
建筑业	20024	38501	44969	48126
批发和零售业	11316	24408	33868	39042
交通运输、仓储及邮政业	19241	32741	45628	50729
住宿和餐饮业	9331	18186	32069	33002
信息传输、软件和信息技术服务业	25319	34548	49392	59212
金融业	26872	55292	62060	65653
房地产业	24737	31647	65357	64699
租赁和商务服务业	19292	22848	41458	40051
科学研究和技术服务业	19515	39498	7870	89081
水利、环境和公共设施管理业	18835	27466	43784	48843
居民服务、修理和其他服务业	21650	33360	39757	37145
教　育	23261	40400	53739	58062
卫生和社会工作	23121	37937	50567	55147
文化、体育和娱乐业	24984	40181	60312	58423
公共管理、社会保障和社会组织	25167	41466	61325	61978

注：2012年以前为在岗职工年平均工资。

4—19　各县区城镇非私营单位分行业就业人员年平均工资（2014年）

单位：元

地　区	合　计	农林牧渔业	采矿业	制造业	电力、燃气及水的生产和供应业	建筑业	批发和零售业	交通运输、仓储和邮政业	住宿和餐饮业	信息传输、计算机服务和软件业
全　市	**57144**	**39993**	**64532**	**57260**	**71150**	**48126**	**39042**	**50729**	**33002**	**59212**
花山区	54789			44711	82452	53324	34877	49371	28893	45592
雨山区	62269		64346	62886	59820	41048	55769	61992	46107	72642
博望区	56980	49255		28319			72600			
含山县	47240	25436	79064	42462	87116	21686	26379	32780		35517
和　县	50806	49499		44439	57514	50507	24032	45401	30871	54402
当涂县	56110	34385	42000	40790	54854	34144	40382	46858	33750	62299

地　区	金融业	房地产业	租赁和商务服务业	科学研究、技术服务和地质勘查业	水利、环境和公共设施管理业	居民服务和其他服务业	教　育	卫生、社会保障和社会福利业	文化、体育和娱乐业	公共管理和社会组织
全　市	**65653**	**64699**	**40051**	**89081**	**48843**	**37145**	**58062**	**55147**	**58423**	**61978**
花山区	68000	62210	34184	66942	66622	62476	63857	54741	68936	61879
雨山区	61524	71520	38915	106960	59244	36795	52511	58940	48952	62827
博望区		48471	77439		59000		49491	55285		70289
含山县	88247	47893	45805	50426	31000	48742	53942	47883	51790	57971
和　县	58404	67540	51255	46167	56648	41957	47873	54918	47345	58072
当涂县	48286	71131	54455	47481	32024	32337	73423	59802	59005	67369

4—20　城镇非私营单位就业人员年平均工资（2014年）

单位：元

行　　业	合　　计	国有经济单　　位	城镇集体经济单位	其他经济单　　位
总　　计	**57144**	**59205**	**39781**	**57239**
按执行会计制度类别分组				
企　业	56517	58015	38256	57423
事　业	57232	57526	50379	51665
机　关	63385	63359	80323	
民间非营利组织	34582		38000	34510
其　他	35070	75439	25167	31376
按国民经济行业分组				
农、林、牧、渔业	39993	39993		
采矿业	64532	67109	45803	64510
制造业	57260	47161	30743	57509
电力、燃气及水的生产和供应业	71150	73360	40656	74910
建筑业	48126	45317	38201	50544
批发和零售业	39042	25763	51923	40579
交通运输、仓储及邮政业	50729	53574	30829	49241
住宿和餐饮业	33002	26811	47000	32527
信息传输、软件和信息技术服务业	59212	48071		59972
金融业	65653	67670		65188
房地产业	64699	65554		64588
租赁和商务服务业	40051	37837	33817	42324
科学研究和技术服务业	89081	61826		110169
水利、环境和公共设施管理业	48843	51758	30523	39568
居民服务、修理和其他服务业	37145	54188		36007
教　育	58062	58589		46019
卫生和社会工作	55147	58211	51169	49238
文化、体育和娱乐业	58423	59688	28788	57710
公共管理、社会保障和社会组织	61978	61983	38000	

4—21　各县区城镇非私营单位就业人员年平均工资（2014年）

单位：元

地　　区	合　　计	国有经济单位	城镇集体经济单位	其他经济单位
全　　市	**57144**	**59205**	**39781**	**57239**
花 山 区	54789	61923	34230	52063
雨 山 区	62269	61391	46455	62793
博 望 区	56980	60303	55759	41551
含 山 县	47240	54540	34287	36485
和　　县	50806	51928	37830	56297
当 涂 县	56110	63476	48221	42555

4—22 城镇非私营单位分行业就业人员年平均工资（2014年）

单位：元

行业	合计	国有经济单位	城镇集体经济单位	其他经济单位
总计	**57144**	**59205**	**39781**	**57239**
按执行会计标准类别分组				
企业	56517	58015	38256	57423
事业	57232	57526	50379	51665
机关	63385	63359	80323	
民间非营利组织	34582		38000	34510
其他	35070	75439	25167	31376
按国民经济行业分组				
农、林、牧、渔业	**39993**	**39993**		
农业	19267	19267		
林业	32804	32804		
牧畜业				
渔业				
农、林、牧、渔服务业	53924	53924		
采矿业	**64532**	**67109**	**45803**	**64510**
制造业	**57260**	**47161**	**30743**	**57509**
#酒、饮料和精制茶制造业	45469	37121		51714
烟草制品业				
石油加工、炼焦和核燃料加工业	34595			34595
化学原料和化学制品制造业	42558			42558
橡胶和塑料制品业	54900			
非金属矿物制品业	45440	42843	33521	46615
黑色金属冶炼和压延加工业	70566		33610	70612
有色金属冶炼和压延加工业	43856			43856
金属制品业	45786	29602	28800	46792
通用设备制造业	49704	68108		49351
汽车制造业	29763			29763
电气机械和器材制造业	48700	61111		45411
电力、热力、燃气及水的生产和供应业	**71150**	**73360**	**40656**	**74910**
建筑业	**48126**	**45317**	**38201**	**50544**
房屋建筑业	43833		36234	46234
土木工程建筑业	44265	39437	32268	46439
建筑安装业	49354		49029	53219
建筑装饰和其他建筑业	60181	54130	54000	60868
批发和零售业	**39042**	**25763**	**51923**	**40579**
批发业	47867	24307	54167	56664
零售业	33159	57484	50000	32760
交通运输、仓储和邮政业	**50729**	**53574**	**30829**	**49241**
#铁路运输业				
道路运输业	50165	60944	22750	46620
水上运输业	70513	31345		80886
航空运输业				
邮政业	55685	55685		
住宿和餐饮业	**33002**	**26811**	**47000**	**32527**
住宿业	35029	26811		35820
餐饮业	29307		47000	26041

4—22 续表

单位：元

行　　业	合　计	国有经济单位	城镇集体经济单位	其他经济单位
信息传输、软件和信息技术服务业	**59212**	**48071**		**59972**
电信、广播电视和卫星传输服务	57264	47991		58160
互联网和相关服务				
软件和信息技术服务业	63741	50250		63843
金 融 业	**65653**	**67670**		**65188**
货币金融服务	88039	75420		92704
资本市场服务	102449	68412		120531
保险业	35514	31192		35870
其他金融业	62600			62600
房地产业	**64699**	**65554**		**64588**
#房地产开发经营	64673	60980		64925
物业管理	53369			53369
租赁和商务服务业	**40051**	**37837**	**33817**	**42324**
租赁业	39364	40783	25167	
商务服务业	40071	37559	34031	42324
科学研究和技术服务业	**89081**	**61826**		**110169**
研究和试验发展	59518	39220		76161
专业技术服务业	95715	64646		118533
科技推广和应用服务业	47699	57905		34615
水利、环境和公共设施管理业	**48843**	**51758**	**30523**	**39568**
水利管理业	54871	54871		
生态保护和环境治理业	28706	24782		37863
公共设施管理业	48120	52038	30523	40404
居民服务、修理和其他服务业	**37145**	**54188**		**36007**
居民服务业	38565	54188		26695
机动车、电子产品和日用产品修理业	42600			42600
其他服务业	36795			36795
教　　育	**58062**	**58589**		**46019**
#高等教育	65673	65673		
中等教育	56394	57247		46990
初等教育	57389	57389		
卫生和社会工作	**55147**	**58211**	**51169**	**49238**
卫　生	55478	58845	51169	49238
社会工作	40220	40220		
文化、体育和娱乐业	**58423**	**59688**	**28788**	**57710**
新闻和出版业	74845	83160		36553
广播、电视、电影和影视录音制作业	63718	63718		
文化艺术业	51750	49345	28788	66790
体　育	43455	43455		
娱乐业	54296			54296
公共管理、社会保障和社会组织	**61978**	**61983**	**38000**	
中国共产党机关	73625	73625		
国家机构	61551	61551		
人民政协、民主党派	77801	77801		
社会保障	49268	49550	38000	
群众团体、社会团体和其他成员组织	66695	66695		

4—23 公共就业人才服务工作情况（2014年）

项　　目		市及以上	区（县）	街　道	乡　镇	社　区	行政村
本期办理就业登记人数	（人）	38274	5930	2695	4313	1617	1078
本期单位登记招聘人数	（人）	107975	16729	7604	12166	4562	3042
本期登记招聘人员的单位数	（个）	6430	996	453	725	272	181
本期登记求职人数	（人）	94226	14598	6636	10617	3981	2654
#女　性		44496	6894	3134	5014	1880	1253
#城镇登记失业人员		27435	4251	1932	3091	1159	773
应届高校毕业生		5057	784	356	570	214	142
农村劳动者		15370	2381	1082	1732	649	433
本期接受职业指导人数	（人）	65303	10117	4599	7358	2759	1840
#女　性		32399	5020	2282	3651	1369	913
本期接受创业服务人数	（人）	3670	569	258	414	155	103
#女　性		1741	270	123	196	74	49
期末代理保管人事档案人数	（人）	39430					
期末保管流动党员人数	（人）	593					
本期介绍成功人数	（人）	53949	8358	3799	6079	2280	1520
#女　性		22192	3438	1563	2500	938	625
#城镇登记失业人员		24970	3869	1758	2814	1055	703
应届高校毕业生		3654	566	257	412	154	103
农村劳动者		11000	1704	775	1239	465	310

4—24 人力资源服务机构综合情况（2014年）

项　　目		公共就业服务机构	公共人才服务机构	国有性质服务机构	私营性质服务机构
服务机构数	（个）	9	2	4	17
从业人员人数	（人）	160	8	26	3533
#大专及以下		81	1	12	2153
本　科		71	7	14	1354
硕士及以上		8			26
#取得职业资格人数		78	5	9	1565
设立固定招聘场所	（个）	11	2	4	18
总资产	（万元）	2927		1584	3124
建立人力资源服务网站	（个）	7	2	3	3
全年营业总收入	（万元）			20628	22689

4—25 人力资源服务业务基本情况（2014年）

项　　　目		公共就业服务机构	公共人才服务机构	国有性质服务机构	私营性质服务机构
服务人员总数	（人）	476195	16285	14930	40009
登记要求流动人员	（人）	85238	1172	1748	32177
#大专及以下		83208	487	1368	30402
本　科		1960	680	365	1748
硕士及以上		70	5	15	27
实现就业和流动人数	（人）	104724	848	937	10453
服务用人单位数	（个）	5548	1060	770	801
#国有企、事业单位		358	104	316	32
私营企业		3264	740	441	619
外资企业		213	1	2	6
建立人力资源数据库	（人次）	12	2	2	11
现存数据库求职信息总量	（人次）	35762	8893	3172	9808
#全年入库求职信息		31256	1728	986	4707
现场招聘服务					
举办招聘会次数	（次）	319	8	74	33
#毕业生专场		62	8	1	8
农民工专场		79		1	24
参会用人单位	（家）	5197	217	431	122
提供招聘岗位	（个）	128019	7300	7017	411
参会求职人数	（人）	191070	30000	1015	2563
网络招聘服务	（条）				
发布岗位信息		58676	17065	7102	1082
发布求职信息		12427	1744	813	1467
劳务（人才）派遣服务					
派遣单位	（个）	596		259	343
派遣人员总量	（人）	4231		7598	29238
登记要求派遣人数	（人）	1110		421	29302
人力资源管理咨询					
服务用人单位	（个）	1244	146	83	129
人力资源外包服务					
服务用人单位	（个）	130		6	70
流动人员档案管理					
现存档案数量	（人）	134436	20460	7321	29373
依托档案提供服务	（次）	22667	2062	7321	26359
培训服务					
举办培训班	（个）	247	26	4	40
参加人数	（人）	14042	735	356	1525
测评服务					
测评人数	（人）	1060			829
猎头服务					
成功推荐人才	（人）	800	111		60

4—26 各县区职业技能鉴定综合情况（2014年）

单位：人

地区	鉴定机构数（个）				考评人员	鉴定考核人数			
	小计	#鉴定中心	#职业技能鉴定所	#行业持有工种鉴定站	人数	小计	初级	中级	高级
全市	**22**	**4**	**18**		**664**	**31017**	**18598**	**8421**	**3052**
市级	17	1	16		590	21427	9008	8421	3052
含山县	1	1			30	3189	3189		
和县	1	1			24	3084	3084		
当涂县	3	1	2		20	3317	3317		

地区			获取证书人数					
	技师	高级技师	小计	初级	中级	高级	技师	高级技师
全市	**898**	**48**	**24956**	**16021**	**6534**	**1934**	**448**	**19**
市级	898	48	16120	7185	6534	1934	448	19
含山县			2784	2784				
和县			3084	3084				
当涂县			2968	2968				

4—27 主要年份职业介绍机构基本情况

年份	本年末职业介绍机构个数(个)	劳动保障部门办	其他组织办	公民个人办	本年末职业介绍机构人数(人)	劳动保障部门办	其他组织办	公民个人办
2005	17	11	4	2	165	138	21	6
2006	17	11	4	2	167	138	23	6
2007	17	11	4	2	170	141	23	6
2008	18	11	4	3	225	191	24	10
2009	18	11	4	3	287	245	26	16
2010	18	11	4	3	417	356	35	26
2011	19	10	4	5	489	426	35	28
2012	25	11	5	9	219	185	27	7
2013	25	11	5	9	236	161	21	54
2014	32	11	4	17	3727	168	26	3533

4—28 主要年份劳动部门职业介绍工作情况

单位：万人

年 份	本年登记招聘人数	本年登记求职人次数	#下岗职工	#失业人员	#获得职业资格人员	本年介绍成功人次数	#下岗职工	#失业人员	#获得职业资格人员
2006	13.27	12.61	0.07	10.11	1.77	2.97	0.05	2.61	0.52
2007	4.88	3.99	0.27	2.25	0.84	3.04	0.21	1.71	0.56
2008	4.56	3.89	2.01	1.33	0.86	3.01	1.56	1.04	0.57
2009	6.20	5.38	0.68	2.58	1.02	3.77	0.11	1.25	0.37
2010	5.56	4.68	0.56	2.95	1.00	3.81	0.31	1.77	0.66
2011	5.52	5.62	0.50	3.66	1.26	4.15	0.27	2.13	1.00
2012	7.28	6.14	0.60	5.35	1.39	4.44	0.30	3.99	1.27
2013	11.82	10.09	0.40	8.24	1.84	6.93	0.30	6.07	1.75
2014	15.21	13.27	0.42	11.58	2.53	7.59	0.35	6.96	1.89

4—29 各县区职业技能鉴定综合情况（2014年）

单位：万人

地 区	本年登记招聘人数	本年登记求职人次数	#失业人数	本年介绍成功人次数	#失业人数
全 市	**15.21**	**13.27**	**11.58**	**7.59**	**6.96**
市 级	10.79	9.42	8.36	5.39	4.91
花山区	0.79	0.68	0.57	0.39	0.36
雨山区	0.67	0.58	0.49	0.33	0.31
博望区	0.24	0.23	0.19	0.14	0.13
含山县	0.86	0.74	0.62	0.42	0.39
和 县	0.91	0.79	0.66	0.45	0.42
当涂县	0.95	0.83	0.69	0.47	0.44

4—30 主要年份城镇登记失业人数及失业率

单位：人

年份	本年新登记失业人数	登记失业人员中新增就业人数	年末实有登记失业人数	#女性	城镇登记失业率(%)
2005	25651	27447	8489	4863	3.7
2006	27600	27582	8507	4486	3.7
2007	26672	27693	7486	4328	3.3
2008	16967	15622	8831	3574	3.7
2009	13877	15006	7702	3954	3.2
2010	12542	12750	7494	3443	3.1
2011	8958	10260	9605	5095	2.9
2012	42447	42072	9264	4086	2.8
2013	43524	34521	18267	8288	2.8
2014	38641	37983	18925	8766	2.8

4—31 各县区城镇登记失业人数及失业率（2014年）

单位：人

地区	本年新登记失业人数	登记失业人员中新增就业人数	年末实有登记失业人数	#女性	城镇登记失业率(%)
全市	**38641**	**37983**	**18925**	**8766**	**2.8**
花山区	6907	6789	3295	1526	2.5
雨山区	5899	5799	2831	1311	2.6
博望区	1915	1883	906	420	2.5
含山县	7521	7391	3694	1711	3.1
和县	8012	7876	4125	1911	3.0
当涂县	8387	8245	4074	1887	3.0

主要统计指标解释

从业人员

指从事一定社会劳动并取得劳动报酬或经营收入的全部劳动力。包括：1. 全部职工；2. 城镇私营企业从业人员；3. 城镇个体劳动者；4. 农村社会劳动者；5. 其他社会劳动者。这一指标反映了一定时期内全部劳动力资源的实际利用情况，是研究基本国情国力的重要指标。

单位从业人员

指在各级国家机关、政党机关、社会团体及企业、事业单位中工作，取得工资或其他形式的劳动报酬的全部人员。包括在岗职工、再就业的离退休人员、民办教师以及在各单位中工作的外方人员和港澳台方人员、兼职人员、借用的外单位人员和第二职业者。不包括离开本单位仍保留劳动关系的职工。各单位的从业人员反映了各单位实际参加生产或工作的全部劳动力。

私营企业和个体从业人员

私营企业从业人员指在工商管理部门注册登记的私营企业从业人员，包括私营企业投资者和雇工。个体从业人员指在工商管理部门注册登记，经批准从事个体工商经营的从业人员，包括个体经营者和在个体工商户劳动的家庭帮工和雇工。

城镇登记失业人员

指有非农业户口，在一定的劳动年龄内，有劳动能力，无业而要求就业，并在当地就业服务机构进行求职登记的人员。

城镇登记失业率

指城镇登记失业人数同城镇从业人数与城镇登记失业人数之和的比。计算公式为：

城镇登记失业率=城镇登记失业人数/（城镇从业人数+城镇登记失业人数）×100%

非全日制人员

根据《中华人民共和国劳动合同法》规定，非全日制人员指以小时计酬为主，其在同一用人单位一般平均每日工作时间不超过四小时，每周工作时间累计不超过二十四小时的从业人员，且劳动报酬结算支付周期最长不得超过十五日的人员。

管理人员

指在单位中行使管理职能、指挥或协调他人完成具体任务的人员。如在企业及其职能部门中担任领导职务并具有决策、管理权的人员，管理人员一般为单位中层及以上人员。

在岗职工

指在本单位工作并由单位支付工资的人员，以及有工作岗位，但由于学习、病伤产假等原因暂未工作，仍由单位支付工资的人员。

劳务派遣人员

指与劳务派遣单位签订劳动合同，并被劳务派遣单位派遣到实际用工单位工作，且劳务派遣单位与实际用工单位签订《劳务派遣协议》的人员。

专业技术人员

指从事专业技术工作的人员以及从事专业技术管理工作且已在1983年以前评定了专业技术职称或在1984年以后聘任了专业技术职务的人员。

专业技术人员具体指工程技术人员、农业技术人员、科研人员（含自然科学研究、社会科学研究及实验技术人员）、卫生技术人员、教学人员（含高等院校、中等专业学校、技工学校、中学、小学）、民用航空飞行技术人员、船舶技术人员、经济人员、会计人员、统计人员、翻译人员、图书资料、档案、文博人员、新闻、出版人员、律师、公证人员、广播电视播音人员、工艺美术人员、体育人员、艺术人员及政工人员。

专业技术管理人员具体指企业、事业单位的领导；企业、事业单位下设的职能机构、企业的生产车间和辅助车间（或附属辅助生产单位）中从事生产、技术、经济管理和政治工作的人员。

按照公务员管理或参照公务员管理的人员不统计为专业技术人员。

其他从业人员

指本单位中不能归到在岗职工、劳务派遣人员中的人员。此类人员是实际参加本单位生产或工作并从本单位取得劳动报酬的人员。具体包括：非全日制人员、聘用的正式离退休人员、兼职人员和第二职业者等，以及在本单位中工作的外籍和港澳台方人员。

从业人员工资总额

指根据《关于工资总额组成的规定》(1990年1月1日国家统计局发布的一号令)进行修订，本单位在报告期内(季度或年度)直接支付给本单位全部从业人员的劳动报酬总额。包括计时工资、计件工资、奖金、津贴和补贴、加班加点工资、特殊情况下支付的工资，是在岗职工工资总额、劳务派遣人员工资总额和其他从业人员工资总额之和。

工资总额是税前工资，包括单位从个人工资中直接为其代扣或代缴的房费、水费、电费、住房公积金和社会保险基金个人缴纳部分等。

工资总额不论是计入成本的还是不计入成本的，不论是以货币形式支付的还是以实物形式支付的，均应列入工资总额的计算范围。

在岗职工工资总额

指本单位在报告期内直接支付给本单位全部在岗职工的劳动报酬总额。在岗职工工资总额从构成角度分解为四部分：基本工资、绩效工资、工资性津贴和补贴、其他工资。工资总额不包括人员的病假、事假等情况扣款，单位在填报在岗职工工资总额四项构成时，应根据实际情况调整对应项目；如不能确定调整项，可扣减基本工资项。

基本工资

也可称为标准工资、合同工资、谈判工资。指本单位在报告期内(季度或年度)支付给本单位在岗职工的按照法定工作时间提供正常工作的劳动报酬。单位给个人确定的底薪可作为基本工资。包括工龄工资(年功工资)。

基础工资不含定时、定额发放的各种奖金、各种津贴和补贴、加班工资，也不包括补发的上一季度或上一年度的基础工资。

绩效工资

也可称为效益工资、业绩工资。指根据本单位利润增长和员工工作业绩定期支付给本单位在岗职工的奖金；支付给本单位从业人员的超额劳动报酬和增收节支的劳动报酬。具体包括：值加班工资、绩效奖金(如年度、季度、月度等)、全勤奖、生产奖、节约奖、劳动竞赛奖和其他名目的奖金；以及某工作事项完成后的提成工资、年底双薪等。但不包括入股分红、股权激励兑现的钱和各种资本性收益。

工资性津贴和补贴

指本单位制定的员工相关工资政策中，为补偿本单位在岗职工特殊或额外的劳动消耗和因其他特殊原因支付的津贴，以及为保证其工资水平不受物价影响而支付的物价补贴。具体包括：补偿特殊或额外劳动消耗的津贴及岗位性津贴、保健性津贴、技术性津贴、地区津贴和其他津贴。如：过节费、通讯补贴、交通补贴、不休假补贴、无食堂补贴、单位发给员工的可自行支配的住房补贴以及为员工上的各种商业性保险等。上述各种项目均包括货币性质的，也包括实物性质的和各种形式的充值卡、购物卡(券)等。

其他工资

指上述基本工资、绩效工资、工资性津贴和补贴三类工资均不能包括的发给在岗职工的工资，如补发上一年度的工资等。

劳务派遣人员工资总额

指实际用工单位(派遣人员的使用方)在一定时期内为使用劳务派遣人员而付出的劳动报酬总额，包括用工单位负担的基本工资、加班工资、绩效工资以及各种津贴、补贴等，但不包含因使用派遣人员而支付的管理费用和其他用工成本。

其他从业人员工资总额

指本单位在报告期内直接支付给本单位其他从业人员的全部劳动报酬。

平均工资

指企业、事业、机关单位的职工在一定时期内平均每人所得的货币工资额。它表明一定时期职工工资收入的高低程度，是反映职工工资水平的主要指标。计算公式为：

平均工资=报告期实际支付的全部工资总额/报告期平均人数

五

固定资产投资

简要说明

一、按照国家统计局现行统计制度规定,全社会固定资产投资统计的范围包括:⑴城镇投资 50 万元以上项目;⑵房地产开发投资;⑶农村非农户投资;⑷农村农户投资。按登记注册类型分,包括内资、港澳台商及外商投资。

二、固定资产投资统计的调查方法均为全面统计报表。

三、本篇资料由市统计局工业及建设统计科整理提供。

5—1 主要年份固定资产投资

指　　标		2000	2005	2010	2013	2014
投资总额	**（万元）**	**439352**	**2281678**	**8894673**	**14316040**	**16747414**
按注册类型分						
内　资		356816	2149031	8027767	13900342	16382050
国有经济		200879	451537	2109023	3454626	2973365
集体经济		53516	25838	72343	91932	254420
#农　　村			8778		7500	28389
私营经济		60	499159	3372845	8876893	10106344
#农　　村			57494	380538	499097	304303
联营经济		70	800	106450	54145	61299
股份制经济		73713	844358	728792	557939	346122
其他经济		28578	327339	1638314	864807	2640500
个体经济		77074	70075	402796	58400	44155
外商投资经济		262	3005	315878	116913	145928
港澳台投资经济		5200	59567	148232	240385	175281
按三次产业分						
第一产业		7297	27626	158018	328246	351947
第二产业		155755	1408390	4410877	6593927	7957542
#工　　业		154668	1393015	4343377	6574847	7927182
第三产业		276300	845662	4325778	7393867	8437925
#房地产开发		58459	284432	1030533	2557476	2455835
按资金来源分						
国家预算内资金			11567	338813	286862	508857
国内贷款			995170	1243777	2243419	1830033
利用外资			44968	46872	38450	107922
自筹资金			1216897	6985911	12269858	15249849
其他资金			184395	574642	1473464	870393
按构成分						
建筑安装工程		252197	1050089	5105961	8107906	10553039
设备工具器具购置		131572	906831	2237182	4666895	5086876
其他费用		55583	324758	1551530	1541239	1107499
房屋建筑面积	**（万平方米）**					
施工面积		226.85	673.23	1922.36	2874.08	3537.76
#住　　宅		173.05	426.99	921.47	1249.34	1470.41
竣工面积		140.11	323.57	809.15	900.47	1318.04
#住　　宅		120.36	201.00	292.77	353.07	418.78

5—2 主要年份固定资产投资增长速度

(上年=100) 单位：%

年　份	总　计	国有经济	集体经济	私营经济	个体经济	其他各种经　济
2005	14.7	-3.5	-72.7	-11.8	-68.1	92.7
2006	33.4	18.5	-3.0	39.2	-93.4	44.4
2007	31.1	14.0	140.1	75.4	147.0	17.2
2008	23.3	105.7	-44.0	16.9	-21.0	5.3
2009	33.2	37.3	110.7	81.8	341.9	-3.2
2010	35.7	22.4	-0.9	30.2	7.5	54.9
2011	32.9	35.4	-11.6	44.2	-75.5	18.4
2012	25.4	25.0	66.5	18.0	-95.9	36.9
2013	19.2	21.6	37.2	25.7	19366.7	6.8
2014	17.0	-13.9	176.7	13.9	-24.4	86.7

5—3 主要年份固定资产投资资金来源增长速度及构成

(上年=100) 单位：%

年　份	资　金　来　源				按　构　成　分		
	国家预算内资　金	国内贷款	利用外资	自筹和其他资金	建　筑安装工程	设备工具器具购置	其他费用
2005	1.0	362.1	-16.8	30.2	31.1	47.1	10.0
2006	254.4	310.3	45.4	64.2	118.8	66.0	18.8
2007	56.0	-13.1	11.7	80.1	5.6	49.8	61.4
2008	81.9	47.3	21.6	5.2	15.6	-1.3	-30.6
2009	34.1	36.8	-32.5	56.7	65.8	32.8	142.9
2010	59.6	-8.9	-54.7	53.5	40.1	12.1	68.2
2011	-34.0	22.1	-55.7	40.4	36.1	30.3	27.3
2012	70.1	79.2	-29.1	44.1	20.2	50.8	7.2
2013	-12.8	24.7	213.4	26.1	19.3	25.9	2.4
2014	77.4	-18.4	180.7	17.3	30.2	9.0	-28.1

注：2010年及以前年度的数据均不含含山县、和县数据。

5—4 主要年份按城乡分固定资产投资

单位：万元

年　　份	固定资产投　　资	城　　镇	#房地产开发	农　　村	#非　农　户
2000	439352	297177	58459	142175	66649
2005	2281678	2056725	284432	224953	158322
2006	3044103	2830960	337344	213143	213143
2007	3991913	3661259	413322	330654	330654
2008	4923639	4501027	732960	422612	416492
2009	6555925	5932634	756936	623291	623291
2010	8894673	8120993	1030533	773680	773680
2011	9519544	8910840	1351694	608704	608704
2012	12011508	11340774	2114935	670734	670734
2013	14316040	13310087	2557476	1005953	1005953
2014	16747414	16186887	2455835	560527	560527

5—5 主要年份分行业固定资产投资

单位：万元

行　　业	2005	2010	2013	2014
总　　计	**2281678**	**8894673**	**14316040**	**16747414**
农、林、牧、渔业	13512	158018	328246	351947
采掘业	61468	146631	154646	157677
制造业	1188503	3792173	6090876	7543582
电力、热力、燃气及水的生产和供应业	220973	404573	329325	225923
建筑业	17143	67500	19080	30360
批发和零售业	31419	432827	487945	957180
交通运输、仓储和邮政业	86067	494012	446637	722027
住宿和餐饮业	10817	185668	141744	178685
信息传输、软件和信息技术服务业	7784	83087	165654	151490
金融业	966	12860	47741	33780
房地产业	325420	1444276	3238229	3121062
租赁和商务服务业	4632	133520	165184	228343
科学研究和技术服务业	8670	40942	146078	363422
水利、环境和公共设施管理业	254957	1066395	2148423	2126675
居民服务、修理和其他服务业	3463	23862	90385	118916
教　育	16488	114779	86769	98887
卫生和社会工作	10072	56810	48792	73390
文化、体育和娱乐业	2862	99602	146455	126450
公共管理、社会保障和社会组织	16462	137138	33831	137618

注：统计口径为500万元以上项目及房地产。

5—6 按经济类型分的固定资产投资（2014年）

指标		总计	内资	国有	集体	股份合作	联营
投资总额	**（万元）**	**16747414**	**16382050**	**2973365**	**254420**	**8200**	**61299**
按资金来源分							
国家预算内资金		508857	508857	418057	1200		27000
国内贷款		1830033	1815933	512426	2000		32000
利用外资		107922	50750	5250			
自筹资金		15249849	14858520	2124644	251520	8200	2300
其他资金		870393	845913	55580	1500		1000
按构成分							
建筑安装工程		10553039	10362964	2516022	252200	6900	60234
设备工具器具购置		5086876	4921820	279877	1400	1300	1065
其他费用		1107499	1097266	177466	820		
房屋建筑面积	**（万平方米）**						
施工面积		3537.76	3474.53	582.10	9.92		12.00
竣工面积		1318.04	1301.01	225.87	9.02		
#住　宅		418.78	405.02	68.88	2.80		

指标		有限责任公司	私营经济	其他	港澳台商投资	外商投资	个体
投资总额	**（万元）**	**1037432**	**10106344**	**1940990**	**145928**	**175281**	**44155**
按资金来源分							
国家预算内资金		3000		59600			
国内贷款		19590	464781	785136	14100		
利用外资		15000	30500		50922	6250	
自筹资金		1042976	9227457	2201423	69280	275994	46055
其他资金		10957	405463	371413	13400	11080	
按构成分							
建筑安装工程		514590	5566224	1446794	70256	89676	30143
设备工具器具购置		501874	3837786	298518	68632	83216	13208
其他费用		20968	702334	195678	7040	2389	804
房屋建筑面积	**（万平方米）**						
施工面积		159.42	1689.83	1021.27	12.60	49.88	0.75
竣工面积		81.89	634.45	349.78	6.80	9.48	0.75
#住　宅		15.95	110.89	206.50	4.62	9.14	

5—7 城镇建设项目投资完成情况（2014年）

指标		合计	地方项目
计划投资	（万元）		
建设项目计划总投资		24709943	24038799
自开始建设累计完成投资		19670180	19113073
自年初累计完成投资	（万元）	**13731052**	**13354520**
#国有经济控股		3113947	2787415
#住　宅		247333	247333
按建设性质			
#新　建		7522967	7213215
扩　建		3107000	3070840
改建和技术改造		2970275	2939655
按构成分			
建筑工程		7457197	7193734
安装工程		651958	638780
设备工器具购置		4969536	4869762
#用于更新的设备		1273775	1272775
其他费用		652361	652244
本年新增固定资产	（万元）	**11848355**	**11544013**
项目个数	（个）		
施工项目个数		2555	2490
#本年新开工		2077	2030
本年投产项目个数		2068	2017
房屋建筑面积	（万平方米）		
施工面积		1661	1645
#住　宅		166	166
竣工面积		837	833
#住　宅		71	71
本年资金来源合计	（万元）	**14494171**	**14040008**
上年末结余资金		412597	412597
本年资金来源小计		14081574	13627411
国家预算内资金		414107	414107
国内贷款		900286	890336
债　券			
利用外资		107922	107922
#外商直接投资		57172	57172
自筹资金		12500502	12056289
#企、事业单位自有资金		5039613	5028298
其他资金来源		158757	158757
本年各项应付款合计	（万元）	**734592**	**733392**
#工程款		439273	439273

5—8 分行业城镇建设项目投资（2014年）

单位：万元

指　　标	投资额	#新　建	扩　建	改　建	新增固定资产
总　　计	**13731052**	**7522967**	**3107000**	**2970275**	**11848355**
农、林、牧、渔业	**213458**	**188758**	**21500**	**2700**	**139327**
农　业	119940	109940	10000		47930
林　业	26201	25901	300		34497
畜牧业	19370	19370			17400
渔　业	10690	9140	1550		7250
农、林、牧、渔服务业	37257	24407	9650	2700	32250
采矿业	**135577**	**85367**	**10000**	**40210**	**115524**
煤炭开采和洗选业					
石油和天然气开采业	4900	4900			2800
黑色金属矿采选业	68910	40400		28510	58324
有色金属矿采选业	3100	3100			1800
非金属矿采选业	57667	36967	10000	10700	51600
开采辅助活动					
其他采矿业	1000			1000	1000
制造业	**7441326**	**3325230**	**1780092**	**2307134**	**6614453**
农副食品加工业	240431	117047	33844	89540	246525
食品制造业	172903	80753	30050	59600	174695
酒、饮料和精制茶制造业	53057	41657	2280	9120	14826
烟草制品业					
纺织业	52879	20979	22800	9100	53194
纺织服装、服饰业	211358	110045	14910	85653	196350
皮革、毛皮、羽毛及其制品和制鞋业	32222	20232	11990		32222
木材加工及木竹藤棕草制品业	60092	32290		27802	60092
家具制造业	59859	22270	25363	12226	54634
造纸及纸制品业	161340	40620	111120	9600	65420
印刷业和记录媒介复制	38502	11357	13330	13815	38164
文教、工美、体育和娱乐用品制造业	35903	13983	7100	14820	35005
石油加工、炼焦及核燃料加工业	99390	86990		12400	20800
化学原料及化学制品制造业	286741	177047	57330	47414	318609
医药制造业	68463	24793	7600	36070	59590
化学纤维制造业					
橡胶和塑料制品业	150081	58448	67600	24033	192744
非金属矿物制品业	760560	396947	181120	175663	668446
黑色金属冶炼及压延加工业	425306	81287	140964	199055	253614

5—8 续表1

单位：万元

指　　标	投资额	#新　建	扩　建	改　建	新增固定资产
有色金属冶炼及压延加工业	126765	51009	20438	52668	80346
金属制品业	835537	304440	286180	244917	692177
通用设备制造业	1515662	586595	363236	560131	1449182
专用设备制造业	581312	326720	118580	134522	435733
汽车制造业	353044	145358	35000	172686	330884
铁路、船舶、航空航天和其他运输设备制造业	22790	13190	9600		22790
电气机械和器材制造业	547415	296586	91540	159289	723529
计算机、通信和其他电子设备制造业	260723	185507	17338	57878	168715
仪器仪表制造业	99512	61180	20100	18232	88802
其他制造业	61471		34700	26771	56571
废弃资源综合利用业	92049	13600	24320	54129	44835
金属制品、机械和设备修理业	35959	4300	31659		35959
电力、热力、燃气及水生产和供应业	**225923**	**134046**	**37780**	**54097**	**258681**
电力、热力生产和供应业	113503	68385		45118	86398
燃气生产和供应业	67405	49385	18020		107527
水的生产和供应业	45015	16276	19760	8979	64756
建筑业	**30360**	**7310**	**23050**		**30360**
房屋建筑业					
土木工程建筑业	6500		6500		6500
建筑安装业	13710	1310	12400		13710
建筑装饰和其他建筑业	10150	6000	4150		10150
批发和零售业	**943960**	**393615**	**458455**	**59640**	**874503**
批发业	654205	210080	379885	43090	614109
零售业	289755	183535	78570	16550	260394
交通运输、仓储和邮政业	**701012**	**436168**	**164540**	**68724**	**473036**
铁路运输业	29740	29740			1000
道路运输业	319026	159916	89920	50910	202969
水上运输业	45994	3280	24750	8014	32994
航空运输业					
管道运输业	3600	3600			3600
装卸搬运和运输代理业	175769	143239	29180		117640
仓储业	114610	93920	20690		102560
邮政业	12273	2473		9800	12273
住宿和餐饮业	**178685**	**98703**	**56360**	**18642**	**153442**
住宿业	94623	78223	13550	2850	70135
餐饮业	84062	20480	42810	15792	83307
信息传输、软件和信息技术服务业	**151490**	**100905**	**45855**		**90085**
电信、广播电视和卫星传输服务	1795	1795			1795

5—8 续表2

单位：万元

指　　标	投资额	#新　建	扩　建	改　建	新增固定资产
互联网和相关服务	6300	3800	2500		5930
软件和信息技术服务业	143395	95310	43355		82360
金融业	**33780**	**8155**	**25625**		**28453**
货币金融服务	19495	2800	16695		15723
资本市场服务	8130	1800	6330		8130
保险业	3555	3555			2000
其他金融业	2600		2600		2600
房地产业	**625697**	**535795**	**33120**	**56782**	**456670**
租赁和商务服务业	**224143**	**164979**	**38260**	**13654**	**169705**
租赁业	40380	34070	2500	3810	41330
商务服务业	183763	130909	35760	9844	128375
科学研究和技术服务业	**327403**	**183623**	**87980**	**53100**	**306607**
研究和试验发展	88255	46465	30880	10910	69430
专业技术服务业	145480	77550	46340	18890	133580
科技推广和应用服务业	93668	59608	10760	23300	103597
水利、环境和公共设施管理业	**2028935**	**1615603**	**146425**	**261327**	**1785946**
水利管理业	104259	71969	24860	7430	79379
生态保护和环境治理业	24030	8200	3100	12730	20530
公共设施管理业	1900646	1535434	118465	241167	1686037
居民服务、修理和其他服务业	**117716**	**28153**	**72998**	**16035**	**117969**
居民服务业	45226	17313	17438	9945	47029
机动车、电子产品和日用产品修理业	56240	9290	40860	6090	56240
其他服务业	16250	1550	14700		14700
教　育	**98587**	**76447**	**13760**	**8380**	**32369**
卫生和社会工作	**73390**	**44630**	**23810**		**61255**
卫　生	67890	43630	19310		55755
社会工作	5500	1000	4500		5500
文化、体育和娱乐业	**97590**	**51440**	**39160**	**1500**	**69300**
新闻和出版业	9700	9700			8730
广播、电视、电影和影视录音制作业	8050	2800	2450		7880
文化艺术业	27280	25800	1480		14380
体　育	24620	2450	20670	1500	11670
娱乐业	27940	10690	14560		26640
公共管理、社会保障和社会组织	**82020**	**44040**	**28230**	**8350**	**70670**
国家机构	54201	32938	11513	8350	44101
社会保障					
群众团体、社会团体和其他成员组织	1000		1000		
基层群众自治组织	26819	11102	15717		26569

5—9 农村非农户固定资产投资完成情况（2014年）

指　　标		合　计	地方项目
完成投资	（万元）	560527	560527
#住　宅		40239	40239
按建设性质			
#新　建		423269	423269
扩　建		91268	91268
改建和技术改造		45990	45990
按构成分			
建筑工程		402284	402284
安装工程		48027	48027
设备工器具购置		78546	78546
#用于更新的设备		7625	7625
其他费用		31670	31670
新增固定资产	（万元）	556892	556892
项目个数	（个）		
施工项目个数		128	128
#本年新开工		106	106
本年投产项目个数		111	111
房屋建筑施工面积	（万平方米）	110	110
#住　宅		26	26
房屋建筑竣工面积	（万平方米）	29	29
#住　宅		7	7

5—10　主要年份城镇施工、投产项目

年　　份	项目投资（万元）	施工项目（个）	全部建成投产项目（个）	项目建成投产率（%）	新增固定资产（万元）	固定资产交付使用率（%）	征用和购置土地情况		
							规划用地面积（万平方米）	实际征用和购置土地面积（万平方米）	实际征用和购置土地成交款（万元）
2005	1549663	507	337	66.5	1050358	67.8	1228.32	1017.61	102688
2006	2487615	727	498	68.5	1302349	52.4	1759.83	771.43	61913
2007	2772714	762	501	65.7	3614168	130.3	2275.48	1184.50	267828
2008	3100935	1015	745	73.4	1677216	54.9	2725.07	1008.38	116756
2009	4346155	1582	1146	72.4	3543739	81.5	4045.72	1689.09	161143
2010	7090460	2269	1806	79.6	4293279	60.6	6128.27	2381.21	437564
2011	7559146	1703	1247	73.2	4816719	63.7	6072.27	1793.89	354394
2012	9225839	1917	1268	66.1	6345470	68.8	6178.10	1495.31	290326
2013	10752611	1984	1469	74.0	7856338	73.1			
2014	13731052	2555	2068	80.9	11848355	86.3			

注：2009年及以前年度的数据均不含含山县、和县数据。

5—11　各县区城镇500万元以上施工、投产项目（2014年）

地　　区	项目投资（万元）	施工项目（个）	全部建成投产项目（个）	项目建成投产率（%）	新增固定资产（万元）	固定资产交付使用率（%）
全　　市	**13731052**	**2555**	**2068**	**80.9**	**11848355**	**86.3**
市　　直	139245	10	2	20.0	14054	10.1
花山区	2848163	610	427	70.0	2352099	82.6
雨山区	3201447	783	688	87.9	2729177	85.2
博望区	1254982	200	185	92.5	1187303	94.6
含山县	1296021	230	174	75.7	988090	76.2
和　　县	1600339	239	186	77.8	1124635	70.3
当涂县	3390855	483	406	84.1	3452997	101.8

5—12　各县区按注册类型分城镇建设项目投资（2014年）

单位：万元

地　区	总　计	内　资	#国有及国有经济	#私营经济	港澳台商投资	外商投资	个　体
全　市	**13731052**	**13448131**	**2773174**	**8572590**	**130928**	**125838**	**26155**
市　直	139245	139245	14840				
花山区	2848163	2786910	602302	2014408	8200	31198	21855
雨山区	3201447	3084264	423641	2239904	42043	75140	
博望区	1254982	1254982	50500	959201			
含山县	1296021	1250151	285353	536640	34820	6750	4300
和　县	1600339	1564866	449980	989905	29223	6250	
当涂县	3390855	3367713	946558	1832532	16642	6500	

5—13　各县区城镇固定资产投资按三次产业分（2014年）

单位：万元

地　区	总　计	第一产业	第二产业	#工　业	第三产业	#房地产	#住　宅
全　市	**16186887**	**213458**	**7833186**	**7802826**	**8140243**	**2455835**	**1782796**
市　直	139245		110505	110505	28740		
花山区	3789801	1700	1392577	1377267	2395524	941638	731223
雨山区	3735969	18750	1845232	1830182	1871987	534522	333950
博望区	1307990	10700	786040	786040	511250	53008	28598
含山县	1469678	47227	806638	806638	615813	173657	101110
和　县	1901341	18581	839829	839829	1042931	301002	250083
当涂县	3842863	116500	2052365	2052365	1673998	452008	337832

5—14　各县区农村非农户固定资产投资完成情况（2014年）

地　区	完成投资（万元）	#住　宅	新增固定资产（万元）	房屋建筑施工面积（万平方米）	#住　宅	房屋建筑竣工面积（万平方米）	#住　宅
全　市	**560527**	**40239**	**556892**	**110.07**	**25.86**	**29.22**	**7.09**
花山区	18000		9000				
雨山区	61820		41960	6.76		6.14	
博望区	129432		141232	3.71		3.30	
含山县							
和　县	279595	35259	289200	79.58	18.77		
当涂县	71680	4980	75500	20.02	7.09	19.78	7.09

5—15 各县区分行业城镇建设项目投资（2014年）

单位：万元

地区	合计	农林牧渔业	采矿业	制造业	电力、燃气及水的生产和供应业	建筑业	批发和零售业	交通运输、仓储和邮政业	住宿和餐饮业	信息传输、计算机服务和软件业
全市	**13731052**	**213458**	**135577**	**7441326**	**225923**	**30360**	**943960**	**701012**	**178685**	**151490**
市直	139245		14840	95665				28740		
花山区	2848163	1700	8000	1328446	40821	15310	414642	205196	96012	28850
雨山区	3201447	18750	45850	1769572	14760	15050	362204	123725	22225	85590
博望区	1254982	10700	29400	747840	8800		35390	10000	3100	
含山县	1296021	47227	9200	748680	48758		3000	48150		
和县	1600339	18581	17817	763377	58635		87284	118688	42848	35950
当涂县	3390855	116500	10470	1987746	54149		41440	166513	14500	1100

地区	金融业	房地产业	租赁和商务服务业	科学研究、技术服务和地质勘查业	水利、环境和公共设施管理业	居民服务和其他服务业	教育	卫生、社会保障和社会福利业	文化、体育和娱乐业	公共管理和社会组织
全市	**33780**	**625697**	**224143**	**327403**	**2028935**	**117716**	**98587**	**73390**	**97590**	**82020**
市直										
花山区	13900	6006	28270	27600	455757	60845	14140	28845	52310	21513
雨山区	19880	62964	110763	206229	278010	20310	6740	25095	12730	1000
博望区		59780	2100	7980	325772	1800	3520			8800
含山县		118928	37600	13600	184068	5430	5180	600	25600	
和县		69450	12990	64144	179158	6303	66187	12470	2450	44007
当涂县		308569	32420	7850	606170	23028	2820	6380	4500	6700

5—16 各县区分行业城镇建设项目新增固定资产（2014年）

单位：万元

地区	合计	农林牧渔业	采矿业	制造业	电力、燃气及水的生产和供应业	建筑业	批发和零售业	交通运输、仓储和邮政业	住宿和餐饮业	信息传输、计算机服务和软件业
全市	**11848355**	**139327**	**115524**	**6614453**	**258681**	**30360**	**874503**	**473036**	**153442**	**90085**
市直	14054		14054							
花山区	2352099	1200	8000	1214970	13551	15310	358692	143986	97212	16050
雨山区	2729177	10400	32200	1621096	14053	15050	314381	120310	18950	72935
博望区	1187303	10700	32400	740640	8800		42990	10000	3100	
含山县	988090	42720	9200	561611	46230			17750		
和县	1124635	27997	9200	503083	36095		75300	60702	19680	
当涂县	3452997	46310	10470	1973053	139952		83140	120288	14500	1100

地区	金融业	房地产业	租赁和商务服务业	科学研究、技术服务和地质勘查业	水利、环境和公共设施管理业	居民服务和其他服务业	教育	卫生、社会保障和社会福利业	文化、体育和娱乐业	公共管理和社会组织
全市	**28453**	**456670**	**169705**	**306607**	**1785946**	**117969**	**32369**	**61255**	**69300**	**70670**
市直										
花山区	11800	5906	25370	27600	263864	61745	12640	19280	33810	21113
雨山区	16653	62964	77945	183424	118678	15243	5210	18995	10690	
博望区		77480	4100	7980	234993	1800	3520			8800
含山县		93338	14100	13600	165091	4900	6650	600	12300	
和县		53300	12990	72853	185546	6303	3529	16000	8000	34057
当涂县		163682	35200	1150	817774	27978	820	6380	4500	6700

5—17 各县区按资金来源和隶属关系分的城镇建设项目投资（2014年）

单位：万元

地 区	按资金来源分						按隶属关系分	
	国家预算内资金	国内贷款	债 券	利用外资	自筹资金	其他资金	中央项目	地方项目
全 市	**414107**	**900286**		**107922**	**12500502**	**158757**	**376532**	**13354520**
市 直	27000	56690			46691	3000	11864	127381
花山区	30750	217120			2589460	39560	167476	2680687
雨山区		280900			3477001	15300	188192	3013255
博望区					1263782			1254982
含山县	92841	49710		85030	1076890	39627		1296021
和 县	237240	181466		6250	1288564			1600339
当涂县	26276	114400		16642	2758114	61270	9000	3381855

5—18 各县区按构成和建设性质分的城镇建设项目投资（2014年）

单位：万元

地 区	投资额	按构成分				按建设性质分		
		建筑工程	安装工程	设备、工器具购置	其他费用	#新 建	扩 建	改 建
全 市	**13731052**	**7457197**	**651958**	**4969536**	**652361**	**7522967**	**3107000**	**2970275**
市 直	139245	54784	5485	67606	11370	28740		110505
花山区	2848163	1690257	166037	908970	82899	664804	1833513	230506
雨山区	3201447	1136397	184093	1608526	272431	1628983	556860	1006154
博望区	1254982	945199	71683	202100	36000	666516	67400	521066
含山县	1296021	713384	65578	455153	61906	843726	274575	177190
和 县	1600339	1052146	88064	407035	53094	1410455	124763	63631
当涂县	3390855	1865030	71018	1320146	134661	2279743	249889	861223

5—19 主要年份城镇建设项目新增主要产品生产能力

指标		2005	2010	2013	2014
铁矿开采	(万吨/年)				
焦　炭	(万吨/年)				
铁矿石原矿开采	(万吨/年)	10	59	507	6
钢　材	(万吨/年)	12	330		16
热轧钢材					
冷加工钢材			12		
发电机组容量	(万千瓦)	132		1360	
水力发电					
火力发电		132			
水　泥	(万吨/年)			8	50
平板玻璃	(万重量箱/年)		10		
农用氮、磷、钾化学肥料	(吨/年)		7300		
氮　肥					
磷　肥					
塑料树脂及共聚物	(吨/年)		4328	5000	600
载货汽车制造	(辆/年)				
轿车制造	(辆/年)				
客车制造	(辆/年)				
化学纤维	(吨/年)				
棉纺锭	(锭)				
家用洗衣箱	(万台/年)				
新建公路	(公里)		4.3	24.5	
#高速公路					
改建公路	(公里)	24		25	
城市自来水供水能力	(万吨/日)				
城市污水处理能力	(万吨/日)	6	7		
机制纸	(万吨/年)				

5—20 主要年份房地产开发主要指标

指　　标		2000	2005	2010	2013	2014
企业个数	**（个）**	**46**	**50**	**174**	**188**	**201**
内　资		45	45	165	184	197
#国　有		10	4	12	3	2
集　体		10	1			
港、澳、台投资		1	2	3	2	2
外商投资			3	6	2	2
平均从业人数	**（人）**	**1077**	**2178**	**2997**	**4707**	**5352**
内　资		1047	2059	2659	4519	5197
#国　有		324	830	401	56	60
集　体		277	35			
港、澳、台投资		30	63	33	52	48
外商投资			56	305	136	107
本年完成投资额	**（万元）**	**55285**	**264084**	**1030533**	**2557476**	**2455835**
#住　宅		48696	217462	825563	1733030	1782796
本年土地购置面积	**（万平方米）**				**191**	**175**
资金来源小计	**（万元）**	**53221**	**301287**	**1179074**	**3174362**	**2572933**
国内资金		8696	32570	175599	539379	359957
利用外资		150				
自筹资金		19287	122738	478516	1635930	1570609
其他资金		25088	145979	524959	999053	642367
房屋建筑面积	**（万平方米）**					
施工面积		113.00	412.00	873.15	1472.66	1767.18
竣工面积		46.90	129.00	222.51	354.19	451.33
本年新开工面积		40.74	229.56	398.49	556.89	533.47
#住　宅		66.14	200.48	333.36	400.99	393.35
商品房屋销售面积	**（万平方米）**	**27.00**	**184.00**	**204.38**	**312.14**	**245.89**
#住　宅		24.00	172.70	190.98	286.22	225.97
商品房屋销售价格	**（元/平方米）**	**1381**	**2614**	**3936**	**4740**	**4546**
#住　宅		1335	2480	3818	4397	4244
实收资本合计	**（万元）**		**131996**	**329840**	**934616**	**1034892**
资产负债率	(%)	79.5	73.8	74.0	74.2	78.2
经营总收入	**（万元）**	**38424**	**131889**	**503257**	**1094994**	**1103486**
#土地转让收入						9289

注：2010年及以后年度数据为新区划口径，其他年份为原区划口径。

5—21 主要年份房地产开发企业（单位）财务状况

单位：万元

指　　标	2000	2005	2010	2013	2014
年初存货		**164738**	**594633**	**2541865**	**3444692**
年末资产负债					
流动资产合计		434395	1578995	5265574	5882958
#存　货		179098	878674	3363691	3864298
固定资产原价		35461	62080	106982	153686
累计折旧	3159	7916	13653	35112	34677
#本年折旧	408	681	3878	7078	6815
资产总计	128577	595274	1882660	6351263	6843215
负债合计	102254	439607	1456447	4713313	5354004
所有者权益合计	26323	155667	426212	1637950	1489211
#实收资本		131996	226373	934616	1034892
损益及分配					
主营业务收入	38424	131889	492127	1093740	1100735
土地转让收入			6366		9289
商品房屋销售收入	36776	131596	482662	1014572	833081
房屋出租收入		293		6320	7813
其他收入			3099	72849	250552
主营业务成本	31488	105989	386552	822204	927353
主营业务税金及附加	2142	6587	30496	77960	70139
主营业务利润		18253	66216		
其他业务收入		3112	2625		
其他业务利润		3101	2366	7457	3369
销售费用	123	1060	11254	39993	35437
管理费用	3801	9889	24574	63042	63318
财务费用		1169	2711	15035	20173
营业利润		10296	35904	74624	-20776
投资收益			-25	1355	-774
利润总额	1014	10266	32249	72209	146684
应交所得税		3502	7089	13723	14308
人工成本					
应付职工薪酬（贷方累计发生额）	950	3517	11840	29316	31835
全部从业人员年平均人数　（人）	**1077**	**2178**	**3387**	**4707**	**5352**

注：2010年及以后年度数据为新区划口径，其他年份为原区划口径。

5—22 主要年份房地产开发企业（单位）投资、资金和土地情况

单位：万元

指　　标		2005	2010	2013	2014
计划总投资		1164651	4481303	11355979	13048460
自开始建设累计完成投资		509564	2410259	6981491	8911837
本年完成投资		264084	1030533	2557476	2455835
#配套工程投资			14284	25435	
#国有控股			246642	739438	537437
按构成分：建筑工程		195037	646373	1816070	1802909
安装工程			36719	203082	190664
设备工器具购置		722	17177	43786	38794
其他费用		68325	330264	494338	423468
#旧建筑物购置费			11247	12346	1932
土地购置费		53243	256617	366608	341170
按工程用途分：					
住　宅		217462	825563	1733030	1782796
#90平方米以下			195950	448017	426978
144平方米以上 ★			102074	113880	89644
别墅、高档公寓			63678	77039	123974
办公楼		2239	8298	104342	85959
商业营业用房		31376	120486	481850	451442
其　他		13007	76186	238254	135638
本年新增固定资产		243423	484973	1521594	1649366
本年资金来源合计		359616	1304518	3645766	3356905
上年末结余资金		58329	125444	471404	783972
本年资金来源小计		301287	1179074	3174362	2572933
国内贷款		32570	175599	539379	359957
利用外资					
自筹资金		122738	478516	1635930	1570609
其他资金来源		142031	524959	999053	642367
本年各项应付款合计		74243	213703	628757	970426
#工程款		54150	142110	385151	565532
待开发土地面积	（万平方米）		68.78	196.97	183.59
本年购置土地面积	（万平方米）		167.97	191.18	175.14
本年土地成交价款			273526	391877	372478

注：1．★ 2005、2010年为140平方米以上口径。
　　2．2010年及以后年度数据为新区划口径，其他年份为原区划口径。

5—23 房地产开发企业（单位）施工、销售和待售情况（2014年）

指标		合计	按用途分					
			住宅	#90平米以下	#别墅、高档公寓	办公楼	商业营业用房	其他
房屋施工面积	（万平方米）	1767.18	1278.34	348.47	37.46	49.53	303.61	135.70
#新开工面积		533.47	393.35	74.22	16.91	9.00	92.79	38.33
房屋竣工面积	（万平方米）	451.33	340.51	122.69	5.16	6.09	78.07	26.66
#不可销售面积		39.96	16.46	4.90		0.04	21.20	2.26
住宅竣工套数	（套）		32301	14652	466			
房屋竣工价值	（万元）	1140497	816328	274833	15561	29327	256936	37906
批准预售面积	（万平方米）	166.45	140.70	17.51	3.17	0.40	23.15	2.20
批准预售住宅套数	（套）		12671	2141	117			
出租房屋面积	（万平方米）	2.21					1.23	0.98
商品房销售面积	（万平方米）	245.89	225.97	83.35	8.49	2.18	16.72	1.02
现房销售面积		84.17	76.80	49.31	3.44	1.00	5.38	0.99
期房销售面积		161.71	149.17	34.03	5.05	1.18	11.34	0.02
商品房销售额	（万元）	1117703	959047	266420	71085	12626	141670	4360
现房销售额		321246	269214	133997	22378	5300	42505	4227
期房销售额		796457	689833	132423	48707	7326	99165	133
商品住宅销售套数	（套）		22667	9777	447			
现房销售套数			7953	5582	178			
期房销售套数			14714	4195	269			
待售面积	（万平方米）	135.83	107.55	41.34	14.97	3.20	20.71	4.37
待售1—3年		58.29	45.33	20.49	1.39	1.29	9.86	1.81
待售3年以上		30.88	29.33	16.59	12.52		1.55	

5—24 房地产开发投资（2014年）

指　　标		合　计	内　资		
				国　有	集　体
计划总投资		13048460	11978460	147500	
自开始建设累计完成投资		8911837	8335610	135198	
本年完成投资		2455835	2391392	20256	
#配套工程投资					
#国有控股		537437	537437	20256	
按构成分：建筑工程		1802909	1754748	16976	
安装工程		190664	186284	3280	
设备工器具购置		38794	34414		
其他费用		423468	415946		
#旧建筑物购置费		1932	1932		
土地购置费		341170	335670		
按工程用途分：					
住　宅		1782796	1728743	18038	
#90平方米以下		426978	424213		
140平方米以上		89644	49671		
别墅、高档公寓		123974	84501		
办公楼		85959	83959		
商业营业用房		451442	446502	1950	
其　他		135638	132188	268	
本年新增固定资产		1649366	1584145	19107	
本年资金来源合计		3356905	3170662	25556	
上年末结余资金		783972	771962	500	
本年资金来源小计		2572933	2398700	25056	
国内贷款		359957	359357		
利用外资					
自筹资金		1570609	1421456	25056	
其他资金来源		642367	617887		
本年各项应付款合计		970426	920668		
#工程款		565532	546442		
待开发土地面积	（万平方米）	183.59	154.94		
本年购置土地面积	（万平方米）	175.14	175.14		
本年土地成交价款		372478	372478		

单位：万元

港澳台投资	外商投资	中央	省	市	县	其他
140000	930000	160000	185000	3379825	879831	8443804
94960	481267	133543	159978	1726648	551973	6339695
15000	49443	25627	42171	528648	229602	1629787
		25627	42171	243689	85700	140250
3500	44661	21720	40648	370532	157349	1212660
3000	1380	3625	1523	54080	12680	118756
3000	1380			21829	4056	12909
5500	2022	282		82207	55517	285462
						1932
5500				74250	26955	239965
8000	46053	21461	23765	444045	158003	1135522
	2765		2255	84000	61776	278947
	39973			5733	500	83411
	39473			946		123028
2000		2698		44829		38432
3000	1940	1200	17137	36450	62432	334223
2000	1450	268	1269	3324	9167	121610
20522	44699	19107	14237	494402	111203	1010417
15000	171243	28833	103100	564008	269631	2391333
	12010		64050	73905	36782	609235
15000	159233	28833	39050	490103	232849	1782098
600		13000		115130	79836	151991
1000	148153	15833	35700	268628	119193	1131255
13400	11080		3350	106345	33820	498852
12800	36958	22000	4246	116071	128066	700043
10800	8290	20000	4246	86199	55401	399686
	28.65		0.11	50.91	20.36	112.21
		4.71			52.30	118.13
		3000			109734	259744

5—25 房地产开发企业财务状况（2014年）

指标	流动资产合计	#存货	固定资产原价	累计折旧	资产合计	负债合计	资产负债率(%)
总计	**5882958**	**3864298**	**153686**	**34677**	**6843215**	**5354004**	**78.2**
国有及国有控股企业	1660630	1185109	7748	4909	2155463	1511746	70.1
按注册类型分							
内资	5476200	3708469	151323	33740	6404285	4998974	78.1
#国有	189	133	947	61	2770	2469	89.1
集体							
港澳台投资	30586	18034	112	91	30611	24719	80.8
外商投资	376172	137795	2251	846	408319	330311	80.9
按隶属关系分							
中央	114970	78575	44	22	114992	106857	92.9
省	96457	85045	131	54	96596	80315	83.1
地区	1425762	947020	36208	1125	1818560	1382069	76.0
县	187057	138835	2371	506	242484	181235	74.7
其他	4058712	2614823	114932	32970	4570583	3603528	78.8
按资质等级分							
一级							
二级	608830	501902	8116	4521	861471	539083	62.6
三级	1662107	1184555	130504	23740	1971443	1549262	78.6
四级	159050	102703	3083	881	170587	146889	86.1
暂定	3071217	1920566	11245	5200	3198726	2720711	85.1
其他	381754	154572	738	335	640988	398059	62.1

5—26 各县区房地产开发企业财务状况（2014年）

地区	流动资产合计	#存货	固定资产原价	累计折旧	资产合计	负债合计	资产负债率(%)
全市	**5882958**	**3864298**	**153686**	**34677**	**6843215**	**5354004**	**78.2**
花山区	304845	205563	4328	1501	319191	253291	79.4
雨山区	784669	438806	13529	2257	1070212	766503	71.6
博望区	786048	513339	4628	2129	837332	679503	81.2
含山县	2004303	1356944	80287	21698	2212133	1786874	80.8
和县	1823358	1227773	48882	6117	2184791	1707914	78.2
当涂县	179735	121873	2032	975	219556	159919	72.8

单位：万元

所有者权益合计	实收资本	主营业务收入	土地转让收入	主营业务成本	主营业务税金及附加	营业利润	本年应付工资总额	全部从业人员年平均数（人）
1489211	**1034892**	**1100735**	**9289**	**927353**	**70139**	**-20776**	**31835**	**5352**
643717	247326	353677	9214	318924	13971	-362	6658	829
1405311	944359	1021764	9289	864995	65329	-26157	29761	5197
301	302	117				-89	101	60
5892	8533	27383		23962	503	1881	282	48
78008	82000	51588		38396	4307	3500	1792	107
8135	8000	107745		101794	5071	825		110
16281	15500	18905		18297	1145	-2025	446	63
436491	258888	283806		240316	11737	2643	6684	692
61249	24218	6416		4865	552	-2338	753	165
967055	728286	683863	9289	562081	51634	-19881	23952	4322
322388	146000	170406		148541	11194	-8147	6382	650
422181	334514	450946		358902	32161	13158	9438	1327
23698	26692	43981		37244	2581	-448	1653	386
478015	469769	426025	75	380678	23491	-25356	13770	2779
242929	57917	9377	9214	1988	712	17	592	210

单位：万元

所有者权益合计	实收资本	主营业务收入	土地转让收入	主营业务成本	主营业务税金及附加	营业利润	本年应付工资总额	全部从业人员年平均数（人）
1489211	**1034892**	**1100735**	**9289**	**927353**	**70139**	**-20776**	**31835**	**5352**
65900	39822	104709	75	86655	9276	-71	3691	863
303709	147741	69631	9214	46220	6758	253	3976	624
157829	137300	66048		53340	5224	-5290	4774	725
425259	380685	331448		277420	25438	-16527	9782	1811
476877	303869	509411		450715	22301	-339	8633	1004
59637	25475	19488		13003	1142	1196	979	325

5—27　各县区房地产开发企业企业（单位）个数（2014年）

单位：个

地　区	企业个数	内资企业	#国　有	#集　体	#私　营	港澳台投资企业	外　商投资企业	国有及国有控股
全　市	**201**	**197**	**2**		**136**	**2**	**2**	**23**
花山区	64	63	1		35	1		8
雨山区	33	31			20	1	1	8
博望区	15	15			13			1
含山县	28	28			21			1
和　县	28	27	1		17		1	5
当涂县	33	33			30			

5—28　各县区房地产开发企业（单位）平均从业人数（2014年）

单位：人

地　区	平　均从业人员	内资企业	#国　有	#集　体	#私　营	港澳台投资企业	外　商投资企业	国有及国有控股
全　市	**5352**	**5197**	**60**		**3183**	**48**	**107**	**829**
花山区	1811	1781	40		777	30		260
雨山区	1004	944			403	18	42	429
博望区	325	325			291			14
含山县	863	863			693			23
和　县	624	559	20		345		65	103
当涂县	725	725			674			

5—29 各县区房地产开发建设投资总规模及完成情况（2014年）

单位：万元

地区	计划总投资	自开始建设至本年底累计完成投资	本年完成投资	#配套工程投资额	全部建成尚需投资
全市	**13048460**	**8911837**	**2455835**		**4136623**
花山区	5336017	3732375	935218		1603642
雨山区	3640133	2050019	534522		1590114
博望区	322260	243609	53008		78651
含山县	606707	581840	180077		24867
和县	1485389	1103957	301002		381432
当涂县	1657954	1200037	452008		457917

5—30 各县区按用途分的房地产开发企业（单位）完成投资额（2014年）

单位：万元

地区	本年完成投资额	住宅	#90平米以下	#140平米以上	#别墅、高档公寓	办公楼	商业营业用房	其他
全市	**2455835**	**1782796**	**426978**	**89644**	**123974**	**85959**	**451442**	135638
花山区	935218	726523	142296	27560	17886	38430	120983	49282
雨山区	534522	333950	90347	7259	500	44406	115037	41129
博望区	53008	28598	21335	4255		150	24060	200
含山县	180077	105810	16969	3063		2153	56281	15833
和县	301002	250083	59970	40193	39473	820	44632	5467
当涂县	452008	337832	96061	7314	66115		90449	23727

5—31 各县区房地产开发企业（单位）资金来源（2014年）

单位：万元

地区	本年资金来源合计	上年末结余资金	本年资金来源小计	国内贷款	#银行贷款	利用外资	#外商直接投资	自筹资金	其他资金来源
全市	**3356905**	**783972**	**2572933**	**359957**	**330657**			**1570609**	**642367**
花山区	1330450	440506	889944	136500	124900			470229	283215
雨山区	779748	234257	545491	172130	158680			227825	145536
博望区	72851	25618	47233	5275	5125			24029	17929
含山县	263600	59535	204065	4100				101911	98054
和县	534305	17619	516686	32900	32900			405694	78092
当涂县	375951	6437	369514	9052	9052			340921	19541

5—32 各县区房地产开发建设房屋建筑面积和造价（2014年）

地区	施工房屋面积（平方米）	#新开工	竣工房屋面积（平方米）	房屋建筑面积竣工率（%）	竣工房屋价值（万元）	竣工房屋造价（元/平方米）
全市	**17671801**	**5334658**	**4513337**	**25.5**	**1140497**	**2527**
花山区	6649428	1996211	2266269	34.1	553825	2444
雨山区	4840997	1462591	1552279	32.1	435413	2805
博望区	589786	124228	72873	12.4	11495	1577
含山县	1593238	563505	451566	28.3	90503	2004
和县	1660317	357739	90362	5.4	25883	2864
当涂县	2338035	830384	79988	3.4	23378	2923

5—33 各县区按用途分的房地产开发企业（单位）新开工房屋面积（2014年）

单位：平方米

地区	本年新开工房屋面积	住宅	#90平米以下	#140平米以上	#别墅、高档公寓	办公楼	商业营业用房	其他
全市	**5334658**	**3933531**	**742209**	**117423**	**169100**	**89967**	**927871**	**383289**
花山区	1996211	1464618	155390	43967	24039	58233	301278	172082
雨山区	1462591	1054746	268209	41600	3080	31734	240078	136033
博望区	124228	63032	56071	4600			61196	
含山县	563505	382989	31026	4000			161018	19498
和县	357739	318879	68698	930			26092	12768
当涂县	830384	649267	162815	22326	141981		138209	42908

5—34 各县区商品房屋销售情况（2014年）

地区	房屋销售面积（平方米）	#住宅	现房	期房	商品房销售额（万元）	#住宅	现房	期房
全市	**2458870**	**2259661**	**841727**	**1617143**	**1117703**	**959047**	**321246**	**796457**
花山区	1142136	1077862	548036	594100	519630	473703	180514	339116
雨山区	555028	500419	123301	431727	259658	204651	49603	210055
博望区	94928	52860	51754	43174	59471	30472	34048	25423
含山县	243825	219608	11976	231849	101926	86374	5726	96200
和县	304115	294530	69248	234867	127564	118608	34825	92739
当涂县	118838	114382	37412	81426	49454	45239	16530	32924

5—35 各县区按用途分的商品房屋实际销售面积（2014年）

单位：平方米

地区	房屋销售面积	住宅	#90平米以下	#140平米以上	#别墅、高档公寓	办公楼	商业营业用房	其他
全市	**2458870**	**2259661**	**833471**	**113959**	**84944**	**21780**	**167187**	**10242**
花山区	1142136	1077862	549682	25531	20315	19865	36278	8131
雨山区	555028	500419	158153	18791	8615	1915	50975	1719
博望区	94928	52860	18389	2904			42068	
含山县	243825	219608	19759	4752	813		23825	392
和县	304115	294530	75611	56902	54914		9585	
当涂县	118838	114382	11877	5079	287		4456	

5—36 各县区按用途分的商品房屋平均销售价格（2014年）

单位：元/平方米

地区	房屋平均销售价格	住宅	#90平米以下	#140平米以上	#别墅、高档公寓	办公楼	商业营业用房	其他
全市	**4546**	**4244**	**3197**	**7483**	**8368**	**5797**	**8474**	**4257**
花山区	4550	4395	3117	12122	14286	5313	8613	5076
雨山区	4678	4090	3052	8367	10428	10820	10368	500
博望区	6265	5765	7865	4325			6893	
含山县	4180	3933	3835	4045	5510		6466	3750
和县	4195	4027	2621	5852	5891		9344	
当涂县	4161	3955	4167	4198	9861		9459	

5—37 各县区按用途分的商品房屋待售情况（2014年）

单位：平方米

地区	房屋待售面积	住宅	#90平米以下	#140平米以上	#别墅、高档公寓	办公楼	商业营业用房	其他
全市	**1358313**	**1075507**	**413376**	**217124**	**149654**	**32011**	**207053**	**43742**
花山区	273343	185269	4688	28801	6604	19140	42663	26271
雨山区	378990	315868	213543	30834	2709	4148	46548	12426
博望区	137735	90164	12702	25550	11163	4000	41013	2558
含山县	151459	92433	12150	1933		4723	53903	400
和县	334528	325677	165933	129330	129178		8851	
当涂县	82258	66096	4360	676			14075	2087

5—38　本年新开工大型项目基本情况（2014年）

企业名称	项目名称	开工时间	计划总投资	本年完成投资
含山经济开发区建设投资有限公司	小微企业园一期工程	201401	30000	23100
马鞍山利尔开元新材料有限公司	利尔年产2万吨滑动水口生产线技改	201401	30200	30200
安徽昕源集团有限公司	年产30000吨转炉滑板挡渣法系统技术改造项目	201401	31000	31000
马鞍山德康压缩机有限公司	螺杆空压机制造项目	201401	45000	45000
当涂县兴磊机械制造有限公司	汽车零部件制造项目	201401	47000	43711
马鞍山经济技术开发区建设投资有限公司	长山路等南区次干路网建设及市政基础设施建设	201401	47690	23010
安徽长江精细硅粉有限责任公司	新建200万吨高炉渣、60万吨钢渣处理扩建技改项目二期项目	201401	52500	35329
马鞍山市太白酒厂	诗酒文化园一期项目	201401	53500	30157
安徽诚诚机械有限公司	纺织机械核心部件制造项目	201401	80000	41184
马鞍山经济技术开发区建设投资有限公司	开发区南区银塘等水系	201401	92054	24600
马鞍山杭富金属材料有限公司	铜锌再生循环项目	201401	98000	25650
马鞍山市中能节能材料有限公司	新型节能保温材料生产项目	201402	32000	32000
当涂县重点工程建设管理局	当涂东部安置小区一号地块项目	201402	51719	9219
安徽朗迪叶轮机械有限公司	年产500万件风叶风机项目	201403	32000	27100
安徽昊基门业制造有限公司	环保门类产品生产项目	201404	35000	31705
安徽弘源化工科技有限公司	甲醛、PVFA特种树脂、多聚甲醛项目	201404	40000	13370
安徽乾球光电科技有限公司	LED家居照明项目	201404	50000	31014
马鞍山南部国际高新科技产业园有限公司	国际高新产业园项目二期工程	201404	60000	28987
当涂县水利局	水阳江下游（当涂境内）防洪工程	201404	81226	12900
安徽同心化工有限公司	石油树脂及碳九加氢项目	201404	99357	37060
当涂县新石桥建设投资有限公司	轻工产业园标准化厂房	201405	31438	7078
安徽威博新能源供暖供水设备有限公司	威博马鞍山生产基地一期项目	201407	50000	11000
安徽省万方金属件加工有限公司	汽车零部件加工项目	201408	30000	11867
马鞍山联邦智能装备有限公司	机器人制造与检测装备产业化项目	201409	30000	11550
嘉寓新新投资（集团）马鞍山有限公司	嘉寓智能门窗幕墙生产基地项目	201409	90000	5229
安徽长江科技股份有限公司	余热回收热管生产一期	201409	93270	2923
马鞍山郑蒲港新区建设投资有限公司	郑蒲港新区防洪排涝工程	201411	30000	1061
国网安徽省电力公司马鞍山供电公司	110KV宏港输变电工程项目	201411	35000	361
马鞍山市文天教育发展有限公司	河海大学文天学院郑蒲港校区二期工程	201411	37000	949

主要统计指标解释

全社会固定资产投资

固定资产投资额是以货币表现的建造和购置固定资产活动的工作量，它是反映固定资产投资规模、速度、比例关系和使用方向的综合性指标。全社会固定资产投资按经济类型可分为国有、集体、个体、联营、股份制、外商、港澳台商、其他等。按照管理渠道，全社会固定资产投资统计的范围包括：⑴城镇 500 万元以上项目投资；⑵房地产开发投资；⑶农村非农户投资；⑷农村农户投资。

房地产开发投资

指房地产开发公司、商品房建设公司及其他房地产开发法人单位和附属于其他法人单位实际从事房地产开发或经营的活动单位统一开发的包括统代建、拆迁还建的住宅、厂房、仓库、饭店、宾馆、度假村、写字楼、办公楼等房屋建筑物和配套的服务设施，土地开发工程（如道路、给水、排水、供电、供热、通讯、平整场地等基础设施工程）的投资；不包括单纯的土地交易活动。

固定资产投资的资金来源

根据固定资产投资的资金来源不同，分为国家预算内资金、国内贷款、利用外资、自筹资金和其他资金来源。

⑴国家预算内资金：指中央财政和地方财政中由国家统筹安排的基本建设拨款和更新改造拨款，以及中央财政安排的专项拨款中用于基本建设的资金和基本建设拨款改贷款的资金等。

⑵国内贷款：指报告期内企、事业单位向银行及非银行金融机构借入的用于固定资产投资的各种国内借款。包括银行利用自有资金及吸收的存款发放的贷款、上级主管部门拨入的国内贷款、国家专项贷款（包括煤代油贷款、劳改煤矿专项贷款等）、地方财政专项资金安排的贷款、国内储备贷款、周转贷款等。

⑶利用外资：指报告期内收到的用于固定资产投资的国外资金，包括统借统还、自借自还的国外贷款，中外合资项目中的外资，以及对外发行债券和股票等。国家统借统还的外资指由我国政府出面同外国政府、团体或金融组织签订贷款协议、并负责偿还本息的国外贷款。

⑷自筹资金：指建设单位报告期内收到的，用于进行固定资产投资的上级主管部门、地方和企、事业单位自筹资金。

⑸其他资金来源：指报告期内收到的除以上各种拨款。

固定资产投资按建设性质分

建设项目的性质一般分为新建、扩建、改建、迁建、恢复。基本建设按建设项目划分建设性质，更新改造、国有单位其他固定资产投资及城镇集体投资等按整个企业、事业单位的建设情况确定建设性质，房地产开发单位、农村投资等投资不划分建设性质。

⑴新建：一般是指从无到有、“平地起家”新开始建设的单位。有的单位原有的基础很小，经过建设后其新增加的固定资产价值超过原有固定资产价值（原值）三倍以上的也算新建。

⑵扩建：一般是指为扩大原有产品的生产能力，在厂内或其他地点增建主要生产车间（或主要工程）、独立的生产线或分厂的企业；事业单位和行政单位在原单位增建业务用房（如学校增建教学用房、医院增建门诊部或病床用房、行政机关增建办公楼

等）也作为扩建。

⑶改建：一般是指现有企业、事业单位为了技术进步，提高产品质量，增加花色品种，促进产品升级换代，降低消耗和成本，加强资源综合利用和三废治理、劳保安全等，采用新技术、新工艺、新设备、新材料等对现有设施、工艺条件进行技术改造或更新（包括相应配套的辅助性生产、生活福利设施）。有的企业为充分发挥现有生产能力，进行填平补齐而增建不增加本单位主要产品生产能力的车间等，也属于改建。

固定资产投资按构成分

固定资产投资活动按其工作内容和实现方式分为建筑安装工程，设备、工具、器具购置，其他费用三个部分。

⑴建筑安装工程（建筑安装工作量）：指各种房屋、建筑物的建造工程和各种设备、装置的安装工程。包括各种房屋建造工程，各种用途设备基础和各种工业窑炉的砌筑工程；为施工而进行的各种准备工作和临时工程以及完工后的清理工作等；铁路、道路的铺设，矿井的开凿及石油管道的架设等；水利工程；防空地下建筑等特殊工程；以及各种机械设备的安装工程；为测定安装工程质量，对设备进行的试运工作。在安装工程中，不包括被安装设备本身的价值。

⑵设备、工具、器具购置：指购置或自制达到固定资产标准的设备、工具、器具的价值，固定资产的标准按财务部门规定。新建单位、扩建单位的新建车间按照设计和计划要求购置或自制的全部设备、工具、器具，不论是否达到固定资产标准均计入“设备、工具、器具购置”中。

⑶其他费用：指在固定资产建造和购置过程中发生的，除建筑安装工程和设备、工具、器具购置以外的各种应摊入固定资产的费用。

施工项目

指报告期内曾进行建筑或安装工程施工活动的建设项目，包括报告期内新开工项目、报告期以前开工跨入报告期继续施工的项目以及报告期施过工并在报告期内全部建成投产或停缓建的项目。

全部建成投产项目

工业项目是指设计文件规定形成生产能力的主体工程及其相应配套的辅助设施全部建成，经负荷试运转，证明具备生产设计规定合格产品的条件，并经过验收鉴定合格或达到竣工验收标准，与生产性工程配套的生活福利设施可以满足近期正常生产的需要，正式移交生产的建设项目。非工业项目是指设计文件规定的主体工程和相应的配套工程全部建成，能够发挥设计规定的全部效益，经验收鉴定合格或达到竣工验收标准，正式移交使用的建设项目。

新增生产能力

指通过固定资产投资活动而增加的设计能力或工程效益，它是用实物形态表示的固定资产投资的成果。新增生产能力的计算，是以能独立发挥生产能力或工程效益的单项工程（或项目）为对象。当单项工程（或项目）建成，经有关部门鉴定合格，正式移交投入生产，即可计算新增生产能力。

新增生产能力的数量一般按设计能力计算。设计能力是指设计文件中规定的在正常情况下能够达到的生产能力，而不论投产后的实际产量如何。以设备数量、建筑物容积、面积、长度等表示的新增生产能力或工程效益，则按建成的实际数量计算。

土地购置费

指房地产开发企业为取得土地使用权而支付的费用。土地购置费按当期发生数计入投资，如土地购置费为分期付款的，可分期计入投资；不计入新增固定资产。土地购置费支出包括：①通过草拟方式取得的土地使用权所支付的土地补偿费、附着物和青苗补偿费、安置补偿费及土地征收管理费等；②通过出让方式取得土地使用权所支付的出让金。

投资额按房屋工程用途分组

指投资额中用于各类房屋建设的投资。

住宅

指专供居住的房屋，包括别墅、公寓、职工家属宿舍和集体宿舍（包括职工单身宿舍和学生宿舍）等。但不包括住宅楼中作为人防用、不住人的地下室等。

别墅、高档公寓

一般指单位建筑面积造价高于当地同等地段商品住宅平均造价一倍以上的公寓或别墅，或者经有权审批房地产投资计划的审批单位审定为高档公寓、别墅的房地产投资项目。

办公楼

指企业、事业、机关、团体、学校、医院等单位使用的各类办公用房（又称写字楼）。

商业营业用房

指商业、粮食、供销、饮食服务业等部门对外营业的用房，如度假村、饭店、商店、门市部、粮店、书店、供销店、饮食店、菜店、加油站、日杂等房屋。

房屋施工面积

指报告期内施工的全部房屋建筑面积。包括本期新开工的面积和上年开工跨入本期继续施工的房屋面积，以及上期已停建在本期恢复施工的房屋面积。本期竣工和本期施工后又停建缓建的房屋面积仍包括在施工面积中，多层建筑应填各层建筑面积之和。

房屋竣工面积

指报告期内房屋建筑按照设计要求已全部完工，达到住人和使用条件，经验收鉴定合格或达到竣工验收标准（实行房地产开发小区综合验收的城市，应经小区综合验收合格），可正式移交使用的各栋房屋建筑面积的总和。

商品房销售面积

指报告期内出售商品房屋的合同总面积（即双方签署的正式买卖合同中所确定的建筑面积）。由现房销售面积和期房销售面积两部分组成。

商品房销售额

指报告期内出售商品房屋的合同总价款。由现房销售额和期房销售额两部分组成。

待售面积

指报告期末已竣工的可供销售或出租的商品房屋建筑面积中，尚未销售或出租的商品房屋建筑面积，包括以前年度竣工和本期竣工的房屋面积，但不包括报告期已竣工的拆迁还建、统建代建、公共配套建筑、房地产公司自用及周转房等不可销售或出租的房屋面积。

本年购置土地面积

指在本年内通过各种方式获得土地使用权的土地面积。

本年土地成交价款

指进行土地使用权交易活动的最终金额。在土地一级市场，是指土地最后的划拨款和出让价；在土地二级市场是指土地转让、出租、抵押等最后确定的合同价格。土地成交价款与土地购置面积同口径，目的是正确计算平均土地购置价格。

土地使用权出让金

指政府将土地使用权出让给土地使用者，并向受让人收取的政府放弃若干年土地使用权的全部货币或其他物品及权利折合成货币的补偿。

契税

指以所有权发生转移变动的不动产（土地）为征税对象，向产权承受人征收的一种财产税。

六

能源生产和消费

简要说明

一、本篇包括的主要内容有：能源生产、消费及品种构成，能源生产和消费弹性系数，近年来综合能源平衡表和电力平衡表，分行业分主要能源品种的消费量等。

二、分行业主要能源品种消费量、分行业工业用水量为年主营业务收入 2000 万元及以上的工业法人单位。

三、关于数据口径与计算的说明

1、一次能源生产量与工业统计数据一致。

2、行业分类采用现行统一的国民经济行业分类国家标准。

3、能源生产与消费弹性系数分别以能源生产、消费增长速度与国内生产总值增长速度相比求得。

四、本篇资料由市统计局能源统计科整理。

6—1 主要年份能源生产和消费总量及电力生产和消费量

年　份	能源生产总量（万吨标准煤）	电力生产量（亿千瓦时）	能源消费总量（万吨标准煤）	电力消费量（亿千瓦时）
2005	337.82	75.65	946.90	67.70
2006	354.16	76.31	1051.93	75.42
2007	496.27	108.19	1195.97	97.34
2008	596.31	113.24	1331.70	106.79
2009	651.53	157.97	1405.84	107.23
2010	675.25	175.85	1686.49	130.85
2011	683.26	183.93	1803.51	138.65
2012	770.88	258.08	1321.74	148.05
2013	816.75	295.03	2000.49	158.99
2014	790.22	272.27	1809.12	170.90

注：1. 能源生产量为发电量、焦炭和原煤，电力按当量值计算；
2. 本表及能源消费诸表2010年以前年度数据不包括含山县、和县；
3. 本表2014年数据是根据省局要求修订后的上报数，省局未反馈核定下来，与前几年数据会出现不匹配现象。

6—2 主要年份综合能源平衡表

单位：万吨标准煤

指　标	2005	2010	2013	2014
有源消费总量	**946.90**	**1686.5**	**2000.49**	**1809.12**
在总量中：				
农、林、牧、渔、水利业	1.72	10.8	12.00	7.37
工　业	884.38	1555.5	1819.02	1684.45
建筑业	2.63	6.2	13.44	5.26
交通运输和邮电通信业	1.91	26.8	34.18	19.84
商业、饮食、物资供销和仓储业	2.73	5.7	20.04	14.03
其　他	46.10	42.9	49.92	31.04
生活消费	7.43	38.7	51.89	47.13
城市居民	4.79	26.3	34.88	27.62
农村居民	2.64	12.4	17.01	19.51
在总量中：				
终端消费		1686.2	2000.40	1809.12
#工　业		1680.0	1818.92	2078.31
加工转换损失量		-124.4	0.09	-393.86
输配损失量				
平衡差额				

6—3　主要年份能源生产弹性系数

年　　份	能源生产比上年增长(%)	电力生产比上年增长(%)	马鞍山生产总值比上年增长(%)	能源生产弹性系数	电力生产弹性系数
2005	11.21	4.27	11.90	0.94	0.36
2010	3.61	11.21	14.70	0.25	0.76
2011	1.19	4.60	12.10	0.10	0.38
2012	12.82	40.31	12.00	1.07	3.36
2013	5.95	14.32	10.96	0.54	1.31
2014	-3.25	-7.70	9.65		

注：能源生产增长速度按当量热值计算；电力生产增长速度按实物量计算。

6—4　主要年份能源消费弹性系数

年　　份	能源消费比上年增长(%)	电力消费比上年增长(%)	马鞍山生产总值比上年增长(%)	能源消费弹性系数	电力消费弹性系数
2005		14.75	11.90		1.24
2010	8.95	8.16	14.70	0.61	0.55
2011	6.94	5.58	12.10	0.57	0.46
2012	6.56	6.78	12.00	0.55	0.56
2013	4.10	7.39	10.96	0.37	0.67
2014	2.48	3.51	9.65	0.26	0.36

注：能源消费增长速度按等价热值计算；电力生产增长速度按实物量计算。

6—5　主要年份地区能源消费与单位GDP能耗

单位：万吨标准煤

指　　标	2011	2012	2013	2014
能源消费总量（等价值）	**1803.51**	**1921.74**	**2000.49**	1809.12
第一产业能源消费	11.10	11.61	12.00	7.37
第二产业能源消费	1666.62	1768.20	1832.46	1689.71
工业能源消费	1657.26	1757.19	1819.02	1684.45
建筑业能源消费	9.36	11.01	13.44	5.26
第三产业能源消费	84.71	94.16	104.14	64.91
#交通运输业能源消费	28.76	31.52	34.18	19.84
居民生活用能	41.08	47.77	51.89	47.13
城市居民	27.37	31.74	34.88	27.62
农村居民	13.72	16.03	17.01	19.51
单位GDP能耗（等价值）　（吨标准煤/万元）	1.70	1.61	1.51	1.25

6—6 主要年份能源消耗指标

年份	单位地区生产总值能耗（等价值）		单位工业增加值能耗（规模以上，当量值）		单位地区生产总值电耗	
	指标值（吨标准煤/万元）	上升或下降（±%）	指标值（吨标准煤/万元）	上升或下降（±%）	指标值（千瓦小时/万元）	上升或下降（±%）
2005	2.64				1907.14	
2006	2.52	-4.65			1823.79	-4.37
2007	2.41	-4.17			1982.97	8.73
2008	2.31	-4.25			1870.63	-5.67
2009	2.18	-5.81			1675.54	-10.43
2010	1.78	-5.01			1378.62	-5.70
2011	1.70	-4.61	3.10	-6.94	1298.08	-5.84
2012	1.61	-4.90	2.60	-1.90	1241.91	-3.75
2013	1.51	-6.18	2.41	-8.18	1201.94	-2.82
2014	1.25	-6.58	2.16	-11.08	1178.33	-1.96

注：1. 计算地区生产总值能耗降低率时，两年地区生产总值能耗保留四位小数。2010年以后，国内生产总值按2010年可比价格计算（下同）；

2. 按2005年可比价计算的2010年单位生产总值能耗为1.99，单位生产总值电耗为1550.16。

6—7 主要年份全社会用电情况

单位：亿千瓦时

指标	2005	2010	2013	2014
全社会用电量总计	**67.70**	**131.32**	**158.99**	170.90
全行业用电量合计	64.53	123.00	147.96	161.44
第一产业	1.00	1.56	1.80	1.34
第二产业	61.00	115.72	136.54	150.37
第三产业	2.53	5.72	9.62	9.73
城乡居民生活用电量合计	3.17	8.32	11.03	9.46
城镇居民	2.25	2.35	6.47	5.13
乡村居民	0.92	5.97	4.56	4.33
分行业用电				
农、林、牧、渔业	1.00	1.56	1.80	1.34
工业	60.64	115.20	135.40	149.34
#轻工业	3.38	9.29	8.57	11.32
重工业	57.26	105.91	126.83	138.02
#采矿业	4.42	5.86	10.77	11.07
制造业	53.49	104.04	118.71	130.13
电力、燃气及水的生产和供应业	2.72	5.30	5.92	8.14
建筑业	0.37	0.52	1.14	1.04
交通运输、仓储和邮政业	0.34	0.87	1.50	1.21
信息传输、计算机服务和软件业	0.10	0.26	0.46	0.42
商业和住宿、餐饮业	0.72	1.98	2.18	2.64
金融、房地产、商务及居民服务业	0.35	0.83	2.68	2.75
公共事业及管理组织	1.01	1.78	2.80	2.70

6—8 主要年份工业企业主要能源品种消费量

类　别		2000	2005	2010	2013	2014
原　煤	（万吨）	275.61	487.84	1053.27	1553.02	1442.03
洗精煤	（万吨）	276.75	338.88	704.47	735.08	757.20
其他洗煤	（万吨）			0.02	0.07	0.02
焦　炭	（万吨）	188.02	408.52	675.20	718.69	749.12
汽　油	（万吨）	0.28	0.38	0.24	0.38	0.35
煤　油	（万吨）					
柴　油	（万吨）	1.61	2.92	4.44	6.06	5.45
燃料油	（万吨）	0.38	0.61	0.62	0.56	0.30
热　力	（万百万千焦）	416.52	929.95	1408.14	2467.47	1517.77

6—9 主要年份分行业全社会工业用电量

单位：亿千瓦时

行　　业	2000	2005	2010	2013	2014
消费总量	**28.41**	**60.64**	**115.20**	**135.40**	149.34
煤炭开采和洗选业				0.03	0.03
石油和天然气开采业					
黑色金属矿采选业	3.14	4.18	5.45	9.43	9.58
有色金属矿采选业				0.34	0.26
非金属矿采选业	0.20	0.23	0.40	0.67	0.92
其他采矿业		0.01	0.01	0.30	0.27
食品、饮料制造业	0.15	0.32	1.65	1.80	1.84
纺织业	0.42	0.63	0.81	0.40	0.28
服装鞋帽、皮革羽绒及其制品业		0.08	0.21	0.34	0.24
木材加工及制品和家具制造业		0.08	0.16	0.34	0.29
造纸及纸制品业	0.76	1.15	3.85	3.06	6.41
印刷业和记录媒介的复制		0.04	0.14	0.09	0.02
文体育用品制造业（轻）			0.03	0.02	0.02
石油加工、炼焦及核燃料加工业			0.58	0.03	0.07
化学原料及化学制品制造业	0.27	0.41	1.03	2.74	3.34
医药制造业	0.03	0.64	0.64	0.22	0.13
化学纤维制造业					
橡胶和塑料制品业	0.03	0.46	0.78	0.68	0.64
非金属矿物制品业	0.25	0.61	9.43	12.49	11.74
黑色金属冶炼及压延加工业	21.47	46.63	79.79	86.16	90.78
有色金属冶炼及压延加工业		0.01	0.18	1.30	1.11
金属制品业	0.39	1.56	2.38	5.98	9.62
通用及专用设备制造业	0.14		1.47	0.76	1.11
电气、电子设备制造业		0.45	0.65	0.75	1.09
交通运输设备制造业	0.06	0.32	0.06	0.71	0.73
工艺品及其他制造业		0.05	0.12	0.71	0.47
废弃资源和废旧材料回收加工业	0.09	0.04	0.08	0.13	0.14
电力、热力的生产和供应业	0.79	2.34	4.76	5.18	7.30
燃气的生产和供应业		0.05	0.04	0.13	0.21
水的生产和供应业	0.24	0.33	0.50	0.61	0.63

6—10 分行业工业用水情况（2014年）

单位：万立方米

行业	工业取水总量	地表水	地下水	自来水	其他水	重复用水数量
消费总量	**36424.04**	**30211.22**	**116.54**	**2613.62**	**3482.67**	**284456.71**
黑色金属矿采选业	2943.31	2407.45	76.00	303.16	156.70	12451.44
非金属矿采选业	15.02	5.51	4.80	4.72		4.41
农副食品加工业	177.30	22.23	14.57	138.83	1.68	5.80
食品制造业	519.35			519.35		949.28
酒、饮料和精制茶制造业	55.46	0.74	0.25	54.47		2.23
纺织业	36.81	0.02		36.79		0.06
纺织服装、服饰业	33.57	0.22	0.05	33.14	0.16	0.03
皮革、毛皮、羽毛及其制品和制鞋业	1.71			1.71		
木材加工和木、竹、藤、棕、草制造业	13.35		1.35	11.99		3.05
家具制造业	1.09			1.09		
造纸和纸制品业	1366.26	1287.57		78.69		3227.78
印刷业和记录媒介复制业	14.84			1.53	13.31	13.31
文教、工美、体育和娱乐用品制造业	1.23			1.23		
石油加工、炼焦和核燃料加工业	0.55			0.55		0.68
化学原料和化学制品制造业	2083.66	1554.66	0.03	201.38	327.58	1571.29
医药制造业	24.68			24.68		3.90
橡胶和塑料制品业	52.61		0.30	50.81	1.50	42.11
非金属矿物制品业	507.40	250.53	17.81	236.60	2.46	135.51
黑色金属冶炼和压延加工业	16655.84	13498.52	0.42	214.94	2941.96	265589.99
有色金属冶炼和压延加工业	59.64	3.40		56.24		8.46
金属制品业	126.11	1.04	0.60	116.62	7.86	160.56
通用设备制造业	307.54	3.45	0.13	291.18	12.79	3.34
专用设备制造业	25.30	3.22	0.00	22.08		4.38
汽车制造业	60.29	0.93	0.23	58.82	0.30	2.06
铁路、船舶、航空航天和其他运输设备制造业	8.77	0.05		8.72		2.48
电气机械和器材制造业	76.66			76.66		2.18
计算机、通信和其他电子设备制造业	25.88	0.24		25.64		8.31
仪器仪表制造业	2.77			2.67	0.10	0.01
其他制造业	11.85			11.85		
废弃资源综合利用业	19.57			3.30	16.27	
电力、热力的生产和供应业	975.46	960.05		15.41		264.05
燃气的生产和供应业	5.83			5.83		
水的生产和供应业	10214.33	10211.40		2.93		

6—11 分行业工业企业主要能源品种消费量（2014年）

行业	原煤（吨）	#无烟煤	一般烟煤	褐煤	洗精煤（吨）
消费总量	**14220324**	**2161088**	**12031795**	**8927**	**7572003**
黑色金属矿采选业	5496		5496		
非金属矿采选业	38		38		
农副食品加工业	42186	104	39988	1654	
食品制造业	95		95		
酒、饮料和精制茶制造业	7212		7212		
纺织业	1182		1182		
纺织服装、服饰业	536		536		
皮革、毛皮、羽毛及其制品和制鞋业	455		455		
木材加工和木、竹、藤、棕、草制造业	5329		5329		
家具制造业					
造纸和纸制品业	768939	6728	762211		
印刷业和记录媒介复制业					
文教、工美、体育和娱乐用品制造业	865		865		
石油加工、炼焦和核燃料加工业	25650		25650		
化学原料和化学制品制造业	83878	38	83840		2544
医药制造业					
橡胶和塑料制品业	3047		3047		
非金属矿物制品业	1217536	1113	1191094	7255	860
黑色金属冶炼和压延加工业	3139349	2149179	990170		7568471
有色金属冶炼和压延加工业	3598	673	2925		
金属制品业	11565	2578	8969	18	92
通用设备制造业	1947	553	1394		36
专用设备制造业	321		321		
汽车制造业	1063		1063		
铁路、船舶、航空航天和其他运输设备制造业	122	122			
电气机械和器材制造业	885		885		
计算机、通信和其他电子设备制造业	266		266		
仪器仪表制造业					
其他制造业					
废弃资源综合利用业					
电力、热力的生产和供应业	8898764		8898764		
燃气的生产和供应业					
水的生产和供应业					

其它洗煤 (吨)	焦　　炭 (吨)	其他焦化产　　品 (吨)	焦炉煤气 (万立方米)	高炉煤气 (万立方米)	转炉煤气 (万立方米)	天 然 气 (气态) (万立方米)	液化天然气 (液态) (吨)	汽　　油 (吨)
163	**7491195**	**93543**	**198511**	**2628547**	**151937**	**11596**	**39**	**3527**
163								215
						346		166
						1646		20
						114		81
						27		34
								35
								10
								1
	2877							10
		93543				3603		136
						88		17
						55		51
	4414		439			1808		278
	7456066		195610	2627782	151391	2570		794
			0	0	0	726		11
	1852		327	29	182	104		303
	13279		2136	736	364	94	39	860
						101		70
	8420					220		52
								201
	4287							18
						96		67
								14
								16
								24
								43

6—11 续表

行　　业	煤　油（吨）	柴　油（吨）	燃料油（吨）	液化石油气（吨）	润滑油（吨）	溶剂油（吨）
消费总量	**45**	**54994**	**3045**	**499**	**229**	**22**
黑色金属矿采选业		24936				
非金属矿采选业		4535				
农副食品加工业		442				
食品制造业		23		22		
酒、饮料和精制茶制造业		8		43		
纺织业						
纺织服装、服饰业		87				
皮革、毛皮、羽毛及其制品和制鞋业						
木材加工和木、竹、藤、棕、草制造业		62				
家具制造业						
造纸和纸制品业		260				
印刷业和记录媒介复制业						
文教、工美、体育和娱乐用品制造业						
石油加工、炼焦和核燃料加工业						
化学原料和化学制品制造业		1673	1103	187		20
医药制造业		20				
橡胶和塑料制品业		30				
非金属矿物制品业	10	5768	44			
黑色金属冶炼和压延加工业		13992				
有色金属冶炼和压延加工业		110	1881			
金属制品业	23	310			72	
通用设备制造业		366	17	42	109	2
专用设备制造业		54				
汽车制造业		779				
铁路、船舶、航空航天和其他运输设备制造业		500		205	48	
电气机械和器材制造业		35				
计算机、通信和其他电子设备制造业	12	32				
仪器仪表制造业						
其他制造业		198				
废弃资源综合利用业		381				
电力、热力的生产和供应业		360				
燃气的生产和供应业		6				
水的生产和供应业		30				

石油沥青（吨）	其他石油制品（吨）	热力（百万千焦）	电力（万千瓦时）	煤矸石用于燃料（吨）	城市垃圾用于燃料（吨）	生物质废料用天燃料（吨）	余热余压（百万千焦）	其他燃料（吨材料煤）
1439	**1989**	**15177722**	**1664460**	**12500**	**2680**	**11645**	**11343522**	**30331**
			124648					
			5441					
	145		9763			11270		2175
		348832	14905					
			837					
			2147					
			2486					
			359					
			2427					
			356					
		7605614	97365					
			313					
			503					
			1725					
1439	1844	1894207	76014			375	768978	1193
			1071					
			4161					
		29532	121501	12500			1933901	
		5299536	968530				8081900	
			4170		2680			
			22376					27
			24614					
			3856					
			8062					
			3688					
			13384					26936
			4318					
			341					
			409					
			2021					
			139025				558742	
			903					
			2741					

6—12 规模以上工业企业能源购进、消费及库存（2014年）

能源名称		购进量		消费量			年末库存量
		实物量	金额（万元）	工业生产消费	#用于原材料	非工业生产消费	
原煤	（吨）	14212453	841963	14212940	323721	7384	671257
#无烟煤		2161975	215436	2161062		26	77740
炼焦烟煤		19071	1173	18514			947
一般烟煤		12020719	624626	12024437	323721	7358	590842
褐煤		10001	648	8927			1700
洗精煤	（吨）	7493904	584479	7572002		1	134744
其他洗煤	（吨）	163	19	163			
煤制品	（吨）						
焦炭	（吨）	2417821	322072	7491195	6564		177263
其他焦化产品	（吨）	95840	24233	93543	93543		11365
焦炉煤气	（万立方米）	3028	2296	191660		6852	
高炉煤气	（万立方米）	765	37	2628547			
转炉煤气	（万立方米）	546	92	151937			
发生炉煤气	（万立方米）						
天然气（气态）	（万立方米）	11596	37090	11582	649	15	3
液化天然气（液态）	（吨）	39	30	39			
煤层气（煤田）	（万立方米）						
原油	（吨）						
汽油	（吨）	3369	2554	1469		2059	87
煤油	（吨）	30	29	40		5	1
柴油	（吨）	56048	40601	45240	960	9754	3206
燃料油	（吨）	2897	994	3021		24	118
液化石油气	（吨）	499	377	499			14
炼厂干气	（吨）						
石脑油	（吨）						
润滑油	（吨）	214	163	227		2	
石蜡	（吨）						
溶剂油	（吨）	22	18	22			
石油焦	（吨）						
石油沥青	（吨）	1439	552	1439			
其他石油制品	（吨）	1250	487	1989	1844		1149
热力	（百万千焦）	2276657	12261	14973507		204215	
电力	（万千瓦时）	1002828	690197	1618293		46167	
煤矸石用于燃料	（吨）	12500	125	12500	12500		
城市垃圾用于燃料	（吨）	2680	107	2680			
生物质废料用于燃料	（吨）	11645	481	11645			
余热余压	（百万千焦）	558742	1936	11103522		240000	
其他工业废料用于燃料	（吨）						
其他燃料	（吨标准煤）	30334	2804	30331			149

6—13 各县区主要年份工业用电情况

单位：亿千瓦时

地 区	2000	2005	2010	2013	2014
全 市	**28.41**	**60.64**	**115.20**	**135.40**	**149.34**
市 区	26.73	56.03	89.38	100.69	111.95
含山县			4.05	6.37	6.90
和 县			6.61	7.18	7.54
当涂县	1.68	4.61	15.16	21.16	22.95

6—14 各县区全社会用电情况（2014年）

单位：亿千瓦时

地 区	全社会用电量总计	全行业用电量合计				城乡居民生活用电量合计		
			第一产业	第二产业	第三产业		城镇居民	乡村居民
全 市	**170.90**	**161.44**	**1.34**	**150.38**	**9.72**	**9.46**	**5.14**	**4.32**
市 区	122.53	118.80	0.15	112.32	6.33	3.73	3.43	0.30
含山县	9.12	7.66	0.12	6.98	0.56	1.46	0.46	1.00
和 县	11.39	9.61	0.43	7.76	1.42	1.78	0.62	1.16
当涂县	27.86	25.37	0.64	23.32	1.41	2.49	0.63	1.86

6—15 各县区工业用水情况（2014年）

单位：万立方米

地 区	工业取水总量				重复用水数量
		#地表水数量	地下水数量	自来水数量	
全 市	**36424.04**	**30211.22**	**116.54**	**2613.62**	**284456.71**
花山区	12067.46	11854.23	0.60	133.12	3292.99
雨山区	1073.19	604.95	0.46	281.57	318.53
博望区	351.65	304.57	0.30	46.01	266.80
含山县	329.61	228.74	23.29	76.59	132.34
和 县	597.16	486.38	0.80	107.35	245.79
当涂县	1883.79	1528.15	14.88	320.32	18395.33

主要统计指标解释

能源生产总量

指一定时期内全市一次能源生产量的总和，是观察全市能源生产水平、规模、构成和发展速度的总量指标。一次能源生产量包括原煤，原油，天然气，水电、核能及其他动力能（如风能、地热能等）发电量，不包括低热值燃料生产量、生物质能、太阳能等的利用和由一次能源加工转换而成的二次能源产量。

能源消费总量

指一定时期内全市物质生产部门、非物质生产部门和生活消费的各种能源的总和，是观察能源消费水平、构成和增长速度的总量指标。能源消费总量包括原煤和原油及其制品、天然气、电力，不包括低热值燃料、生物质能和太阳能等的利用。能源消费总量分为终端能源消费量、能源加工转换损失量和损失量三部分。

⑴终端能源消费量：指一定时期内全市生产和生活消费的各种能源在扣除了用于加工转换二次能源消费量和损失量以后的数量。

⑵能源加工转换损失量：指一定时期内全市投入加工转换的各种能源数量之和与产出各种能源产品之和的差额，是观察能源在加工转换过程中损失量变化的指标。

⑶能源损失量：指一定时期内能源在输送、分配、储存过程中发生的损失和由客观原因造成的各种损失量，不包括各种气体能源放空、放散量。

能源消费弹性系数

是反映能源消费增长速度与国民经济增长速度之间比例关系的指标。计算公式为：

能源消费弹性系数＝能源消费量年平均增长速度/国民经济年平均增长速度

国民经济年平均增长速度，可根据不同的目的或需要，用国民生产总值、国内生产总值等指标来计算，本年鉴是采用国内生产总值指标计算的。

电力消费弹性系数

反映电力消费增长速度与国民经济增长速度之间比例关系的指标。计算公式为：

电力消费弹性系数＝电力消费量年平均增长速度/国民经济年平均增长速度

电力生产弹性系数

是研究电力生产增长速度与国民经济增长速度之间关系的指标。一般来说，电力的发展应当快于国民经济的发展，也就是说电力应超前发展。计算公式为：

电力生产弹性系数＝电力生产量年平均增长速度/国民经济年平均增长速度

七

财政金融

简要说明

一、本篇反映全市财政收支、金融保险业发展状况。

二、财政收支资料来源于市财政局财政决算报表。

三、金融机构信贷收支情况资料由中国人民银行马鞍山支行提供。

四、保险业务情况资料由马鞍山保险协会提供。

五、本篇资料由市统计局综合核算科整理。

7—1 主要年份财政收支总额及增长速度

年份	财政收入（万元）	财政支出（万元）	增长速度（%）	
			财政收入	财政支出
2000	184386	94313	0.9	
2001	195579	105957	6.1	12.3
2002	231774	142612	18.5	34.6
2003	302018	172903	30.3	21.2
2004	441924	217176	46.3	25.6
2005	626632	291148	41.8	34.1
2006	714522	382354	14.0	31.3
2007	914229	501274	27.9	31.1
2008	1101810	561810	20.5	12.1
2009	1223120	800721	11.0	42.5
2010	1400097	873946	14.5	9.1
2011	1863465	1382943	22.0	26.2
2012	2105983	1903706	13.0	37.7
2013	2260035	2025888	7.3	6.4
2014	2027202	1824561	-10.3	-9.9

注：2011年以前年份均为原区划口径（下同）。

7—2 主要年份财政收入占全市生产总值的比重

年份	财政收入（亿元）	地区生产总值（亿元）	财政收入相当于地区生产总值的百分比（%）
2000	18.44	137.66	13.4
2001	19.56	153.70	12.7
2002	23.18	175.65	13.2
2003	30.20	220.50	13.7
2004	44.19	303.70	14.6
2005	62.66	349.54	17.9
2006	71.45	402.20	17.8
2007	91.42	505.74	18.1
2008	110.18	606.18	18.2
2009	122.31	666.48	18.4
2010	140.01	810.72	17.3
2011	186.35	1144.30	16.3
2012	210.60	1234.00	17.1
2013	226.00	1293.02	17.5
2014	202.72	1333.12	15.2

7—3 主要年份中央和地方财政收入及比重

年 份	绝对数（万元）			比 重（%）	
	全 市	中 央	地 方	中 央	地 方
2000	184386	90065	94321	48.8	51.2
2005	626632	337021	289611	53.8	46.2
2010	1400097	701296	698801	50.1	49.9
2011	1863465	953035	910430	51.1	48.9
2012	2105983	827826	1278157	39.3	60.7
2013	2260035	798212	1461823	35.3	64.7
2014	2027202	816685	1210517	40.3	59.7

7—4 主要年份税收收入和非税收入及比重

年 份	绝对数（万元）			比 重（%）	
	全 市	税收收入	非税收入	税收收入	非税收入
2000	184386	148556	35830	80.6	19.4
2005	626632	594494	32138	94.9	5.1
2010	1400097	1170812	229285	83.6	16.4
2011	1863465	1635017	228448	87.7	12.3
2012	2105983	1558045	547938	74.0	26.0
2013	2260035	1746770	513265	77.3	22.7
2014	2027202	1747382	279820	86.2	13.8

7—5 主要年份各项税收收入

单位：万元

年 份	税收收入	#增 值 税	营 业 税	契 税	企业所得税	个人所得税
2000	148556	115651	15922		8196	
2005	594494	344217	55671	10196	77414	26699
2010	1170812	533825	124829	36758	119057	41074
2011	1635017	652332	197276	70600	154550	53547
2012	1558045	516645	240771	61533	173436	46275
2013	1746770	742700	293432	137573	169092	55083
2014	1747382	592523	267377	134041	229551	56884

7—6 财政收支情况

单位：万元

指　　标	2013	2014
收入合计	**1461823**	**1210517**
增值税	162508	175868
营业税	293432	267377
企业所得税	47864	65673
个人所得税	16201	16731
资源税	21585	25789
城市维护建设税	55280	55333
房产税	30354	35039
印花税	15062	14827
城镇土地使用税	53285	79215
土地增值税	95892	47236
车船税	5141	6204
耕地占用税	16257	8286
契　税	137573	134041
专项收入	42627	41066
行政事业性收费收入	114244	55294
罚没收入	21015	21608
国有资本经营收入	24995	45360
国有资源（资产）有偿使用收入	298031	114417
其他收入	10477	1153
支出合计	**2025888**	**1824561**
一般公共服务	216394	194547
国　防	554	596
公共安全	85354	89003
教　育	313134	266454
科学技术	60893	57483
文化体育与传媒	38187	36848
社会保障和就业	182419	178014
医疗卫生	143929	166082
环境保护	33224	34934
城乡社区事务	342994	263441
农林水事务	172814	179328
交通运输	76131	90481
资源勘探电力信息等事务	68215	24343
商业服务业等事务	36454	63431
金融监管等事务支出	1344	1922
国土资源气象等事务	36012	27702
住房保障支出	194962	127567
粮油物资储备管理事务	9397	8827
国债还本付息支出	3473	6473
其他支出	10004	7085

7—7 各县区财政收入（2014年）

单位：万元

指标	花山区	雨山区	博望区	含山县	和县	当涂县
收入合计	**181192**	**135321**	**62415**	**136517**	**175724**	**368688**
增值税	38093	42491	27205	36388	32310	90824
营业税	50766	31926	7914	22454	29100	56444
企业所得税	35717	18147	6134	16100	27626	38960
个人所得税	7291	4101	963	2422	5380	7672
资源税	193	1632	1067	3819	6005	3072
城市维护建设税	6083	5253	2552	3067	2946	7355
房产税	4512	2575	572	1043	1800	3478
印花税	1187	1464	311	560	892	2321
城镇土地使用税	5873	3756	3817	2592	5945	21878
土地增值税	8976	4961	658	4487	2919	23224
车船税	11	14	39	351	499	735
耕地占用税			934	374	553	2234
契　税			1654	20002	38551	18289
消费税				1879	141	160
车辆购置税				2346	2725	6793
专项收入	2595	2250	2516	6208	2444	6741
行政事业性收费收入	4139	597	790	6890	5637	12558
罚没收入	464	961	5196	4076	3039	3887
国有资本经营收入						145
国有资源（资产）有偿使用收入	14688	14955	93	1348	7212	61917
其他收入	604	238		111		1

7—8 各县区财政支出（2014年）

单位：万元

指　　　　标	花山区	雨山区	博望区	含山县	和　县	当涂县
支出合计	**114790**	**90879**	**62859**	**220863**	**289121**	**407501**
一般公共服务	12890	7776	8166	19739	30024	53525
国　防	2			293	81	
公共安全	9273	6453	3750	10053	10372	13623
教　育	19867	13381	12119	51299	41620	66575
科学技术	1809	1616	1161	6759	5250	10926
文化体育与传媒	215	442	244	7202	3917	5686
社会保障和就业	11166	13028	7202	21418	26770	40378
医疗卫生与计划生育	8030	6209	5178	25206	35926	44118
节能环保	1704	6639	798	4145	3913	5387
城乡社区事务	8496	16865	3186	9850	32897	67983
农林水事务	1806	2749	8469	39326	48391	42341
交通运输	572	675	1402	8270	12081	11741
资源勘探电力信息等事务	831	832	692	1515	1752	6316
商业服务业等事务	11187	6351	7121	1337	6430	4565
金融监管等事务支出				1322		103
国土资源气象等事务	886	3133	495	1975	9616	3614
住房保障支出	25837	4536	2597	9112	16264	27208
粮油物资储备管理事务				1587	3158	2350
国债还本付息支出				264	550	
其他支出	219	194	279	191	109	1062

7—9　主要年份金融机构人民币各项存款和贷款余额

单位：亿元

年　　份	金融机构人民币存款余额	#单位存款	个人存款	金融机构人民币贷款余额	#短期贷款	中长期贷款
2000	145.69	48.14	90.89	111.95	81.35	16.45
2005	379.15	112.99	228.60	219.80	85.83	117.41
2010	969.39	268.64	479.60	599.10	233.82	308.33
2011	1094.03	511.02	562.90	806.30	367.19	363.99
2012	1249.93	585.77	647.40	857.20	366.84	390.94
2013	1426.49	635.77	749.48	980.08	415.80	468.31
2014	1450.35	612.71	816.58	1091.36	360.70	584.23

7—10　金融机构人民币信贷资金平衡表（资金来源）

（年末余额）　　单位：万元

指　　标	2013	2014
资金来源合计	**14611981**	**15165786**
各项存款	14264927	14503500
单位存款	6357678	6127093
#活期存款	2625418	2251350
定期存款	1628893	1304053
通知存款	352545	264235
保证金存款	929169	1048759
个人存款	7494829	8165764
#储蓄存款	7210873	7892896
保证金存款	5023	2398
结构性存款	278933	270471
财政性存款	328348	145877
临时性存款	28759	29493
委托存款	37419	23566
其他存款	17894	11706
金融债券		50570
中长期借款		
应付及暂收款	384548	447259
#应付利息	212764	267052
同业往来（来源方）	21034	14173
系统内资金往来（来源方）		
外汇买卖（来源方）	196058	132372
#结售汇	196058	132372
各项准备	170602	187308
#贷款损失准备金	169947	185990
所有者权益	638484	652846
#实收资本	319526	319868
其　　他	-1063673	-822242

7—11 金融机构人民币信贷资金平衡表（资金运用）

（年末余额） 单位：万元

指　　标	2013	2014
资金运用总计	**14611981**	**15165786**
各项贷款	9800821	10913638
境内贷款	9800568	10913405
短期贷款	4158020	3607044
个人贷款及透支	693433	753848
#个人消费贷款	110468	127711
单位普通贷款及透支	3318150	2689797
#经营贷款	3311062	2683946
固定资产贷款	7000	2900
普通并购贷款		
银团贷款	4000	6000
贸易融资	142437	157399
境外筹资转贷款		
中长期贷款	4683123	5842343
个人贷款	1554127	1732607
#个人消费贷款	1124926	1231485
单位普通贷款	2966608	3911584
#经营贷款	703330	1056939
固定资产贷款	2263278	2854645
普通并购贷款		12500
银团贷款	162389	175652
贸易融资		10000
境外筹资转贷款		
融资租赁		
票据融资	927113	1447493
#贴　现	927113	1447493
各项垫款	32311	16525
境外贷款	253	233
有价证券	651658	654951
股权及其他投资	59514	82954
应收及预付款	396655	352056
#应收利息	26440	29413
同业往来（运用方）		30050
系统内资金往来（运用方）	3307190	2777202
金银占款		
外汇买卖（运用方）	195751	131832
#结售汇	195751	131832
固定资产	125280	137073
库存现金	75113	86029
投资性房地产		

7—12 金融机构本外币合并信贷收支

（年末余额） 单位：万元

指标	2013	2014
各项存款	14478520	14756215
单位存款	6539294	6351849
#活期存款	2658408	2354917
定期存款	1727358	1395402
通知存款	352545	264235
保证金存款	979330	1078601
个人存款	7520526	8193658
#储蓄存款	7235960	7919172
保证金存款	5023	2411
结构性存款	279542	272075
财政性存款	328348	145877
临时性存款	34982	29495
委托存款	37474	23628
其他存款	17895	11709
各项贷款	9984951	11033404
境内贷款	9984697	11033170
短期贷款	4307061	3688450
中长期贷款	4718212	5880703
融资租赁		
票据融资	927113	1447493
各项垫款	32311	16525
境外贷款	253	233

7—13 人民币信贷收支情况（2014年）

（年末余额） 单位：万元

指标	国有商业银行	股份制商业银行	政策性银行	农村商业银行
各项存款	6427660	1707585	105265	3120108
单位存款	2208391	1315676	104191	952194
#活期存款	852939	294851	73223	438633
定期存款	574900	312186	29824	149312
通知存款	21251	7839		505
保证金存款	165708	486521	1144	213543
个人存款	4192255	375874		2163803
#储蓄存款	4080215	246593		2132391
保证金存款	246	2016		
结构性存款	111794	127265		31412
临时性存款	20308	2335	1073	4111
各项贷款	4251311	1655844	567303	2286257
境内贷款	4251078	1655844	567303	2286257
短期贷款	1199977	599599	91835	932181
个人贷款及透支	108872	153150		368047
#个人消费贷款	85442	9017		16256
单位普通贷款及透支	1026516	353640	91835	558134
#经营贷款	1026249	353640	91835	555234
固定资产贷款				2900
普通并购贷款				
银团贷款				6000
贸易融资	64589	92810		
境外筹资转贷款				
中长期贷款	2949570	985034	475468	505701
个人贷款	1017098	224862		161234
#个人消费贷款	887610	117564		30118
单位普通贷款	1811872	760172	475468	326515
#经营贷款	459438	30665		305876
固定资产贷款	1352434	729507	475468	20639
普通并购贷款	12500			
银团贷款	98100			17952
贸易融资	10000			
境外筹资转贷款				
融资租赁				
票据融资	99389	70753		847383
#贴　现	99389	70753		847383
各项垫款	2141	458		992

7—14 主要年份马鞍山上市公司数量

单位：家

年份	全市合计	上交所	深交所	仅发A股公司	发A、H股公司	发A、B股公司	仅发H股公司
2005	4	3	1	3	1		
2010	9	3	5	7	1		1
2011	9	3	5	7	1		1
2012	9	3	5	7	1		1
2013	9	3	5	7	1		1
2014	9	3	5	7	1		1

7—15 主要年份马鞍山股票发行及筹资情况

年份	股票发行（万股）		筹资额合计（亿元）					
	A股	H股		H股	配股筹资	可转债筹资	认股权行权	公司债
2010	7842.18	120000	354.99					
2011	2200		10.56					55.00
2012	1569		2.50					
2013	36000		22.00					
2014								1.00

注：股票发行包括首次发行、增发和认股权行权。

7—16 保险业务情况

单位：万元

指标	2013	2014
保费收入	**231215.80**	**274723.90**
#财产险	87734.69	108165.48
人身险	143481.11	166558.42
赔款、给付	**110713.21**	**117857.71**
#财产险	47830.44	51847.39
人身险	62882.77	66010.32

主要统计指标解释

财政收入

指国家财政参与社会产品分配所取得的收入，是实现国家职能的财力保证。财政收入所包括的内容几经变化，目前主要包括：

（1）税收收入：包括增值税、消费税、营业税、企业所得税、个人所得税、资源税、城市维护建设税、房产税、印花税、城镇土地使用税、土地增值税、车船税、耕地占用税、契税和烟叶税等。

（2）非税收入：包括专项收入、行政事业性收费收入、罚没收入、国有资本经营收入和国有资源（资产）有偿使用收入等。

财政支出

国家财政将筹集起来的资金进行分配使用，以满足社会各项事业发展和经济建设的需要，主要包括：

（1）一般公共服务：反映政府提供一般公共服务的支出。具体包括人大事务、政协事务、政府办公厅（室）及相关机构事务、发展与改革事务、统计信息事务、财政事务、税收事务、审计事务、海关事务、人事事务、纪律监察事务、人口与计划生育事务、商贸事务、知识产权事务、工商行政管理事务、食品和药品监督管理事务、质量技术监督与检验检疫事务、国土资源事务、海洋管理事务、测绘事务、地震事务、气象事务、民族事务、宗教事务、港澳台侨事务、档案事务、共产党事务、民主党派事务、群众团体事务、彩票事务、国债事务、其他一般公共服务支出。

（2）公共安全：反映政府维护社会公共安全方面的支出。具体包括武装警察、公安、国家安全、检察、法院、司法、监狱、劳教、国家保密、其他公共安全支出。

（3）教育：反映政府教育支出情况。具体包括教育管理事务、普通教育、职业教育、成人教育、广播电视教育、留学教育、特殊教育、教师进修及干部继续教育、教育附加及基金支出、其他教育支出。

（4）科学技术：反映国家用于科学技术方面的支出。具体包括科学技术管理事务、基础研究、应用研究、技术研究与开发、科技条件与服务、社会科学、科学技术普及、科技交流与合作、其他科学技术支出。

（5）文化体育与传媒：反映政府在文化、文物、体育、广播影视、新闻出版等方面支出。

（6）社会保障和就业：反映政府在社会保障与就业方面的支出。具体包括社会保障和就业管理事务、民政管理事务、财政对社会保险基金的补助、补充全国社会保障基金、行政事业单位离退休、企业关闭破产补助、就业补助、抚恤、退役安置、社会福利、残疾人事业、城市居民最低生活保障、其他城镇社会救济、农村社会救济、自然灾害生活救助、红十字事业、其他社会保障和就业支出。

（7）医疗卫生：反映政府用于医疗卫生方面的

支出。具体包括医疗卫生管理事务、医疗服务、社区卫生服务、医疗保障、疾病预防控制、卫生监督、其他医疗卫生支出。

（8）环境保护：反映政府用于环境保护方面的支出。具体包括环境保护管理事务支出、环境监测与监察支出、污染防治支出、自然生态保护支出、天然林保护支出、退耕还林支出、风沙荒漠治理支出、退牧还草支出、已垦草原退耕还草支出等。

（9）城乡社区事务： 反映政府用于城乡社区事务方面的支出。包括城乡社区管理事务、城乡社区规划与管理、城乡社区公共设施、城乡社区住宅、城乡社区环境卫生、建设市场管理与监督、政府住房基金支出、土地有偿使用支出、城镇公用事业附加支出、其他城乡社区事务支出。

（10）农林水事务：反映政府用于农林水事务方面的支出。具体包括农业支出、林业支出、水利支出、南水北调支出、扶贫支出、农业综合开发支出、其他农林水事务支出。

（11）交通运输：反映政府用于交通运输方面的支出。具体包括公路运输支出、铁路运输支出、民用航空运输支出等。

信贷资金

指金融机构以信用方式积聚和分配的货币资金。金融机构信贷资金的来源有各项存款、对国际金融机构负债、流通中货币、银行自有资金及当年结益等；信贷资金的运用有各项贷款、黄金占款、外汇占款、财政借款及在国际金融机构中的资产等。

存款

指企业、机关、团体或居民根据资金必须收回的原则，把货币资金存入银行或其他信用机构保管并取得一定利息的一种信用活动形式。根据存款对象的不同可划分为企业存款、财政存款、机关团体存款、基本建设存款、城镇储蓄存款、农村存款等科目。它是银行信贷资金的主要来源。

贷款

指银行或其他信用机构根据资金必须归还的原则，按一定利率，为企业、个人等提供资金的一种信用活动形式。我国银行贷款分为流动资金贷款、固定资产贷款、城乡个体工商户贷款以及农业贷款等科目。

保费

指投保人为取得保险人在约定范围内所承担赔偿责任而支付给保险人的费用。

赔付

赔款指保险人根据保险合同的规定，向被保险人支付的赔偿保险责任损失的金额。

给付包括死伤医疗给付和满期给付。死伤医疗给付是指保险人根据人寿保险及长期健康保险合同的规定，因被保险人在保险期内发生保险责任范围内的保险事故支付给被保险人（或受益人）的金额。满期给付是指被保险人生存期满，保险人按人寿保险合同规定支付给被保险人的满期保险金额。

八

物价指数

简要说明

一、本篇价格指数资料，反映生产、流通、消费与投资等环节的价格变动趋势和变动幅度。主要包括居民消费价格指数、商品零售价格指数、工业生产者出厂价格指数等。

二、价格指数统计由国家统计局安徽调查总队组织实施，市统计局城调队依据国家统计局统一制定的价格统计调查制度采集原始数据汇总后上报。

三、本篇资料由市统计局城调队整理。

8—1 主要年份各种价格指数

（上年=100）

年　份	居民消费价格指数	商品零售价格指数	工业生产者出厂价格指数
2000	102.5	99.0	
2005	100.6	100.2	101.7
2006	102.7	101.8	93.9
2007	105.2	104.9	110.6
2008	105.2	106.6	123.0
2009	98.3	98.7	81.4
2010	103.0	103.1	112.5
2011	104.8	103.9	108.5
2012	102.0	101.9	91.1
2013	101.8	101.2	95.2
2014	101.6	100.4	93.5

8—2 主要年份各种价格定基指数

（1990=100）

年　份	居民消费价格指数	商品零售价格指数	工业生产者出厂价格指数
2000	242.4	196.3	
2005	255.6	205.1	139.7
2006	262.5	208.8	131.2
2007	276.2	219.0	145.1
2008	290.6	233.5	178.5
2009	285.7	230.5	145.3
2010	294.3	237.6	163.5
2011	308.4	246.9	177.4
2012	314.6	251.6	161.6
2013	320.3	254.6	153.8
2014	325.4	255.6	

8—3 居民消费价格分类指数

(上年=100)

类　　别	2013	2014	类　　别	2013	2014
居民消费价格总指数	**101.8**	**101.6**	衣着材料	102.9	100.9
非食品价格指数	**100.5**	**101.3**	鞋袜帽	99.9	99.2
服务项目价格指数	**100.0**	**102.1**	衣着加工费	104.7	105.4
扣除鲜菜鲜果总指数	**101.6**	**101.6**	**家庭设备用品及维修服务**	**100.6**	**100.4**
消费品价格指数	**102.5**	**101.4**	耐用消费品	100.2	98.5
食　品	**104.5**	**102.4**	室内装饰品	98.5	99.6
粮　食	105.8	102.6	床上用品	97.5	100.7
淀粉及制品	101.1	102.7	家庭日用杂品	101.0	101.1
干豆类及豆制品	103.2	107.9	家庭服务及加工维修服务	107.7	109.9
油　脂	102.4	96.1	**医疗保健和个人用品**	**100.9**	**101.0**
肉禽及其制品	103.5	99.5	医疗保健	101.2	101.0
蛋	101.7	112.6	个人用品及服务	100.3	101.0
水产品	107.6	97.7	**交通和通信**	**99.1**	**99.6**
菜	107.4	94.0	交　通	99.3	100.4
调味品	105.3	101.1	通　信	99.0	98.8
糖	101.2	101.5	**娱乐教育文化用品及服务**	**103.0**	**103.0**
茶及饮料	102.3	105.5	文娱用耐用消费品及服务	100.5	97.8
干鲜瓜果	102.4	111.8	教　育	103.7	104.7
糕点饼干面包	100.9	105.5	文化娱乐类	101.5	102.0
液体乳及乳制品	109.3	110.3	旅　游	103.5	101.6
在外用膳食品	103.1	103.0	**居　住**	**98.9**	**101.3**
其他食品	106.4	111.0	建房及装修材料	102.0	104.3
烟　酒	**100.2**	**100.3**	住房租金	98.3	103.5
烟　草	100.0	100.0	自有住房	97.1	100.3
酒	100.4	100.8	水、电、燃料	100.8	100.0
衣　着	**101.5**	**101.5**			
服　装	102.1	102.3			

8—4 商品零售价格分类指数

（上年=100）

类　　别	2013	2014	类　　别	2013	2014
商品零售价格总指数	**101.2**	**100.4**	专业音像器材	94.3	100.2
食　品	**104.6**	**101.9**	**文化办公用品**	**99.6**	**99.8**
粮　食	105.8	102.6	**日用品**	**101.2**	**100.8**
淀粉及制品	101.1	102.7	日用百货	100.8	99.2
干豆类及豆制品	103.2	107.9	日用杂品	100.1	99.9
油　脂	102.4	96.1	洗涤用品	104.8	103.5
肉禽及其制品	103.5	99.5	其他日用品	99.1	100.9
蛋	101.7	112.6	**体育娱乐用品**	**100.8**	**100.2**
水产品	107.6	97.7	体育用品	98.1	104.5
菜	107.4	94.0	娱乐用品	102.2	98.2
调味品	105.3	101.1	**交通、通信用品**	**96.9**	**97.0**
糖	101.2	101.5	交通运输机械	97.5	98.3
干鲜瓜果	102.4	111.8	通信器材	95.2	93.7
糕点饼干面包	100.6	104.7	**家　具**	**99.1**	**101.8**
液体乳及乳制品	109.3	110.3	**化妆品**	**101.8**	**100.0**
在外用膳食品	103.1	103.0	**金银珠宝**	**92.1**	**87.6**
其他食品	106.4	111.0	**中西药品及医疗保健用品**	**101.9**	**101.1**
饮料、烟酒	**100.5**	101.2	医疗器具用用品	106.2	97.8
茶及饮料	102.3	105.5	中药材及中成药	98.6	99.3
烟　草	100.0	100.0	西　药	103.4	100.8
酒	100.4	100.8	保健器具用用品	103.6	108.8
服装、鞋帽	**101.6**	**101.7**	**书报杂志及电子出版物**	**104.8**	**103.1**
服　装	102.1	102.3	教材及参考书	108.5	101.2
鞋袜帽	99.9	99.2	书报杂志	100.3	103.1
其　他	99.5	98.2	电子音像制品	107.9	108.0
纺织品	**99.3**	**100.1**	**燃　料**	**96.9**	**97.7**
衣着材料	102.9	100.9	煤炭及制品	81.4	86.9
床上用品	97.1	99.6	石油及制品	99.9	99.4
家用电器及音像器材	**100.2**	**97.2**	**建筑材料及五金电料**	**100.2**	**102.0**
家庭设备	100.7	96.9	建筑装璜材料	100.2	102.8
文娱用耐用消费品	100.1	97.3	五金电料	100.4	100.1

8—5 居民消费价格分月指数（2014年）

月份	环比指数（以上月价格为100）	同比指数（以上年同月价格为100）	累计比指数（以上年同期价格为100）
1	100.6	101.1	101.1
2	100.5	101.3	101.2
3	99.7	101.9	101.4
4	99.9	101.7	101.5
5	100.2	102.7	101.7
6	99.3	101.8	101.7
7	100.2	102.2	101.8
8	100.3	102.7	101.9
9	100.4	101.9	101.9
10	99.9	101.0	101.8
11	99.4	100.8	101.7
12	100.1	100.6	101.6

8—6 主要年份工业生产者出厂价格分类指数

（上年=100）

年份	全部工业品	生产资料	采掘工业	原材料工业	加工工业	生活资料	食品	衣着	一般日用品	耐用消费品
2002	96.3	96.0	98.9	95.5	97.3	101.0	101.2	99.8	105.5	77.7
2003	116.7	117.4	101.5	103.3	120.1	98.7	98.8	101.9	95.3	81.4
2004	122.3	122.8	142.7	115.0	122.1	109.3	114.8	103.4	98.6	97.4
2005	101.7	101.6	122.7	110.3	100.0	104.7	104.8	105.2	101.0	101.4
2006	93.9	93.8	107.1	100.9	91.4	98.9	97.0	103.6	104.1	103.7
2007	1010.6	110.9	103.0	104.0	112.3	99.5	102.6	91.4	103.8	100.0
2008	123.0	123.2	106.0	118.7	124.5	109.8	114.1	100.0	99.8	100.0
2009	81.4	80.7	93.9	88.3	79.4	99.2	99.2	97.6	102.1	100.0
2010	112.5	113.0	123.6	107.2	113.1	102.4	101.5	101.5	109.3	100.0
2011	108.5	108.2	116.9	106.2	108.2	115.8	116.8	114.3	111.6	101.4
2012	91.1	90.3	92.9	99.0	89.0	107.0	104.2	133.3	100.3	100.0
2013	95.2	94.5	101.1	96.4	93.9	107.1	107.7	110.4	99.4	100.0
2014	93.5	92.8	79.8	97.5	92.6	106.5	107.7	104.2	101.5	100.0

8—7 主要年份分部门工业生产者出厂价格指数

（上年=100）

类　　别	2005	2010	2011	2012	2013	2014
总指数	**101.7**	**112.5**	**108.5**	**91.1**	**95.2**	**93.5**
冶金工业	100.1	115.4	108.6	87.4	92.7	90.6
电力工业	108.8	104.8	106.1	102.6	99.3	100.0
化学工业	105.9	110.2	108.9	97.2	100.4	100.0
机械工业	110.0	98.5	104.2	99.2	100.0	98.4
建筑材料工业	95.5	114.4	130.0	86.5	96.8	101.3
食品工业	104.6	101.8	117.3	104.2	107.4	107.9
纺织工业	91.5	120.3	124.5	92.8	104.8	102.0
缝纫工业	105.2	101.5	114.3	133.3	110.4	104.2
造纸工业	103.7	113.2	109.3	90.2	91.4	94.3
文教艺术用品工业	105.9	106.2	107.7	103.9	100.6	100.5

8—8 主要年份工业生产者出厂价格轻重工业分类指数

（上年=100）

年　份	轻工业	以农产品为原料	以非农产品为原料	重工业	#采掘工业	原料工业	加工工业
2002	97.7	97.7	96.6	96.1	98.9	95.5	98.7
2003	102.9	103.6	11.8	118.5	101.5	103.7	121.6
2004	112.3	114.3	108.6	123.5	142.7	115.8	123.1
2005	101.7	101.6	101.9	101.7	122.7	110.0	100.0
2006	100.1	101.1	98.7	93.2	107.2	100.9	91.4
2007	103.1	102.9	103.4	111.5	103.0	104.1	113.2
2008	112.2	114.0	110.6	124.1	16.0	118.5	125.7
2009	93.4	92.4	94.6	80.0	93.9	88.8	78.2
2010	106.1	106.3	105.9	113.4	123.6	107.2	113.6
2011	114.3	114.8	110.1	108.1	116.9	106.0	108.2
2012	101.6	101.8	100.0	90.3	92.9	99.2	88.9
2013	102.1	102.9	95.7	94.6	101.1	96.9	93.9
2014	102.7	103.3	97.6	92.8	79.8	97.7	92.5

8—9 工业生产者出厂价格分类指数（2014年）

（上年=100）

类　　别	1月	2月	3月	4月	5月
全部工业品	**95.8**	**95.7**	**92.4**	**93.3**	**92.9**
#轻工业	102.5	105.2	105.0	105.5	101.6
以农产品为原料	103.1	106.1	105.9	106.5	102.1
以非农产品为原料	97.4	97.3	97.1	97.4	97.3
重工业	95.2	94.9	91.4	92.3	92.2
采　掘	90.1	90.4	87.6	83.0	81.9
原　料	95.4	95.9	95.6	98.6	102.0
加　工	95.4	94.9	90.9	91.8	91.2
#生产资料	95.2	94.9	91.4	92.3	92.2
采　掘	90.1	90.4	87.6	83.0	81.9
原　料	95.0	95.5	95.1	98.4	102.0
加　工	95.4	95.0	91.1	91.9	91.3
生活资料	106.3	110.3	110.7	111.6	105.9
食　品	107.4	112.6	112.9	114.3	106.7
衣　着	104.1	105.0	104.9	104.4	103.9
一般日用品	102.1	102.4	103.3	103.1	103.1
耐用消费品	100.0	100.0	100.0	100.0	100.0
按工业行业大、中类分					
黑色金属采选业	89.9	90.2	87.4	82.7	81.5
铁矿采选	89.9	90.2	87.4	82.7	81.5
非金属矿采选业	111.0	114.4	109.4	118.1	123.0
土砂石开采	111.0	114.4	109.4	118.1	123.0
农副产品加工业	102.4	101.9	102.7	102.9	103.2
谷物磨制	98.1	97.8	100.7	103.2	105.8
饲料加工	100.3	97.6	101.6	101.1	100.7
植物油加工	105.2	104.5	104.5	101.2	100.5
屠宰及肉类加工	100.0	100.0	100.0	100.0	100.0
其他农副产品加工	110.5	109.4	109.6	109.6	109.5
食品制造业	111.0	120.0	120.3	122.5	109.2
焙烤食品制造	127.8	125.0	124.5	124.6	124.2
液体乳及乳制品制造	110.7	124.8	124.8	128.0	112.7
调味品、发酵制品制造	69.3	78.7	82.0	86.6	88.8
其他食品制造	127.4	127.4	127.4	126.9	100.0
饮料制造业	99.1	99.1	99.1	99.1	99.4
酒的制造	99.1	99.1	99.1	99.1	99.4

6月	7月	8月	9月	10月	11月	12月	累计指数
92.5	**96.1**	**94.1**	**92.1**	**92.5**	**92.6**	**92.2**	**93.5**
102.9	102.4	102.6	102.2	101.2	100.8	100.4	102.7
103.5	102.9	103.1	102.9	101.8	101.1	100.8	103.3
97.9	98.9	99.2	97.0	96.3	98.6	97.0	97.6
91.6	95.6	93.3	91.2	91.8	91.9	91.5	92.8
77.2	75.4	77.0	78.2	75.0	71.2	68.3	79.8
100.1	97.8	98.0	95.8	97.7	100.0	95.6	97.7
90.9	95.9	93.2	91.0	91.5	91.5	91.7	92.5
91.7	95.5	93.4	91.3	91.9	92.1	91.6	92.8
77.2	75.4	77.0	78.2	75.0	71.2	68.3	79.8
100.0	98.2	97.9	95.6	97.5	99.8	95.1	97.5
91.1	95.8	93.3	91.1	91.7	91.7	91.9	92.6
106.8	106.9	106.1	106.1	103.2	102.3	102.3	106.5
107.6	107.6	107.1	107.3	104.0	102.8	103.1	107.7
105.3	105.1	105.3	105.1	102.9	102.5	102.3	104.2
103.6	104.1	101.3	100.0	98.9	99.1	97.5	101.5
100.0	100.0	100.0	100.0	100.0	100.0	100.0	100.0
76.8	75.0	76.5	77.8	74.6	70.8	67.9	79.5
76.8	75.0	76.5	77.8	74.6	70.8	67.9	79.5
118.4	118.1	132.6	127.1	122.7	113.7	108.0	117.8
118.4	118.1	132.6	127.1	122.7	113.7	108.0	117.8
103.1	103.5	103.2	102.6	100.8	100.7	100.7	102.3
106.4	108.1	106.9	103.0	103.6	104.2	104.7	103.5
99.3	102.5	99.3	98.7	97.9	96.1	97.9	99.4
99.9	99.8	100.5	100.6	100.3	100.1	99.2	101.3
100.0	100.0	100.0	100.0	100.0	100.0	100.0	100.0
109.1	108.9	109.1	108.9	101.5	101.2	100.8	107.2
110.8	110.7	109.8	110.4	105.9	104.0	104.5	111.3
123.9	123.3	122.7	121.0	106.0	102.3	101.7	118.1
112.7	112.7	112.7	112.7	112.7	112.7	112.7	115.6
105.6	105.1	96.3	105.6	83.5	73.2	77.7	86.4
100.0	100.0	100.0	100.0	100.0	100.0	100.0	107.7
99.4	99.5	99.6	99.7	99.7	99.8	99.9	99.4
99.4	99.5	99.6	99.7	99.7	99.8	99.9	99.4

8—9 续表1

（上年=100）

类　　别	1月	2月	3月	4月	5月
纺织业	108.2	108.0	106.4	106.7	106.2
棉、化纤纺织及印染精加工	102.5	102.3	100.4	100.7	100.1
纺织制成品制造	128.6	128.6	128.6	128.6	128.6
纺织服装、鞋、帽制造业	104.1	105.0	104.9	104.4	103.9
纺织服装制造	104.1	105.0	104.9	104.4	103.9
木材加工及木、竹、藤、棕、草制品业	104.4	104.6	100.5	100.0	98.2
人造板制造	104.4	104.6	100.5	100.0	98.2
造纸及纸制品业	93.1	93.6	92.5	92.0	91.8
造　纸	90.8	92.3	91.1	92.3	92.5
纸制品制造	110.4	102.7	102.7	87.4	83.1
印刷业和记录媒介的复制	100.8	100.8	100.8	100.0	100.0
印　刷	100.8	100.8	100.8	100.0	100.0
文教体育用品制造业	97.3	93.8	100.0	99.7	99.9
体育用品制造	97.3	93.8	100.0	99.7	99.9
化学原料及化学制品制造业	99.1	99.5	99.2	100.0	98.9
基础化学原料制造	92.9	92.6	92.6	100.0	100.0
农药制造	104.3	104.2	106.2	102.2	101.7
涂料、油墨、颜料及类似产品制造	91.8	91.5	89.9	91.7	91.4
专用化学产品制造	98.6	100.1	97.9	101.8	99.1
日用化学产品制造	98.3	98.3	98.3	98.2	98.2
医药制造业	100.4	101.4	104.2	104.2	104.2
化学药品制剂制造	101.3	104.7	115.5	115.5	115.5
中成药制造	100.0	100.0	100.0	100.0	100.0
生物、生化制品的制造	105.7	103.4	103.4	103.4	103.4
橡胶制品业	99.9	99.9	97.8	98.3	98.5
橡胶板、管、带的制造	99.4	99.3	97.1	97.5	97.5
橡胶零件制造	103.5	103.9	103.1	103.4	105.0
塑料制品业	103.5	103.9	103.1	103.4	105.0
泡沫塑料制造	104.1	104.0	103.5	103.5	105.4
其他塑料制品制造	100.0	102.9	100.0	102.6	102.6
非金属矿物制品业	111.1	111.5	109.0	105.3	101.3
水泥、石灰和石膏的制造	121.8	123.8	118.6	111.2	103.7
水泥及石膏制品制造	109.3	109.8	107.8	102.9	100.1
耐火材料制品制造	100.3	100.0	100.3	99.8	99.3
石墨及其他非金属矿物制品制造	95.5	95.5	95.5	100.0	100.0
黑色金属冶炼及压延加工业	93.7	92.7	87.9	89.4	89.1
炼　铁	92.1	87.0	88.5	90.3	90.1
炼　钢	93.1	93.1	95.5	97.2	97.2
钢压延加工	93.6	92.7	87.7	89.2	88.8

6月	7月	8月	9月	10月	11月	12月	累计指数
105.9	103.3	97.5	97.0	96.3	96.0	94.9	102.0
99.8	96.6	96.8	96.1	95.2	94.8	93.4	98.2
128.6	128.6	100.0	100.0	100.0	100.0	100.0	114.9
105.3	105.1	105.3	105.1	102.9	102.5	102.3	104.2
105.3	105.1	105.3	105.1	102.9	102.5	102.3	104.2
95.0	95.4	94.6	94.3	94.3	92.5	92.5	97.2
95.0	95.4	94.6	94.3	94.3	92.5	92.5	97.2
94.3	92.4	95.1	94.4	98.3	98.4	96.9	94.3
94.0	93.0	95.5	94.9	100.0	100.2	99.6	94.5
95.0	86.7	89.9	88.8	84.0	84.0	77.7	90.8
100.0	100.0	100.0	100.0	100.0	100.0	100.0	100.2
100.0	100.0	100.0	100.0	100.0	100.0	100.0	100.2
102.1	101.4	106.7	105.9	103.7	106.6	106.6	101.9
102.1	101.4	106.7	105.9	103.7	106.6	106.6	101.9
101.5	96.3	99.3	97.6	102.7	104.3	99.6	99.8
100.0	100.0	100.0	99.8	258.0	257.4	99.1	108.8
102.5	89.1	99.6	100.1	102.6	104.6	104.7	101.8
92.3	95.1	94.9	85.1	86.4	95.2	94.3	91.5
105.5	99.9	99.8	97.6	99.5	99.1	99.7	99.9
99.0	100.0	100.0	100.0	97.8	98.3	95.2	98.5
104.2	104.2	104.2	100.0	100.0	100.0	100.0	102.2
115.5	115.5	115.5	100.0	100.0	100.0	100.0	107.7
100.0	100.0	100.0	100.0	100.0	100.0	100.0	100.0
103.4	103.4	103.4	103.4	103.4	103.4	103.4	103.6
98.9	96.0	97.2	97.6	97.4	97.3	97.1	98.0
98.1	94.7	96.1	96.6	96.7	96.7	96.6	97.2
104.7	105.3	104.4	104.5	101.7	101.4	100.5	103.4
104.7	105.3	104.4	104.5	101.7	101.4	100.5	103.4
104.5	105.2	104.1	104.5	101.4	101.2	100.1	103.4
106.1	106.1	106.4	104.5	103.3	102.9	102.6	103.3
101.6	99.6	98.2	96.5	95.9	92.1	91.0	101.0
102.6	99.6	96.9	94.1	92.0	84.5	82.2	102.1
104.4	101.0	99.7	96.6	98.8	95.7	96.5	101.7
99.3	99.3	99.3	99.3	99.3	100.0	100.0	99.7
100.0	100.0	100.0	100.0	100.0	100.0	100.0	98.8
89.4	95.8	92.7	89.9	90.3	90.6	90.7	91.0
92.1	91.1	87.9	87.1	85.6	87.3	82.3	88.5
97.2	99.1	100.0	100.0	100.0	100.0	100.0	97.6
89.1	95.7	92.5	89.6	90.1	90.3	90.6	90.8

8—9 续表2

（上年=100）

类　　别	1月	2月	3月	4月	5月
铁合金冶炼	96.9	94.0	95.4	94.5	99.7
有色金属冶炼及压延加工业	98.3	100.5	98.5	91.3	98.0
有色金属压延加工	98.3	100.5	98.5	91.3	98.0
金属制品业	95.9	92.7	93.8	92.5	93.6
结构性金属制品制造	91.2	84.6	86.2	83.2	83.5
金属工具制造	100.0	100.0	100.0	100.0	100.0
集装箱及金属包装容器制造	83.1	83.1	99.7	94.7	94.7
金属丝绳及其制品的制造	100.0	98.5	97.1	97.3	101.3
不锈钢及类似日用金属制品制造	100.0	100.0	100.0	100.0	100.0
通用设备制造业	99.4	99.2	99.6	99.5	99.8
锅炉及原动机制造	91.7	91.7	91.7	91.7	91.7
金属加工机械制造	99.5	99.9	100.1	100.1	100.6
泵、阀门、压缩机及类似机械的制造	100.0	93.9	96.7	96.1	98.2
轴承、齿轮、传动和驱动部件的制造	99.5	99.5	100.2	99.9	99.5
风机、衡器、包装设备等通用设备制造	100.0	100.0	100.0	100.0	110.0
通用零部件制造及机械修理	99.1	99.1	99.1	99.1	99.1
专用设备制造业	101.2	100.8	101.3	101.3	101.2
矿山、冶金、建筑专用设备制造	100.5	99.0	99.0	99.0	100.2
化工、木材、非金属加工专用设备制造	100.0	100.0	100.0	100.0	100.0
电子和电工机械专用设备制造	92.9	96.9	94.4	94.4	99.9
环保、社会公共安全及其他专用设备制造	109.5	110.9	115.9	115.9	108.7
交通运输设备及器材制造业	103.9	109.1	107.4	105.6	99.9
汽车制造	104.0	109.3	107.5	105.7	100.0
电气机械及器材制造业	91.3	88.4	87.8	91.3	94.0
电线、电缆、光缆及电工器材制造	91.0	87.9	87.2	90.9	93.8
电池制造	96.9	96.9	98.1	97.7	97.7
通信设备、计算机及其他电子设备制造业	100.7	100.7	100.7	100.0	100.0
电子元件制造	100.7	100.7	100.7	100.0	100.0
仪器仪表及文化、办公用机械制造业	100.0	100.0	100.0	100.0	100.0
专用食品仪表制造	100.0	100.0	100.0	100.0	100.0
废弃资源和废旧材料回收加工业	80.0	87.3	80.0	95.5	137.3
金属废料和碎屑的加工处理	80.0	87.3	80.0	95.5	137.3
电力、热力的生产和供应业	99.0	98.5	99.8	99.5	98.7
电力生产	97.6	96.3	99.5	98.8	96.8
电力供应	100.0	100.0	100.0	100.0	100.0
燃气生产和供应业	108.8	108.8	108.8	108.3	108.3
水的生产和供应业	100.0	100.0	100.0	100.0	100.0
自来水的生产的供应	100.0	100.0	100.0	100.0	100.0

6月	7月	8月	9月	10月	11月	12月	累计指数
98.7	98.8	98.8	100.9	100.4	100.4	101.0	98.3
95.3	95.5	94.0	101.4	97.1	99.4	94.7	97.0
95.3	95.5	94.0	101.4	97.1	99.4	94.7	97.0
93.8	93.3	92.7	95.0	95.2	93.6	95.7	94.0
84.6	86.0	84.7	87.7	88.4	86.4	92.2	86.5
100.0	100.0	100.0	100.0	100.0	100.0	100.0	100.0
90.0	90.0	90.0	90.0	120.0	120.0	120.0	96.7
100.4	97.8	95.9	100.0	94.8	92.1	91.9	97.2
100.0	100.0	100.0	100.0	100.0	100.0	100.0	100.0
99.6	100.1	100.0	100.2	100.0	99.9	99.6	99.8
91.7	100.0	100.0	100.0	100.0	100.0	100.0	95.7
100.6	100.6	100.3	100.0	100.0	99.7	99.3	100.1
96.1	103.8	100.2	103.0	100.9	104.2	97.8	99.2
98.9	98.9	100.2	100.0	99.7	99.0	100.3	99.6
110.0	110.0	110.0	110.0	110.0	110.0	110.0	106.7
99.1	99.1	99.1	100.0	100.0	100.0	100.0	99.4
100.7	100.3	100.6	102.0	101.9	101.9	101.9	101.3
100.2	100.2	100.3	106.1	106.1	106.1	106.1	101.8
100.0	100.0	100.0	100.0	100.0	100.0	100.0	100.0
101.1	92.2	98.9	106.3	103.1	100.9	101.0	98.4
104.1	103.0	104.3	95.3	94.9	94.9	94.9	103.9
93.8	94.0	91.7	88.7	91.4	91.3	91.3	97.3
93.7	93.9	91.6	88.5	91.3	91.1	91.2	97.3
94.6	98.2	96.7	96.0	92.5	94.3	90.6	92.9
94.4	98.2	96.6	95.8	92.0	93.9	90.0	92.5
98.1	98.1	98.4	99.2	99.2	101.2	99.2	98.4
100.0	100.0	96.9	96.9	96.9	96.9	96.9	98.9
100.0	100.0	96.9	96.9	96.9	96.9	96.9	98.9
100.0	100.0	100.0	100.0	100.0	100.0	100.0	100.0
100.0	100.0	100.0	100.0	100.0	100.0	100.0	100.0
108.7	100.6	86.3	81.0	95.0	87.6	65.6	90.4
108.7	100.6	86.3	81.0	95.0	87.6	65.6	90.4
99.4	98.2	101.7	99.7	98.6	103.5	103.4	100.0
98.5	95.7	103.7	99.1	96.6	108.5	108.4	99.8
100.0	100.0	100.0	100.0	100.0	100.0	100.0	100.0
108.3	108.3	108.3	101.1	101.1	108.8	108.8	107.3
100.0	100.0	102.5	102.5	102.5	102.5	102.5	101.1
100.0	100.0	102.5	102.5	102.5	102.5	102.5	101.1

主要统计指标解释

居民消费价格指数

是度量消费商品及服务项目价格水平随着时间而变动的相对数，反映居民家庭购买的消费品及服务价格水平的变动情况。它是宏观经济分析和决策、价格总水平监测和调控以及国民经济经济核算的重要指标。其按年度计算的变动率通常被用来作为反映通货膨胀（或紧缩）程度的指标。

商品零售价格指数

是商品在流通过程中最后一个环节的价格，是工业、商业、餐饮业和其他零售企业向城乡居民、机关团体出售生活消费品和办公用品的价格。商品零售价格指数，反映了市场商品零售价格的变动趋势和变动程度，为国家宏观调控和国民经济核算提供参考依据。同时，还可以在此基础上编制其他派生价格指数。

工业生产者出厂价格指数

是反映各工业行业产品出厂价格总水平的变动趋势和程度的相对数。为国民经济核算、测算工业发展速度、宏观经济分析和调控、理顺价格体系提供依据。

工业生产者购进价格指数

是反映工业企业作为生产投入，而从物资交易市场和能源、原材料生产企业购买原材料、燃料和动力产品时，所支付的价格水平变动趋势和程度的统计指标，是扣除工业企业物质消耗成本中的价格变动影响的重要依据。

目前，我国编制的工业生产者购进价格指数所调查的产品包括燃料、动力类、黑色金属材料类、有色金属材料和电线类、化工原料类、木材及纸浆类、建筑材料类、其他工业原材料及半成品类、农副产品类、纺织原料类共九大类的900多种产品。

九

城乡人民生活

简要说明

一、本篇资料内容主要反映城乡居民收支和生活状况，包括居民家庭基本情况、居民收支、消费水平、居住状况及主要消费品拥有量等。

二、本篇资料来源于城乡一体化住户调查。自 2013 年以来，城乡一体化住户调查整合城乡住户调查资源，统一调查指标、统一抽样方法、统一调查过程、统一数据处理和统一数据发布，由国家统计局马鞍山调查队根据国家统计局《住户收支与生活状况调查方案》组织实施，调查目的是为全面了解全市和分县（区）城乡常住居民收入、生活现状及变化情况，全面准确地反映居民收入分配格局，满足各级政府制定政策计划和进行宏观管理的需要，以及社会各界的信息需求，为国民经济核算提供基础数据。

三、2014 年城乡住户调查样本涵盖范围与 2013 年及以前均有一定差别，故一些指标数据相比有一定差距。

四、本篇资料由国家统计局马鞍山调查队整理。

9—1 主要年份人民生活物质文化生活情况

指 标	1995	2000	2005	2010	2013	2014
就 业						
每一农村劳动力负担人数 (人)	1.54	1.39	1.37	1.30	1.48	
每一城镇就业者负担人数 (人)	1.50	1.90	2.20	2.10	2.00	
城镇登记失业率 (%)			3.70	3.10	2.80	2.80
收 入						
农村居民家庭人均可支配收入 (元)	1390	2408	3789	8018	12339	14969
城镇居民家庭人均可支配收入 (元)	5173	6904	11935	23159	34048	32560
农村居民家庭恩格尔系数 (%)	53.5	53.0	47.4	41.5	37.5	34.0
城镇居民家庭恩格尔系数 (%)	48.8	40.0	38.7	37.2	37.4	30.5
职工年平均工资 (元)	7023	9487	23993	40927	53582	57144
储 蓄						
城乡居民年底储蓄存款余额 (亿元)					749	817
平均每人储蓄存款余额 (元)					31699	35862
住房面积 (平方米)						
城镇常住居民人均住房建筑面积	22.94	25.73	30.50	33.00	38.88	38.46
农村常住居民人均住房建筑面积					30.35	44.51
交 通						
城镇每百户拥有摩托车 (辆)	10.00	30.00	24.00	22.00	11.11	18.00
城市每万人拥有公共车辆 (标台)	7.3	10.1	13.6		8.2	7.7
城市公用事业						
自来水普及率 (%)	100.0	100.0	100.0	100.0	100.0	100.0
燃气普及率 (%)	91.2	100.0	100.0	100.0	100.0	100.0
人均公园绿地 (平方米)	8	9	12	14	16	15
文 化						
城镇每百户有彩色电视机 (台)	87	132	139	152	151	162
农村每百户有彩色电视机 (台)	22	56	91	126	131	130
广播人口覆盖率 (%)					100.0	100.0
电视人口覆盖率 (%)					100.0	100.0
教 育						
学龄儿童入学率 (%)		99.9	100.0	100.0	100.0	99.9
每万人口中在校大学生数 (人)		73	172	310	230	238
卫 生						
每万人有医院、卫生院病床数 (张)	28.0	28.0	27.0	20.0	25.6	35.2
每万人有医生数 (人)				15.8	17.2	18.0

9—2 城乡居民可支配收入（2014年）

指 标	全体居民		城镇居民		农村居民	
	绝对数（元/人）	构成（%）	绝对数（元/人）	构成（%）	绝对数（元/人）	构成（%）
可支配收入	**25647.5**	**100.0**	**32560.0**	**100.0**	**14969.0**	**100.0**
工资性收入	14026.6	54.7	18130.1	55.7	7687.5	51.4
经营净收入	5630.8	22.0	6009.1	18.5	5046.4	33.7
财产净收入	1499.6	5.8	2233.3	6.9	366.2	2.4
转移净收入	4490.5	17.5	6187.5	19.0	1868.9	12.5
居民基尼系数		**0.358**		**0.317**		**0.344**

9—3 城乡居民消费支出（2014年）

指 标	全体居民		城镇居民		农村居民	
	绝对数（元/人）	构成（%）	绝对数（元/人）	构成（%）	绝对数（元/人）	构成（%）
消费支出	**17383.9**	**100.0**	**21564.6**	**100.0**	**10925.4**	**100.0**
食品烟酒	5447.5	31.3	6570.6	30.5	3712.5	34.0
衣 着	1324.4	7.6	1729.3	8.0	698.8	6.4
居 住	3523.7	20.3	4082.3	18.9	2660.6	24.4
生活用品及服务	1044.9	6.0	1343.4	6.2	583.9	5.3
交通通信	2761.7	15.9	3593.4	16.7	1477.0	13.5
教育文化娱乐	2003.1	11.5	2725.3	12.6	887.4	8.1
医疗保健	839.5	4.8	914.6	4.2	723.4	6.6
其他用品和服务	439.1	2.5	605.5	2.8	181.9	1.7
居民恩格尔系数		**31.340**		**30.469**		**33.980**

9—4　城乡居民平均每百户年末主要耐用消费品拥有量（2014年）

指　　标		绝　对　数		
		全体居民	城镇居民	农村居民
家用汽车	（辆）	18	25	7
摩 托 车	（辆）	29	18	48
助 力 车	（辆）	82	79	87
洗 衣 机	（台）	84	95	65
电 冰 箱	（台）	97	100	91
彩色电视机	（台）	150	162	130
组合音响	（套）	10	13	6
摄 像 机	（架）	7	10	0
照 相 机	（架）	32	46	6
中高档乐器（含钢琴）	（架）	6	8	2
微 波 炉	（台）	59	78	25
空 调	（台）	152	185	95
热水器	（台）	90	99	74
#太阳能热水器		65	62	70
消毒碗柜	（台）	7	10	2
洗碗机	（台）	1	1	0
排油烟机	（台）	58	8	19
健身器材	（套）	3	5	0
固定电话	（部）	70	75	62
移动电话	（部）	209	222	188
#接入互联网		100	123	60
计算机	（台）	67	87	32
#接入互联网		62	82	29

主要统计指标解释

可支配收入

指调查户在调查期内获得的、可用于最终消费支出和储蓄的总和，即调查户可以用来自由支配的收入。可支配收入既包括现金，也包括实物收入。按照收入的来源，可支配收入包含五项，分别为：工资性收入、经营净收入、财产净收入、转移净收入和自有住房折算净租金。计算公式为：

可支配收入=工资性收入+经营净收入+财产净收入+转移净收入+自有住房折算净租金

其中：经营净收入=经营收入-经营费用-生产性固定资产折旧－生产税净额（生产税-生产补贴）

财产净收入=财产性收入-财产性支出

转移净收入=转移性收入-转移性支出

工资性收入

指就业人员通过各种途径得到的全部劳动报酬和各种福利，包括受雇于单位或个人、从事各种自由职业、兼职和零星劳动得到的全部劳动报酬和福利。

经营净收入

指住户或住户成员从事生产经营活动所获得的净收入，是全部经营收入中扣除经营费用、生产性固定资产折旧和生产税净额（生产税减去生产补贴）之后得到的净收入。

财产净收入

指住户或住户成员将其所拥有的金融资产和自然资源交由其他机构单位、住户或个人支配而获得的回报并扣除相关的费用之后得到的净收入。财产净收入包括利息净收入、红利收入、储蓄性保险净收益和转让承包土地经营权租金净收入等。

转移性收入

指国家、单位、社会团体对住户的各种经常性转移支付和住户之间的经常性收入转移。包括政府、非行政事业单位、社会团体对居民转移的养老金或退休金、社会救济和补助、政策性生活补贴、救灾款、经常性捐赠和赔偿以及报销医疗费等；住户之间的赡养收入、经常性捐赠和赔偿以及农村地区（村委会）在外（含国外）工作的本住户非常住成员寄回带回的收入等。

消费支出

指住户用于满足家庭日常生活消费需要的全部支出，包括用于消费品的支出和用于服务性消费的支出。根据用途不同，消费支出可划分为食品烟酒、衣着、居住、生活用品及服务、交通通信、教育文化娱乐、医疗保健、其他用品及服务八大类。根据来源不同，消费支出可划分为现金消费支出、实物消费支出（含自产自用、来自单位、来自政府和其他社会组织）。

十

城市概况

简要说明

一、本篇资料反映全市社会、经济发展和城市建设的规模、效益及综合水平等基本情况，资料由相关部门提供，由市统计局综合核算科整理。

二、城市社会基本情况资料根据国家统计局《城市社会经济基本情况统计报表制度》搜集、汇总整理，资料由相关部门提供，数据为初步统计数，最终数据以本年鉴其他篇章资料为准。

10—1 城市社会经济基本情况（2014年）

指　　标		全　市	#市辖区
行政区划			
所辖行政区数	（个）	3	
所辖行政县（旗）数	（个）	3	
土地面积及水资源			
行政区域土地面积	（平方公里）	4049	733
#建成区面积			92
城市建设用地面积			92
水资源总量	（万平方米）	200100	
人口与就业			
人　口			
年末总人口	（万人）	227.23	82.20
年出生人口	（人）	25161	7245
年死亡人口	（人）	16965	6058
年末总户数	（万户）	73.10	26.76
常住人口	（万人）	222.90	92.60
从业人员			
从业人员期末人数（城镇非私营单位）	（人）	231329	166525
第一产业（农、林、牧、渔业）	（人）	737	51
第二产业	（人）	128930	101338
第三产业	（人）	101662	65136
综合经济			
国民核算			
地区生产总值(当年价格)	(亿元)	1333	823
第一产业增加值	(亿元)	77	8
第二产业增加值	(亿元)	831	513
第三产业增加值	(亿元)	425	302
地区生产总值增长率	(%)	9.7	8.4
财　政			
公共财政收入	（万元）	2027202	1346273
#税收收入		1747382	1188667
公共财政支出	（万元）	1824561	907076
#一般性公共服务支出		194547	91259
科学技术支出		57483	34548
教育支出		266454	106960
文化体育与传媒支出		36848	20043
医疗卫生支出		166082	60832
节能保护支出		34934	21489
城乡社区事务支出		263441	152711
交通运输支出		90481	58389
社会保障和就业支出		178014	89448
住房保障支出		127567	74983

10—1 续表1

指　　标		全　市	#市辖区
金　融			
年末金融机构各项存款余额	（万元）	14756215	9861687
#居民储蓄存款余额		8193658	4586120
年末金融机构各项贷款余额	（万元）	11033404	8184451
保　险			
保费收入	（万元）	274724	
#财产险		108165	
人身险		166558	
赔款、给付	（万元）	117858	
#财产险		51847	
人身险		66010	
工　业			
规模以上工业法人企业			
工业企业数	（个）	1035	411
内资企业		975	374
#国有企业		6	3
私营企业		872	312
港、澳、台商投资企业		22	14
外商投资企业		38	23
交通运输、通讯与能源			
交通运输			
公路客运量（全社会）	（万人）	5079	
公路货运量（全社会）	（万吨）	8414	
内河港口货物吞吐量(规模以上)	（万吨）	8100	
公路里程	（公里）	6989	
境内高速公路里程	（公里）	160	
民用汽车拥有量	（万辆）	16.14	
#私人汽车		12.75	
邮电通信			
年末邮政局(所)数	（处）	70	17
邮政业务收入	（万元）	15204	
电信业务收入	（万元）	15789	
固定电话年末用户数	（万户）	44.33	
移动电话年末用户数	（万户）	176.67	
#3G移动电话用户		59.64	
互联网宽带接入用户数	（万户）	37.75	
能源电力			
综合能源消费量	（万吨/标准煤）	1810	
全社会用电量	（万千瓦时）	1709047	1225297
#工业用电		1493395	1119492
城乡居民生活用电		94611	37341

10—1 续表2

指　　标		全　　市	#市辖区
贸易、外经与旅游			
贸　易			
社会消费品零售总额	（万元）	3735329	2281473
限额以上批发零售贸易业商品销售总额	（万元）	4069012	3390197
限额以上批发零售企业数（法人数）	（个）	288	194
#零售业		165	101
外　经			
货物进口额（海关数）	（万美元）	172627	
货物出口额（海关数）	（万美元）	124558	
外商直接投资合同项目	（个）	15	12
当年实际使用外资金额	（万美元）	176131	143323
旅　游			
入境游客人数（含一日游游客）	（人）	110230	
国际旅游（外汇）收入	（万美元）	4275	
固定资产投资			
固定资产投资			
固定资产投资（不含农户）	（万元）	16747414	9043012
#房地产开发投资		2455835	1529168
#住　宅		1782796	1093771
全年新增固定资产	（万元）	14054613	7807644
房地产			
商品房屋销售面积	（万平方米）	245.89	180.22
#住　宅		225.97	164.13
#别墅、高档公寓		8.49	2.89
商品房屋销售额	（万元）	1117703	840451
#住　宅		959047	710518
#别墅、高档公寓		71085	38005
待售面积	（万平方米）	135.83	79.01
教育、科技、体育、文化与卫生			
教　育			
学校数			
普通高等学校数	（所）	6	
中等职业教育学校数	（所）	11	4
普通中学数	（所）	104	31
小学数	（所）	274	59
科　技			
专利申请受理量	（项）	6231	
专利申请授权量	（项）	3066	
#发　明		385	
文　化			
体育场馆数	（个）	16	
公共图书馆图书总藏量	（千册、件）	1117.19	938.25

10—1 续表3

指　　标		全　　市	#市辖区
广播节目综合人口覆盖率	(%)	100	100
电视节目综合人口覆盖率	(%)	100	100
卫　生			
医院、卫生院数	(个)	96	38
医院、卫生院床位数	(张)	7558	4043
医生数（执业医师+执业助理医师）	(人)	4107	2448
注册护士	(人)	4794	3189
人民生活			
在岗职工平均人数	(万人)	21.76	15.73
在岗职工工资总额	(万元)	1285932	968479
居民收支	(元)		
家庭总收入			35007
工资性收入			18130
经营净收入			6009
财产性收入			2233
转移性收入			6188
城镇居民人均可支配收入			32560
城镇居民人均消费支出			21565
#食品烟酒			6571
衣　着			1729
居　住			4082
生活用品及服务			1343
交通和通信			3594
教育文化和娱乐			2725
医疗保健			915
其他用品及服务			606
居民生活			
每百户居民家庭拥有量			
家用汽车	(辆)		25
消毒碗柜	(台)		10
洗碗机	(台)		1
固定电话	(部)		74
移动电话	(部)		222
#接入互联网			123
计算机	(台)		87
#接入互联网			82
电冰箱（柜）	(台)		100
彩色电视机	(台)		162
中高档乐器	(架)		8
照相机	(架)		46
摄像机	(架)		10
洗衣机	(台)		95
居民消费价格指数（上年为100）	(%)		101.6

10—1 续表4

指　　标		全　市	#市辖区
社会保障			
城镇基本养老保险参保人数	(万人)	60.05	45.99
城镇基本医疗保险参保人数	(万人)	97.40	67.65
城镇职工基本医疗保险参保人数	(万人)	47.30	36.29
失业保险参保人数	(万人)	24.62	18.99
工伤保险参保人数	(万人)	30.52	21.74
生育保险参保人数	(万人)	57.55	50.58
社会福利院数	(个)	3	1
社会福利院床位数	(张)	790	500
社区服务设施数	(个)	449	250
城镇居民最低生活保障人数	(万人)	4.17	2.94
市政公用事业			
基础设施			
城市维护建设资金支出	(万元)		310899
年末实有城市道路面积	(万平方米)		1248
排水管道长度	(公里)		1415
供水综合生产能力（包括自备水源）	(万立方米/日)		120.54
供水总量	(万吨)		17125
售水量	(万吨)		15234
#居民生活用水量			3983
用水人口	(万人)		70.64
用水普及率	(%)	100	100
供气总量（人工、天然气）	(万立方米)		21877
#家庭用量			3541
用气人口	(万人)		70.64
公共交通			
年末实有公共汽（电）车运营车辆数	(辆)		632
全年公共汽（电）车客运总量	(万人次)		9352
年末实有出租汽车数	(辆)		2298
绿　地			
绿地面积	(公顷)		5621
#公园绿地面积			1087
建成区绿化覆盖面积	(公顷)		4028
环境保护			
工业废水排放量	(万吨)	7338	
工业废气排放量	(万立方米)	6666	
工业二氧化硫产生量	(万吨)	18.25	
工业二氧化硫排放量	(万吨)	5.88	
工业烟（粉）尘产生量	(万吨)	543.12	
工业烟（粉）尘排放量	(万吨)	10.08	

10—2　主要年份城市市政公用基础设施基本情况

指　　标		1995	2000	2005	2010	2013	2014
城市面积							
建成区面积	（平方公里）	33.5	38.0	66.0	78.5	89.0	92.0
城市人口密度	（人/平方公里）	1709	1823	3249	3225	3809	4017
供水、供气及供热							
供水管道长度	（公里）	219	356	426	1149	1931	1980
供水总量	（万立方米）	45500.00	45637.00	49281.00	22144.67	17033.22	17125.28
#居民家庭用水量		4300.00	5002.00	4228.00	3719.15	3806.76	3982.72
用水人口	（万人）	43.00	46.79	52.53	56.72	66.97	70.64
人均日生活用水	（升）	274.00	292.89	364.15	219.92	192.36	190.66
用水普及率	（%）	100	100	100	100	100	100
城市用水普及率	（%）	100	100	100	100	100	100
天然气供气量	（万立方米）			2719.00	13135.70	18962.00	21876.52
#家庭用量				1686.00	2612.00	3623.00	3540.90
公共交通							
公共汽（电）车总数	（辆）	260	465	662		675	632
每万人拥有	（标台）	7.30	10.14	13.59		8.20	7.69
出租汽车	（辆）	1141	2160	2895	2298	2298	2298
市政工程							
道路长度	（公里）	196.00	241.00	343.15	385.60	460.97	467.01
道路面积	（万平方米）	202.00	325.08	741.10	968.10	1206.00	1248.10
每人拥有	（平方米）		7.90	14.11	17.07	18.01	17.67
排水管道长度	（公里）	69.00	200.80	448.00	595.00	1379.90	1414.61
建成区排水管道密度	（公里/平方公里）		5.28	6.79	7.58	15.50	15.38
污水排放量	（万立方米）	13930	15766	18108	15665	12998	12948
污水处理厂处理量	（万立方米）	13186	12616	16465	13787	11308	12829
城市绿化							
绿化覆盖面积	（公顷）	3548	4274	4618	5241	5787	5915
#建成区		844	1570	2776	3354	3900	4028
园林绿地面积	（公顷）	3519	4139	4485	4999	5498	5621
#建成区			1443.0	2665.8	3158.0	3657.0	3780.0
建成区绿地率	（%）		37.97	40.39	40.23	41.09	41.09
建成区绿化覆盖率	（%）	39.60	41.32	42.05	42.73	43.82	43.78
公园绿地面积	（公顷）	295.00	366.00	630.87	792.00	1052.00	1087.00
人均公园绿地面积	（平方米）	7.80	8.90	12.01	13.96	15.71	15.39
公园个数	（个）	10	10	11	11	15	15
公园面积	（公顷）	276.0	276.0	284.3	291.0	350.0	350.0
市容环境卫生							
生活垃圾清运量	（万吨）	7.00	7.48	11.20	17.90	19.78	19.85
生活垃圾无害化处理量	（万吨）	7.00	7.48	11.20	17.90	19.28	19.48
生活垃圾无害化处理率	（%）	100	100	100	100	100	100
公共厕所	（座）	122	125	128	122	87	94

10—3 各县城市建设情况（2014年）

单位：平方公里

地　区	城市建设用地面积	#居住用地	公共设施用地	道路及交通设施用地	绿地与广场用地	征用土地面积	城市人口密度(人/平方公里)
含山县	20.02	8.43	0.18	0.82	1.87	1.27	4346
和　县	16.24	4.03	0.58	2.12	2.35	0.36	4766
当涂县	29.04	8.40	2.36	3.66	3.40	4.25	4266

10—4 各县城市市政设施情况（2014年）

地　区	年末实有道路长度（公里）	年末实有道路面积（万平方米）	人均城市道路面积（平方米）	城市桥梁数（座）	城市道路照明灯（盏）	城市排水管道（公里）	污水管道
含山县	96.91	242.24	9.51	7	3150	143.30	64.20
和　县	80.58	161.72	17.46	15	7788	328.30	63.10
当涂县	109.50	260.41	3.13	17	4480	90.90	36.20

10—5 各县城市设施水平（2014年）

地　区	城市用水普及率（%）	城市燃气普及率（%）	人均城市道路面积（平方米）	人均公园绿地面积（平方米）
含山县	94.33	61.30	19.90	10.15
和　县	95.48	39.48	10.60	8.89
当涂县	94.02	98.62	17.12	7.82

10—6 各县城市公共交通情况（2014年）

地　区	年末公共交通运营数（辆）	公共汽、电车	运营线路网长度（公里）	公共汽、电车	公共交通客运总量（万人次）	公共汽、电车	出租汽车（辆）
含山县	426	55	65	65	685	685	371
和　县	382	60	70	70	350	350	322
当涂县	310	28	55	55	360	360	282

10—7 各县城市绿地和园林（2014年）

地区	绿化覆盖面积（公顷）	建成区	园林绿地面积（公顷）	公园绿地面积（公顷）	人均公园绿地面积（平方米）	公园（个）	建成区绿地率（%）	绿化覆盖率（%）
含山县	753	646	731	124	10.15	8	42.83	42.83
和县	520	437	360	136	8.89	5	23.22	23.22
当涂县	1050	897	827	119	7.82	3	30.93	30.93

10—8 各县城市燃气情况（2014年）

地区	管道长度（公里）		全年供气总量		用气人口（万人）	
		天然气	液化石油气（吨）	天然气（万立方米）	液化石油气	天然气
含山县		57.00	2330.45	1911.00	5.00	2.46
和县		55.60	2039.50	15.77	5.75	0.27
当涂县	0.80	90.50	568.00	258.40	1.00	14.00

10—9 主要年份市区供水用水情况

年份	综合生产能力（万立方米/日）	供水总量（万立方米）	#生产运营用水	公共服务用水	居民家庭用水	消防及其他用水	人均日生活用水量（升）
1995	270.0	45500	39600		4300		274.00
2000	283.5	45637	36933		4453		292.89
2005	323.7	49281	40561	2754	4228	1738	364.15
2006	323.7	46902	39966	2107	3851	978	337.40
2007	323.7	67823	61011	2513	3894	404	353.91
2008	323.7	53270	49042	811	3152	265	202.57
2009	323.7	22536	18134	819	3422	161	206.78
2010	323.7	19668	14916	876	3678	200	219.92
2011	124.3	19623	12182	910	3509	786	193.19
2012	124.3	17765	10354	946	3702	461	195.38
2013	120.5	17033	9680	895	3807	419	192.36
2014	120.5	17125	9937	933	3983	381	190.66

10—10 各县供水用水情况（2014年）

地区	综合生产能力（万立方米/日）	供水总量（万立方米）	#生产运营用水	公共服务用水	居民家庭用水	消防及其他用水	人均日生活用水量（升）
含山县	5	1046	323	307	312	5	147.69
和县	5	842	137	75	326	16	75.27
当涂县	6	1046	219	57	421	164	91.59

10—11 各县城市污水排放和处理情况（2014年）

单位：万立方米

地区	城市污水排放量	城市污水处理总量	污水处理厂处理量	其他污水处理量	城市污水处理率（%）	城市污水处理厂集中处理率（%）
含山县	837				86.02	86.02
和县	707				84.16	84.16
当涂县	918				90.96	90.96

10—12 各县城市市容环境卫生情况（2014年）

地区	清洁保洁面积（万平方米）	生活垃圾清运量（万吨）	生活垃圾无害化处理量（万吨）	生活垃圾无害化处理率（%）	粪便清运量（万吨）	市容环卫专用车辆设备（台）	公共厕所（座）
含山县	126	3.63	3.63	100.00		8	24
和县	165	7.32	5.68	77.57	0.15	7	17
当涂县	240	7.06	7.02	99.48	0.10	20	18

主要统计指标解释

供水管道长度

指从送水泵至用户水表之间所有管道的长度。不包括新安装尚未使用、水厂内以及用户建筑物内的管道。

供水总量

指报告期供水企业（单位）供出的全部水量。包括有效供水量和漏损水量。

公共服务用水

指为城市社会公共生活服务的用水。包括行政事业单位、部队营区和公共设施服务、社会服务业、批发零售贸易业、旅馆饮食业以及社会服务业等单位的用水。

居民家庭用水

居民家庭用水指城市范围内所有居民家庭的日常生活用水。包括城市居民、农民家庭、公共供水站用水。

用水普及率

指报告期末城区内用水人口与总人口的比率。计算公式：

用水普及率=城区用水人口／（城区人口+城区暂住人口）×100%

供气总量

指报告期燃气企业（单位）向用户供应的燃气数量。包括销售量和损失量。

燃气普及率

指报告期末使用燃气的人口与总人口的比率。计算公式：

燃气普及率=城区用气人口／（城区人口+城区暂住人口）×100%

排水管道长度

指所有排水总管、干管、支管、检查井及连接井进出口等长度之和。

公园绿地

城市中向公众开放的、以游憩为主要功能，有一定的游憩设施和服务设施，同时兼有健全生态、美化景观、防灾减灾等综合作用的绿化用地。

公园面积

指报告期末综合公园、专类公园和带状公园的全部占地总面积。

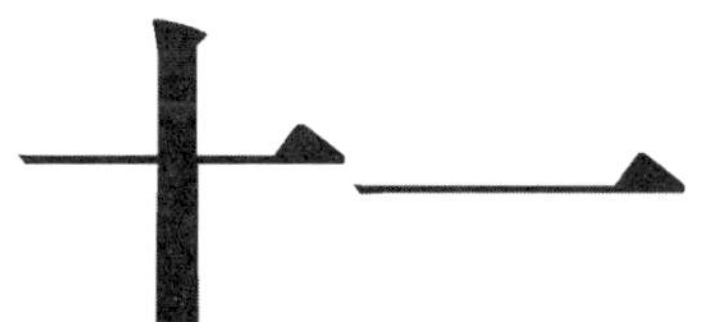

自然资源和环境保护

简要说明

一、自然状况包括地域、气象状况。自然资源包括土地、气候、林木、水资源。

二、本章内容由市统计局综合核算科整理。

1、林木资料由市农委提供；

2、水资源资料由市水利局提供；

3、气象资料由市气象局提供；

4、环境保护统计资料由市环保局提供。

11—1 自　然　资　源

项　目		2013	2014
区　域			
行政区域土地总面积	（平方公里）	4049	4049
市　区		704	704
建成区面积		89	92
气　候			
年平均气温	（摄氏度）	17.1	16.4
降水量	（毫米）	967.6	1317.2
土地资源			
耕地面积	（公顷）	124440	
#水　田		11174	
旱　田		13266	
林业用地面积	（公顷）		75774
造林面积		6456	10787
#人工造林面积		6456	10787
林木资源			
活立木总蓄积量	（万立方米）	333.96	341.22
森林面积	（公顷）	64383	62995
森林覆盖率	（%）	15.9	15.6
水资源			
水资源总量	（亿立方米）	11.07	20.35
地表水资源量		9.16	18.87
地下水资源量		3.10	4.51
长江过境水量			8919.00
主要矿产基础储量			
铁　矿	（万吨）	152744	141162
钒　矿	（万吨）	110	104
铜　矿	（吨）	18408	18408
钴　矿	（吨）	7383	7383
金　矿	（千克）	252	252
硫铁矿	（万吨）	22107	16269
明矾石	（万吨）	310	310
玉　石（绿松石）	（吨）	1155	957
石　膏	（万吨）	231770	154650

备注：森林资源基数不同，2013年用二类调查数据，2014年用林地“一张图”数据。

11—2 平均气温及降水量（2014年）

	1月	2月	3月	4月	5月	6月	7月	8月	9月	10月	11月	12月	年平均
平均气温（℃）	6.2	4.6	12.2	16.3	22.5	24.5	26.8	24.9	22.8	19.0	12.4	5.0	16.4
降水量（毫米）	20.0	117.8	63.4	159.3	29.4	133.1	261.8	280.8	97.5	35.7	113.0	5.4	1317.2

11—3 各县全年降水量（2014年）

地　区	年降水量（毫米）	多年平均降水量（亿立方米）	与上年比较（±%）	与多年平均比较（±%）
全　市	**1317.2**	**1113.8**	**36.1**	**18.2**
含 山 县	1158.4	1095.2	30.8	5.0
和　县	1327.7	1127.1	44.0	17.8
当 涂 县	1303.2	1118.5	48.4	16.5

11—4 主要年份环境综合整治

指　标		2005	2010	2013	2014
环境质量					
可吸入颗粒物日均值	（毫克/立方米）	0.092	0.098	0.135	0.108
二氧化硫日平均值	（毫克/立方米）	0.022	0.028	0.031	0.029
二氧化氮日平均值	（毫克/立方米）	0.027	0.028	0.036	0.035
饮用水源水质达标率	（%）	100.0	100.0	100.0	100.0
城市地面水质达标率	（%）	100.0	100.0	100.0	100.0
区域环境噪声平均值	（分贝（A））	55.3	55.3	55.4	55.5
交通干线噪声平均值	（分贝（A））	66.4	67.9	67.5	66.5
污染控制					
工业固体废物综合利用率	（%）	61.2	65.2	70.2	71.2
危险废物处置率	（%）	100.0	100.0	100.0	100.0
环境建设					
城市污水厂集中处理率	（%）	90.93	88.01	87.04	87.83
城市燃气普及率	（%）	100.0	100.0	100.0	100.0
建成区绿化覆盖率	（%）	42.05	42.73	43.82	43.78

11—4 续表

指　　标		2005	2010	2013	2014
环境污染					
COD排放量	（万吨）	2.30	2.10	2.82	2.76
二氧化硫排放量	（万吨）	5.30	6.20	6.66	6.10
#生　活		0.02	0.08	0.19	0.22
氨氮排放总量	（万吨）	0.20	0.25	0.37	0.35
城镇生活污水排放量	（亿吨）	0.39	0.53	0.94	1.10
#生活污水中化学需氧量排放量	（万吨）	1.62	1.07	1.63	1.56
生活污水中氨氮排放量	（万吨）	0.2	0.2	0.3	0.2
环境污染治理					
空气污染治理	（天）	339	332	262	250
建设项目环评执行率	（%）		100	100	100
应执行“三同时”项目数	（个）		240		
实际执行“三同时”项目数	（个）		240		
“三同时”合格率	（%）		100		
环境污染治理投资总额	（万元）	50580.8	165981.4	168041.5	225167.9
#城市环境基础设施投资		17974.0	99474.0	27142.0	168435.0
工业污染治理投资		19926.5	26574.2	120439.0	48653.4
污染治理项目本年完成投资额	（万元）	11865.4	26890.2	100824.0	225167.9
环境污染治理投资占GDP比重	（%）	1.4	2.1	1.3	1.7
自然灾害					
发生地质灾害起数	（次）			1	1
森林病虫害防治面积	（公顷）	5631	5408	3100	6307

11—5 主要年份环保系统机构、人员数

年　份	机构总数（个）	人员总数（人）	#科技人员	#监测人员	#监理人员
1995	5	170	7	61	40
2000	5	184	7	68	47
2001	5	185	7	69	47
2002	5	188	7	71	48
2003	5	190	8	71	49
2004	5	192	8	72	50
2005	5	195	8	74	51
2006	5	196	8	75	51
2007	5	197	8	75	51
2008	5	198	8	75	51
2009	5	199	9	76	52
2010	5	200	9	76	54
2011	7	295	9	104	82
2012	7	301	9	107	84
2013	7	291	9	100	81
2014	7	303	9	108	91

11—6 主要年份生活污染物排放

年　份	城镇生活污水排放量（亿吨）	生活污水中化学需氧量排放量（万吨）	生活污水中氨氮排放量（万吨）	生活及其他二氧化硫排放量（万吨）
2010	0.53	1.07	0.19	6.20
2011	0.80	1.77	0.28	6.85
2012	0.88	1.65	0.27	7.00
2013	0.94	1.63	0.27	6.66
2014	1.10	1.56	0.25	6.10

11—7 主要年份工业企业“三废”排放及治理

指 标		2005	2010	2013	2014
废 水					
工业废水排放总量	（万吨）	9546.00	10411.00	6745.00	7338.23
#工业废水COD排放量		7162.63	5846.51	6622.10	6706.93
废 气					
工业废气排放总量	（亿标立方米）	1554.40	4603.80	6876.78	6666.16
工业二氧化硫排放量	（万吨）	5.00	6.12	6.47	5.88
烟尘排放量	（万吨）	1.00	2.00	3.36	10.24
工业粉尘排放量	（万吨）	2.00	2.00		
固体废物					
工业固体废物产生量	（万吨）	1096.83	1991.08	2380.90	2404.50
工业固体废物综合利用量	（万吨）	670.78	1297.56	1671.50	1711.25
工业固体废物综合利用率	（%）	61.00	65.17	70.20	71.17
工业固体废物贮存量	（万吨）	94.00	46.00	185.80	191.81
工业固体废物处置量	（万吨）	336.00	647.00	523.60	504.98
污染治理					
本年施工项目总数	（个）	23	15	14	16
污染治理项目本年完成投资额	（万元）	3480.00	5727.00	36376.46	39474.50
#治理废水		2779.00	738.00		18580.00
治理废气		546.00	4673.00	36336.46	17011.00
治理固体废物		8.00			
治理其他		148.00	316.00	40.00	3883.50
排污收费及使用					
排污费交纳单位	（个）	669	212	388	281
排污费征收额	（万元）	2877.00	6039.00	8033.00	7455.00

11—8 各县区工业废水排放及处理（2014年）

地 区	汇总工业企业个数（个）	工业废水排放总量（万吨）		工业废水中污染物排放量（吨）	
			#排入污水处理厂	#化学需氧量	#石油类
全 市	**566**	**7338.23**	**612.44**	**6706.93**	**69.97**
花山区	34	1218.85		1021.94	
雨山区	41	3335.36	7.45	3206.84	56.38
博望区	41	2.62		3.38	
市开发区	25	393.44	393.44	202.97	4.32
慈湖高新区	70	1104.95	191.56	701.59	0.56
示范园区	43	2.14		1.28	
含山县	95	283.86		597.66	5.59
和 县	129	203.80		380.86	2.27
当涂县	88	793.22	20.00	590.39	

地 区	#氨 氮	废水治理设施数（套）	废水治理设施处理能力（万吨/日）	废水治理设施运行费用（万元）
全 市	**226.7**	**194**	**315.16**	**74637.60**
花山区	29.3	13	7.05	3994.00
雨山区	81.0	78	285.65	60278.40
博望区		2	0.03	9.00
市开发区	13.9	11	1.78	612.00
慈湖高新区	15.5	26	6.90	6300.90
示范园区		7	0.14	31.60
含山县	55.4	10	0.59	87.50
和 县	14.7	30	5.86	848.40
当涂县	16.1	17	7.18	2475.80

11—9　各县区工业废气排放及处理（2014年）

地　　区	汇总工业企业个数（个）	工业废气治理设施数（套）	工业废气排放总量（亿标立方米）	工业二氧化硫排放量（吨）
全　　市	**566**	**882**	**6666.16**	**58818.75**
花山区	34	50	288.61	6634.44
雨山区	41	188	3702.86	24308.66
博望区	41	3	11.79	687.12
市开发区	25	57	14.19	0.01
慈湖高新区	70	171	457.22	5335.73
示范园区	43	8	4.04	598.71
含山县	95	244	116.29	4490.65
和　　县	129	40	273.53	6064.69
当涂县	88	121	1797.65	10698.75

地　　区	工业二氧化硫去除量（吨）	工业烟（粉）尘排放量（吨）	工业烟（粉）尘去除量（吨）	废气治理设备运用运行费用（万元）
全　　市	**123703.37**	**100809.57**	**5322095.92**	**219657.70**
花山区	27701.29	1099.25	770932.24	19318.50
雨山区	28271.90	61657.33	1707177.90	125306.00
博望区		682.01	8.95	4.00
市开发区		5.75	25.37	344.80
慈湖高新区	33428.80	3699.43	614112.52	20208.90
示范园区		163.37	1320.03	69.00
含山县	3.00	3580.18	15270.83	17913.20
和　　县		6649.47	1245346.29	1746.70
当涂县	34298.38	23272.77	967901.79	34746.60

11—10 各县区一般工业固体废物产生及处理利用（2014年）

地 区	汇总工业企业个数（个）	工业固体废物产生量（万吨）	#危险废物（吨）	工业固体废物综合利用量（万吨）	#危险废物（吨）	工业固体废物综合综合率（%）	工业固体废物贮存量（万吨）	工业固体废物处置量（万吨）	工业固体废物处置率（%）
全 市	**566**	**2404.52**	**38.83**	**1711.25**	**38.42**	**71.17**	**191.81**	**504.96**	**21.00**
花山区	34	114.42		105.42		92.13		9.00	7.87
雨山区	41	1428.76	1.85	941.80	1.78	65.92	70.33	420.14	29.41
博望区	41	10.16		10.16		100.00		0.00	0.00
市开发区	25	2.12	0.07	1.52	0.02	71.99		0.59	28.01
慈湖高新区	70	163.76	36.53	94.56	36.48	57.74		69.20	42.26
示范园区	43	8.67		2.84		32.78		5.83	67.22
含山县	95	21.73		21.73		100.00			
和 县	129	188.74	0.13	188.66		99.95		0.09	0.05
当涂县	88	466.16	0.26	344.57	0.13	73.92	121.48	0.12	0.03

注：十二五环境统计报表制度中将危险废物从工业固体废物中分开统计，即一般工业固体废物不包括危险废物。

11—11　各县区城市空气质量指标（2014年）

单位：毫克/立方米

地　　区	可吸入颗粒物 (PM_{10})	二氧化硫 (SO_2)	二氧化氮 (NO_2)	空气质量达到及好于二级的天数（天）
全市（市区）	0.108	0.029	0.035	250
花 山 区				
雨 山 区				
博 望 区				
含 山 县				
和　　县				
当 涂 县				

注：空气质量数据为自动监测仪器收集，只在市区开展监测，区县无数据。

11—12　各县区城市道路交通噪声监测情况（2014年）

地　　区	监测总长度（公里）	路段平均宽度（米）	平均车流量（辆/小时）	噪声均值（分贝）
全市（市区）	98.53	43.00	550	66.50
花 山 区				
雨 山 区				
博 望 区				
含 山 县				
和　　县				
当 涂 县				

11—13 主要年份水资源情况

年份	水资源总量（亿立方米）				产水规模（万立方米/平方公里）
		地表水资源量	地下水资源量	地表水与地下水资源重复量	
2010	23.09	22.10	4.86	3.87	57.10
2011	15.27	14.44	3.42	2.59	37.78
2012	17.17	15.13	3.60	1.56	42.48
2013	11.07	9.16	3.10	1.19	27.34
2014	20.35	18.87	4.51	3.03	50.26

注：水资源总量=地表水资源量+地下水资源量-地表水与地下水资源量重复量。

11—14 各县区水资源情况（2014年）

地区	水资源总量（亿立方米）				产水规模（万立方米/平方公里）
		地表水资源量	地下水资源量	地表水与地下水资源重复量	
全市	20.35	18.87	4.51	3.030	50.26
市区	3.76	3.61	0.67	0.520	53.41
含山县	4.70	4.57	0.95	0.820	45.85
和县	6.20	5.60	1.46	0.860	47.04
当涂县	5.69	5.09	1.43	0.830	56.79

11—15 主要年份地质灾害及防治情况

年份	发生地质灾害起数（次）	#滑坡	#崩塌	人员伤亡（人）	#死亡人数	直接经济损失（万元）	地质灾害防治项目（个）	地质灾害防治投资（万元）
2005	1		1			30.0		
2006								
2007							3	1600
2008	1	1				70.0		
2009	1		1			5.0	1	120
2010	1		1			5.0	1	300
2011							2	600
2012							3	900
2013							4	529
2014	1					<100	9	3441

11—16 各县区地质灾害及防治情况（2014年）

地区	发生地质灾害起数（次）	#滑坡	#崩塌	人员伤亡（人）	#死亡人数	直接经济损失（万元）	地质灾害防治项目（个）	地质灾害防治投资（万元）
全市	**1**					**<100**	**9**	**3441**
花山区								
雨山区								
博望区								
含山县								
和县							5	185
当涂县	1					<100	4	3256

11—17　主要年份森林资源情况

年　份	林业用地面积（公顷）	森林面积（公顷）	#人工林	森林覆盖率（%）	活立木总蓄积量（万立方米）	森林蓄积量（万立方米）
1995	54010.0	43780.0	43780.0	10.83	217.90	131.65
2000	54210.0	41980.0	41980.0	10.39	225.73	139.40
2005	60980.0	47080.0	45630.0	11.65	209.32	120.72
2007	63380.0	50020.0	49170.0	12.38	224.60	128.42
2008	62460.0	51540.0	49690.0	12.75	233.08	134.20
2009	63690.0	53690.0	52890.0	13.28	251.94	155.75
2010	58410.0	40890.0	40660.0	10.12	255.03	150.80
2011	58710.0	42160.0	41930.0	10.43	260.69	153.99
2012	71803.0	63103.0	49255.0	15.60	322.78	268.14
2013	77334.2	64383.0	51494.0	15.90	333.96	278.86
2014	75773.6	62995.3	49146.8	15.56	341.22	281.48

注：由于2014年森林资源统计报表是以省林业厅提供的林地“一张图”数据为基数进行调查统计的，造成了2014年部分数据较2012年偏小。

11—18　各县区森林资源情况（2014年）

地　区	林业用地面积（公顷）	森林面积（公顷）	#人工林	森林覆盖率（%）	活立木总蓄积量（万立方米）	森林蓄积量（万立方米）
全　市	**75773.6**	**62995.3**	**49146.8**	**15.56**	**341.22**	**281.48**
花山区	5323.7	4291.7	3657.7	24.01	28.12	26.16
雨山区	3814.9	2605.3	1673.4	14.94	14.60	12.66
博望区	6329.1	5058.7	5042.3	13.31	35.21	29.29
含山县	30085.8	25414.0	15768.6	24.72	100.64	77.12
和　县	22539.4	20322.1	18210.6	15.41	122.84	108.97
当涂县	7680.7	5303.6	4794.2	5.47	39.81	27.28

11—19 主要年份造林面积

单位：公顷

年份	造林总面积		按林种用途分			
		#人工造林	用材林	经济林	防护林	特种用途林
1995	1479.0	1479.0	986.0	451.0	42.0	
2000	1448.0	1448.0	966.0	393.0	89.0	
2005	1703.0	1703.0	843.0	66.0	794.0	
2006	2306.0	2306.0	590.0	406.0	1310.0	
2007	1808.0	1808.0	255.0	3.0	1550.0	
2008	1201.0	1201.0	495.0	21.0	685.0	
2009	2266.0	2266.0	787.0	53.0	1425.0	
2010	1421.0	1421.0	460.0	84.0	877.0	
2011	1263.0	1263.0	584.0	95.0	584.0	
2012	1679.0	1679.0	957.0	234.0	471.0	18.0
2013	6456.0	6456.0	4893.0	515.0	757.0	291.0
2014	10787.1	10787.1	5608.0	628.0	611.0	12.6

11—20 各县区造林面积（2014年）

单位：公顷

地区	造林总面积		按林种用途分			
		#人工造林	用材林	经济林	防护林	特种用途林
全市	**10787.1**	**10787.1**	**5608.0**	**628.0**	**611.0**	**12.6**
花山区	387.0	387.0	301.0	69.0	9.0	
雨山区	413.0	413.0	386.0	21.0		
博望区	703.0	703.0	546.0	83.0	74.0	
含山县	1136.1	1136.1	742.0	88.0		12.6
和县	5034.0	5034.0	2070.0	241.0	172.0	
当涂县	3114.0	3114.0	1563.0	126.0	356.0	

11—21　主要年份退耕还林工程建设情况

单位：公顷

年　份	造林总面积	退耕地造林面积	荒山荒地造林面积	按林种用途分			林业投资完成额（万元）
				用材林	经济林	防护林	
2005	560	560			33	527	2972
2006	1034	87	947	594		440	3058
2007	466	133	333	133		333	3081
2008	467		467			467	3403
2009	289		289	116	40	133	2272
2010	156		156	116	40		3129
2011	356	200	156	116	40	200	3524
2012	267		267			227	400
2013	333		333			333	3014
2014	2130		2130	2130			3195

11—22　各县区退耕还林工程建设情况（2014年）

单位：公顷

地　区	造林总面积	退耕地造林面积	荒山荒地造林面积	按林种用途分			林业投资完成额（万元）
				用材林	经济林	防护林	
全　市	**2130**		**2130**	**2130**			**3195**
花山区	267		267	267			400
雨山区							
博望区							
含山县	333		333	333			500
和　县	796		796	796			1194
当涂县	733		733	733			1100

11—23 主要年份森林病虫害防治情况

年份	合计			森林病害			森林虫害		
	发生面积（公顷）	防治面积（公顷）	防治率（%）	发生面积（公顷）	防治面积（公顷）	防治率（%）	发生面积（公顷）	防治面积（公顷）	防治率（%）
1995	24108	23868	99.0	21599	21599	100.0	2509	2269	90.4
2000	20592	20307	98.6	16219	16188	99.8	4373	4119	94.2
2005	5879	5631	95.8	1576	1533	97.3	4303	4098	95.2
2006	5793	5599	96.7	1472	1443	98.0	4321	4156	96.2
2007	5588	5344	95.6	1329	1288	96.9	4259	4056	95.2
2008	5892	5518	93.7	1319	1201	91.1	4573	4317	94.4
2009	5730	5410	94.4	1434	1393	97.1	4296	4017	93.5
2010	5647	5408	95.8	1102	1069	97.0	4545	4339	95.5
2011	5405	5206	96.3	954	922	96.7	4451	4284	96.3
2012	6254	3730	59.6	2354	1400	59.5	3900	2330	59.7
2013	4588	3100	67.6	688	600	87.2	3900	2500	64.1
2014	8427	2978	35.3	2113	839	39.7	6313	2138	33.9

11—24 各县区森林病虫害防治情况（2014年）

地区	合计			森林病害			森林虫害		
	发生面积（公顷）	防治面积（公顷）	防治率（%）	发生面积（公顷）	防治面积（公顷）	防治率（%）	发生面积（公顷）	防治面积（公顷）	防治率（%）
全市	**8427**	**2978**	**35.3**	**2113**	**839**	**39.7**	**6313**	**2138**	**33.9**
花山区	1553	670	43.1	647	235	36.3	907	435	48.0
雨山区	4560	1407	30.9	427	157	36.8	4133	1250	30.2
博望区	353	138	39.0	253	102	40.2	100	36	36.0
含山县	500	254	50.8	307	156	50.9	193	98	50.7
和县	147	54	37.0				147	54	37.0
当涂县	1313	454	34.6	480	190	39.5	833	265	31.8

主要统计指标解释

森林面积

指生长着乔木和竹林，郁闭度在 0.3 以上（不包括 0.3）的林地面积，即有林地面积。它是反映森林资源总面积的重要指标。森林面积包括天然林面积和人工林面积。但不包括灌木林地和疏林地面积。

森林覆盖率

通常是指森林面积以及四旁树木的覆盖面积与土地总面积之比。森林覆盖率，是反映一个国家或地区森林资源和绿化水平的重要指标。计算公式：

森林覆盖率（%）＝森林面积/土地总面积×100%

活立林总蓄积量

指全部土地上树木蓄积的总量。包括森林蓄积、疏林蓄积、散生木蓄积和四旁树蓄积。

森林蓄积量

指一定森林面积上生长着林木树干材积总量。它是反映一个国家或地区森林资源总规模和水平的重要指标。

降水量

指降水深度，即降水平铺在地域面积上的深度。

水资源总量

一定区域内的水资源总量指当地降水形成的地表和地下产水量，即地表径流量与降水入渗补给量之和，不包括过境水量。

地表水资源量

指河流、湖泊、冰川等地表水体中由当地降水形成的、可以逐年更新的动态水量，即天然河川径流量。

地下水资源量

指当地降水和地表水对饱水岩土层的补给量。

工业废水排放量

指经过企业厂区所有排放口排到企业外部的工业废水量。包括生产废水、外排的直接冷却水、超标排放的矿井地下水和与工业废水混排的厂区生活污水，不包括外排的间接冷却水（清污不分流的间接冷却水应计算在内）。

城镇生活污水排放量

指城镇居民每年排放的生活污水。用人均系数法测算。测算公式为：

城镇生活污水排放量=城镇生活污水排放系数×市镇非农业人口×365

城镇生活污水中化学需氧量（COD）产生量

指城镇居民每年排放的生活污水中的COD的产生量。用人均系数法测算。测算公式为：

城镇生活污水中COD 产生量=城镇生活污水中COD 产生系数×市镇非农业人口×365

化学需氧量（COD）

测量有机和无机物质化学所消耗氧的质量浓度的水污染指数。

工业废气排放量

指报告期内企业厂区内燃料燃烧和生产工艺过程中产生的各种排入大气的含有污染物的气体的总量，以标准状态（273K，101325Pa）计算。测算公式为：

工业废气排放量=燃料燃烧过程中废气排放量+生产工艺过程中废气排放量

生活及其他SO_2排放量

以生活及其他煤炭消费量和其含硫量为基础，根据以下公式计算：

生活及其他SO_2排放量=生活及其他煤炭消费量×含硫量×0.8×2

工业SO_2排放量

指报告期内企业在燃料燃烧和生产工艺过程中排入大气的SO_2总量，计算公式为：

工业SO_2排放量=燃料燃烧过程中SO_2排放量+生产工艺过程中SO_2排放量

工业烟(粉)尘排放量

指报告期内企业在燃料燃烧和生产工艺过程中排入大气的烟尘和工业粉尘的质量之和。

生活及其他烟尘排放量

指除工业生产活动以外的所有社会、经济活动及公共设施的经营活动中燃烧所排放的烟尘纯重量。以生活及其他煤炭消费量为基础进行测算。

工业固体废物产生量

指报告期内企业在生产过程中产生的固体状、半固体状和高浓度液体状废弃物的总量，包括危险废物、冶炼废渣、粉煤灰、炉渣、煤矸石、尾矿、放射性废物和其他废物等；不包括矿山开采的剥离废石和掘进废石（煤矸石和呈酸性或碱性的废石除外）。酸性或碱性废石指采掘的废石其流经水、雨淋水的pH值小于4或pH值大于10.5者。

危险废物

指列入国家危险废物名录或根据国家规定的危险废物鉴别标准和鉴别方法认定的，具有爆炸性、易燃性、易氧化性、毒性、腐蚀性、易传染疾病等危险特性之一的废物。

工业固体废物综合利用量

指报告期内企业通过回收、加工、循环、交换等方式，从固体废物中提取或者使其转化为可以利用的资源、能源和其他原材料的固体废物量（包括当年利用往年的工业固体废物贮存量），如用作农业肥料、生产建筑材料、筑路等。综合利用量由原产生固体废物的单位统计。

工业固体废物综合利用率

指工业固体废物综合利用量占工业固体废物产生量（包括综合利用往年贮存量）的百分率。计算公式为：

工业固体废物综合利用率=工业固体废物综合利用量/（工业固体废物产生量+综合利用往年贮存量）×100%

工业固体废物贮存量

指报告期内企业以综合利用或处置为目的，将固体废物暂时贮存或堆存在专设的贮存设施或专设的集中堆存场所内的数量。专设的固体废物贮存场所或贮存设施必须有防扩散、防流失、防渗漏、防止污染大气、水体的措施。

工业固体废物处置量

指报告期内企业将固体废物焚烧或者最终置于符合环境保护规定要求的场所，并不再回取的工业固体废物量（包括当年处置往年的工业固体废物贮存量）。处置方式有填埋（其中危险废物应安全填埋）、焚烧、专业贮存场（库）封场处理、深层灌注、回填矿井及海洋处置（经海洋管理部门同意投海处置）等。

工业固体废物排放量

指报告期内企业将所产生的固体废物排到固体废物污染防治设施、场所以外的数量，不包括矿山开采的剥离废石和掘进废石（煤矸石和呈酸性或碱性的废石除外）。

生活垃圾清运量

指报告期内收集和运送到垃圾处理厂（场）的生活垃圾数量。生活垃圾指城市日常生活或为城市日常生活提供服务的活动中产生的固体废物以及法律行政规定的视为城市生活垃圾的固体废物。包括：居民生活垃圾、商业垃圾、集市贸易市场垃圾、街道清扫垃圾、公共场所垃圾和机关、学校、厂矿等单位的生活垃圾。

生活垃圾无害化处理率

指报告期生活垃圾无害化处理量与生活垃圾产生量比率。在统计上，由于生活垃圾产生量不易取得，可用清运量代替。计算公式为：

生活垃圾无害化处理率=生活垃圾无害化处理量/生活垃圾产生量×100%

造林总面积

指报告期内在荒山、荒地、沙丘、退耕地等一切可以造林的土地上，采用人工播种、飞机播种、植苗造林、分植造林等方法新植成片乔木林和灌木林，经过检查验收符合《造林技术规程》要求的单位面积株数，并按《中华人民共和国森林法实施条例》规定，成活率达85%以上（含85%，年降雨量在400毫米以下且无浇灌条件的地区造林成活率达70%以上）的总面积。四旁植树如一侧在四行以上，连片面积0.066公顷（一亩）以上，应统计在造林面积内。造林面积，通常按所有制（国有、国有集体合作、集体和个人）、造林方式（人工、飞机播种）、主要林种用途（用材林、经济林、防护林、薪炭林、特种用途林）分组进行统计。

用材林

指以生产木材为主要目的的森林和林木，包括以生产竹材为主要目的的竹林。

经济林

指以生产果品，食用油料、饮料、调料，工业原料和药材为主要目的的林木。经济林是人们为了取得林木的果实、叶片、皮层、胶液等产品作为工业原料或者供食用所营造的林木，如油茶、油桐、核桃、樟树、花椒、茶、桑、果等。

防护林

指以防护为主要目的的森林、林木和灌木丛。包括水源涵养林，水土保持林，防风固沙林，农田、牧场防护林，护岸林，护路林等。

特种用途林

指以国防、环境保护、科学实验等为主要目的的森林和林木。包括国防林、实验林、母树林、环境保护林、风景林，名胜古迹和革命纪念地的林木，自然保护区的森林。

十二

农　业

简要说明

一、本篇资料反映全市农业生产和农村经济的基本情况，内容主要包括乡村户数、人口与从业人员、耕地、农业机械拥有量、农林牧渔业产值、主要产品产量、水利设施与灌溉防涝等。

二、本篇资料来源：资料来源于农村统计调查报表制度。

农村统计调查报表制度的统计范围包括各县（区）辖区的各种经济类型的全部农林牧渔业以及各非农行业附属的农林牧渔业生产单位。但不包括农业科学试验机构进行的农业生产。

农村统计调查报表制度是各县（区）统计局收集、汇总报送，采取抽样调查、典型调查、重点调查和其他调查所取得的。部分指标及林业生产情况、渔业生产情况等指标均取自同级业务部门的统计资料。

农田水利建设和灌溉防涝情况、农作物受灾情况、农业机械和农产品加工机械拥有量等资料由市农委、市水利局、市民政局提供。

三、本篇资料由市统计局农调队整理。

12—1　主要年份农村基本情况和农业生产条件

指　　标		1995	2000	2005	2010	2013	2014
乡镇数	（个）	61	62	41	35	33	33
#镇个数		29	33	30	29	29	30
村民委员会	（个）	901	895	526	401	382	381
自来水受益村数	（个）	162	235	314	309	382	381
通有线电视村数	（个）						374
通宽带村数	（个）						379
乡村户数	（户）	382000	395711	404951	408466	403221	399879
乡村人口数	（人）	1464676	1465097	1446104	1438434	1426722	1407714
#男		761682	761851	751974	747986	752000	739279
乡村劳动力资源数	（人）	874224	865783	865793	903065	884772	868671
#男		445854	445012	445018	488558	483143	473069
乡村从业人员数	（人）	794172	802095	791558	848328	815031	782063
#男		365319	368964	364117	453875	443238	433361
#农　业		357761	365484	302754	348130	342515	329481
农业机械总动力	（千瓦）	734518	900022	1111844	1301253	1378054	1415843
农用排灌机械总动力	（千瓦）	280828	376481	431943	438541	505597	491848
农用大中型拖拉机	（台）	320	439	4782	2190	3071	3429
小型拖拉机	（台）	16496	26743	39576	41665	42005	38872
大中型拖拉机配套农具	（台）	298	538	1337	4188	6504	7097
小型拖拉机配套农具	（台）	17021	40263	77847	107454	108282	108335
农用排灌柴油机	（台）	2141	2127	1894	1664	1614	1999
联合收获机	（台）	42	210	642	1190	1479	1668
机耕面积	（公顷）	52990	65020	112280	123500	126350	126920
机播面积	（公顷）	3790	6240	13810	43090	65430	73450
机械植保作业面积	（公顷）	156800	39300	67840	83790	103760	110480
机收面积	（公顷）	4210	54620	92930	149160	158860	165350
农村用电量	（万千瓦时）	29018	20098	26604	33070	48152	53180
农用化肥施用量（折纯）	（吨）	67857	88808	88300	96121	86591	84299
#氮　肥		28924	33092	28510	31993	26632	27047
磷　肥		4495	6216	8082	8346	6839	6322
农用塑料薄膜使用量	（吨）	1481	1526	2664	2755	2771	3126
#地膜使用量		186	251	434	851	899	1024
地膜覆盖面积	（公顷）	5314	9232	16969	17338	16655	15686
农用柴油使用量	（吨）	4288	6558	11444	11838	13561	13936
农药使用量	（吨）	1699	2381	3126	2813	3720	3732
除涝面积	（公顷）			46050	47200	86910	86910
有效灌溉面积	（公顷）	48470	48080	51870	52230	147850	147850

注：2013年、2014年乡镇个数不含慈湖乡、银塘镇，2014年村数不含除花山区霍里街道以外的街道所辖村数。

12—2 主要年份农林牧渔业生产情况

指　　标		1995	2000	2005	2010	2013	2014
农产品产量	(吨)						
粮　食		848473	820441	865534	944585	1017915	1062564
谷　物		825709	789645	841596	914887	993353	1037396
#稻　谷		737503	723704	793096	716352	760406	792647
小　麦		83456	63633	42585	193244	213124	223927
玉　米		1355	1160	4753	5164	19823	20816
豆　类		8816	12406	8730	7699	8888	8611
薯　类		13948	18390	16208	21999	15674	16557
油　料		94633	143864	172484	106801	98435	91863
#花　生		4977	7000	5720	6244	5723	5519
油菜籽		88737	134444	165279	99057	90702	84328
芝　麻		514	1110	1123	1213	2010	1981
棉　花		8048	8737	12910	15951	12715	10414
生黄红麻		9	5				
茶　叶		155	191	305	326	272	255
#绿　茶		155	191	305	326	272	255
园林水果		4570	6019	13550	20506	32401	33417
农产品单位面积产量	(公斤/公顷)						
谷　物		6266	7177	7495	6574	6751	6951
棉　花		703	1073	1266	1298	1358	1192
花　生		1653	1688	2733	2735	2486	2605
油菜籽		1386	1790	2249	2272	2458	2524
芝　麻		1310	1410	975	1230	1586	1510
造林面积	(公顷)	389	475	547	634	6456	10787
茶园面积	(公顷)	408	378	473	479	566	744
果园面积	(公顷)	1092	1042	1349	1274	1718	1728
大牲畜年末头数	(头)	40067	47338	27562	20967	19061	19029
#牛		40067	47338	27562	20967	19061	19029
肉猪出栏头数	(头)	391297	410027	412110	397217	356982	370613
猪年末头数	(头)	299355	353716	308521	177148	184315	191132
羊年末头数	(只)	62795	70282	100685	63749	61960	67162
山　羊		62795	70282	100685	63749	61960	67162
肉类产量	(吨)	47296	63534	84254	79235	80145	80078
#猪牛羊肉		30399	31387	35693	33920	30534	31323
猪　肉		24084	29981	33282	32108	28730	29659
牛　肉		387	659	545	395	392	293
羊　肉		729	1177	1866	1417	1412	1371
奶　类	(吨)	277	848	1952	39587	40767	40230
#牛　奶		277	848	1952	39587	40767	40230
禽　蛋	(吨)	12281	16417	14944	14965	20417	20982
淡水产品产量	(吨)	46795	95134	103127	104904	109307	111234

12—3　主要年份农作物总播种面积及构成

单位：公顷

指　标	1995	2000	2005	2010	2013	2014
农作物总播种面积	**222283**	**216270**	**231519**	**233874**	**235783**	**232663**
粮　食	138411	117429	117270	144963	153540	155120
谷　物	131780	110017	112294	139162	147136	149253
#稻　谷	104021	91744	102175	96750	100477	101894
小　麦	26552	17812	9323	41163	43546	44193
玉　米	372	179	748	1249	3113	3165
豆　类	4303	4806	3276	3567	4211	3766
薯　类	2428	2606	1700	2234	2193	2101
油　料	57904	69244	70962	45206	40551	36846
棉　花	11446	8142	10197	12289	9362	8733
生黄红麻	236	403	240	491	109	102
糖　料	183	402	100	229	352	353
蔬　菜	10161	11936	24427	23288	24474	24257

指　标	构　成（%）					
	1995	2000	2005	2010	2013	2014
农作物总播种面积	**100.0**	**100.0**	**100.0**	**100.0**	**100.0**	**100.0**
粮　食	62.3	54.3	50.7	62.0	65.1	66.7
谷　物	59.3	50.9	48.5	59.5	62.4	64.1
#稻　谷	46.8	42.4	44.1	41.4	42.6	43.8
小　麦	12.3	8.4	4.1	17.6	18.5	19.0
玉　米	0.2	0.1	0.3	0.5	1.3	1.4
豆　类	1.9	2.2	1.4	1.0	1.8	1.6
薯　类	1.1	1.2	0.8	1.0	0.9	0.9
油　料	26.0	32.0	30.7	19.3	17.2	15.8
棉　花	5.1	3.8	4.4	5.3	4.0	3.8
生黄红麻	0.1	0.2	0.1	0.2		
糖　料	0.1	0.2		0.1	0.1	0.2
蔬　菜	4.6	5.5	10.6	10.0	10.4	10.4

12—4 主要年份农林牧渔业总产值及指数

本表按当年价格计算。

年份	绝对数（万元）						指数（%）					
	农林牧渔业总产值	农业	林业	牧业	渔业	农林牧渔服务业	农林牧渔业总产值	农业	林业	牧业	渔业	农林牧渔服务业
1990	137830	94720	3634	27247	10050	2179						
1995	331307	227524	7445	48506	47832							
2000	413726	205060	11098	74346	123222							
2005	594910	309385	11641	105131	154596	14157						
2006	624629	324211	12610	93057	171680	23071						
2007	716109	360999	14473	123912	192119	24606						
2008	821322	422054	15019	148058	206833	29358						
2009	863362	442226	15556	146323	228767	30490						
2010	960658	493697	15104	152632	250425	48800						
2011	1119326	568898	15801	185444	283568	65615	103.4	104.0	94.6	101.9	107.7	112.3
2012	1217152	639258	18242	189041	293427	77184	105.1	106.0	113.0	102.2	101.7	116.6
2013	1315821	664752	19845	204047	330289	96888	103.6	101.4	102.1	104.1	106.3	111.9
2014	1386018	693916	21965	212843	349404	107890	104.4	103.9	108.0	103.5	103.5	112.0

12—5 主要年份农林牧渔业增加值及构成

本表按当年价格计算。

年份	绝对数（万元）						构成（%）					
	农林牧渔业增加值	农业	林业	牧业	渔业	农林牧渔服务业	农林牧渔业增加值	农业	林业	牧业	渔业	农林牧渔服务业
1990	92179	63321	3198	13859	10291	1510	100.0	68.7	3.5	15.0	11.2	1.6
1995	221963	139792	5736	25742	50693		100.0	63.0	2.6	11.6	22.8	
2000	254086	126060	6596	37434	83996		100.0	49.6	2.6	14.7	33.1	
2005	354871	184547	6773	51067	105492	6992	100.0	52.0	1.9	14.4	29.7	2.0
2006	378434	199331	7423	46583	113739	11358	100.0	52.7	2.0	12.3	30.0	3.0
2007	430078	219172	8488	63423	126397	12598	100.0	51.0	2.0	14.7	29.4	2.9
2008	487519	247048	8671	75970	135776	20054	100.0	50.7	1.8	15.6	27.8	4.1
2009	523183	253980	10703	76362	151227	30911	100.0	48.5	2.1	14.6	28.9	5.9
2010	573302	288069	8914	78572	166347	31300	100.0	50.2	1.6	13.7	29.0	5.5
2011	670178	337612	9449	96797	187952	38368	100.0	50.4	1.4	14.4	28.0	5.8
2012	734565	385013	10973	98459	194417	45703	100.0	52.4	1.5	13.4	26.5	6.2
2013	794090	398963	11892	105208	220146	57881	100.0	50.2	1.5	13.3	27.7	7.3
2014	836613	416796	13070	107504	233063	66180	100.0	49.8	1.6	12.8	27.9	7.9

12—6　主要年份林业生产情况

指　　标		1995	2000	2005	2010	2013	2014
营林情况	（公顷）						
人工造林面积		1479	1448	1703	1421	6456	10787
迹地更新面积		431	140	402	265	7	
封山育林面积						4932	6499
新增育苗面积		65	97	124	101	484	569
幼林抚育面积		1150	4059	7404	6101	6372	
成林抚育面积		2730	6654	10644	14832	7268	10497
油桐籽	（吨）		21	33			
油茶籽	（吨）		19	29	35	88	95
板　栗	（吨）	55	102	113	58	217	388
竹林采伐量	（根）	160000	290000	50000	140000	90163	131764
木材采伐量	（立方米）	20000	30000	60000	70000	31690	37846

12—7　主要年份茶叶、水果及食用坚果生产情况

单位：吨、公顷

指　　标	1995	2000	2005	2010	2013	2014
茶叶合计	182	168	266	335	272	255
#绿　茶	182	168	266	335	272	255
园林水果	4801	6023	13873	19991	32401	33417
#苹　果	1	47	146	126	264	305
梨	562	737	1045	1940	3458	3259
柑橘类	1	12	33	385	1321	1344
其他园林水果	3006	3223	4326	17540	27358	28509
#桃	1257	1046	903	5578	10104	10100
葡　萄	262	768	908	2812	10749	11911
食用坚果	55	102	113	58	217	104
#核　桃						
板　栗	55	102	113	58	217	104
茶园面积	435	436	505	546	566	744
年末果园面积	1092	1042	1349	1428	1718	1728
#苹　果	1	8	11	45	8	10
梨	281	294	224	99	148	151
葡　萄	54	105	151	658	448	544

12—8 主要年份牲畜饲养情况

单位：头、只、万只

年份	大牲畜年末头数	牛	肉猪出栏头数	猪年末头数	羊年末头数	山羊	家禽存栏
1995	40067	40067	391297	299355	62795	62795	592
2000	47304	47304	410027	353716	70286	70286	1122
2005	27562	27562	412110	308521	100685	100685	609
2006	28162	28162	393678	182104	59634	59634	397
2007	24516	24516	368232	181750	66619	66619	481
2008	23500	23500	371433	180806	66721	66721	584
2009	23361	23361	391197	187057	67437	67437	622
2010	20967	20967	397217	178148	63749	63749	646
2011	20051	20051	382143	179170	56499	56499	669
2012	18611	18611	350710	170322	56313	56313	727
2013	19061	19061	356982	184315	61960	61960	793
2014	19029	19029	370613	191132	67162	67162	751

12—9 主要年份畜产品产量

单位：吨

年份	肉类总产量	#猪牛羊肉	猪肉	牛肉	羊肉	牛奶	禽蛋	蜂蜜	蚕茧
1995	47296	30399	29283	387	729	277	12281	9	7
2000	63534	31817	29981	659	1177	848	16417	36	
2005	84254	35693	33282	545	1866	1952	14944	101	
2006	71544	32982	30515	684	1783	8939	13525	131	
2007	73385	31689	29554	664	1471	43127	15184	87	
2008	74416	32202	30208	452	1542	26318	13476	84	
2009	62669	26837	25390	225	1222	32850	9818	234	
2010	79235	33920	32108	395	1417	39587	15163	10	
2011	78604	32814	31100	381	1333	40418	15958	271	
2012	77364	30425	28679	392	1354	40645	17009	3161	
2013	80145	30534	28730	392	1412	40767	20417	3250	
2014	80078	31323	29659	293	1371	40230	20982	3130	

12—10　农林牧渔业总产值（2014年）

单位：万元

指　　标	按可比价格计算	按当年价格计算
农林牧渔业总产值	**1373732**	**1386018**
农业产值	**690751**	**693916**
谷物及其他作物	402639	395446
谷　物	274349	280267
#小　麦	49696	52619
稻　谷	220037	222977
玉　米	4614	4669
薯　类	3016	2934
油　料	49415	49629
#花　生	3580	3508
油菜籽	43488	43427
豆　类	4249	4367
棉　花	26026	25213
生　麻	198	202
糖　类	2597	2667
其他农作物	42789	30167
#饲料作物	97	91
蔬菜、食用菌及花卉盆景园艺产品	232580	245923
#蔬菜（含菜用瓜）	223059	237368
水果、食用坚果、茶、饮料和香料	55474	52489
水果（含果用瓜）	54178	51186
#苹　果	82	102
食用坚果	92	89
茶及饮料原料	1204	1214
#茶	1204	1214
中草药材	58	58
林业产值	**21440**	**21965**
林木的培育和种植	11482	11978
#造　林	3933	3970
竹木采运	6108	6017
#村及村以下	2912	2814
林产品	3850	3970
牧业产值	**211139**	**212843**
牲畜饲养	16394	16577
#牛的饲养	960	986
羊的饲养	4970	5046
奶产品	10460	10541
#生牛奶	10460	10541
毛绒产品	4	4
猪的饲养	82139	77445
家禽的饲养	97246	104689
其他畜牧业	15360	14132
渔业产值	**341839**	**349404**
淡水产品	341839	349404
#养　殖	277542	306151
#鱼　类	97972	102351
虾蟹类	228832	232003
农林牧渔服务业	**108563**	**107890**

12—11　农作物主要产品生产和结构情况（2014年）

指　　标	播种面积（公顷）	结　构（%）	产　量（吨）
农作物总播种面积	**232663**	**100.0**	
粮食作物合计	155120	66.7	1062564
谷　物	149253	64.1	1037396
稻　谷	101894	43.8	792647
早　稻	865		6354
中稻和一季晚稻	99365	42.7	773387
双季晚稻	1664	0.7	12906
小　麦	44193	19.0	223927
#硬粒小麦	44193	19.0	223927
冬小麦	44193	19.0	223927
玉　米	3165	1.4	20816
其他谷物	1		6
#大　麦	1		6
豆类合计	3766	1.6	8611
#大　豆	2843	1.2	6518
绿　豆	251		491
红小豆	167		295
薯　类	2101	0.9	16557
#马铃薯	779		9998
油料合计	36846	15.8	91863
#花　生	2119	0.9	5519
油菜籽	33415	14.4	84328
芝　麻	1312	0.6	1981
棉　花	8733	3.8	10414
生麻合计	102		231
生苎麻	102		231
糖料合计	353		15672
#甘　蔗	353		15672
中草药材	15		125
蔬菜（含菜用瓜）	24257	10.4	679831
瓜果类（果用瓜）	6470	2.8	181703
#西　瓜	3238	1.4	109552
香　瓜	3110	1.3	70384
草　莓	122		1767
其他作物	767		
#青饲料	392		

12—12　各县区农林牧渔业总产值及指数（2014年）

本表绝对数按当年价格计算，指数按可比价格计算。

地　区	绝对数（万元）					
	农林牧渔业总产值	农　业	林　业	牧　业	渔　业	农林牧渔服务业
全　市	**1386018**	**693916**	**21965**	**212843**	**349404**	**107890**
花山区	18298	10315	1243	4795	1395	550
雨山区	36758	19910	749	13731	1648	720
博望区	120117	48366	1195	21247	43809	5500
含山县	356244	181768	9986	52860	54033	57597
和　县	436530	291621	4412	78834	44801	16862
当涂县	418071	141936	4380	41376	203718	26661

地　区	指　数（上年=100）					
	农林牧渔业总产值	农　业	林　业	牧　业	渔　业	农林牧渔服务业
全　市	**104.4**	**103.9**	**108.0**	**103.5**	**103.5**	**112.0**
花山区	84.3	84.8	129.7	72.5	100.0	101.9
雨山区	90.1	88.9	93.6	89.8	100.4	102.9
博望区	105.6	108.4	97.0	102.8	103.6	110.0
含山县	105.3	107.0	108.8	106.3	99.7	104.1
和　县	105.3	104.5	114.2	108.3	100.9	117.9
当涂县	105.0	101.6	101.9	102.4	105.3	132.2

12—13 各县区农林牧渔业增加值及构成（2014年）

本表按当年价格计算。

地 区	绝对数（万元）					
	农林牧渔业增加值	农 业	林 业	牧 业	渔 业	农林牧渔服务业
全 市	**836613**	**416796**	**13070**	**107504**	**233063**	**66180**
花山区	12498	7279	817	3126	951	325
雨山区	25179	13793	527	9294	1155	410
博望区	79655	33906	648	12975	27986	4140
含山县	209229	105301	5984	25530	39954	32460
和 县	233362	163308	2250	31534	27687	8583
当涂县	276690	93209	2844	25045	135330	20262

地 区	构 成（%）					
	农林牧渔业增加值	农 业	林 业	牧 业	渔 业	农林牧渔服务业
全 市	**100.0**	**49.8**	**1.6**	**12.8**	**27.9**	**7.9**
花山区	100.0	58.2	6.5	25.0	7.6	2.6
雨山区	100.0	54.8	2.1	36.9	4.6	1.6
博望区	100.0	42.6	0.8	16.3	35.1	5.2
含山县	100.0	50.3	2.9	12.2	19.1	15.5
和 县	100.0	70.0	1.0	13.5	11.9	3.7
当涂县	100.0	33.7	1.0	9.1	48.9	7.3

12—14　各县区农村基层组织情况（2014年）

地　区	乡镇数（个）	#镇　数	村民委员会（个）	乡村户数（户）	乡村人口数（人）	乡村从业人口数（人）	#男	自来水受益村（个）	通有线电视村数（个）	通宽带村数（个）
全　市	**33**	**30**	**381**	**399879**	**1407714**	**782063**	**433361**	**381**	**374**	**379**
花山区			10	7457	20074	12676	6003	10	10	10
雨山区	2	1	24	17199	48518	26787	14883	24	24	24
博望区	3	3	37	46705	173318	93432	52289	37	37	37
含山县	8	8	95	96759	353133	191047	104768	95	93	93
和　县	9	9	85	117137	426259	238022	134540	85	80	85
当涂县	11	9	130	114622	386412	220099	120878	130	130	130

注：乡镇个数不含慈湖乡、银塘镇，村数不含除花山区霍里街道以外的街道所辖村数。

12—15　各县区主要农业机械年末拥有量（2014年）

地　区	农业机械总动力（千瓦）	大中型拖拉机		小型拖拉机		大中型拖拉机配套农具（部）	小型拖拉机配套农具（部）	农用运输车（辆）
		数量（台）	动力（千瓦）	数量（台）	动力（千瓦）			
全　市	**1415843**	**3429**	**193892**	**38872**	**219648**	**7097**	**108335**	**4366**
花山区	20863	34	1680	230	1541	16	898	167
雨山区	32724	152	6633	693	5095	163	855	20
博望区	78232	428	44342	876	8427	314	1559	176
含山县	389657	967	54601	7459	45483	2319	17400	1593
和　县	499698	1108	50298	24135	107084	3138	75363	1935
当涂县	394669	740	36338	5479	52018	1147	12260	475

12—16 各县区有效灌溉面积、农用化肥施用、用电情况（2014年）

地 区	有效灌溉面积（公顷）	化肥施用量（吨）			
			#氮 肥	磷 肥	钾 肥
全 市	**147850**	**84299**	**27047**	**6322**	**4731**
花山区	2290	677	250	3	5
雨山区	2700	1218	565	26	38
博望区	13080	6305	2349	163	321
含山县	34400	23753	5999	2813	1134
和 县	60240	33752	9242	435	1798
当涂县	35140	18594	8642	2882	1435

地 区	农村用电量（万千瓦时）	农用塑料薄膜使用量（吨）			农用柴油使用量（吨）	农药使用量（吨）
			#地膜使用量	地膜覆盖面积（公顷）		
全 市	**53180**	**3126**	**1024**	**15686**	**13936**	**3732**
花山区	2969	41	18	72	58	20
雨山区	2980	95	62	323	394	53
博望区	3580	113	56	283	1238	496
含山县	11212	188	101	944	2045	561
和 县	17100	2365	561	12656	5449	1030
当涂县	15339	324	226	1408	4752	1572

12—17　各县区农作物播种面积（2014年）

单位：公顷

地　区	农作物总播种面积	粮食作物播种面积	谷物	稻谷	小麦	玉米	豆类	薯类	油料	花生	油菜籽
全　市	**232663**	**155120**	**149253**	**101894**	**44193**	**3165**	**3766**	**2101**	**36846**	**2119**	**33415**
花山区	1129	517	397	226	171		30	90	239		239
雨山区	4554	2051	2018	1574	439	5	25	8	1379		1379
博望区	18570	15672	15563	9874	5650	39	49	60	1845	15	1813
含山县	57528	33905	31195	26251	4371	572	1435	1275	14641	1205	12528
和　县	85133	52754	50806	33778	16672	356	1386	562	9259	874	8101
当涂县	65749	50221	49274	30191	16890	2193	841	106	9483	25	9355

地　区	芝麻	棉花	麻类	糖类	中药材	蔬菜	瓜果类	西瓜	甜瓜	草莓	其他农作物
全　市	**1312**	**8733**	**102**	**353**	**15**	**24257**	**6470**	**3238**	**3110**	**122**	**767**
花山区		2		1		350	20	10		10	
雨山区		6		3		1096	19	15		4	
博望区	17	71	64	1	15	680	206	196		10	16
含山县	908	5864	30	230		1940	414	331	26	57	504
和　县	284	1206	8	105		16132	5422	2326	3068	28	247
当涂县	103	1584		13		4059	389	360	16	13	

12—18 各县区主要农产品单位面积产量（2014年）

单位：公斤/公顷

地区	粮食	谷物	棉花	花生	油菜籽	芝麻	蔬菜	瓜果类
全市	**6850**	**6951**	**1192**	**2605**	**2524**	**1510**	**28026**	**27002**
花山区	5743	6118	2000		1799		38783	20250
雨山区	6576	6632	1667		1694		24375	31474
博望区	7002	7006	2930	1800	2330	2118	38254	28947
含山县	8024	8216	1206	2792	2580	1602	48101	49657
和县	6357	6480	949	2386	2278	1236	26568	24996
当涂县	6550	6637	1247	1720	2839	1350	22574	29951

12—19 各县区主要农产品产量（2014年）

单位：吨

地区	粮食							油料		
		谷物				豆类	薯类		花生	油菜籽
			稻谷	小麦	玉米					
全市	**1062564**	**1037396**	**792647**	**223927**	**20816**	**8611**	**16557**	**91863**	**5519**	**84328**
花山区	2969	2429	1865	564		90	450	430		430
雨山区	13488	13383	11844	1504	35	41	64	2336		2336
博望区	109728	109027	87012	21790	225	165	536	4287	27	4224
含山县	272061	256303	225308	27553	3436	3603	12155	37141	3364	32322
和县	335355	329206	243851	83401	1954	3470	2679	20889	2085	18453
当涂县	328963	327048	222767	89115	15166	1242	673	26780	43	26563

地区	芝麻	棉花	麻类	糖类	中药材	蔬菜	瓜果类			
								西瓜	甜瓜	草莓
全市	**1981**	**10414**	**231**	**15672**	**125**	**679831**	**174703**	**102552**	**70384**	**1767**
花山区		4		20		13574	405	180		225
雨山区		10		240		26715	598	542		56
博望区	36	208	72	75	125	26013	5963	5837		126
含山县	1455	7072	145	12072		93315	20558	19545	505	508
和县	351	1145	14	3237		428588	135528	65647	69411	470
当涂县	139	1975		28		91626	11651	10801	468	382

12—20　各县区茶叶、水果及食用坚果生产情况（2014年）

单位：吨

地　区	茶　叶	#绿　茶	园林水果	#苹　果	梨	葡　萄	食用坚果	板　栗
全　市	**255**	**255**	**33417**	**305**	**3259**	**11911**	**104**	**104**
花山区	45	45	1500			1150		
雨山区	1	1	503	44	46	243		
博望区	21	21	1803	1	43	1131		
含山县	177	177	13383	230	2360	2355	60	60
和　县	9	9	1738		200	1161	44	44
当涂县	2	2	14490	30	610	5871		

12—21　各县区主要林业生产情况（2014年）

地　区	营林情况（公顷）					油茶籽（吨）	竹材采伐量（根）	木材采伐量（立方米）
	人工造林面积	封山育林面积	新增育苗面积	幼林抚育面积	成林抚育面积			
全　市	**10787**	**6499**	**569**		**10497**	**95**	**131764**	**37846**
花山区	387		90		433		81194	3454
雨山区	413		1		782		1570	232
博望区	703		5		1423		4000	1919
含山县	1136	1667	30			95	35000	16637
和　县	5034	3100	392		7552		10000	11595
当涂县	3114	1732	51		307			4009

注：人工造林面积包括人工造林和补植、补造面积。

12—22 各县区牲畜饲养情况（2014年）

单位：头（只）

地区	大牲畜年末头数	牛	肉猪出栏头数	猪年末头数	羊年末只数	山羊	家禽存栏（万只）
全市	**19029**	**19029**	**370613**	**191132**	**67162**	**67162**	**751**
花山区	200	200	8924	9210	1180	1180	7
雨山区	258	258	46079	15925	7562	7562	22
博望区	9211	9211	24153	11888	7126	7126	90
含山县	3920	3920	82610	37600	18100	18100	180
和县	5119	5119	106937	75356	8108	8108	251
当涂县	321	321	101910	41153	25086	25086	202

12—23 各县区畜产品产量（2014年）

单位：吨

地区	肉类总产量	猪牛羊肉	猪肉	牛肉	羊肉	牛奶	禽蛋	蜂蜜
全市	**80078**	**31323**	**29659**	**293**	**1371**	**40230**	**20982**	**3130**
花山区	1393	731	714	1	16	430	1585	
雨山区	5166	4026	3686	43	297		1142	
博望区	4839	2004	1932	4	68	39800	1456	
含山县	16496	6983	6608	142	233		6100	
和县	35958	8780	8566	82	132		6395	
当涂县	16226	8799	8153	21	625		4304	3130

12—24 各县区水产品产量(2014年)

单位：吨

地　区	水产品总产量	养殖产量	捕捞产量	鱼　类	甲壳类	贝　类	其他类
全　市	**111234**	**96834**	**14400**	**67513**	**32511**	**10579**	**631**
花山区	530	455	75	445	85		
雨山区	1000	898	102	877	57	66	
博望区	12635	9306	3329	6916	3781	1845	93
含山县	20500	15346	5154	12900	6376	1148	76
和　县	19576	18191	1385	15774	3616	55	131
当涂县	56993	52638	4355	30601	18596	7465	331

12—25 各县区受灾面积(2014年)

单位：公顷

地　区	农作物受灾情况		洪涝灾	
	受灾面积	绝　收	受灾面积	绝　收
全　市	**7788**		**7788**	
花山区	152		152	
雨山区				
博望区	920		920	
含山县	2333		2333	
和　县	1980		1980	
当涂县	2403		2403	

12—26 各县区农田水利情况（2014年）

地　区	有效灌溉面积（千公顷）	节水灌溉面积（千公顷）	除涝面积（千公顷）
全　市	**147.85**	**23.82**	**86.91**
花山区	2.29	0.91	1.27
雨山区	2.70	0.77	2.24
博望区	13.08	1.62	11.96
含山县	34.40	6.39	8.58
和　县	60.24	7.40	30.18
当涂县	35.14	6.73	32.68

地　区	已建成水库总库容（万立方米）	全部堤防保护人口（万人）	水土流失治理面积（千公顷）	农用排灌机械（台）
全　市	**16891**	**158.97**	**58.44**	**198748**
花山区	488	22.93	2.74	2890
雨山区		15.70	3.43	4215
博望区	499	10.50	5.35	16495
含山县	8784	9.64	27.47	43598
和　县	7033	54.30	13.86	73430
当涂县	86	45.90	5.59	58120

主要统计指标解释

农林牧渔业总产值

农林牧渔业总产值是以货币表现的农林牧渔业的全部产品总量和对农林牧渔业生产活动进行的各种支持性服务活动的价值。它反映一定时期内农林牧渔业生产总规模和总成果，是观察农林牧渔业生产水平和发展速度，研究农林牧渔业内部比例关系、农林牧渔业与工业、农林牧渔业与国家建设、人民生活比例关系的重要指标，同时也是计算农林牧渔业劳动生产率和农林牧渔业增加值的基础资料。1957 年以前的农业总产值中包括了厩肥和农民自给性手工业（如农民自制衣服、鞋、袜，自己从事粮食初步加工等）。1958 年及以后的农业总产值，林业中增加了村及村以下竹木采伐产值；牧业中取消了厩肥产值；副业中取消了农民自给性手工业产值，增加了村及村以下办的工业产值；渔业中增加了海洋捕捞水产品产值。1980 年及以后的农业总产值，在副业中增加了农民家庭兼营工业商品部分的产值。从 1984 年起村及村以下工业产值划归工业。从 1993 年起取消副业，将野生动物的捕猎划入牧业，野生植物采集和农民家庭兼营商品性工业划归农业。2003 年起，取消农业中的农民家庭兼营商品性工业，增加了农林牧渔服务业。

粮食产量

指全社会的产量。包括国有经济经营的、集体统一经营的和农民家庭经营的粮食产量，还包括工矿企业办的农场和其他生产单位的产量。粮食除包括稻谷、小麦、玉米、高粱、谷子及其他杂粮外，还包括薯类和豆类。其产量计算方法，豆类按去豆荚后的干豆计算；薯类（包括甘薯和马铃薯，不包括芋头和木薯）1963 年以前按每 4 公斤鲜薯折 1 公斤粮食计算，从 1964 年开始改为按 5 公斤鲜薯折 1 公斤粮食计算。城市郊区作为蔬菜的薯类（如马铃薯等）按鲜品计算，并且不作粮食统计。其他粮食一律按脱粒后的原粮计算。

油料产量

指全部油料作物的生产量。包括花生、油菜籽、芝麻、向日葵籽、胡麻籽（亚麻籽）和其他油料。不包括大豆、木本油料和野生油料。花生以带壳干花生计算。

水产品产量

指人工养殖的水产品和天然生长的水产品的捕捞量。包括海水的鱼类、虾蟹类、贝类和藻类以及内陆水域的鱼类、虾蟹类和贝类，不包括淡水生植物。

猪、牛、羊肉产量

指当年出栏并已屠宰、除去头蹄下水后带骨肉（即胴体重）的重量。

期初（末）畜禽存栏头（只）数

指报告期初（末）农村各种合作经济组织和国营农场、农民个人、机关、团体、学校、工矿企业、部队等单位以及城镇居民饲养的大牲畜、猪、羊、家禽等畜禽的存栏数。

耕地面积

指可以用来种植农作物、经常进行耕锄的田地，包括熟地、当年新开荒地、连续撂荒未满三年的耕地和当年的休闲地（轮歇地），还包括以种植农作物为主并附带种植桑树、茶树、果树和其他林木的土地，以及沿海、沿湖地区已围垦利用的“海涂”、“湖田”等面积。不包括属于专业性的桑园、茶园、果园、果木苗圃、林地、芦苇地、天然或人工草地面积。

农作物播种面积

指实际播种或移植有农作物的面积。凡是实际种植有农作物的面积，不论种植在耕地上还是种植在非耕地上，均包括在农作物播种面积中。在播种季节基本结束后，因遭灾而重新改种和补种的农作物面积，也包括在内。

有效灌溉面积

指具有一定的水源，地块比较平整，灌溉工程或设备已经配套，在一般年景下当年能够进行正常灌溉的耕地面积。

农用化肥施用量

指本年内实际用于农业生产的化肥数量，包括氮肥、磷肥、钾肥和复合肥。化肥施用量要求按折纯量计算数量。折纯量是指把氮肥、磷肥、钾肥分别按含氮、含五氧化二磷、含氧化钾的百分之一百成份进行折算后的数量。复合肥按其所含主要成分折算。

农业机械总动力

指主要用于农、林、牧、渔业的各种动力机械的动力总和。包括耕作机械、排灌机械、收获机械、农用运输机械、植物保护机械、牧业机械、林业机械、渔业机械和其他农业机械〔内燃机按引擎马力折成瓦（特）计算、电动机按功率折成瓦（特）计算〕。不包括专门用于乡、镇、村、组办工业、基本建设、非农业运输、科学试验和教学等非农业生产方面用的动力机械与作业机械。

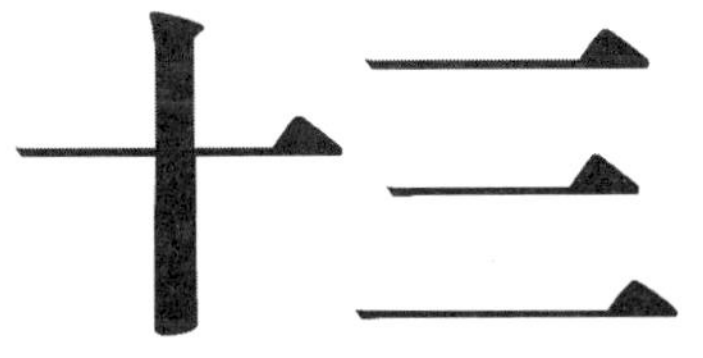

工　业

简要说明

一、本篇主要包括以下几部分汇总资料：

1. 全部工业企业按登记注册类型、行业分组的企业单位数和工业总产值。

2. 全部年主营业务收入在 2000 万元及以上的工业企业按地区和行业分组的主要经济指标和经济效益指标，主要包括工业总产值、工业增加值、资本金、资产总计、流动资产、固定资产、流动负债、所有者权益、主营业务收入、主营业务税金及附加、利润总额、应交增值税、总资产贡献率、资产负债率、成本费用利润率、流动资产周转次数、成本销售率等指标。

3．大中型工业企业的主要经济指标。

4．主要工业产品产量。

二、1998 年开始工业统计范围为全部国有企业及年主营业务收入在 500 万元及以上的工业法人单位，2011 年开始工业统计范围调整为年主营业务收入在 2000 万元及以上的工业法人单位。与历史年份具有不可比性。

三、行业分类从 2012 年开始按照规定执行新的《国民经济行业分类》（GB/T4854—2011）。

四、本篇资料由市统计局工业及建设统计科整理。

13—1　主要年份规模以上工业企业单位数和总产值

指　　标		1995	2000	2005	2010	2013	2014
企业单位数	（个）	**105**	**120**	**341**	**1014**	**895**	**1035**
在总计中：							
国有及国有控股企业		39	40	39	47	49	49
在总计中：							
集体企业		55	48	22	20	7	9
私营企业			10	198	806	755	872
港澳台商投资企业		1	3	14	26	20	22
外商投资企业		2	7	30	42	35	38
工业总产值	（万元）	**957700**	**1324101**	**5376539**	**14978617**	**23773898**	**25602135**
在总计中：							
国有及国有控股企业		199134	1160049	4385018	9173880	10678324	9908283
在总计中：							
集体企业		85693	88714	43175	47442	51428	116921
私营企业			16800	534564	4145247	9913161	11829386
港澳台商投资企业		569	11089	91772	30861	519037	574701
外商投资企业		4692	30935	224028	1726760	1649469	2007564

注：1. 本篇2010年及以后年份数据为新区划口径，其他年份为原区划口径；
　　2. 工业总产值按当年价格计算。

13—2　主要年份规模以上工业增加值

本表按当年价格计算。　　　　单位：万元

年　份	工　业 增加值	内资企业	#国有及国 有控股企业	#集体企业	私营企业	港澳台商 投资企业	外商投资 企　业
2000	493745	486748	458259	22139	2531	1897	5100
2005	1962014	1872987	1679600	11309	133539	33576	55451
2006	2153917	1967443	1784029	14924	168903	56864	129610
2007	2966989	2670928	2450270	19695	275346	49677	246384
2008	3740745	3386982	2850317	21077	560774	66302	287461
2009	3575570	3232331	2480471	17363	642457	52201	291038
2010	4224205	3720119	2505926	17361	1077610	79330	424756
2011	4253986	3839362	2261276	12441	1213026	93508	321116
2012	4842822	4409048	2331076	15268	1579632	97815	335959
2013	5784870	5262875	2601744	18097	2387994	122339	399656
2014	5988221	5417627	2389947	30515	2714959	133810	436784

13—3 主要年份规模以上工业企业工业增加值

单位：万元

指 标	1995	2000	2005	2010	2013	2014
总 计	**336571**	**493745**	**1962014**	**4224205**	**5784870**	**5988221**
总计中：						
内资企业	334919	486748	1872987	3720119	5262875	5417627
国有企业	86469	119337	89251	109168	128500	374035
集体企业	20875	22139	11309	17361	18097	30515
股份合作企业	227386	3281	5465	21285	2376	
联营企业		675	676	465		766
有限责任公司		49849	264582	605071	1053607	738704
股份有限公司		288936	1368166	1886506	1672301	1558092
私营企业		2531	133539	1077610	2387994	2714959
其他企业	190			2653		556
港澳台商投资企业	842	1897	33576	79330	122339	133810
外商投资企业	810	510	55451	424756	399656	436784
总计中：						
独资企业	1077757	146327	136370	406030	437441	699239
合作合伙企业	228228	3956	8212	30948	121634	101817
股份有限公司		288936	1373699	2127718	2117033	2005094
有限责任公司	586	54616	443733	1659509	3108762	3182071
总计中：						
国有及国有控股企业	86469	458259	1679600	2505926	2601744	2389947
总计中：						
轻工业	17750	27915	96694	406705	774395	947387
重工业	318821	464030	1865320	3817500	5010475	5040834
总计中：						
大型企业	275122	438035	1429740	2033631	2084270	2011253
中型企业	37888	27350	343053	853680	1227775	1208855
小型企业	23561	28360	189220	1336895	2472825	2768114

13—4 主要年份各县区规模以上工业企业工业增加值

单位：万元

地 区	1995	2000	2005	2010	2013	2014
总 计	**336571**	**493745**	**1962014**	**4224205**	**5784870**	**5988221**
花山区	43092	103691	104706	646256	949757	948248
雨山区	11327	19234	7056	609969	1048267	1050285
博望区					330297	322475
含山县				159773	410459	515976
和 县				215133	472767	597618
当涂县	14115	14163	123988	826296	1353988	1452451
马 钢	268036	356657	1460349	1766778	1219335	1101167

注：本篇花山区数据为新区划口径，下同。

13—5　分行业规模以上工业企业工业增加值

单位：万元

行　业	2014
总　计	**5988221**
黑色金属矿采选业	429379
非金属矿采选业	33995
农副食品加工业	233683
食品制造业	170971
酒、饮料和精制茶制造业	40687
纺织业	21535
纺织服装、服饰业	78018
皮革、毛皮、羽毛及其制品和制鞋业	13598
木材加工和木、竹、藤、棕、草制品业	14535
家具制造业	17361
造纸和纸制品业	86365
印刷和记录媒介复制业	10364
文教、工美、体育和娱乐用品制造业	15757
石油加工、炼焦和核燃料加工业	86069
化学原料和化学制品制造业	284781
医药制造业	28389
化学纤维制造业	500
橡胶和塑料制品业	57025
非金属矿物制品业	369548
黑色金属冶炼和压延加工业	1890979
有色金属冶炼和压延加工业	44231
金属制品业	252780
通用设备制造业	423654
专用设备制造业	146909
汽车制造业	202987
铁路、船舶、航空航天和其他运输设备制造业	92646
电气机械和器材制造业	165836
计算机、通信和其他电子设备制造业	59514
仪器仪表制造业	19691
其他制造业	34064
废弃资源综合利用业	198584
金属制品、机械和设备修理业	12137
电力、热力生产和供应业	406511
燃气生产和供应业	18243
水的生产和供应业	26893

13—6 规模以上工业企业主要经济指标（2014年）

指　　标	企业单位数（个）	工业总产值（当年价格）	工业销售产值（当年价格）	出口交货值	资产总计	流动资产合计
总　　计	**1035**	**25602135**	**25097106**	**794476**	**23183309**	**9471382**
总计中						
内资企业	975	23019869	22718844	685509	21878895	8824138
国有企业	6	1289524	1288900	355	1622350	149347
集体企业	9	116921	112981		52579	31731
联营企业	1	2456	2456		1245	1073
有限责任公司	69	2703293	2708962	19469	3928931	1450126
股份有限公司	17	7075940	7043285	419050	10331032	3770524
私营企业	872	11829386	11559911	246634	5942546	3421235
其他企业	1	2350	2350		212	102
港、澳、台商投资企业	22	574701	544683	1135	511583	193133
外商投资企业	38	2007564	1833579	107832	792831	454111
总计中						
国有及国有控股企业	49	9908283	9942809	376682	13658877	4607248
总计中						
轻工业	261	4431515	4164358	196752	3464888	1333504
重工业	774	21170620	20932748	597724	19718420	8137878
总计中						
大型企业	13	8874314	8734235	410525	13618683	4370139
中型企业	76	4785356	4684173	157396	4182772	2016981
小型企业	946	11942464	11678698	226555	5381854	3084262
按行业分						
黑色金属矿采选业	22	1054725	1042824		2884262	671809
非金属矿采选业	15	139494	136118		121403	51910
农副食品加工业	65	1456749	1426053	8989	664822	346614
食品制造业	15	805169	674750	22313	255753	98541
酒、饮料和精制茶制造业	7	114793	112111		50900	20374
纺织业	9	95166	91532	28732	52224	23902
纺织服装、服饰业	58	300861	297120	31686	99940	50388
皮革、毛皮、羽毛及其制品和制鞋业	6	56855	53826	22291	14297	5076
木材加工和木、竹、藤、棕、草制品业	7	67815	65604		23141	13629
家具制造业	10	70042	67270	7376	17880	7710
造纸和纸制品业	8	409699	381416		1446177	346717
印刷和记录媒介复制业	3	38615	35245		24476	20340
文教、工美、体育和娱乐用品制造业	10	68712	67894	24752	29919	13241
石油加工、炼焦和核燃料加工业	3	484895	484682		72028	45321
化学原料和化学制品制造业	57	1121037	1040351	57701	1163092	562905
医药制造业	7	99861	93173	201	77724	43385
化学纤维制造业	1	2000	2000		188	73
橡胶和塑料制品业	27	249573	239106	15550	141660	80364
非金属矿物制品业	114	1310415	1289902	3564	1241813	592719
黑色金属冶炼和压延加工业	110	8779936	8733914	336080	8526491	3493296
有色金属冶炼和压延加工业	19	273863	264963	5165	142523	87518
金属制品业	102	1067825	1027127	23691	735924	478221
通用设备制造业	147	1701807	1674835	51495	1321203	790102
专用设备制造业	60	572423	551106	24459	288443	177318
汽车制造业	37	961649	964091	72631	733033	415696
铁路、船舶、航空航天和其他运输设备制造业	13	620762	617130		119676	66496
电气机械和器材制造业	42	715543	710791	47944	501935	345352
计算机、通信和其他电子设备制造业	20	206815	198855	9858	150316	94060
仪器仪表制造业	10	64406	63367		23485	12880
其他制造业	3	136421	136327		87475	62676
废弃资源综合利用业	14	871351	871175		279495	208115
金属制品、机械和设备修理业	1	34757	34757		5844	2991
电力、热力生产和供应业	6	1500404	1500252		1702639	171192
燃气生产和供应业	3	79524	79524		76427	23413
水的生产和供应业	4	68171	67916		106701	47041

单位：万元

存　货	产成品	固定资产合　计	固定资产原　价	固定资产累计折旧	负债合计	流动负债合　计	非流动负债合　计	所有者权益合　计	实收资本
2329346	873669	9298390	15613249	6828339	12848202	9665606	2364530	10245472	5072288
2167648	827444	8822990	14877526	6553922	12120515	9018634	2308454	9670574	4585742
29027	4967	1051393	1629569	672789	879572	488207	391364	742778	509186
4036	844	15905	25492	10338	28496	22789	4673	21748	7615
266	153	172	238	65	615	615		630	400
259429	69471	825844	1383196	588037	2206056	1689959	509089	1720385	1353946
1094982	351544	5168030	9532850	4595908	5926836	4447606	1256505	4404165	1520385
779824	400431	1761535	2306046	686760	3078813	2369331	146824	2780782	1194160
84	36	110	135	25	126	126		86	50
36538	9134	198214	250044	58203	248732	207659	32554	262757	143588
125161	37091	277187	485679	216214	478955	439314	23522	312142	342958
1251620	383999	6615352	11920392	5643783	7929794	5808701	1926330	5724691	2785825
306216	112019	970058	1363469	449701	1778841	1487528	257203	1681853	820184
2023131	761650	8328332	14249780	6378637	11069361	8178077	2107327	8563619	4252103
1142570	359637	5836274	10693486	5169582	7630007	5718085	1911922	5988645	2652367
483524	184782	1767616	2626983	928730	2220269	1459276	301116	1948497	1135990
703253	329250	1694501	2292780	730027	2997926	2488245	151492	2308330	1283931
27604	10727	433711	698900	277621	1439302	897260	513053	1441398	1093055
16752	11433	37643	52633	16017	28544	23173	1564	92859	11272
87325	33145	176553	232501	83538	349848	310508	24969	311141	115684
36910	9235	134275	198180	67160	131527	126304	5221	124222	62904
9267	4099	27369	42485	20720	31688	30421	1268	17782	21968
9135	4843	20093	25953	6470	28324	22235	5711	22557	10871
12765	6552	37761	51525	14901	52128	41631	1238	47161	23899
1218	725	7198	8211	1490	3610	3429	178	10688	2141
5504	1500	8288	10825	2723	9154	8371	768	12754	5635
3137	2126	8150	8920	983	9327	8649		8552	3935
38428	3783	243039	402515	167497	717622	517999	198102	728298	406994
4794	2717	2696	3471	775	10884	7851	2566	13571	6000
3551	1928	14562	15643	3481	11901	11289	611	18019	5375
33085	32883	11428	13924	2496	56684	52180	2420	15017	14270
132606	75785	379457	556576	183073	433734	401023	17716	728338	323104
7532	4157	27842	35830	8666	25182	24412	695	49539	26408
		114	114	1	6	6		182	186
22519	15667	49738	59463	12722	70704	64533	1356	69432	28674
102085	37955	454458	685181	252742	645747	577988	30339	595038	396926
1065087	322068	4546132	8789338	4411087	5346182	4095753	987479	3160907	1211924
28530	7175	39941	43737	12452	93281	72306	7271	45543	40345
120576	39638	188847	255706	83938	335750	285727	27807	393627	227049
250580	140093	366519	553803	197137	617286	503495	47376	690333	303092
47948	14188	80692	109268	34626	145425	131621	3297	141607	58576
104319	45593	281434	290730	85823	328033	246640	66352	404970	45058
13555	1502	49546	51302	10828	74066	60057		43294	12798
55229	34161	123751	161069	45192	354966	316966	34212	150762	98511
13909	6349	29693	40579	12136	47705	44034	2590	102611	66082
3845	1108	5640	7820	2184	13637	11127	1917	9848	5884
7343	509	13322	14862	2266	34798	34719	79	52677	7470
33360	1948	32941	37035	12170	218272	120507		34024	41632
381		2529	9798	7269	3789	3789		2055	5000
25552		1372360	2027813	757358	1073783	517929	364735	628854	357668
522	8	43116	56561	16768	36448	30398	6050	39979	13600
4396	69	47549	60981	14030	68868	61274	7594	37833	18300

13—6 续表

单位：万元

指标	主营业务收入	主营业务成本	主营业务税金及附加	利税总额	本年应付职工薪酬	本年应交增值税
总计	**25565544**	**23030176**	**105594**	**1761165**	**967720**	**671258**
总计中						
内资企业	23330288	21024965	100337	1619273	910632	596073
国有企业	1206629	1041126	7345	122884	81591	61743
集体企业	111592	90051	958	19512	3332	6387
联营企业	2456	2233	5	129	196	49
有限责任公司	2784295	2473981	13780	189929	119745	76181
股份有限公司	8237013	7634820	29652	364883	357212	196874
私营企业	10985953	9780540	48596	921907	348401	254834
其他企业	2350	2214	2	28	156	5
港、澳、台商投资企业	461731	401967	1777	36765	17802	11244
外商投资企业	1773525	1603244	3480	105128	39286	63941
总计中						
国有及国有控股企业	11101938	10166710	44013	568637	508054	281280
总计中						
轻工业	3920711	3402427	19996	336310	177438	103456
重工业	21644833	19627749	85599	1424856	790282	567802
总计中						
大型企业	9765404	8987622	35152	399093	442644	248678
中型企业	4576936	3945782	20640	502518	216995	159587
小型企业	11223204	10096772	49802	859555	308081	262993
按行业分						
黑色金属矿采选业	1024270	846651	7640	45026	59747	36312
非金属矿采选业	116166	86639	5273	17998	8107	3246
农副食品加工业	1327733	1212324	2946	74329	27177	14528
食品制造业	585773	472637	2381	59973	13707	17597
酒、饮料和精制茶制造业	113041	86670	7632	15191	6339	2828
纺织业	80880	69257	458	8057	4650	1272
纺织服装、服饰业	296033	265813	1465	23280	43676	11209
皮革、毛皮、羽毛及其制品和制鞋业	51626	45801	456	6849	2306	2994
木材加工和木、竹、藤、棕、草制品业	65991	56369	318	9011	2052	2343
家具制造业	65995	58999	274	7632	2610	2567
造纸和纸制品业	367051	322262	413	35993	19820	23883
印刷和记录媒介复制业	34573	24367	130	3599	1101	224
文教、工美、体育和娱乐用品制造业	65514	55582	365	9942	3178	2426
石油加工、炼焦和核燃料加工业	433108	409571	333	20210	1303	2929
化学原料和化学制品制造业	973792	800294	3523	132955	42666	30644
医药制造业	89211	62063	770	8765	4130	3485
化学纤维制造业	2005	1800		6	44	0
橡胶和塑料制品业	225901	187941	1257	24427	10762	9620
非金属矿物制品业	1226736	1045247	7096	131937	61084	39930
黑色金属冶炼和压延加工业	9991891	9372554	28918	386577	350021	213772
有色金属冶炼和压延加工业	256414	242952	876	6827	8092	2863
金属制品业	979655	870267	4279	80404	35158	27747
通用设备制造业	1582295	1354275	8501	146404	80286	39631
专用设备制造业	549084	480653	2408	60171	20091	19344
汽车制造业	908721	842621	5276	57381	22596	28791
铁路、船舶、航空航天和其他运输设备制造业	617130	591067	1138	35007	4724	25248
电气机械和器材制造业	656585	580646	1840	56904	23048	13155
计算机、通信和其他电子设备制造业	148569	123201	595	14242	11928	3256
仪器仪表制造业	52486	44322	392	5656	2476	1913
其他制造业	133640	111752	240	15771	3538	1721
废弃资源综合利用业	872836	860742	2224	18266	3228	19429
金属制品、机械和设备修理业	34757	33935	611	-1012	15551	566
电力、热力生产和供应业	1492302	1295775	4719	217552	61837	63438
燃气生产和供应业	78492	67645	549	11219	5090	1335
水的生产和供应业	65288	47482	301	14618	5597	1014

13—7　规模以上工业企业主要经济效益指标（2014年）

指　标	总资产贡献率(%)	资产负债率(%)	流动资产周转天数(次/年)	工业成本费用利润率(%)	产品销售率(%)
总　计	**9.03**	**55.42**	**2.73**	**3.95**	**98.03**
总计中					
内资企业	8.87	55.40	2.67	4.07	98.69
国有企业	9.01	54.22	8.15	4.50	99.95
集体企业	39.33	54.20	3.52	12.47	96.63
联营企业	11.84	49.41	2.29	3.15	100.00
有限责任公司	6.42	56.15	1.94	3.63	100.21
股份有限公司	4.98	57.37	2.20	1.70	99.54
私营企业	16.95	51.81	3.24	5.89	97.72
其他企业	15.90	59.43	23.04	0.92	100.00
港、澳、台商投资企业	7.88	48.62	2.44	5.26	94.78
外商投资企业	14.10	60.41	4.04	2.12	91.33
总计中					
国有及国有控股企业	5.70	58.06	2.42	2.21	100.35
总计中					
轻工业	10.87	51.34	2.99	5.59	93.97
重工业	8.71	56.14	2.68	3.65	98.88
总计中					
大型企业	4.34	56.03	2.25	1.17	98.42
中型企业	13.44	53.08	2.31	7.41	97.89
小型企业	17.46	55.70	3.67	5.07	97.79
按行业分					
黑色金属矿采选业	3.14	49.90	1.53		98.87
非金属矿采选业	15.05	23.51	2.31	8.84	97.58
农副食品加工业	12.55	52.62	3.86	4.42	97.89
食品制造业	23.57	51.43	6.43	6.75	83.80
酒、饮料和精制茶制造业	31.27	62.26	5.63	4.21	97.66
纺织业	16.83	54.24	3.44	8.36	96.18
纺织服装、服饰业	24.33	52.16	5.88	3.71	98.76
皮革、毛皮、羽毛及其制品和制鞋业	49.06	25.25	10.18	7.13	94.67
木材加工和木、竹、藤、棕、草制品业	40.19	39.56	4.84	10.75	96.74
家具制造业	43.97	52.17	8.56	7.86	96.04
造纸和纸制品业	4.01	49.62	1.06	3.17	93.10
印刷和记录媒介复制业	15.59	44.47	1.73	10.03	91.27
文教、工美、体育和娱乐用品制造业	35.46	39.78	4.95	12.32	98.81
石油加工、炼焦和核燃料加工业	30.02	78.70	10.84	3.65	99.96
化学原料和化学制品制造业	12.04	37.29	1.77	11.13	92.80
医药制造业	11.11	32.40	2.06	5.34	93.30
化学纤维制造业	2.93	3.04	27.47	0.28	100.00
橡胶和塑料制品业	18.19	49.91	2.81	6.43	95.81
非金属矿物制品业	11.72	52.00	2.12	7.17	98.43
黑色金属冶炼和压延加工业	5.96	62.70	2.86	1.47	99.48
有色金属冶炼和压延加工业	6.26	65.45	2.93	1.21	96.75
金属制品业	11.79	45.62	2.06	5.16	96.19
通用设备制造业	12.34	46.72	2.01	6.54	98.42
专用设备制造业	21.62	50.42	3.11	7.42	96.28
汽车制造业	8.54	44.75	2.23	2.60	100.25
铁路、船舶、航空航天和其他运输设备制造业	30.46	61.89	9.47	1.39	99.41
电气机械和器材制造业	12.35	70.72	1.93	6.65	99.34
计算机、通信和其他电子设备制造业	9.53	31.74	1.58	7.44	96.15
仪器仪表制造业	24.45	58.07	4.08	6.87	98.39
其他制造业	18.00	39.78	2.13	11.52	99.93
废弃资源综合利用业	15.84	78.10	4.19	-0.39	99.98
金属制品、机械和设备修理业	-17.35	64.84	11.62	-6.03	100.00
电力、热力生产和供应业	15.10	63.07	8.79	10.95	99.99
燃气生产和供应业	15.23	47.69	3.58	12.32	100.00
水的生产和供应业	13.88	64.54	1.45	23.56	99.63

13—8 国有控股工业企业主要经济指标（2014年）

指标	企业单位数（个）	工业总产值（当年价格）	工业销售产值（当年价格）	出口交货值	资产总计	流动资产合计
总计	**49**	**9908283**	**9942809**	**376682**	**13658877**	**4607248**
总计中						
内资企业	41	9802579	9837620	375537	13536143	4531207
国有企业	6	1289524	1288900	355	1622350	149347
有限责任公司	26	2078539	2097061	17667	3390218	1203394
股份有限公司	9	6434515	6451659	357515	8523575	3178466
港、澳、台商投资企业	2	7320	7712	1120	24915	6431
外商投资企业	6	98384	97478	26	97820	69611
总计中						
轻工业	6	117981	111561	17667	130129	46424
重工业	43	9790302	9831248	359016	13528748	4560824
总计中						
大型企业	6	7470158	7490501	354656	11358708	3689472
中型企业	17	1147573	1151654	20526	1660092	505621
小型企业	26	1290552	1300655	1501	640078	412155
按行业分						
黑色金属矿采选业	2	696262	699190		2718584	581043
非金属矿采选业	1	22419	22419		20850	9155
食品制造业	1	27698	22263	17667	22606	6156
酒、饮料和精制茶制造业	1	27107	26995		12784	4655
纺织服装、服饰业	1	6490	5582		8728	5213
造纸和纸制品业	1	40893	40893		21131	8195
化学原料和化学制品制造业	1	14726	13742		39054	29140
非金属矿物制品业	9	263072	259149	355	305317	143797
黑色金属冶炼和压延加工业	4	5923254	5929193	299055	7507146	2772730
金属制品业	6	120154	112339	26	158209	117888
通用设备制造业	6	189277	203914		244437	161490
专用设备制造业	1	2275	2275		1408	1378
汽车制造业	2	428899	441649	56721	512172	294087
电气机械和器材制造业	1	157584	175613		156038	141815
计算机、通信和其他电子设备制造业	2	37302	36926	2859	69713	44474
废弃资源综合利用业	2	357106	357106		87895	74349
金属制品、机械和设备修理业	1	34757	34757		5844	2991
电力、热力生产和供应业	4	1493183	1493183		1663141	162588
水的生产和供应业	3	65826	65622		103821	46106

单位：万元

存　货	产成品	固定资产合计	固定资产原价	固定资产累计折旧	负债合计	流动负债合计	非流动负债合计	所有者权益合计	实收资本
1251620	**383999**	**6615352**	**11920392**	**5643783**	**7929794**	**5808701**	**1926330**	**5724691**	**2785825**
1236807	378369	6573694	11848359	5612503	7874327	5755250	1926330	5657424	2741223
29027	4967	1051393	1629569	672789	879572	488207	391364	742778	509186
186286	48034	631679	1142851	524243	1854126	1359711	492787	1531731	1229830
1021494	325369	4890621	9075939	4415472	5140630	3907332	1042179	3382915	1002207
2068	808	15812	22402	6590	11205	9189		13710	21155
12746	4821	25847	49632	24689	44262	44262		53558	23447
14179	3035	72291	115865	43574	74729	67772	6957	55401	32362
1237442	380964	6543061	11804527	5600209	7855066	5740930	1919373	5669291	2753463
1021678	325703	5349420	9956251	4918071	6602794	4911834	1690960	4755883	2037557
156130	37719	1067207	1647048	593004	913560	490173	232268	746531	633307
73812	20577	198726	317093	132708	413440	406694	3101	222277	114961
16185	3513	367846	619425	256344	1347180	840352	506828	1371404	1076278
848	532	11066	21609	10543	2791	2791		18059	2000
5945	2541	15914	30207	14293	11562	11562		11044	3500
2350	195	7697	16904	9207	4439	4413	27	8345	6352
2		3293	4923	1630	2082	2048	35	6646	10
1823	300	10634	16943	6309	13810	13810		7321	6000
5893	466	1546	3043	1498	16741	16116	625	22313	4707
13340	4133	116995	216960	100166	173013	161997	7378	132305	158060
951200	289195	4319835	8444305	4282324	4663703	3684425	979278	2843443	914023
48224	7025	36790	68124	31333	35428	35428		122781	101570
71794	29450	76025	143804	68793	135489	114230	21253	104588	96286
98	98	26	52	27	298	298		1109	600
62054	34477	218054	210584	64431	183372	127743	55629	328769	9000
12962	8809	11290	15399	4109	142522	142522		13516	1530
5789	3067	14321	21206	6885	17449	15499	1950	52264	20438
23630	187	13260	21593	9037	63067	63067		24828	16349
381		2529	9798	7269	3789	3789		2055	5000
24812		1341749	1995758	755914	1046768	509915	345735	616373	346622
4291	12	46483	59757	13672	66292	58698	7594	37530	17500

13—8 续表

单位：万元

指标	主营业务收入	主营业务成本	主营业务税金及附加	利税总额	本年应付职工薪酬	本年应交增值税
总计	**11101938**	**10166710**	**44013**	**568637**	**508054**	**281280**
总计中						
内资企业	10998000	10071121	43558	564176	501119	277758
国有企业	1206629	1041126	7345	122884	81591	61743
有限责任公司	2105517	1873483	7315	132662	90184	45563
股份有限公司	7685855	7156512	28899	308630	329344	170452
港、澳、台商投资企业	7712	8131	3	-813	712	0
外商投资企业	96226	87458	451	5274	6223	3521
总计中						
轻工业	90683	72160	2682	16121	14243	4572
重工业	11011255	10094550	41331	552517	493812	276708
总计中						
大型企业	8706565	8086750	32641	287516	396451	205066
中型企业	1142562	914151	8294	216730	86396	56008
小型企业	1252812	1165809	3078	64391	25208	20206
按行业分						
黑色金属矿采选业	675506	525591	4418	27780	52169	30345
非金属矿采选业	14353	9590	603	2174	3896	135
食品制造业	22283	17583	94	3483	2719	613
酒、饮料和精制茶制造业	26995	22699	2269	4580	3183	1624
纺织服装、服饰业	5547	1871	98	2411	2133	816
造纸和纸制品业	22884	20756	117	1949	2199	1082
化学原料和化学制品制造业	14015	10094	74	2071	894	650
非金属矿物制品业	285257	240081	2799	40449	14701	11371
黑色金属冶炼和压延加工业	7231918	6804904	24871	218508	301170	149455
金属制品业	107756	96551	455	5767	8533	4150
通用设备制造业	197982	182105	1199	5972	17942	5713
专用设备制造业	2275	1902	21	287	410	194
汽车制造业	357733	337132	151	5440	7719	1306
电气机械和器材制造业	163401	149004	198	5909	1331	797
计算机、通信和其他电子设备制造业	35001	29038	145	3183	4344	672
废弃资源综合利用业	358927	349530	984	9369	2260	7569
金属制品、机械和设备修理业	34757	33935	611	-1012	15551	566
电力、热力生产和供应业	1482356	1288408	4657	215908	61632	63234
水的生产和供应业	62994	45937	249	14411	5269	988

13—9　国有控股工业企业主要经济效益指标（2014年）

指　　标	总资产贡献率（%）	资产负债率（%）	流动资产周转次数（次/年）	工业成本费用利润率（%）	产品销售率（%）
总　　计	**5.70**	**58.06**	**2.42**	**2.21**	**100.35**
总计中					
内资企业	5.71	58.17	2.44	2.22	100.36
国有企业	9.01	54.22	8.15	4.50	99.95
有限责任公司	5.64	54.69	1.77	3.81	100.89
股份有限公司	5.11	60.31	2.42	1.44	100.27
港、澳、台商投资企业	-3.25	44.97	1.25	-8.81	105.35
外商投资企业	6.09	45.25	1.44	1.28	99.08
总计中					
轻工业	12.53	57.43	2.04	10.33	94.56
重工业	5.63	58.06	2.43	2.14	100.42
总计中					
大型企业	4.00	58.13	2.37	0.56	100.27
中型企业	15.07	55.03	2.32	14.81	100.36
小型企业	11.51	64.59	3.06	3.37	100.78
按行业分					
黑色金属矿采选业	2.65	49.55	1.17	-1.15	100.42
非金属矿采选业	10.28	13.39	1.98	8.92	100.00
食品制造业	15.42	51.15	3.63	14.21	80.38
酒、饮料和精制茶制造业	36.03	34.73	5.80	2.81	99.59
纺织服装、服饰业	25.75	23.86	1.07	36.80	86.01
造纸和纸制品业	9.54	65.36	2.92	3.24	100.00
化学原料和化学制品制造业	5.86	42.87	0.48	10.67	93.32
非金属矿物制品业	14.11	56.67	2.04	9.84	98.51
黑色金属冶炼和压延加工业	4.37	62.12	2.61	0.62	100.10
金属制品业	4.04	22.39	0.96	0.99	93.50
通用设备制造业	2.89	55.43	1.23	-0.67	107.73
专用设备制造业	20.36	21.19	1.65	3.30	100.00
汽车制造业	1.71	35.80	1.27	1.07	102.97
电气机械和器材制造业	4.42	91.34	1.20	3.00	111.44
计算机、通信和其他电子设备制造业	4.51	25.03	0.79	6.98	98.99
废弃资源综合利用业	18.62	71.75	4.83	0.23	100.00
金属制品、机械和设备修理业	-17.35	64.84	11.62	-6.03	100.00
电力、热力生产和供应业	15.35	62.94	9.19	10.92	100.00
水的生产和供应业	14.06	63.85	1.43	24.28	99.69

13—10 外商投资和港澳台投资工业企业主要经济指标（2014年）

指标	企业单位数（个）	工业总产值（当年价格）	工业销售产值（当年价格）	出口交货值	资产总计	流动资产合计
总计	**60**	**2582265**	**2378262**	**108967**	**1304414**	**647244**
总计中						
港、澳、台商投资企业	22	574701	544683	1135	511583	193133
外商投资企业	38	2007564	1833579	107832	792831	454111
总计中						
轻工业	18	1064828	914364	46041	500094	197322
重工业	42	1517437	1463898	62926	804319	449922
总计中						
大型企业	3	723661	613643		360871	128884
中型企业	8	1070264	1018075	42307	381868	224545
小型企业	49	788341	746544	66660	561675	293815
按行业分						
农副食品加工业	2	156692	156971		215423	72632
食品制造业	2	610800	488179		144000	56613
纺织业	1	19378	18169	18169	14995	9594
纺织服装、服饰业	2	12295	12212	4031	9750	3414
皮革、毛皮、羽毛及其制品和制鞋业	2	25228	25228	22291	4365	2026
文教、工美、体育和娱乐用品制造业	3	10357	11067		6822	3948
化学原料和化学制品制造业	7	303907	267365	1589	213850	104756
医药制造业	1	32900	29110		14705	9875
橡胶和塑料制品业	1	7328	6165		9424	5997
非金属矿物制品业	4	36486	36556		52519	30283
黑色金属冶炼和压延加工业	7	830133	805199	37665	239223	155018
金属制品业	8	102731	97782	26	86146	55715
通用设备制造业	3	40699	38524	20574	31386	13213
专用设备制造业	2	6904	6203		13840	8417
汽车制造业	2	6479	6479	775	7993	4868
电气机械和器材制造业	2	73360	68969		68702	42445
计算机、通信和其他电子设备制造业	5	57946	55559	3849	29841	17906
废弃资源综合利用业	2	166491	166491		28975	18530
电力、热力生产和供应业	1	2627	2509		36030	8580
燃气生产和供应业	3	79524	79524		76427	23413

单位：万元

存　货	产成品	固定资产合计	固定资产原价	固定资产累计折旧	负债合计	流动负债合计	非流动负债合计	所有者权益合计	实收资本
161699	**46225**	**475401**	**735723**	**274417**	**727687**	646972	56076	574898	486546
36538	9134	198214	250044	58203	248732	207659	32554	262757	143588
125161	37091	277187	485679	216214	478955	439314	23522	312142	342958
51208	15672	183569	248578	69325	240724	226552	12111	259370	122947
110491	30553	291831	487145	205092	486963	420420	43965	315529	363598
34493	6875	126060	179092	54163	179144	167091	12052	181727	74733
73975	15780	125301	200208	80287	283575	260065	17575	96559	154690
53231	23570	224040	356423	139968	264968	219816	26449	296612	257123
14001	2408	50319	62197	11878	118861	111361	7500	96562	49848
17956	5646	74607	110480	38836	79609	75057	4552	64391	37500
4490	2592	4981	7021	2039	6247	6247		8748	3573
2340	1008	4893	7133	2241	5949	5949		3801	6802
374	316	1878	2397	520	734	680	54	3631	1321
586	222	2366	2566	200	1589	1589		5233	2203
21755	10905	94607	172568	78468	66966	66966		146884	87815
1193	1125	1157	3226	2069	3028	3024	4	11677	2000
587	121	3427	3651	392	7027	4965		2398	1950
2535	1278	18573	28788	10415	36917	29965	494	15602	13445
57224	6762	54478	120022	65767	216209	209638	637	23013	145451
11677	4071	24708	36292	12171	41371	34395		44682	24177
6269	478	17688	21439	6437	14315	8056	6260	17071	10578
3020	777	5256	8563	4117	7253	4683		6586	7776
1248	705	2884	4438	1575	1415	1415		6578	5674
7770	6600	24257	31191	8120	27330	15804	11526	39639	32980
3257	1017	8325	10466	2857	17974	17337		11866	13214
4155	187	10445	19094	9353	12818	12818		16157	16592
740		27436	27633	197	25627	6627	19000	10403	10047
522	8	43116	56561	16768	36448	30398	6050	39979	13600

13—10 续表

单位：万元

指　　标	主营业务收　入	主营业务成　本	主营业务税金及附加	利税总额	本年应付职工薪酬	本年应交增值税
总　　计	**2235257**	**2005211**	**5257**	**141893**	**57088**	**75185**
总计中						
港、澳、台商投资企业	461731	401967	1777	36765	17802	11244
外商投资企业	1773525	1603244	3480	105128	39286	63941
总计中						
轻工业	769754	642011	2608	64506	15303	24006
重工业	1465502	1363200	2649	77387	41785	51179
总计中						
大型企业	467493	410289	1218	35705	6387	10176
中型企业	1056223	969817	1867	54265	26507	46128
小型企业	711541	625105	2172	51923	24195	18882
按行业分						
农副食品加工业	104445	96161	233	7067	2714	4408
食品制造业	397773	324522	1308	31131	1047	10817
纺织业	18169	14862		1429	1594	
纺织服装、服饰业	12351	11129	59	-593	3052	487
皮革、毛皮、羽毛及其制品和制鞋业	22703	20266	161	3359	1198	1606
文教、工美、体育和娱乐用品制造业	11067	9929	87	989	700	222
化学原料和化学制品制造业	261706	210248	1057	47722	5587	8829
医药制造业	29110	11960	200	3801	411	1995
橡胶和塑料制品业	5805	5700	2	-737	474	
非金属矿物制品业	37478	33349	174	1408	3367	1336
黑色金属冶炼和压延加工业	850631	823425	494	20800	16847	37095
金属制品业	90766	83798	344	3759	4606	2723
通用设备制造业	38804	31964	12	2653	2721	990
专用设备制造业	6154	5249	9	-162	1190	50
汽车制造业	5878	4367	25	464	655	
电气机械和器材制造业	70038	58831	105	7203	2845	654
计算机、通信和其他电子设备制造业	19981	17600	89	803	2573	337
废弃资源综合利用业	168312	170536	330	-1404	356	2302
电力、热力生产和供应业	5594	3672	22	984	62	0
燃气生产和供应业	78492	67645	549	11219	5090	1335

13—11　外商投资和港澳台投资工业企业主要经济效益指标（2014年）

指　　标	总资产贡献率（%）	资产负债率（%）	流动资产周转次数（次/年）	工业成本费用利润率（%）	产品销售率（%）
总　　计	**11.66**	**55.79**	**3.56**	**2.76**	**92.10**
总计中					
港、澳、台商投资企业	7.88	48.62	2.44	5.26	94.78
外商投资企业	14.10	60.41	4.04	2.12	91.33
总计中					
轻工业	13.50	48.14	4.16	4.84	85.87
重工业	10.51	60.54	3.30	1.63	96.47
总计中					
大型企业	10.56	49.64	3.98	4.94	84.80
中型企业	15.52	74.26	4.79	0.59	95.12
小型企业	9.74	47.17	2.44	4.51	94.70
按行业分					
农副食品加工业	4.40	55.18	1.49	2.24	100.18
食品制造业	21.60	55.28	7.86	4.47	79.92
纺织业	10.82	41.66	1.89	8.56	93.76
纺织服装、服饰业	-6.10	61.01	3.63	-8.87	99.32
皮革、毛皮、羽毛及其制品和制鞋业	77.60	16.82	11.20	7.60	100.00
文教、工美、体育和娱乐用品制造业	14.85	23.29	2.80	6.57	106.85
化学原料和化学制品制造业	22.66	31.31	2.52	16.69	87.98
医药制造业	25.74	20.59	2.95	5.86	88.48
橡胶和塑料制品业	-7.82	74.56	0.97	-11.29	84.13
非金属矿物制品业	3.07	70.29	1.24	-0.29	100.19
黑色金属冶炼和压延加工业	10.01	90.38	5.54	-1.96	97.00
金属制品业	5.28	48.02	1.70	0.69	95.18
通用设备制造业	9.56	45.61	2.94	4.45	94.66
专用设备制造业	-1.09	52.41	0.74	-3.45	89.85
汽车制造业	5.52	17.70	1.21	8.12	100.00
电气机械和器材制造业	12.19	39.78	1.65	9.91	94.02
计算机、通信和其他电子设备制造业	2.75	60.23	1.12	1.92	95.88
废弃资源综合利用业	-2.62	44.24	9.08	-2.34	100.00
电力、热力生产和供应业	3.11	71.13	0.65	20.87	95.47
燃气生产和供应业	15.23	47.69	3.58	12.32	100.00

13—12　私营工业企业主要经济指标（2014年）

指　　标	企业单位数（个）	工业总产值（当年价格）	工业销售产值（当年价格）	出口交货值	资产总计	流动资产合计
总　　计	**872**	**11829386**	**11559911**	**246634**	**5942546**	**3421235**
总计中						
私营独资	53	557551	539484		145335	68417
私营合伙	5	32146	31358		10249	4793
私营有限责任公司	771	9262679	9050813	210527	4502530	2483475
私营股份有限公司	43	1977010	1938257	36108	1284432	864550
总计中						
轻工业	222	2780112	2701296	133045	1207268	685269
重工业	650	9049274	8858615	113590	4735279	2735966
总计中						
大型企业	1	108548	108548		47872	17014
中型企业	46	2309643	2255085	93493	1987621	1212595
小型企业	825	9411195	9196279	153141	3907053	2191627
按行业分						
黑色金属矿采选业	17	317047	302217		107708	69221
非金属矿采选业	12	108592	105948		95010	40153
农副食品加工业	58	1281832	1251421	8989	440762	268673
食品制造业	11	162350	160499	4646	88461	35389
酒、饮料和精制茶制造业	5	81946	79362		28867	13338
纺织业	8	75789	73364	10563	37229	14308
纺织服装、服饰业	53	276711	274196	27656	79597	40762
皮革、毛皮、羽毛及其制品和制鞋业	4	31627	28597		9932	3050
木材加工和木、竹、藤、棕、草制品业	7	67815	65604		23141	13629
家具制造业	9	66093	63448	7376	14824	6441
化学纤维制造业	6	86043	77119		63538	33993
造纸和纸制品业	3	38615	35245		24476	20340
印刷和记录媒介复制业	7	58355	56828	24752	23098	9293
文教、工美、体育和娱乐用品制造业	2	484097	483884		60848	44216
石油加工、炼焦和核燃料加工业	42	448324	436704	243	374266	174253
化学原料和化学制品制造业	5	53000	51006	201	34776	17206
医药制造业	1	2000	2000		188	73
橡胶和塑料制品业	25	229123	222441	15550	114495	63215
非金属矿物制品业	99	966604	949909	1406	864504	408550
黑色金属冶炼和压延加工业	97	2020946	1994597	480	796150	566366
有色金属冶炼和压延加工业	19	273863	264963	5165	142523	87518
金属制品业	86	844521	814042	19068	476184	292584
通用设备制造业	129	1369162	1330279	30921	971414	556999
专用设备制造业	54	504431	488408	23389	229141	138740
汽车制造业	32	306711	292341	15136	164116	82884
铁路、船舶、航空航天和其他运输设备制造业	11	615645	611986		115165	62697
电气机械和器材制造业	34	385563	377512	47944	244482	141594
计算机、通信和其他电子设备制造业	13	111568	106370	3150	50763	31681
仪器仪表制造业	10	64406	63367		23485	12880
其他制造业	3	136421	136327		87475	62676
废弃资源综合利用业	8	353251	353076		149580	107553
电力、热力生产和供应业	1	4594	4561		3468	24
水的生产和供应业	1	2345	2295		2880	936

单位：万元

存　货	产成品	固定资产合　计	固定资产原　价	固定资产累计折旧	负债合计	流动负债合　计	非流动负债合　计	所有者权益合　计	实收资本
779824	**400431**	**1761535**	**2306046**	**686760**	**3078813**	2369331	146824	2780782	1194160
15860	9688	54914	74596	22834	62329	40106	1661	74315	14479
1102	876	3982	4600	899	4340	3221	329	5910	3221
631960	310948	1444872	1879849	556430	2369562	2066707	107926	2091928	984810
130903	78919	257768	347002	106597	642583	259298	36907	608630	191650
180393	81788	400638	509796	160756	629563	562754	34761	566965	221911
599431	318643	1360897	1796251	526004	2449250	1806577	112063	2213817	972249
9218		27683	39607	11924	28201	28201		19672	16000
217678	123909	511948	697129	228655	925705	618834	45047	1051815	321606
552929	276522	1221904	1569310	446181	2124908	1722297	101777	1709295	856555
11382	7206	30223	38562	9127	54136	26147		52181	15628
15719	10818	24931	29160	5191	23285	18164	1564	71724	8263
69759	29724	123080	166436	70901	226862	195472	17019	210066	63655
12856	947	43450	57070	13908	39956	39285	668	48505	21796
5065	3874	14425	14283	5137	13024	11783	1241	14413	4016
4645	2251	15112	18933	4431	22077	15988	5711	13809	7298
10067	5355	28709	38587	11015	42736	32274	1203	36210	16837
843	410	5320	5814	971	2875	2749	124	7057	820
5504	1500	8288	10825	2723	9154	8371	768	12754	5635
2751	1826	6457	7138	894	8025	7346		6798	3835
7188	3483	23493	29369	13896	26413	24891		36869	24300
4794	2717	2696	3471	775	10884	7851	2566	13571	6000
2965	1706	12196	13076	3281	10312	9701	611	12786	3172
33002	32800	8238	10291	2053	52071	49933	54	8751	11000
52960	35634	140134	193166	56480	182305	161326	5983	190942	63917
3788	1987	15754	16397	1321	17675	16910	690	14098	9858
		114	114	1	6	6		182	186
19870	14398	39721	49148	10866	52092	48024	1315	60879	21724
85477	33004	316034	433985	139770	413507	361700	22467	449970	226018
58092	26712	184356	243841	69167	470113	207308	7564	306635	173247
28530	7175	39941	43737	12452	93281	72306	7271	45543	40345
66825	30557	131689	160574	45347	245469	213912	16317	224263	97793
169234	108291	262037	376035	120037	425044	371469	19558	539482	177605
31493	7118	65892	87306	25749	122149	111156	3057	105581	47402
13480	6702	54479	61532	11656	98722	73258	10423	65393	25188
12226	756	48835	50120	10320	71441	57431		41409	12100
32925	17883	77937	100096	28839	161396	139595	18013	83086	50901
4863	2265	7047	8907	2394	12282	11199	640	38481	32430
3845	1108	5640	7820	2184	13637	11127	1917	9848	5884
7343	509	13322	14862	2266	34798	34719	79	52677	7470
2230	1660	7743	9747	2004	119125	23966		4438	8040
		3174	4422	1248	1388	1388		2079	1000
106	57	1066	1225	358	2576	2576		304	800

13—12 续表

单位：万元

指　　标	主营业务收入	主营业务成本	主营业务税金及附加	利税总额	本年应付职工薪酬	本年应交增值税
总　计	**10985953**	**9780540**	**48596**	**921907**	**348401**	**254834**
总计中						
私营独资	518086	459399	2842	60630	16214	17997
私营合伙	29488	25588	717	3324	1469	943
私营有限责任公司	8661934	7673773	40020	749419	291340	199667
私营股份有限公司	1776446	1621781	5017	108534	39378	36228
总计中						
轻工业	2616416	2318162	13121	208848	118101	48980
重工业	8369537	7462378	35474	713060	230300	205855
总计中						
大型企业	110256	83611	587	20992	6971	5345
中型企业	2072445	1779218	5815	202967	95786	37872
小型企业	8803252	7917711	42193	697948	245644	211617
按行业分						
黑色金属矿采选业	308902	291480	2410	12175	5479	4396
非金属矿采选业	94061	70383	4500	14812	3918	2850
农副食品加工业	1204449	1099196	2694	66380	23961	10058
食品制造业	161909	127527	948	24688	9605	5870
酒、饮料和精制茶制造业	81195	60093	4523	12885	1428	518
纺织业	62712	54395	458	6628	3055	1272
纺织服装、服饰业	273091	248076	1301	21188	37784	9820
皮革、毛皮、羽毛及其制品和制鞋业	28923	25535	295	3491	1108	1388
木材加工和木、竹、藤、棕、草制品业	65991	56369	318	9011	2052	2343
家具制造业	62294	55894	255	7063	2323	2375
造纸和纸制品业	80763	75278	295	7010	3245	3694
印刷和记录媒介复制业	34573	24367	130	3599	1101	224
文教、工美、体育和娱乐用品制造业	54448	45653	278	8953	2478	2204
石油加工、炼焦和核燃料加工业	424997	402514	311	19349	1175	2929
化学原料和化学制品制造业	410034	344302	1451	48344	15958	10717
医药制造业	46007	42612	419	-244	1643	308
化学纤维制造业	2005	1800		6	44	
橡胶和塑料制品业	204578	169816	1185	23962	9812	9036
非金属矿物制品业	861304	730645	4161	91645	43350	27499
黑色金属冶炼和压延加工业	1904638	1741105	3530	145706	31874	26906
有色金属冶炼和压延加工业	256414	242952	876	6827	8092	2863
金属制品业	774777	697045	3508	60766	24287	22051
通用设备制造业	1245082	1043784	7129	135731	58059	32364
专用设备制造业	486436	426052	2137	55316	14656	16588
汽车制造业	276838	240946	1056	28346	9236	8668
铁路、船舶、航空航天和其他运输设备制造业	611986	586296	1125	34936	4064	25182
电气机械和器材制造业	327853	290694	1271	30056	16629	6959
计算机、通信和其他电子设备制造业	93587	76563	361	10257	5012	2247
仪器仪表制造业	52486	44322	392	5656	2476	1913
其他制造业	133640	111752	240	15771	3538	1721
废弃资源综合利用业	353337	347853	950	10730	489	9644
电力、热力生产和供应业	4352	3695	40	660	144	204
水的生产和供应业	2295	1546	52	207	328	26

13—13　私营工业企业主要经济效益指标（2014年）

指　标	总资产贡献率(%)	资产负债率(%)	流动资产周转次数(次/年)	工业成本费用利润率(%)	产品销售率(%)
总　计	**16.95**	**51.81**	**3.24**	**5.89**	**97.72**
总计中					
私营独资	43.99	42.89	7.57	8.36	96.76
私营合伙	34.30	42.34	6.15	6.15	97.55
私营有限责任公司	17.83	52.63	3.53	6.16	97.71
私营股份有限公司	10.66	50.03	2.06	3.91	98.04
总计中					
轻工业	18.45	52.15	3.84	5.87	97.17
重工业	16.56	51.72	3.10	5.90	97.89
总计中					
大型企业	43.73	58.91	6.48	15.79	100.00
中型企业	11.25	46.57	1.73	8.14	97.64
小型企业	19.52	54.39	4.06	5.26	97.72
按行业分					
黑色金属矿采选业	12.13	50.26	4.46	1.78	95.32
非金属矿采选业	15.88	24.51	2.35	8.87	97.56
农副食品加工业	16.57	51.47	4.50	4.62	97.63
食品制造业	28.22	45.17	4.58	12.37	98.86
酒、饮料和精制茶制造业	47.09	45.12	6.09	9.92	96.85
纺织业	19.26	59.30	4.48	8.30	96.80
纺织服装、服饰业	28.12	53.69	6.70	3.81	99.09
皮革、毛皮、羽毛及其制品和制鞋业	36.51	28.95	9.50	6.76	90.42
木材加工和木、竹、藤、棕、草制品业	40.19	39.56	4.84	10.75	96.74
家具制造业	49.36	54.14	9.67	7.69	96.00
造纸和纸制品业	12.26	41.57	2.38	3.81	89.63
印刷和记录媒介复制业	15.59	44.47	1.73	10.03	91.27
文教、工美、体育和娱乐用品制造业	41.55	44.65	5.86	13.57	97.38
石油加工、炼焦和核燃料加工业	34.00	85.57	10.92	3.52	99.96
化学原料和化学制品制造业	13.91	48.71	2.36	9.62	97.41
医药制造业	-0.53	50.83	2.68	-2.07	96.24
化学纤维制造业	2.93	3.04	27.47	0.28	100.00
橡胶和塑料制品业	21.95	45.50	3.24	7.25	97.08
非金属矿物制品业	11.85	47.83	2.16	7.19	98.27
黑色金属冶炼和压延加工业	19.40	59.05	3.37	6.45	98.70
有色金属冶炼和压延加工业	6.26	65.45	2.93	1.21	96.75
金属制品业	13.76	51.55	2.65	4.76	96.39
通用设备制造业	15.45	43.76	2.25	8.30	97.16
专用设备制造业	24.78	53.31	3.51	8.05	96.82
汽车制造业	18.38	60.15	3.34	7.30	95.31
铁路、船舶、航空航天和其他运输设备制造业	31.57	62.03	9.96	1.40	99.41
电气机械和器材制造业	13.06	66.02	2.34	6.95	97.91
计算机、通信和其他电子设备制造业	20.41	24.19	2.96	8.89	95.34
仪器仪表制造业	24.45	58.07	4.08	6.87	98.39
其他制造业	18.00	39.78	2.13	11.52	99.93
废弃资源综合利用业	19.44	79.64	3.29	0.04	99.95
电力、热力生产和供应业	22.95	40.01	183.63	10.70	99.28
水的生产和供应业	7.18	89.45	2.45	5.83	97.87

13—14 大中型工业企业主要经济指标（2014年）

指标	企业单位数（个）	工业总产值（当年价格）	工业销售产值（当年价格）	出口交货值	资产总计	流动资产合计
总计	**89**	**13659670**	**13418408**	**567921**	**17801455**	**6387120**
总计中						
内资企业	78	11865746	11786690	525614	17058716	6033691
国有企业	3	1274193	1274193		1598718	141182
集体企业	1	12472	12472		12151	6092
有限责任公司	18	1344801	1349779	17667	3298874	1052531
股份有限公司	9	6816089	6786614	414454	10113479	3604277
私营企业	47	2418191	2363632	93493	2035493	1229608
港、澳、台商投资企业	4	340564	319872		326737	104925
外商投资企业	7	1453361	1311846	42307	416002	248504
总计中						
轻工业	37	2319051	2122864	82813	2618329	896622
重工业	52	11340620	11295545	485108	15183125	5490498
总计中						
大型企业	13	8874314	8734235	410525	13618683	4370139
中型企业	76	4785356	4684173	157396	4182772	2016981
按行业分						
黑色金属矿采选业	5	736899	739826		2789091	615047
非金属矿采选业	1	22419	22419		20850	9155
农副食品加工业	6	508085	505944		396672	201290
食品制造业	4	747046	618989	17667	214478	79783
酒、饮料和精制茶制造业	1	27107	26995		12784	4655
纺织业	2	27289	26134	18169	23007	12172
纺织服装、服饰业	9	79586	79810		24885	9599
造纸和纸制品业	3	353357	328842		1413833	330602
印刷和记录媒介复制业	1	20876	18619		21899	19036
化学原料和化学制品制造业	8	649214	586853	55869	819279	364437
医药制造业	1	13962	13057		28243	16304
橡胶和塑料制品业	1	13125	13125	13125	6301	2731
非金属矿物制品业	7	406533	389627	953	508292	224021
黑色金属冶炼和压延加工业	6	7004375	6994313	322074	8003160	3196212
有色金属冶炼和压延加工业	1	30252	29398		8094	3885
金属制品业	6	176594	161797	16410	231980	177303
通用设备制造业	11	444373	454501	16981	633665	368958
专用设备制造业	1	10952	9778	1070	33736	20358
汽车制造业	3	665275	682087	56721	624242	366218
电气机械和器材制造业	4	130619	124146	46025	107502	71601
计算机、通信和其他电子设备制造业	1	26090	26469	2859	61137	38258
其他制造业	1	127530	127530		78910	58388
金属制品、机械和设备修理业	1	34757	34757		5844	2991
电力、热力生产和供应业	3	1330821	1330821		1615775	162588
燃气生产和供应业	1	59384	59384		59830	10978
水的生产和供应业	1	13152	13187		57967	20551

单位：万元

存　货		固定资产	固定资产	固定资产	负债合计			所有者权益	
	产成品	合　计	原　价	累计折旧		流动负债合　计	非流动负债合　计	合　计	实收资本
1626094	**544419**	**7603889**	**13320470**	**6098312**	**9850276**	**7177361**	**2213037**	**7937142**	**3788357**
1517626	521764	7352528	12941169	5963862	9387557	6750204	2183410	7658856	3558934
27065	4045	1039169	1615592	671037	860017	469162	390854	738701	505706
		5424	9896	5157	4434	4434		7717	449
182943	46969	631631	1099540	474136	1756197	1251598	503599	1540507	1230726
1080723	346841	5136673	9479404	4572953	5813004	4377976	1243909	4300444	1484448
226895	123909	539632	736737	240579	953905	647035	45047	1071487	337606
21114	2301	117078	147700	33946	154947	141398	13550	171790	61783
87355	20353	134283	231601	100503	307772	285759	16078	106496	167640
172445	49235	646650	944609	325421	1333488	1098486	232851	1284841	618628
1453648	495184	6957239	12375861	5772891	8516787	6078875	1980186	6652302	3169729
1142570	359637	5836274	10693486	5169582	7630007	5718085	1911922	5988645	2652367
483524	184782	1767616	2626983	928730	2220269	1459276	301116	1948497	1135990
16384	3712	403654	661010	269001	1386992	872939	513053	1399928	1077865
848	532	11066	21609	10543	2791	2791		18059	2000
34764	14445	81943	96822	29235	215174	206048	9126	181498	61487
33119	8187	118204	180294	65053	119372	114819	4552	95106	57000
2350	195	7697	16904	9207	4439	4413	27	8345	6352
5767	3044	6579	10876	4297	13006	9432	3574	10002	4573
3456	1458	12454	15753	3778	11973	9767	54	12912	7660
31271	331	232401	386001	161615	704102	506001	198102	709730	396194
4214	2564	1473	2169	696	9574	7018	2557	12324	5750
91140	53229	267752	361753	94000	278456	265542	12914	540823	194517
2552	1045	10931	16207	5276	4479	4479		23764	14550
524	451	398	398	228	477	477		5824	100
45787	15159	193913	293325	110930	212693	195534	17159	295599	210054
998951	297792	4377123	8542364	4328588	5069355	3844484	979278	2924139	1052047
2946	1469	4208	5404	1195	3690	3690		4403	3500
60308	10258	45209	75552	31081	55734	52505	2294	175922	93101
139334	78171	163960	290332	126701	276416	236163	32175	357139	149025
9640	3079	7901	11696	4261	11819	11819		21917	510
91299	39987	233384	232840	73358	280378	203749	65629	343834	23396
11735	7065	33816	43396	10343	57935	45509	12426	47833	28907
3574	2144	12241	17562	5321	8979	7029	1950	52158	19938
6412	103	10678	12229	1551	31425	31425		47484	4460
381		2529	9798	7269	3789	3789		2055	5000
24812		1294383	1922997	718271	1018545	481692	345735	597230	344622
468		40140	52203	15387	31692	25642	6050	28139	10750
4059		29853	40980	11126	36992	30606	6386	20976	15000

13—14 续表

单位：万元

指标	主营业务收入	主营业务成本	主营业务税金及附加	利税总额	本年应付职工薪酬	本年应交增值税
总计	**14342341**	**12933405**	**55793**	**901610**	**659639**	**408265**
总计中						
内资企业	12818625	11553299	52707	811641	626746	351961
国有企业	1193306	1030708	7344	121917	80225	61620
集体企业	12472	7781	449	1375	300	885
有限责任公司	1450198	1234742	10060	130670	91063	53553
股份有限公司	7979947	7417239	28452	333720	352401	192686
私营企业	2182701	1862829	6402	223959	102757	43217
港、澳、台商投资企业	270686	237757	1233	29316	11865	6946
外商投资企业	1253030	1142349	1852	60653	21028	49357
总计中						
轻工业	1936907	1623403	7566	205183	96086	64574
重工业	12405433	11310001	48226	696427	563553	343691
总计中						
大型企业	9765404	8987622	35152	399093	442644	248678
中型企业	4576936	3945782	20640	502518	216995	159587
按行业分						
黑色金属矿采选业	716142	558339	5121	30695	55370	32078
非金属矿采选业	14353	9590	603	2174	3896	135
农副食品加工业	432748	379496	765	32042	11760	6696
食品制造业	530311	425716	1989	55606	10737	16776
酒、饮料和精制茶制造业	26995	22699	2269	4580	3183	1624
纺织业	25039	20907	19	1603	2212	107
纺织服装、服饰业	79185	72529	269	5662	13157	3394
造纸和纸制品业	315989	273232	325	34668	18634	22774
印刷和记录媒介复制业	17946	8968		2747	887	1
化学原料和化学制品制造业	545599	447953	1811	78416	30330	16716
医药制造业	14094	7491	152	5208	2076	1183
橡胶和塑料制品业	12988	11793	237	397	915	
非金属矿物制品业	383654	316331	2718	54075	26244	14279
黑色金属冶炼和压延加工业	8265766	7810275	25251	241585	316135	186113
有色金属冶炼和压延加工业	29985	28397	94	881	1321	272
金属制品业	156435	132751	543	14663	9861	4561
通用设备制造业	425639	341173	2620	44680	36665	12257
专用设备制造业	9778	6828	61	1229	2638	547
汽车制造业	640540	609363	4393	30176	12196	20567
电气机械和器材制造业	121721	102326	374	16012	11191	748
计算机、通信和其他电子设备制造业	26469	22338	73	2756	2657	612
其他制造业	127530	106249	226	15721	3136	1695
金属制品、机械和设备修理业	34757	33935	611	-1012	15551	566
电力、热力生产和供应业	1319994	1128117	4657	214125	60405	63234
燃气生产和供应业	58352	49665	510	9325	4532	896
水的生产和供应业	10332	6943	103	3598	3952	436

13—15　大中型工业企业主要经济效益指标（2014年）

指　标	总资产贡献率(%)	资产负债率(%)	流动资产周转次数(次/年)	工业成本费用利润率(%)	产品销售率(%)
总　计	**6.48**	**55.33**	**2.27**	**3.09**	**98.23**
总计中					
内资企业	6.19	55.03	2.14	3.23	99.33
国有企业	9.08	53.79	8.53	4.47	100.00
集体企业	11.24	36.49	2.05	0.37	100.00
有限责任公司	5.55	53.24	1.40	4.67	100.37
股份有限公司	4.77	57.48	2.22	1.43	99.57
私营企业	12.01	46.86	1.80	8.50	97.74
港、澳、台商投资企业	9.84	47.42	2.66	8.06	93.92
外商投资企业	15.68	73.98	5.27	0.73	90.26
总计中					
轻工业	8.97	50.93	2.23	7.07	91.54
重工业	6.05	56.09	2.28	2.48	99.60
总计中					
大型企业	4.34	56.03	2.25	1.17	98.42
中型企业	13.44	53.08	2.31	7.41	97.89
按行业分					
黑色金属矿采选业	2.70	49.73	1.17	-1.03	100.40
非金属矿采选业	10.28	13.39	1.98	8.92	100.00
农副食品加工业	9.18	54.24	2.19	5.87	99.58
食品制造业	25.89	55.66	7.24	6.82	82.86
酒、饮料和精制茶制造业	36.03	34.73	5.80	2.81	99.59
纺织业	8.66	56.53	2.07	6.23	95.77
纺织服装、服饰业	23.36	48.11	8.25	2.60	100.28
造纸和纸制品业	3.99	49.80	0.96	3.64	93.06
印刷和记录媒介复制业	12.94	43.72	0.98	16.78	89.18
化学原料和化学制品制造业	10.22	33.99	1.55	12.09	90.39
医药制造业	17.82	15.86	0.87	38.14	93.52
橡胶和塑料制品业	6.80	7.57	4.76	1.27	100.00
非金属矿物制品业	11.85	41.84	1.82	9.86	95.84
黑色金属冶炼和压延加工业	4.47	63.34	2.59	0.37	99.86
有色金属冶炼和压延加工业	11.81	45.59	7.72	1.74	97.18
金属制品业	6.75	24.03	0.90	6.23	91.62
通用设备制造业	8.18	43.62	1.16	7.28	102.28
专用设备制造业	5.37	35.03	0.48	6.58	89.29
汽车制造业	5.38	44.91	1.80	0.80	102.53
电气机械和器材制造业	16.07	53.89	1.75	13.26	95.04
计算机、通信和其他电子设备制造业	3.96	14.69	0.69	8.16	101.46
其他制造业	19.89	39.82	2.18	12.14	100.00
金属制品、机械和设备修理业	-17.35	64.84	11.62	-6.03	100.00
电力、热力生产和供应业	15.69	63.04	8.19	12.25	100.00
燃气生产和供应业	16.30	52.97	5.80	13.86	100.00
水的生产和供应业	6.64	63.81	0.64	26.13	100.27

13—16 工业分行业职工人数

单位：人

指　　标	2013	2014
总　　计	**176520**	**189483**
按登记注册类型分		
国　　有	1162	9397
集　　体	999	1332
其　　他	174359	178754
按行业分		
采掘业	**20218**	**27098**
黑色金属矿采选业	18874	25494
非金属矿采选业	1344	1604
制造业	**152579**	**157215**
农副食品加工业	6611	7457
食品制造业	4303	4854
酒、饮料和精制茶制造业	1059	1213
纺织业	1366	1381
纺织服装、服饰业	9638	11360
皮革毛皮羽毛及其制品和制鞋业	450	485
木材加工及木竹藤棕草制品业	619	551
家具制造业	508	632
造纸及纸制品业	3231	3948
印刷和记录媒介复制业	443	378
文教工美体育和娱乐用品制造业	678	881
石油加工、炼焦和核燃料加工业	219	269
化学原料和化学制品制造业	7006	8701
医药制造业	861	988
化学纤维制造业	2041	40
橡胶和塑料制品业	11657	2593
非金属矿物制品业	52347	12252
黑色金属冶炼和压延加工业	1305	45555
有色金属冶炼和压延加工业	9275	1611
金属制品业	16656	10229
通用设备制造业	4069	18436
专用设备制造业	6403	4618
汽车制造业	1267	5342
铁路船舶航空航天和其他运输设备制造业	3941	1412
电气机械和器材制造业	2145	4876
计算机通信和其他电子设备制造业	477	2431
仪器仪表制造业	309	712
其他制造业	1271	419
废弃资源综合利用业	2424	1241
金属制品、机械和设备修理业		2350
电力、热力、燃气及水生产和供应业	**3723**	**5170**
电力、热力生产和供应业	2868	3720
燃气生产和供应业	280	578
水的生产和供应业	575	872

13—17　各县区全部规模以上工业企业单位数和总产值（2014年）

单位：万元

地　区	企业单位数（个）	#国有及国有控股企业	工业总产值（现价）	#国有及国有控股企业	工业增加值（现价）	#国有及国有控股企业	工业销售产值（当年价）	#国有及国有控股企业
全　市	**1035**	**49**	**25602135**	**9908283**	**5988221**	**2389947**	**25097106**	**9942809**
花山区	108	10	3933494	1654817	948248	430751	3859254	1642566
雨山区	160	24	4302732	1664601	1050285	449125	4187816	1710301
博望区	141	1	1253368	5948	322475	1531	1208513	5948
含山县	176	6	2134049	196367	515976	62072	2040166	188847
和　县	149	1	2792328		597618		2712313	254
当涂县	299	5	6272881	1473267	1452451	345300	6167591	1473441
马　钢	2	2	4913283	4913283	1101167	1101167	4921453	4921453

13—18　各县区全部规模以上工业总产值（2014年）

本表按当年价格计算　　　　单位：万元

地　区	工业总产值合计（当年价）	国有及国有控股企业	集体企业	股份有限公司	港澳台商投资企业	外商投资企业	轻工业	重工业
全　市	**25602135**	**9908283**	**116921**	**7075940**	**574701**	**2007564**	**4431515**	**21170620**
花山区	3933494	1654817		628922		401011	746562	3186932
雨山区	4302732	1664601	20685	554080	258554	766179	1132246	3170486
博望区	1253368	5948	5641		3200		24159	1229208
含山县	2134049	196367	10642	63059	8152	50448	658046	1476003
和　县	2792328		68733	171089	31021	46459	918790	1873538
当涂县	6272881	1473267	11220	1046013	75134	743467	951712	5321169
马　钢	4913283	4913283		4612777				4913283

13—19 各县区全部规模以上工业企业主要经济指标（2014年）

单位：万元

地区	企业单位数（个）	工业总产值（现价）	工业销售产值（当年价）	资产合计	流动资产合计	固定资产合计	固定资产原价	负债合计
全市	**1035**	**25602135**	**25097106**	**23183309**	**9471382**	**9298390**	**15613249**	**12848202**
花山区	108	3933494	3859254	4437602	1582392	1693718	2618675	2505345
雨山区	160	4302732	4187816	3817598	1937606	1192280	1745484	1756226
博望区	141	1253368	1208513	564507	356328	156767	212209	260381
含山县	176	2134049	2040166	1034306	428929	443644	607820	476485
和县	149	2792328	2712313	1363121	713403	462689	612596	539888
当涂县	299	6272881	6167591	3015835	1335133	1388611	1818092	1893559
马钢	2	4913283	4921453	8950341	3117593	3960682	7998374	5416319

地区	#流动负债	所有者权益	#实收资本	主营业务收入	主营业务成本	主营业务税金及附加	利润总额	本年应交增值税
全市	**9665606**	**10245472**	**5072288**	**25565544**	**23030176**	**105594**	**979591**	**671258**
花山区	1623737	1919606	1288603	3785981	3391470	11316	187779	111369
雨山区	1536353	2058469	1109838	3936025	3411010	23045	160664	111678
博望区	233912	292858	113514	1113104	960947	6143	90223	17759
含山县	357120	545496	201237	1931969	1663856	18663	154259	64774
和县	439261	815398	348368	2532677	2231331	9257	167189	42959
当涂县	1489110	1079624	574032	5910258	5453790	13642	194684	212202
马钢	3986113	3534022	1436696	6355530	5917772	23530	24793	110518

13—20　各县区国有控股工业企业主要经济指标（2014年）

单位：万元

地　区	企业单位数（个）	工业总产值（现价）	工业销售产值（当年价）	资产合计	流动资产合计	固定资产合计	固定资产原价	负债合计
全　市	**49**	**9908283**	**9942809**	**13658877**	**4607248**	**6615352**	**11920392**	**7929794**
花山区	10	1654817	1642566	1539432	275477	1095617	1695551	900148
雨山区	24	1664601	1710301	1843826	890488	637183	955459	775087
博望区	1	5948	5948	1886	1762	124	130	768
含山县	6	196367	188847	271590	103127	121561	210531	140451
和　县	1		254	1175	947	53	1008	634
当涂县	5	1473267	1473441	1050628	217854	800132	1059339	696387
马　钢	2	4913283	4921453	8950341	3117593	3960682	7998374	5416319

地　区	#流动负债	所有者权益	#实收资本	主营业务收入	主营业务成本	主营业务税金及附加	利润总额	本年应交增值税
全　市	**5808701**	**5724691**	**2785825**	**11101938**	**10166710**	**44013**	**240309**	**281280**
花山区	542977	639284	460126	1647921	1471955	6444	121926	58660
雨山区	660564	1064348	620446	1531711	1357996	9654	21485	45931
博望区	560	1118	180	4062	3505	79	264	1
含山县	108384	131139	80322	169656	136348	2927	17828	7460
和　县	634	541	711	254	188	7	-115	91
当涂县	509469	354241	187345	1392804	1278946	1374	54128	58620
马　钢	3986113	3534022	1436696	6355530	5917772	23530	24793	110518

13—21　各县区外商投资和港澳台投资工业企业主要经济指标（2014年）

单位：万元

地　区	企业单位数（个）	工业总产值（现价）	工业销售产值（当年价）	资产合计	流动资产合计	固定资产合计	固定资产原价	负债合计
全　市	**60**	**2582265**	**2378262**	**1304414**	**647244**	**475401**	**735723**	**727687**
花山区	13	599652	551003	384919	228944	129513	263768	192715
雨山区	23	1024733	898514	629523	278204	225478	323375	330702
博望区	1	3200	2768	2658	1278	1380	832	565
含山县	8	58601	55294	76027	23025	49012	52366	50583
和　县	7	77479	74830	65213	27867	29657	35283	26528
当涂县	8	818600	795853	146074	87926	40360	60100	126596

地　区	#流动负债	所有者权益	#实收资本	主营业务收入	主营业务成本	主营业务税金及附加	利润总额	本年应交增值税
全　市	**646972**	**574898**	**486546**	**2235257**	**2005211**	**5257**	**61397**	**75185**
花山区	190843	192204	224060	603307	531189	1811	20281	12971
雨山区	297866	297087	187732	755934	644784	2671	33109	18324
博望区	565	2000	2000	2768	2233	6	445	12
含山县	18835	25444	20137	55167	48284	281	2150	1835
和　县	18206	38686	31589	75818	65806	148	1760	1720
当涂县	120656	19478	21027	742263	712916	341	3651	40324

13—22　各县区私营工业企业主要经济指标（2014年）

单位：万元

地　区	企业单位数（个）	工业总产值（现价）	工业销售产值（当年价）	资产合计	流动资产合计	固定资产合计	固定资产原价	负债合计
全　市	**872**	**11829386**	**11559911**	**5942546**	**3421235**	**1761535**	**2306046**	**3078813**
花山区	68	1092905	1103694	758233	565683	149783	182116	484762
雨山区	108	1340224	1309232	1215725	705559	289412	417773	555391
博望区	136	1223882	1179474	550029	347618	152432	207669	255332
含山县	143	1764157	1687636	637759	276672	254337	318573	253252
和　县	137	2462721	2416364	973252	504873	369923	484270	465231
当涂县	280	3945496	3863512	1807548	1020830	545647	695646	1064845

地　区	#流动负债	所有者权益	#实收资本	主营业务收入	主营业务成本	主营业务税金及附加	利润总额	本年应交增值税
全　市	**2369331**	**2780782**	**1194160**	**10985953**	**9780540**	**48596**	**616798**	**254834**
花山区	212946	262002	155212	964082	907614	2260	12645	15306
雨山区	492768	659477	303240	1319967	1107595	5910	97592	27875
博望区	229856	285857	107682	1086914	940572	5892	89209	16515
含山县	196475	372185	81300	1600527	1384602	14047	133085	50805
和　县	384033	500186	183651	2276029	2012602	8817	148336	31353
当涂县	853254	701074	363076	3738434	3427555	11670	135932	112981

13—23 各县区大中型工业企业主要经济指标（2014年）

单位：万元

地区	企业单位数（个）	工业总产值（现价）	工业销售产值（当年价）	资产合计	流动资产合计	固定资产合计	固定资产原价	负债合计
全市	**89**	**13659670**	**13418408**	**17801455**	**6387120**	**7603889**	**13320470**	**9850276**
花山区	14	2554149	2489712	3595129	1046898	1462603	2247856	2028842
雨山区	29	2577623	2476077	2655200	1141961	951692	1391901	1021931
博望区	5	104963	104963	77381	48956	21975	29764	34986
含山县	7	188573	176955	244047	105919	90159	147853	123743
和县	8	820839	779120	635066	322232	201953	286436	156687
当涂县	24	2500240	2470127	1644292	603562	914826	1218286	1067768
马钢	2	4913283	4921453	8950341	3117593	3960682	7998374	5416319

地区	#流动负债	所有者权益	#实收资本	主营业务收入	主营业务成本	主营业务税金及附加	利润总额	本年应交增值税
全市	**7177361**	**7937142**	**3788357**	**14342341**	**12933405**	**55793**	**434063**	**408265**
花山区	1229718	1556621	1024311	2481046	2214635	7556	131165	86644
雨山区	857944	1629334	835678	2221450	1885340	16646	86398	81720
博望区	32522	42221	10698	105232	73586	467	21822	1333
含山县	93596	120303	65322	163336	130523	2566	12672	5174
和县	132787	478379	150114	661055	549240	1461	65654	16539
当涂县	844681	576263	265538	2354691	2162309	3567	91559	106337
马钢	3986113	3534022	1436696	6355530	5917772	23530	24793	110518

13—24 主要年份工业产品产量

指标		2000	2005	2010	2013	2014
铁矿石原矿量	（吨）	7755774	8545145	11626356	16908981	20243544
大　米	（吨）	19579	58456	215555	554874	701232
饲　料	（吨）	24746	33438	139725	342077	371762
配合饲料		24746	33438	139725	339457	369257
精制食用植物油	（吨）	12230	2003	113617	200223	274925
糕　点	（吨）		2413	4173		
速冻米面食品	（吨）		1194	1702		6810
乳制品	（吨）			292502	391256	517899
液体乳				233816	391256	517899
冷冻饮品	（吨）		13600	58686	64803	51342
饮料酒	（千升）		64103	147169	152487	161292
白　酒（折65度，商品量）			207	3712	19775	19455
啤　酒			63896	143273	132712	141837
纱	（吨）	9075	9982	20821	8482	8718
棉　纱		9075	9982	20742	8482	8718
布	（万米）	5533.87	3834.00	1238.75	301.00	316.39
棉　布		2863.59	3834.00	1238.75	301.00	316.39
服　装	（万件）	551.21	966.00	2870.66	4144.00	5475.04
针织服装		92.15	33.57	551.20	903.00	692.57
梭织服装		459.06	932.43	2319.46	3242.00	4782.47
西服套装				18.00	74.00	
衬　衫		27.83	31.17	121.20	79.00	132.04
人造板	（立方米）		13557	112	163276	185750
胶合板			13557	44738	26163	57404
纸浆（原生浆及废纸浆）	（吨）	120486	448933	1039668		
机制纸及纸板	（吨）	136533	482531	960116	1039638	1325896
未涂布印刷书写用纸				199646	186999	182293
新闻纸				139351	185332	179753
箱板纸				760470	852639	1143603
纸制品	（吨）	7701	43168	5928		16191
瓦楞纸箱		7701	43168	5928		
单色印刷品	（令）			87308	50033	63701
多色印刷品	（对开色令）			59540	187451	215573

13—24　续表1

指　　　标		2000	2005	2010	2013	2014
焦　炭	(吨)	1965498	2520543	4663394	4675300	4690100
机　焦		1965498	2520543	4663394	4675300	4690100
硫酸（折100%）	(吨)	158688	246140	126725	206885	240033
纯　苯	(吨)	15695	23701	29715	45415	50176
涂　料	(吨)		5175	8516	6591	8356
建筑涂料			231	1069		
颜　料	(吨)	4409	7323	22077		
染　料	(吨)		236	49		
化学试剂	(吨)	17393	62772	82316	50465	47728
合成洗涤剂	(吨)			150746	128401	143382
合成洗衣粉				73495	90117	85714
硅酸盐水泥熟料	(吨)			6263460	6807100	8327557
水　泥	(吨)		936084	9633046	13641887	13153763
强度待级42.5水泥（含R型）				5667315	7253607	7930083
强度待级52.5水泥（含R型）				785093	3298524	2539935
商品混凝土	(立方米)		1373960	2114046	4672425	5258110
耐火材料制品	(吨)	69989	177961	209659	135884	92263
生　铁	(吨)	3971088	8963898	14697152	16915460	16999357
粗　钢	(吨)	3953976	10210858	15451346	17337548	17742757
钢　材	(吨)	3601186	9519063	15780951	19435646	19988843
铁道用钢材		90189	147674	119079	149892	161711
大型型钢		383812	1971482	2345257	2318797	1922133
中小型钢材		562615	345213	615590	1521051	1154367
钢　筋			2490740	3644691	5764633	5790696
线材（盘条）		739029	1357227	1583860	1731496	1447829
厚钢板			302065	392509	443842	439986
中　板			650882	832790	801300	792585
冷轧薄板			134849	143747	195062	310049
中厚宽钢带			626969	2480106	2295623	3210127
热轧薄宽钢带			123579	91246	347890	639544
冷轧薄宽钢带			920239	1541330	1625228	1689892
冷轧窄钢带			78245	20360	17954	19108
镀层板（带）			195120	1239036	1363628	1359609
涂层板（带）			132741	77205	82616	91424
电工钢板（带）				433448	429262	522537
焊接钢管			5253	164063	265060	294061
其他钢材			36785	56634	41173	46239
用外购国产钢材再加工生产的钢材	(吨)			3270	2523546	996054

13—24 续表2

指　标		2000	2005	2010	2013	2014
铜　材	(吨)			10162	2655	9713
铝　材	(吨)		1369	1555	1703	17791
铝型材						
金属切削工具	(万件)	584.50	650.00	543.29	478.29	672.39
钢　丝	(吨)	35955	48583	45548	29606	20334
钢绞线	(吨)	25700	7718	225506	269678	337846
金属切削机床	(台)	480	915	735	252	1167
数控金属切削机床		35	181	354	131	99
金属成型机床	(台)	3844	6033	17886	19972	21538
泵	(台)			34909	55815	71767
阀　门	(吨)			10218	20444	23366
气体压缩机	(台)	2676	901	475		
液压元件	(件)			1670	22775	20223
滚动轴承	(万套)		2.03	7.84	8.84	9.69
减速机	(台)	401	372	362	17	
金属紧固件	(吨)			2711	5940	49035
弹　簧	(吨)			466		
铸铁件	(吨)		6227	271060	609269	1119738
铸钢件	(吨)			27539	148366	249740
锻　件	(吨)	6737	3259	47158	61647	63213
粉末冶金零件	(吨)		11124	15602	14860	14701
采矿专用设备	(吨)		1280	1830		
金属冶炼设备	(吨)		303	300	4434	2418
模　具	(套)	13400	58376	122651	63349	75194
汽　车	(辆)			29315	21032	16330
载货汽车				29315	21032	16330
改装汽车	(辆)	915	3286	10878	6700	7205
铅酸蓄电池	(千伏安时)	384	255	633164	607364	458966
电子元件	(万只)	1141		10121	19083	21898
片式元件		1141		8899		
发电量	(万千瓦时)	410012	756480	1758487	2950279	2716206
火力发电量		410012	756480	1758487	2950279	2716206
煤气生产量	(万立方米)	770186	1441154	2375568	2452670	2393246
自来水生产量	(万立方米)	5542	4713	7681	9669	9599

13—25 主要年份工业产品生产能力

指 标		2010	2013	2014
原 煤	(吨)	80000		
棉纺锭	(锭)	124868	62000	60000
气流纺锭	(头)	9536		
棉布织机	(台)	800	120	126
焦 炭	(吨)	5100000	5100000	5100000
硅酸盐水泥熟料	(吨)	7445000	9090000	10665000
水 泥	(吨)	14498000	15406321	17848852
生 铁	(吨)	17387000	18360000	18380300
粗 钢	(吨)	19847000	24537785	24776021
钢 材	(吨)	20757500	23673800	25154435.29
金属切削机床	(台)	100	40341	2076
汽 车	(辆)	30000	30000	30000
发电设备容量总计	(万千瓦)	327	500	505.24
#炎电设备容量		327	500	501.64

主要统计指标解释

工业

指从事自然资源的开采，对采掘品和农产品进行加工和再加工的物质生产部门。具体包括：(1)对自然资源的开采，如采矿、晒盐等(但不包括禽兽捕猎和水产捕捞)；(2)对农副产品的加工、再加工，如粮油加工、食品加工、缫丝、纺织、制革等；(3)对采掘品的加工、再加工，如炼铁、炼钢、化工生产、石油加工、机器制造、木材加工等，以及电力、自来水、煤气的生产和供应等。

工业统计调查单位为独立核算法人工业企业。

独立核算法人工业企业指从事工业生产经营活动的单位。独立核算法人工业企业应同时具备以下条件：①依法成立，有自己的名称、组织机构和场所，能够承担民事责任；②独立拥有和使用资产，承担负债，有权与其他单位签订合同；③独立核算盈亏，并能够编制资产负债表。

国有及国有控股企业

指国有企业加上国有控股企业。国有企业(即原全民所有制工业或国营工业)指企业全部资产归国家所有，并按《中华人民共和国企业法人登记管理条例》规定登记注册的非公司制的经济组织。包括国有企业、国有独资公司和国有联营企业。1957年以前的公私合营和私营工业，后均改造为国营工业，1992年改为国有工业，这部分工业的资料不单独分列时，均包括在国有企业内。国有控股企业是对混合所有制经济的企业进行的“国有控股”分类。它是指这些企业的全部资产中国有资产(股份)相对其他所有者中的任何一个所有者占资(股)最多的企业。该分组反映了国有经济控股情况。

轻工业

指主要提供生活消费品和制作手工工具的工业。按其所使用的原料不同，可分为两大类：(1)以农产品为原料的轻工业，是指直接或间接以农产品为基本原料的轻工业。主要包括食品制造、饮料制造、烟草加工、纺织、缝纫、皮革和毛皮制作、造纸以及印刷等工业；(2)以非农产品为原料的轻工业，是指以工业品为原料的轻工业。主要包括文教体育用品、化学药品制造、合成纤维制造、日用化学制品、日用玻璃制品、日用金属制品、手工工具制造、医疗器械制造、文化和办公用机械制造等工业。

重工业

指为国民经济各部门提供物质技术基础的主要生产资料的工业。按其生产性质和产品用途，可以分为下列三类：(1)采掘(伐)工业，是指对自然资源的开采，包括石油开采、煤炭开采、金属矿开采、非金属矿开采等工业；(2)原材料工业，指向国民经济各部门提供基本材料、动力和燃料的工业。包括金属冶炼及加工、炼焦及焦炭、化学、化工原料、水泥、人造板以及电力、石油和煤炭加工等工业；(3)加工工业，是指对工业原材料进行再加工制造的工业。包括装备国民经济各部门的机械设备制造工业、金属结构、水泥制品等工业，以及为农业提供的生产资料如化肥、农药等工业。

工业总产值

(1)定义：

工业总产值是工业企业在一定时期内生产的以货币形式表现的工业最终产品或提供工业性劳务活动的总价值量。它反映一定时间内工业生产的总规模和总水平。

(2) 计算原则：

工业生产的原则，即凡是企业在报告期生产的经检验合格的产品，不管是否在报告期销售，均包括在内。

最终产品的原则，即凡是计入工业总产值的产品，必须是本企业生产的经检验合格的，不需要再进行任何加工的最终产品。如果企业有中间产品(半成品)对外销售，则对外销售的中间产品应视为企业的最终产品。

工厂法原则，即工业总产值是以工业企业作为基本计算(核算)单位，即按企业的最终产品计算工业总产值。按这种方法计算的工业总产值，不允许同一产品价值在企业内部重复计算，不能把企业内部各个车间(分厂)生产的成果相加，但允许企业间的重复计算。

(3) 内容及计算方法：

1995 年全国工业普查对工业总产值(原规定)的内容及计算原则和方法做了某些修订，修订后的工业总产值(新规定)包括三项内容：即本期生产成品价值、对外加工费收入、在制品半成品期末期初差额价值三部分。

本期生产成品价值：指企业本期生产，并在报告期内不再进行加工，经检验、包装入库的全部工业成品(半成品)价值合计，包括企业生产的自制设备及提供给本企业在建工程、其他非工业部门和福利部门等单位使用的成品价值。本期生产成品价值为按自备原材料生产的产品的数量乘以本期不含增值税(销项税额)的产品实际销售平均单价计算；会计核算中按成本价格转帐的自制设备和自产自用的成品，按成本价格计算生产成品价值。生产成品价值中不包括用定货者来料加工的成品(半成品)价值。

对外加工费收入：指企业在报告期内完成的对外承接的工业品加工(包括用定货者来料加工产品)的加工费收入和对外工业修理作业所取得的加工费收入。对外加工费收入按不含增值税(销项税额)的价格计算，可根据会计“产品销售收入”科目的有关资料取得。

对于本企业对内非工业部门提供的加工修理、设备安装的劳务收入，如果企业会计核算基础较好，能取得这部分资料，而且这部分价值所占比重较大，应包括在对外加工费收入中。

自制半成品在制品期末期初差额价值：指企业报告期在制品期末减期初的差额价值，本指标一般可以从会计核算资料中取得。如果会计产品成本核算中不计算半成品、在制品的成本，则总产值中也不包括这部分价值，反之则包括。

(4) 工业总产值统计范围变化和计算方法修订情况：

1984 年以前工业总产值不包括村办工业，村办工业总产值划归农业。1984 年以后工业总产值包括村办工业。

1995 年工业普查对工业总产值计算方法做了修订，即从 1995 年始按新修订(新规定)方法计算工业总产值。新规定与原规定的区别如下：

全价与加工费的计算原则不同：新规定为凡自备原材料，不论其生产繁简程度如何，一律按全价计算工业总产值；凡来料加工，允许按加工费计算工业总产值。原规定则视生产加工的繁简程度不同，规定哪些行业按全价，哪些行业按加工费计算工业总产值。

自制半成品、在产品期末期初差额价值的计算原则不同：新规定要求，凡会计产品成本核算时计算了成本的差额价值，总产值中就应包括，否则可不包括；原规定则按生产周期六个月的界限区分，凡生产周期六个月以上的企业，总产值计算中应包括这部分差额价值，否则可不包括。

计算价格不同：新规定按不含增值税(销项税额)的价格计算；原规定则按含增值税(销项税额)的价格计算。

工业增加值

指工业企业在报告期内以货币表现的工业生产活动的最终成果。

工业增加值有两种计算方法：一是生产法，即工业总产出减去工业中间投入加上应交增值税；二是收入法，即从收入的角度出发，根据生产要素在生产过程中应得到的收入份额计算，具体构成项目有固定资产折旧、劳动者报酬、生产税净额、营业盈余，这种方法也称要素分配法。

资产总计

指企业拥有或控制的能以货币计量的经济资源，包括各种财产、债权和其他权利。资产按流动性分为流动资产、长期投资、固定资产、无形资产、递延资产和其他资产。该指标根据企业会计“资产负债表”中“资产总计”项目的期末数增列。

流动资产

指企业可以在一年内或者超过一年的一个生产周期内变现或者耗用的资产，包括现金及各种存款、短期投资，应收及预付款项、存货等。

固定资产原价

指企业在建造、购置、安装、改建、扩建、技术改造某项固定资产时所支出的全部货币总额。它一般包括买价、包装费、运杂费和安装费等。

固定资产净值

指固定资产原价减去历年已提折旧额后的净额。计算公式为：

固定资产净值=固定资产原价-累计折旧

负债合计

指企业所承担的能以货币计量，将以资产或劳务偿付的债务，偿还形式包括货币、资产或提供劳务。负债一般按偿还期长短分为流动负债和长期负债。根据会计“资产负债表”中“负债合计”的年末数填列。

所有者权益合计

指企业投资人对企业净资产的所有权。企业净资产为企业全部资产与企业全部负债的差额，包括实收资本、资本公积、盈余公积、未分配利润等。根据会计“资产负债表”中“所有者权益”项的期末数填列。

主营业务收入

指会计“利润表”中对应指标的本年累计数。未执行2001年《企业会计制度》的企业，用“产品销售收入”的本期累计数代替。

主营业务成本

指会计“利润表”中对应指标的本年累计数。未执行2001年《企业会计制度》的企业，用“产品销售成本”的本期累计数代替。

主营业务税金及附加

指会计“利润表”中对应指标的本年累计数。未执行2001年《企业会计制度》的企业，用“产品销售税金及附加” 的本期累计数代替。

利润总额

指企业在生产经营过程中各种收入扣除各种耗费后的盈余，反映企业在报告期内实现的盈亏总额，包括营业利润、补贴收入、投资净收益和营业外收支净额。根据会计“利润表”中的对应指标的本期累计数填列。

本年应交增值税

指企业按税法规定，从事货物销售或提供加工、修理修配劳务等增加货物价值的活动本期应交纳的税金。指企业在报告期应交增值税额。计算公式为：

本年应交增值税=销项税额-（进项税额-进项税额转出）-出口抵减内销产品应纳税额-减免税款+出口退税

本年进项税额指工业企业在报告期内购入货物

或接受应税劳务而支付的、准予从销项税额中抵扣的增值税额。

本年销项税额指工业企业在报告期内销售货物或提供应税劳务应收取的增值税额。

从业人员平均人数

是指报告期内每天拥有的从业人员人数。其计算公式为：

月平均人数=报告月内每天实有人数之和/报告月日历日数

季平均人数=季内各月平均人数之和/3

年平均人数=年内各月平均人数之和/12

总资产贡献率

反映企业全部资产的获利能力，是企业经营业绩和管理水平的集中体现，是评价和考核企业盈利能力的核心指标。计算公式为：

总资产贡献率（%）=（利润总额+税金总额+利息支出）/平均资金总额×100%

公式中：税金总额为产品销售税金及附加与应交增值税之和；平均资产总额为期初期末资产之和的算术平均值。

资产负债率

该指标既反映企业经营风险的大小，也反映企业利用债权人提供的资金从事经营活动的能力。计算公式为：

资产负债率（%）=负债总额/资产总额×100%

资产与负债均为报告期期末数。

流动资产周转次数

指一定时期内流动资产完成的周转次数，反映投入工业企业流动资金的周转速度。计算公式为：

流动资产周转次数产品销售收入/全部流动资产平均余额

公式中：全部流动资产平均余额为期初和期末的流动资产之和的算术平均值。

成本费用利润率

反映企业投入的生产成本及费用的经济效益，同时也反映企业降低成本所取得的经济效益。计算公式为：

成本费用利润率（%）=利润总额/成本费用总额×100%

公式中：成本费用总额为产品销售成本、销售费用、管理费用、财务费用之和。

产品销售率

该指标反映工业产品已实现销售的程度，是分析工业产销衔接情况，研究工业产品满足社会需求的指标。计算公式为：

产品销售率(%)=工业销售产值/工业总产值(现价）×100%

十四

建筑业

简要说明

一、本篇资料反映全市建筑业概况和发展情况，主要包括建筑业企业生产经营情况，指标有企业个数、从业人员数、建筑业总产值、房屋建筑面积、机械设备、资产负债、利润税金、技术装备等。

二、本篇资料由市统计局工业及建设统计科整理。资料来源依据国家统计局制定的《建筑业统计报表制度》收集的有关年报资料。

14—1 主要年份建筑业企业概况

年份	总计	内资			港澳台商投资企业	外商投资企业	国有及国有投资企业
			#国有经济	集体经济			
企业单位数（个）							
2000	77	77	7	45			10
2002	89	89	8	20			14
2003	82	82	9	19			16
2004	100	109	7	8		1	17
2005	105	104	6	9		1	19
2006	105	104	4	7		1	18
2007	126	125	5	6	1		13
2008	112	109	5	6	2	1	16
2009	139	136	5	5	2	1	14
2010	137	136	5	5	1		15
2011	158	157	8	8	1		18
2012	153	152	7	8	1		15
2013	147	146	6	6	1		11
2014	134	133	4	5	1		10
从业人员（万人）							
2000	4.23	4.23	1.47	1.58			1.55
2002	4.85	4.85	1.18	0.82			2.86
2003	6.88	6.88	2.50	0.92			2.97
2004	4.57	4.56	0.40	0.65			1.18
2005	4.87	4.87	0.49	0.77			1.26
2006	5.12	5.09	0.09	0.34		0.02	1.29
2007	6.03	5.93	0.12	0.29	0.06	0.04	0.17
2008	5.80	5.79	0.10	0.26	0.01		1.50
2009	6.06	6.00	0.10	0.18	0.02	0.05	1.78
2010	7.85	7.84	0.11	0.05	0.01		2.79
2011	8.08	8.08	0.24	0.75			1.30
2012	8.41	8.41	0.13	0.68			1.12
2013	8.65	8.65	0.11	0.57			0.76
2014	8.50	8.49	0.10	0.53			0.73
总产值（万元）							
2000	178392	178392	89130	48157			92086
2002	324362	324362	119461	38455			148974
2003	517153	517153	253710	37709			336646
2004	585224	585098	125991	59701		126	318590
2005	730525	730366	143079	98649		158	380391
2006	827578	825713	9491	44745		1865	409667
2007	864373	847854	16794	41594	8635	7885	387316
2008	901235	900767	13687	36050	468		385785
2009	1082327	1067004	14114	26123	5371	9952	493005
2010	1605957	1603956	17966	7554	2001		718138
2011	2408807	2408610	48547	67520	197		1161536
2012	2643890	2643766	30124	70364	124		1051636
2013	2719377	2718560	35443	66113	817		742443
2014	2826169	2825377	32646	63515	792		824010

14—2 建筑业企业主要经济指标

指 标		2012	2013	2014
企业单位数	(个)	153	147	134
从业人数	(万人)	8.43	8.65	8.50
自有固定资产原价	(万元)	224006	246204	263882
自有固定资产净值	(万元)	142616	179992	227076
建筑业总产值	(万元)	2643890	2719377	2826169
建筑工程		2270886	2230528	2374620
安装工程		173502	267901	227861
其 他		199502	220948	223689
固定资产本年折旧	(万元)	11713	16073	12404
应付职工薪酬	(万元)	260257	379715	410713
主营业务税金及附加	(万元)	71526	84371	91924
管理费用中的税金	(万元)	2805	2353	3934
营业利润	(万元)	78787	94330	106568
利润总额	(万元)	80083	93397	107152
利税总额	(万元)	154414	180121	203011
劳动生产率（按总产值计算）	(元/人)	313815	337698	323201
房屋建筑施工面积	(万平方米)	1959.84	2058.86	2152.55
房屋建筑竣工面积	(万平方米)	780.11	881.34	870.28
房屋建筑面积竣工率	(%)	39.80	42.81	40.43
产值利润率	(%)	3.03	3.43	3.79
产值利税率	(%)	5.84	6.62	7.18

14—3 国有经济建筑业企业主要经济指标

指 标		2012	2013	2014
企业单位数	(个)	8	6	4
从业人数	(万人)	0.13	0.11	0.10
自有固定资产原价	(万元)	5956	6531	6215
自有固定资产净值	(万元)	3482	4280	4002
建筑业总产值	(万元)	35491	35443	32646
建筑工程		26086	32343	14246
安装工程		180	1700	1000
其 他		9225	1400	17400
固定资产本年折旧	(万元)	232	264	204
应付职工薪酬	(万元)	6708	5301	4749
主营业务税金及附加	(万元)	762	1179	1214
管理费用中的税金	(万元)	13	29	139
营业利润	(万元)	344	2544	221
利润总额	(万元)	337	2544	340
利税总额	(万元)	1112	3752	1693
劳动生产率（按总产值计算）	(元/人)	272173	298841	390498
产值利润率	(%)	0.95	7.18	1.04
产值利税率	(%)	3.13	10.59	5.19

14—4 建筑业企业主要生产指标（2014年）

指　　标		合　计	总 承 包	专业承包
企业单位个数	（个）	134	92	42
签订的合同额	（万元）	6567428	6434201	133227
直接从建设单位承揽工程完成的产值	（万元）	2796910	2691860	105050
自行完成施工产值		2785950	2682599	103351
分包出去工程产值		10960	9261	1699
从建设单位以外承揽工程完成的产值	（万元）	40220	38820	1399
建筑业总产值	（万元）	2826169	2721419	104750
#装饰装修产值		152136	131326	20810
在外省完成产值		576100	559896	16203
#建筑工程		2374620	2328188	46432
安装工程		227861	202228	25632
其　　他		223689	191003	32686
竣工产值	（万元）	1571025	1496913	74111
房屋建筑施工面积	（万平方米）	2152.55	2128.52	24.02
#本年新开工		958.66	935.72	22.93
#投标承包的面积		1844.47	1821.21	23.26
#本年新开工		831.23	808.30	22.93
房屋建筑竣工面积	（万平方米）	870.28	853.04	17.24
房屋竣工价值	（万元）	1108337	1087681	20655
计算劳动生产率的平均人数	（万人）	8.74	8.24	0.50
从业人员	（万人）	8.50	8.03	0.46
#工程技术人员	（万元）	1.97	1.88	0.09
#一级建造师	（万元）	0.11	0.11	
全员劳动生产率	（元/人）	323201	330137	209082
房屋建筑面积竣工率	（%）	40.43	40.08	71.76

内资企业	#集 体	私 营	港澳台商	国有及国有控股企业	房屋工程建筑业	土木工程建筑业	建筑安装	建筑装饰其他建筑业
133	5	109	1	10	65	30	15	24
6565429	121737	2366839	1999	3753340	5938116	528760	19299	81253
2796117	63515	1627697	792	824010	2309815	400025	17442	69629
2785157	63515	1624974	792	824010	2309145	391293	17182	68331
10960		2723			670	8732	260	1298
40220		38076			31093	7727	260	1139
2825377	63515	1663050	792	824010	2340238	399020	17442	69470
152136		141608			113868	18312	7926	12029
576100		148993		396302	539263	32256	525	4056
2374620	59857	1337794		743642	2022760	297810	2094	51957
227068	2159	137112	792	62967	182093	28885	14297	2585
223689	1500	188145		17400	135385	72325	1051	14928
1570232	60560	1158957	792	211863	1254888	250810	11670	53657
2152.55	90.77	1289.51		649.49	2024.77	90.10	3.88	33.80
958.66	43.25	623.08		242.61	886.65	37.22	2.95	31.83
1844.47	83.21	1033.65		645.09	1739.64	68.95	3.18	32.70
831.23	43.25	504.96		240.85	769.93	26.52	2.95	31.83
870.28	44.06	705.06		89.07	815.39	26.21	3.22	25.45
1108337	45701	852068		162855	1040714	35802	1058	30763
8.74	0.51	6.42		0.71	7.36	0.94	0.15	0.30
8.49	0.53	6.09		0.73	7.10	0.96	0.17	0.26
1.97	0.05	1.60		0.15	1.59	0.31	0.02	0.05
0.11		0.08		0.02	0.09	0.02		
323255	125153	258957	203154	1168145	317958	426759	117138	231412
40.43	48.54	54.68		13.71	40.27	29.09	83.00	75.30

14—5 建筑业企业主要财务指标（2014年）

指　　标	单位数（个）	流动资产合　计	#存　货	固定资产合　计
总　计	**134**	**1793358**	**375219**	**227076**
#国有及国有控股企业	10	882886	269924	40491
按登记注册类型分				
内资企业	133	1793123	375215	226987
国有企业	4	20004	1989	4002
集体企业	5	13497	5183	4490
有限责任公司	15	1084817	317639	61667
私营企业	109	674806	50404	156829
港澳台投资企业	1	234	4	89
按国民经济行业分				
房屋建筑业	65	1383980	306330	148086
土木建筑业	30	363029	60705	66498
铁路、道路、隧道和桥梁工程建筑	14	165770	8755	32218
建筑安装业	15	12315	2309	3178
建筑装饰和其他建筑业	24	34034	5876	9314
建筑装饰业	20	25007	4730	7278
按资质等级分				
施工总承包	92	1718220	361741	208040
特　级	1	809744	256653	33792
一　级	13	406197	61919	51782
二　级	35	344817	16227	43921
三级及以下	43	157462	26943	78545
专业承包	42	75138	13478	19036
一　级	2	10640	1489	726
二　级	17	27379	6317	6651
三级及以下	23	37118	5672	11660

单位：万元

固定资产原价	固定资产累计折旧	#本年折旧	资产	负债	流动负债	所有者权益	实收资本
263882	**103800**	**12404**	**2152998**	**1413478**	**1281220**	**739521**	**486984**
71924	33778	2932	1003032	772991	720277	230041	143779
263793	103800	12404	2151752	1413136	1280878	738616	486484
6215	2940	204	26029	10809	10205	15221	4523
7727	3237	381	18449	7070	7070	11379	9346
101063	45273	3978	1245408	960014	883452	285395	189320
148788	52351	7841	861865	435243	380151	426622	283295
89			1247	342	342	905	500
168993	65754	8379	1632536	1087626	980657	544909	357000
79083	32757	3225	456616	303608	283229	153008	97185
39744	15794	1955	211943	129717	124354	82226	57211
3153	1171	162	17879	5920	4158	11959	10739
12654	4119	638	45968	16324	13176	29645	22060
8201	1649	317	33484	10462	7915	23022	16404
243330	96821	11764	2046225	1359412	1233123	686813	451479
58759	25726	2529	918825	722514	670620	196311	125000
79400	37283	4775	478949	320664	306481	158286	85912
59763	21572	1470	406925	199270	178503	207655	138476
45407	12240	2989	241526	116964	77518	124562	102091
20553	6980	640	106773	54066	48098	52707	35505
1363	710	-12	12313	8580	8578	3733	2724
9063	2896	466	36691	15094	11109	21597	15022
10128	3375	186	57769	30393	28411	27377	17759

14—5 续表

指标	国家资本	主营业务收入	主营业务成本	主营业务税金及附加	其他业务利润
总计	**24208**	**2949357**	**2588077**	**91924**	**2666**
#国有及国有控股企业	7674	1180451	1077311	33463	254
按登记注册类型分					
内资企业	24208	2948945	2587789	91924	2666
国有企业	3018	33708	31592	1214	
集体企业		54630	49762	2609	
有限责任公司	20940	1406917	1275229	37802	854
私营企业	250	1453691	1231206	50300	1812
港澳台投资企业		413	288		
按国民经济行业分					
房屋建筑业	14199	2474086	2178558	79435	313
土木建筑业	9191	388628	334818	9626	2333
铁路、道路、隧道和桥梁工程建筑	601	161197	140308	5272	1662
建筑安装业		18163	13903	552	20
建筑装饰和其他建筑业	818	68480	60798	2311	
建筑装饰业		51828	45548	1823	
按资质等级分					
施工总承包	23390	2835202	2492811	88197	2095
特级		1102498	1008166	31477	114
一级	5240	657441	568283	21021	331
二级	15949	763574	643404	24562	220
三级及以下	2201	311690	272958	11138	1430
专业承包	818	114155	95265	3727	572
一级		24270	22810	926	
二级	818	54068	47924	2175	16
三级及以下		35817	24531	627	555

单位：万元

销售费用	管理费用	管理费用中的 税 金	财务费用	营业利润	利润总额	应交所得税	本年应付职工薪酬
19024	**84727**	**3934**	**11995**	**106568**	**107152**	**24374**	**410713**
541	26104	1252	2822	39083	39467	6146	66996
19024	84601	3934	11995	106570	107154	24374	410543
30	653	139	-2	221	340	64	4749
406	1036	27	39	776	776	464	18311
3766	42679	1912	4622	43217	43755	7537	106437
14823	40233	1856	7336	62357	62282	16309	281045
	127			-2	-2		170
14302	57589	2453	7906	79192	79339	19472	350858
3962	23861	1280	3565	24269	24725	3931	43657
656	8259	276	1780	16512	16521	2754	19700
136	1384	52	109	782	771	377	5044
624	1894	149	416	2325	2317	594	11154
601	1456	56	357	2024	2016	448	7570
15197	78355	3265	11575	101816	102000	23109	391455
506	22120	908	2819	35998	36217	5158	56260
13881	34363	987	3841	26178	26183	5312	138368
442	12819	537	3027	23725	23627	8999	140740
368	9052	833	1887	15915	15973	3640	56088
3827	6373	670	421	4752	5152	1266	19258
	334	13	-6	207	327	47	1618
436	1833	297	352	1858	1896	522	7760
3391	4206	360	75	2688	2930	697	9880

14—6　劳务分包建筑业企业生产经营情况（2014年）

指　　标		合　　计
生产情况		
企业单位数	（个）	24
建筑业总产值	（万元）	141386
#装饰装修产值		36868
年末从业人数	（万人）	1.90
#现场施工工人		0.73
财务状况		
资产负债		
固定资产原价	（万元）	6004
本年折旧	（万元）	362
资产总计	（万元）	44238
负债合计	（万元）	24159
实收资本	（万元）	8171
损益及分配		
营业收入	（万元）	149436
#主营业务收入		149422
营业成本	（万元）	132807
#主营业务成本		132787
营业税金及附加	（万元）	5666
#主营业务税金及附加		5666
销售费用	（万元）	1634
管理费用	（万元）	3059
#税金本期		171
财务费用	（万元）	644
营业利润	（万元）	5826
利润总额	（万元）	6251
从业人员工资总额	（万元）	62129
全部从业人员年平均人数	（万人）	1.89

14—7 建筑业企业房屋建筑完成情况（2014年）

指　　标	房屋建筑竣工面积（万平方米）	#国有及国有控股企业	竣工房屋价值（万元）	#国有及国有控股企业
总　计	**870.28**	**89.07**	**1108337**	**162855**
住宅房屋	638.11	85.94	846885	155926
商业及服务用房屋	10.19		10214	
商厦房屋（批发和零售用房）	4.41		6267	
宾馆用房屋（住宿用房）	1.38		1646	
餐饮用房屋（餐饮用房）	1.10		1427	
商务会展用房屋	2.68		215	
其他商业及服务用房屋（居民服务业用房）	0.62		659	
办公用房屋	37.98	2.03	51402	5366
科研、教育、医疗用房屋	35.28	1.10	41253	1563
科学研究用房屋	3.88		2738	
教育用房屋	21.47	1.10	25594	1563
医疗用房屋（卫生医疗用房）	9.93		12921	
文化、体育和娱乐用房屋	5.20		8543	
厂房及建筑物	111.29		115968	
厂　房	34.67		34270	
仓　库	2.55		2886	
其他未列明的房屋建筑物 *	29.69		31185	

14—8 各县区建筑业企业房屋建筑完成情况（2014年）

地　　区	房屋建筑竣工面积（万平方米）	#住　宅	竣工房屋价值（万元）	#住　宅
全　市	**870.28**	**638.11**	**1108337**	**846885**
花 山 区	415.71	299.30	586042	451341
雨 山 区	116.60	71.65	141096	94642
博 望 区	1.10	1.10	800	800
含 山 县	76.64	48.74	91717	58413
和　县	97.85	80.73	97448	78504
当 涂 县	162.38	136.58	191234	163185

14—9 各县区按登记注册类型和行业分的建筑业企业单位数（2014年）

单位：个

地 区	合 计	内资企业	港澳台商投资企业	外商投资企业	国有及国有控股公司	房屋工程建筑业	土木工程建筑业	建筑安装业	建筑装饰和其他建筑业
全 市	**134**	**133**	**1**		**10**	**65**	**30**	**15**	**24**
花山区	44	44			5	18	10	6	10
雨山区	42	41	1		2	17	7	7	11
博望区	1	1				1			
含山县	9	9				7	2		
和 县	14	14			2	9	4		1
当涂县	24	24			1	13	7	2	2

14—10 各县区按经济类型和行业分的建筑业总产值（2014年）

单位：万元

地 区	合 计	内资企业	港澳台商投资企业	外商投资企业	国有及国有控股公司	房屋工程建筑业	土木工程建筑业	建筑安装业	建筑装饰和其他建筑业
全 市	**2826169**	**2825377**	**792**		**824010**	**2340238**	**399020**	**17442**	**69470**
花山区	1648556	1648556			800326	1345893	243769	12542	46353
雨山区	436926	436134	792		6095	362827	58698	3946	11455
博望区	630	630				630			
含山县	200701	200701				173069	27632		
和 县	147201	147201			11924	121031	25031		1139
当涂县	392155	392155			5665	336788	43890	955	10523

14—11 各县区建筑业企业生产情况（2014年）

地　区	企业单位个数（个）	总产值（万元）	建筑工程	安装工程	其它产值
全　市	**134**	**2826169**	**2374620**	**227861**	**223689**
花山区	44	1648556	1403607	142975	101974
雨山区	42	436926	304933	51668	80325
博望区	1	630	630		
含山县	9	200701	177897	17515	5289
和　县	14	147201	139671	6161	1370
当涂县	24	392155	347881	9541	34732

地　区	竣工产值（万元）	房屋建筑施工面积（万平方米）	房屋建筑竣工面积（万平方米）	期末从业人数（万人）
全　市	**1571025**	**2152.55**	**870.28**	**8.50**
花山区	793134	1361.53	415.71	3.66
雨山区	283645	216.38	116.60	1.38
博望区	800	1.11	1.10	0.02
含山县	109939	170.90	76.64	0.95
和　县	135443	182.37	97.85	0.95
当涂县	248064	220.25	162.38	1.53

14—12 各县区建筑业企业主要财务指标（2014年）

单位：万元

地　区	流动资产合计	固定资产合计	固定资产原价	累计折旧	#本年	资产总计	负债合计	所有者权益	#实收资本
全　市	**1793358**	**227076**	**263882**	**103800**	**12404**	**2152998**	**1413478**	**739521**	**486984**
花山区	1212166	94427	145135	62510	6324	1409065	1024051	385013	238982
雨山区	270031	68122	51714	18737	3118	359694	216444	143250	115875
博望区	248	508	568	60	6	774	65	709	709
含山县	75885	16385	13423	4020	571	96149	44903	51245	44669
和　县	58031	15500	21304	7452	651	74500	28710	45790	33355
当涂县	176996	32134	31737	11021	1734	212817	99304	113513	53394

地　区	主营收入	主营成本	主营税金及附加	销售费用	管理费用	#税金	财务费用	营业利润	利润总额	本年应付薪酬总额
全　市	**2949357**	**2588077**	**91924**	**19024**	**84727**	**3934**	**11995**	**106568**	**107152**	**410713**
花山区	1871579	1674758	54318	17680	59851	2254	6472	58631	59212	200470
雨山区	362248	325575	11267	501	10485	905	2596	20380	20485	79458
博望区	240	230	9		1					480
含山县	177605	159854	6091	53	3267	69	1223	5419	5450	31175
和　县	136343	124708	5930	549	3274	267	314	1594	1594	32962
当涂县	401342	302952	14309	241	7849	439	1391	20545	20411	66168

主要统计指标解释

建筑业统计单位

指从事房屋、构筑物建造和设备安装活动的法人企业。建筑业法人企业应同时具备的条件是：①依法成立，有自己的名称、组织机构和场所，能够承担民事责任；②独立拥有和使用资产，承担负债，有权与其他单位签订合同；③独立核算盈亏，能够编制资产负债表。

建筑业总产值

指以货币表现的建筑业企业在一定时期内生产的建筑业产品和服务的总和。建筑业总产值包括建筑工程产值、安装工程产值和其他产值三部分内容。

劳务分包企业建筑业总产值指劳务分包企业与总承包企业或专业承包企业签定劳务分包合同后，从事建筑安装工程取得的所有劳务收入。

自有机械设备年末总台数

指归本企业所有，属于本企业固定资产的生产性机械设备年末总台数。包括施工机械、生产设备、运输设备以及其他设备。

自有机械设备年末总功率

指本企业自有施工机械、生产设备、运输设备以及其他设备等列为在册固定资产的生产性机械设备年末总功率，按设定能力或查定能力计算。包括机械本身的动力和为该机械服务的单独动力设备，如电动机等。计算单位用千瓦，动力换算可按 1 马力＝0.735 千瓦折合成千瓦数。电焊机、变压器、锅炉不计算动力。

主营业务收入

指企业确认的销售商品、提供劳务等主营业务的收入。根据会计“主营业务收入”科目的期末贷方余额填报。执行 2006 年《企业会计准则》的企业，如未设置该科目，以“营业收入”代替填报。

应付职工薪酬

指企业为获得职工提供的服务而给予各种形式的报酬以及其他相关支出。包括职工工资、奖金、津贴和补贴，职工福利费，医疗保险费、养老保险费、失业保险费、工伤保险费和生育保险费等社会保险费，住房公积金，工会经费和职工教育经费，非货币性福利，因解除与职工的劳动关系给予的补偿，其他与获得职工提供的服务相关的支出。

建筑业企业在境外完成的营业收入

指建筑业企业报告期内在国外及港、澳、台等区域所有经营活动的货币表现。

十五

运输和邮电

简要说明

一、交通运输业资料主要包括：铁路、公路、水路等运输方式的线路里程、运输设备拥有量，各种运输方式完成的货物运输量等。主要邮电业务完成情况，邮电通信发展水平等资料。

二、有关交通运输资料分别来源于马鞍山火车站、市公安局、市交运局等。邮电通信业资料来源于市邮政局、市各个电信运营商。

三、本篇资料由市统计局服务业科整理。

15—1 主要年份交通运输业基本情况

指　　标		2000	2005	2010	2013	2014
运输线路长度	（公里）					
铁路营业里程		36	36	36	36	36
公　路			1124	2223	6989	6989
内　河				106	262	262
客运量	（万人）					
铁　路		178	211	218	219	220
公　路				2120	8246	5079
旅客周转量	（万人公里）					
公　路				151163	777365	237527
货运量	（万吨）					
铁　路		941	1452	1785	1579	1398
公　路				9458	16747	8414
水　运				1441	2993	8041
货物周转量	（万吨公里）					
公　路				1411706	2478800	916490
水　运				672932	1388881	4037599
民用汽车拥有量	（辆）			90016	138925	161436
载客汽车辆数				66511	119489	140927
载货汽车辆数				18167	17319	18355
私人汽车拥有量				61962	105949	127475
民用运输船舶拥有量	（艘）			1368	1890	1825
机动船				1368	1882	1813
驳　船					8	12
私人运输船舶拥有量	（艘）			756	393	265
机动船				756	393	265
驳　船						

15—2　主要年份运输路线长度

单位：公里

指　　标	2005	2010	2013	2014
铁　路				
营业里程	36	36	36	36
公　路				
公路里程	1124.00	2223.21	6989.00	6989.00
国道、省道	1124.00	2223.21	6989.00	275.00
县　道	289.31	300.76	877.00	877.00
乡　道	709.19	771.49	1349.00	1349.00
专用公路				
高速公路	41.00	41.00	160.00	160.00
一级公路			223.00	233.00
二级公路	134.00	173.00	585.00	575.00
三级公路	135.00	153.00	668.00	671.00
四级公路	596.00	1813.00	5117.00	5153.00
等外公路	218.00	43.00	237.00	197.00
在公路里程中：				
晴雨通车里程	1079.00	2155.00	6829.00	6825.00
绿化里程	764.00	2012.00	6190.00	6322.00
水　运				
内河航道通航里程		106.02	262.00	262.00

15—3 主要年份运输线路质量

指　　标		2005	2010	2013	2014
铁路营业里程	**（公里）**	**36**	**36**	**36**	**36**
#复线里程	（公里）		3	3	3
复线里程比重	（%）		8.3	8.3	8.3
公路线路里程	**（公里）**	**1124**	**2223**	**6989**	**6989**
#等级公路里程	（公里）	906	2180	6753	6792
等级公路里程比重	（%）	80.6	98.1	96.6	97.2
内河航道里程	**（公里）**		**106**	**262**	**262**
#等级航道里程	（公里）		79	238	238
等级航道里程比重	（%）		74.5	90.8	90.8

15—4 主要年份内河港口码头吞吐量

年　　份	货物吞吐量（万吨）	#集装箱（万标准箱）
2005	2011	37069
2006	2393	48209
2007	3685	34062
2008	4697	51148
2009	4191	69945
2010	4826	41339
2011	5306	80234
2012	6809	89189
2013	7489	70707
2014	8100	114504

15—5　全社会公路分货类运输量

指　　标	货运量（万吨）			货物周转量（万吨公里）		
	2010	2013	2014	2010	2013	2014
合　计	**9458**	**16747**	**8414**	**1411706**	**2478800**	**916490**
煤炭及制品	781	1456	750	28799	57328	17820
石油天然气及制品	44	93	68	565	1089	850
#原　油						
金属矿石	1133	2131	920	100513	707386	219771
钢　铁	2425	4135	1754	343044	626928	204854
矿建材料	1872	3185	1471	24072	41256	19852
水　泥	122	256	132	42775	78634	36395
木　材	45	93	92	989	1768	1525
非金属矿石	260	468	328	92043	157843	80513
#磷　肥						
化肥及农药	82	89	85	2399	4087	4200
盐	1	2	2	13	17	15
粮　食	141	242	225	12705	20582	18205
机械、设备、电器	105	187	175	32187	64338	45222
化工原料及制品	215	421	305	83008	182943	91863
有色金属	27	47	46	7482	12584	11852
轻工、医药产品	705	1502	920	188886	31893	23446
#日用工业品						
农林牧渔业产品	43	73	72	5929	10124	9234
#棉　花						
其　他	1457	2367	1069	446297	480000	130873

15—6　主要年份公路线路年底到达数（按技术等级分）

单位：公里

年　份	公路里程总计	等级路	高　速	一　级	二　级	三、四级公路	等外公路
2005	1124	906	41		134	731	218
2010	2223	2180	41		173	1966	43
2011	4492	4244	87	4	42	4198	248
2012	5008	4759	87	90	389	4281	248
2013	6989	6753	160	223	585	5785	236
2014	6989	6792	160	233	575	5824	197

15—7 公路线路年底到达数（按技术等级分）（2014年）

单位：公里

项目	公路里程总计	等级路	高速	一级	二级	三级	四级	等外公路
上年年底到达数	6989	6753	160	223	585	668	5117	236
国　道	42	42		10	32			
省　道	237	237		117	120			
县　道	877	877		38	164	506	169	
乡　道	1349	1349		2	55	49	1243	
专用公路								
村　道	4484	4248		56	214	113	3705	236
本年新建数								
国　道								
省　道								
县　道								
乡　道								
专用公路								
村　道								
本年改建变更数		39		10		3	36	-39
国　道				10				
省　道								
县　道								
乡　道						3	-3	
专用公路								
村　道		39					39	-39
本年年底到达数	6989	6792	160	233	575	671	5153	197
国　道	42	42		20	22			
省　道	237	237		117	120			
县　道	877	877		38	164	506	169	
乡　道	1349	1349		2	55	52	1240	
专用公路								
村　道	4484	4287		56	214	113	3744	197

15—8 各县公路线路年底到达数（按技术等级分）（2014年）

单位：公里

地 区	公路里程总计	等级路	#一级	二级	三级	四级	等外公路
全 市	**6989**	**6792**	**233**	**575**	**671**	**5153**	**197**
含山县	1728	1594	26	128	200	1240	133
和 县	1961	1922	73	149	227	1474	39
当涂县	2049	2032	83	120	171	1659	17

15—9 公路密度及通达情况

指标		2005	2010	2013	2014
公路密度					
以国土面积计算	（公里/百平方公里）	66.66	131.86	168.60	158.50
以人口数量计算	（公里/万人）	9.03	17.29	29.70	29.87
公路通达					
乡镇数量	（个）	19	18	35	35
#不通公路					
不通公路乡镇所占比重	（%）				
行政村数量	（个）	355	241	473	473
#不通公路					
不通公路行政村所占比重	（%）				

15—10 主要年份民用车辆拥有量

单位：辆

指 标	2010	2013	2014
总 计	**187031**	**306379**	**326628**
载客汽车	52444	119489	140927
大 型	1280	1813	1937
中 型	1067	1410	1449
小 型	48921	115000	136353
微 型	1176	1266	1188
载货汽车	13947	17319	18355
重 型	4562	7230	7447
中 型	3311	1450	1379
轻 型	6037	8635	9523
微 型	37	4	6
其他汽车	2042	2117	2154
摩托车	116822	120650	121102
拖拉机		45076	42301
挂 车	1590	1667	1728
其他类型车	177	61	61
机动车驾驶员 （人）	196786	350688	383713
#汽车驾驶员		277220	318456

15—11 主要年份私人车辆拥有量

单位：辆

指 标	2010	2013	2014
总 计	**158162**	**273403**	**292667**
载客汽车	38534	99818	120774
大 型	33	25	24
中 型	275	351	316
小 型	37241	98250	119294
微 型	985	1192	1140
载货汽车	2442	5218	5757
重 型	152	465	493
中 型	309	352	312
轻 型	1968	4397	4948
微 型	13	4	4
其他汽车	1030	913	944
摩托车	116100	120650	121102
拖拉机		45076	42301
挂 车	14	1667	1728
其他类型车	42	61	61

15—12 主要年份营运汽车拥有量

年份	汽车总计（辆）	载客汽车		载货汽车			
		辆数（辆）	客位（客位）	辆数（辆）	#普通汽车	吨位（吨）	#普通汽车
2011	22385	5409	83162	14581	6195	119727	
2012	15599	1323	30084	14276	13365	107348	96468
2013	18164	1349	31606	16815	13440	132956	86876
2014	18082	1345	31998	16737	12894	138690	79488

15—13 民用车辆拥有量营运情况（2014年）

单位：辆

地区	总计			总计中			报废
		营运	非营运	进口	个人	新注册	
总计	**326628**	**22371**	**304257**	**5789**	**247680**	**2498**	**399**
汽车	161436	20125	141311	5763	128159	2362	319
载客汽车	140927	6191	134736	5747	121450	2260	158
#大型	1937	1267	670	10	24	53	35
中型	1449	581	868	38	315	11	15
小型	136353	4343	132010	5648	119971	2193	102
微型	1188		1188	51	1140	3	6
#轿车	103594	4200	99394	2471	92146	1598	69
载货汽车	18355	13351	5004	6	5764	92	132
#重型	7447	7054	393	6	496	23	41
中型	1379	1229	150		313	3	26
轻型	9523	5068	4455		4951	66	65
微型	6		6		4		
#普通载货	8636	4991	3645		4032	56	79
其他汽车	2154	583	1571	10	945	10	29
#三轮汽车	378	222	156		376	3	17
低速货车	147	119	28		140	3	7
摩托车	121102	551	120551	26	119467	128	78
普通	120580	551	120029	26	118946	128	78
轻便	522		522		521		
拖拉机	42301		42301				
大中型							
小型方向盘式							
挂车	1728	1693	35		25	8	1
其他类型车	61	2	59		29		1
机动车驾驶员（人）	383713						
#汽车驾驶员	318456						

15—14 各县区民用汽车拥有量（2014年）

单位：辆

地区	汽车总计	载客汽车	载货汽车	其他汽车	摩托车	拖拉机	挂车	其他类型车	机动车驾驶员（人）
全市	**161436**	**140927**	**18355**	**2154**	**121102**	**42301**	**1728**	**61**	**383713**
花山区	53411	47991	5336	635	22816		841	45	105780
雨山区	33146	30072	2892	382	15456		384	13	72875
博望区	5941	5791	91	82	2983		160		8397
含山县	14618	12678	1792	448	16822	8617	14		55694
和县	14454	12165	2440	349	14539	7164	18		54895
当涂县	39866	32230	5804	258	48486	26520	311	3	86072

15—15 各县区私人汽车拥有量（2014年）

单位：辆

地区	汽车总计	载客汽车	#大型	中型	小型	载货汽车	#中型	轻型	其他汽车
全市	**127475**	**120774**	**24**	**316**	**119294**	**5757**	**312**	**4948**	**944**
花山区	42112	40990	5	62	40480	978	25	864	144
雨山区	27894	27069	3	46	26743	675	15	616	150
博望区	7624	7356		3	6089	306	15	240	12
含山县	12428	10960		37	10832	1078	97	893	390
和县	12378	10832	2	122	10730	1311	94	1105	185
当涂县	25039	23567	14	46	24420	1409	66	1230	63

15—16 国、省道公路交通量（2014年）

指标		国道	省道
观测里程	（公里）	12	151
年平均日交通混合当量合计	（辆/日）	26780	10420
机动车（当量数）		26780	10420
汽车（当量数）		19432	8778
小型货车（自然数）		827	788
中型货车（自然数）		806	397
大型货车（自然数）		1410	467
小型客车（自然数）		6044	4313
大型客车（自然数）		460	318
拖拉机（当量数）		908	358
非机动车（当量数）			
行驶量	（万车公里/日）	33	158
适应交通量	（辆/日）	15000	18588
交通拥挤度		1.79	0.56

15—17 主要年份民用运输船舶拥有量

年份	总艘数（艘）	机动船				驳船	
		艘数（艘）	净载重量（吨）	载客量（客位）	功率（千瓦）	艘位（艘）	净载重量（吨）
2011	1366	1366	1003258	1150			
2012	1917	1905	1910000	703	657893	12	3410
2013	1890	1882	2322226		646371	8	2210
2014	1825	1813	2691572		705042	12	3410

15—18 主要年份邮电业务基本情况

指标		2005	2010	2013	2014
函件	（万件）	480.31	1117.00	734.21	1114.00
包件	（万件）	1.72	4.00	3.16	3.00
快递	（万件）	19.35	45.00	43.30	54.56
报刊期发数	（万份）	157.46	366.20	22.36	31.00
纪特邮票	（万枚）	15.39	35.80	32.84	35.56
固定长途电话通话时长	（亿分钟）	0.88	0.84	1.16	0.61
移动短信业务量	（万条）	2158	24603	126483	87809
互联网宽带接入用户	（万户）		16.60	34.31	37.75
互联网上网人数	（万人）	4.50	38.16	80.01	73.00
移动电话年末用户	（万户）	24.10	104.12	167.88	176.67
#3G移动电话用户			3.02	64.21	59.64
固定电话年末用户	（万户）	43.64	47.38	56.56	44.33
城市				45.77	36.07
农村				10.79	8.26
营业网点	（处）			591	870
邮路及农村投递路线总长度	（公里）	1798	1991	3492	5748
#汽车邮路		451	843	1446	1742
长途光缆纤芯长度	（芯公里）		10549	12324	12300
长途电话交换机容量	（路端）	17305	31610	28818	14208
本地固定电话局用交换机容量	（万门）	23.37	33.22	55.05	47.13

15—19 各县区邮电业务量（2014年）

地区	邮政业务总量（万元）	函件（万件）	快递（万件）	报刊期发数（万份）	纪特邮票（万枚）	包裹（万件）	互联网宽带拉入用户（万户）	移动电话年末用户（万户）	固定电话年末用户（万户）
全市	**15016**	**1114.0**	**54.56**	**31.00**	**35.56**	**3.00**	**37.75**	**176.67**	**44.33**
市辖区	7925	806.4	41.34	18.05	23.30	2.17	21.75	81.90	26.90
含山县	1739	145.6	2.17	2.90	3.41	0.34	3.02	22.92	3.61
和县	2571	159.0	3.14	6.72	3.12	0.19	4.42	26.60	5.82
当涂县	2781	3.0	7.91	3.33	5.73	0.30	8.56	45.25	8.00

15—20 主要年份邮电局所数及邮递线路

年　份	邮电局所（处）	邮　政信筒信箱（处）	邮路总长度（公里）	汽车邮路	农村投递线路（公里）
2000	39	210	451	451	1347
2005	39	220	451	451	1347
2006	39	215	843	843	1321
2007	39	190	843	843	1321
2008	45	190	843	843	1205
2009	45	185	843	843	1148
2010	45	187	843	843	1148
2011	71	164	1616	1616	1555
2012	71	164	1616	1616	1555
2013	65	87	1446	1446	2046
2014	70	86	1742	1742	4006

15—21 各县区邮电局所数及邮递线路

地　区	邮电局所（处）	邮　政信筒信箱（处）	邮路总长度（公里）	汽车邮路	农村投递线路（公里）
全　市	**70**	**86**	**1742**	**1742**	**4006**
市　区	17	27	1032	1032	349
含山县	16	16	270	270	1392
和　县	16	21	440	440	1334
当涂县	21	22			931

主要统计指标解释

公路里程

是指凡达到交通部《公路工程技术标准》规定的技术等级公路，并经公路主管部门正式验收交付使用的里程。包括大中城市的郊区公路以及通过城镇街道的里程和桥梁、隧道、渡口的长度，不包括大中城市的街道、厂矿、林区生产用道和农业生产用道的里程。两条或多条公路共同经由同一路段，只计算一次，不得重复计算里程长度。按公路技术等级分：等级公路里程和等外公路里程，等级公路里程可分为高速公路、一级公路、二级公路、三级公路、四级公路里程。

货（客）运量

指在一定时期内，各种运输工具实际运送的货物（旅客）数量。它是反映运输业为国民经济和人民生活服务的数量指标，也是制定和检查运输生产计划、研究运输发展规模和速度的重要指标。货运按吨计算，客运按人计算。货物不论运输距离长短、货物类别，均按实际重量统计。旅客不论行程远近或票价多少，均按一人一次客运量统计；半价票、小孩祟也按一人统计。

货物（旅客）周转量

指在一定时期内，由各种运输工具运送的货物（旅客）数量与其相应运输距离的乘积之总和。它是反映运输业生产总成果的重要指标，也是编制和检查运输生产计划，计算运输效率、劳动生产率以及核算运输单位成本的主要基础资料。计算货物周转量通常按发出站与到达站之间的最短距离，也就是计费距离计算。计算公式为：

货物（旅客）周转量＝Σ货物（旅客）运输量×运输距离。

民用汽车拥有量

指报告期末，在公安交通管理部门按照《机动车注册登记工作规范》，已注册登记领有民用车辆牌照的全部汽车数量。汽车拥有量统计的主要分类：根据汽车结构分为载客汽车、载货汽车及其他汽车；根据汽车所有者不同分为个人（私人）汽车、单位汽车；根据汽车的使用性质分为营运汽车、非营运汽车；根据汽车大小规格不同载客汽车分为大型、中型、小型和微型，载货汽车分为重型、中型、轻型和微型。

邮政业务总量

是以货币形式表现的邮政企业为社会提供各类邮政服务的总和。是用于观察邮政业务发展变化总趋势的综合性总量指标。计算公式为：

邮政业务总量＝Σ（各类邮政业务量×不变单价）+出租代维及其他业务收入

电信业务总量

是以货币形式表现的电信企业为社会提供各类通信服务的总和。是用于观察电信业务发展变化总趋势的综合性总量指标。按专业可分为本地网通信业务总量、长途通信业务总量、移动通信业务总量、数据通信业务总量、卫星通信业务总量。按通信范围可分为：国内电信业务总量、国际及港澳台电信业务总量。计算公式为：

电信业务总量＝Σ（各类电信业务量×不变单价）+出租代维及其他业务收入

固定电话用户

指实际已接入国家公众固定电话网的全部电话用户。

移动电话用户

指通过移动电话交换机进入移动电话网、占用移动电话号码的全部电话用户。

十六

国内贸易

简要说明

一、本篇资料反映我市国内市场发展情况和批发零售业、住宿餐饮业经营情况。主要内容有批发零售业商品流通，限额以上批发零售贸易企业、住宿餐饮企业财务状况，社会消费品零售总额等。

二、本篇资料根据国家统计局的批发零售、住宿餐饮业统计报表制度进行搜集和加工整理。本资料的调查范围：批发零售业、住宿餐饮业法人企业、产业活动单位和个体经营户，对限额以上企业（单位）采取全面调查方法，对限额以下企业（单位）采取抽样调查方法。

三、本篇资料由市统计局商贸外经科整理。

16—1 主要年份国内贸易基本情况

指　　标		1995	2000	2005	2010	2013	2014
法人机构	**（个）**						
批发零售业		756	32	56	110	206	226
住宿餐饮业		58	5	22	49	67	71
从业人员	**（人）**						
批发零售业		67269	5501	7336	11559	16852	17851
住宿餐饮业		10878	619	2922	6181	7077	7386
批发零售贸易业	**（万元）**						
商品购进总额		624818	316518	1433475	2974983	4867555	3941102
商品销售总额		645405	326765	1461035	3181486	5170711	4203877
商品库存总额		109496	17948	50131	135204	246374	344779
社会消费品零售总额	**（万元）**	**339093**	**536345**	**846234**	**1999253**	**3296848**	**3735329**
按销售单位所在地分							
城　镇		182403	294956	498606	1836700	3049795	3423220
#城　区		7275	116306	166770	1125545	1910410	2086869
乡　村		83985	125083	180858	162553	247053	312109
按行业分							
批发零售业		229686	353621	712673	1734705	2874920	3244166
住宿餐饮业		25390	60358	114543	264548	421928	491163
其　他		14655	11366	19018			

注：1. 法人机构、从业人员、批发和零售业商品购、销、存1995年为批发和零售口径，2000年及以后为限额以上口径；
2. 2003年及以前住宿餐饮业中不含住宿业；
3. 2003年及以后社会消费品零售总额按行业分组取消了“制造业”和“农业生产者”，将其从事的批发零售业经营活动统计在批发和零售业中；
4. 1995—2004年、2005—2008年社会消费品零售总额分别根据第一次和第二次经济普查结果重新调整后的数据，2009—2014年社会消费品零售总额根据第三次经济普查结果调整；
5. 根据统计制度变化，本表2009年及以后从业人员、商品购、销、存总额指标均含其他行业法人单位附营的限额以上产业活动单位和限额以上个体户数据；
6. 根据统计制度变化，2010年及以后社会消费品零售总额为扣除“其他”的新口径数据，行业分组中取消“其他”；
7. 2005年及以前“按销售单位所在地分”对应与“市，县，县以下”；
8. 本表中数据均含含山县、和县数据。

16—2 限额以上批发和零售业基本情况（2014年，按登记注册类型分）

指 标	限额以上单位数（个）	从业人数（人）
总 计	**278**	**17851**
批发业合计	**50**	**5414**
国有控股	6	1445
内资企业	**49**	**5395**
国有企业	1	429
集体企业	1	5
有限责任公司	7	748
国有独资公司	1	40
其他有限责任公司	6	708
股份有限公司	3	638
私营企业	37	3575
私营有限责任公司	37	3575
外商投资企业	**1**	**19**
外资企业	1	19
零售业合计	**228**	**12437**
国有控股	9	1720
内资企业	**172**	**9992**
国有企业	3	65
集体企业	4	20
有限责任公司	12	2016
其他有限责任公司	12	2016
股份有限公司	1	28
私营企业	152	7863
私营独资企业	7	97
私营合伙企业	2	19
私营有限责任公司	141	7464
私营股份有限公司	2	283
港、澳、台商投资企业	**1**	**42**
港澳台商独资经营企业	1	42
外商投资企业	**6**	**1355**
中外合资经营企业	1	214
外资企业	4	1096
外商投资股份有限公司	1	45
个体经营	**49**	**1048**
个体户	48	1018
个人合伙	1	30

注：本表数据含限额以上法人企业、其他行业法人单位附营的限额以上批发零售业产业活动单位和限额以上个体户数据。

16—3 限额以上批发和零售业基本情况（2014年，按行业分）

指标	限额以上单位数（个）	从业人数（人）
总计	**278**	**17851**
批发业合计	**50**	**5414**
食品、饮料及烟草制品批发	4	2587
米、面制品及信用油批发	1	25
果品、蔬菜批发	1	288
烟草制品批发	1	429
其他食品批发	1	1845
纺织、服装及家庭用品批发	1	8
家用电器批发	1	8
文化、体育用品及器材批发	1	55
其他文化用品批发	1	55
医药及医疗器材批发	1	484
中药批发	1	484
矿产品、建材及化工产品批发	31	1584
煤炭及制品批发	1	15
石油及制品批发	3	656
非金属矿及制品批发	1	47
金属及金属矿批发	23	795
建材批发	1	32
化肥批发	1	16
其他化工产品批发	1	23
机械设备、五金产品及电子产品批发	5	420
农业机械批发	1	18
汽车批发	2	27
汽车零配件批发	1	330
其他机械设备及电子产品批发	1	45
其他批发业	7	276
再生物资回收与批发	7	276
零售业合计	**228**	**12437**
综合零售	39	6027
百货零售	9	732
超级市场零售	29	5183
其他综合零售	1	112
食品、饮料及烟草制品专门零售	25	652
果品、蔬菜零售	1	198
肉、禽、蛋、奶及水产品零售	4	32
营养和保健品零售	2	26

注：本表数据含限额以上法人企业、其他行业法人单位附营的限额以上批发零售业产业活动单位和限额以上个体户数据。

16—3 续表

指　　标	限额以上单位数（个）	从业人数（人）
酒、饮料及茶叶零售	13	207
烟草制品零售	1	28
其他食品零售	4	161
纺织、服装及日用品专门零售	9	340
服装零售	4	247
化妆品及卫生用品零售	3	69
自行车零售	1	9
其他日用品零售	1	15
文化、体育用品及器材专门零售	14	400
文具用品零售	1	35
图书、报刊零售	7	208
珠宝首饰零售	3	89
乐器零售	2	45
照相器材零售	1	23
医药及医疗器材专门零售	18	1518
药品零售	18	1518
汽车、摩托车、燃料及零配件专门零售	60	1917
汽车零售	43	1755
汽车零配件零售	1	8
摩托车及零配件零售	2	15
机动车燃料零售	14	139
家用电器及电子产品专门零售	49	977
家用视听设备零售	27	643
日用家电设备零售	13	167
计算机、软件及辅助设备零售	9	167
五金、家具及室内装饰材料专门零售	11	504
五金零售	1	4
家具零售	6	364
卫生洁具零售	1	10
其他室内装饰材料零售	3	126
货摊、无店铺及其他零售业	3	102
互联网零售	1	18
生活用燃料零售	2	84

16—4 限额以上住宿和餐饮业基本情况（2014年）

指　　标	限额以上单位数（个）	从业人数（人）
总　　计	**107**	**7386**
住宿业合计	**25**	**2405**
按登记注册类型分		
国有控股	3	325
内资企业	22	2323
国有企业	1	33
有限责任公司	2	292
国有独资公司	1	197
其他有限责任公司	1	95
私营企业	19	1998
私营有限责任公司	19	1998
个体经营	**3**	**82**
个体户	3	82
按国民经济行业分		
旅游饭店	16	2142
一般旅店	8	227
其他住宿业	1	36
餐饮业合计	**82**	**4981**
按登记注册类型分		
国有控股		
内资企业	**49**	**4123**
集体企业	1	40
有限责任公司	1	155
其他有限责任公司	1	155
私营企业	47	3928
私营独资企业	3	243
私营有限责任公司	44	3685
港、澳、台商投资企业	**1**	**38**
港澳台商独资经营企业	1	38
外商投资企业	**1**	**62**
外商投资股份有限公司	1	62
个体经营	**31**	**758**
个体户	31	758
按国民经济行业分		
正餐服务	76	4389
快餐服务	3	336
饮料及冷饮服务	2	56
其他餐饮业	1	200

注：本表中数据含限额以上法人企业、其他行业法人单位附营的限额以上住宿餐饮业产业活动单位和限额以上个体户数据。

16—5 限额以上批发和零售业商品购进、销售和库存情况（2014年，按登记注册类型分）

单位：万元

指标	购进总额	#进口	销售总额	批发	零售	年末库存总额
总计	**3941102**	**33499**	**4203877**	**2792798**	**1411079**	**344779**
批发业合计	**2876780**	**24460**	**2978821**	**2748759**	**230062**	**225955**
国有控股	1139171	24234	1087502	863024	224477	151232
内资企业	**2780870**	**24460**	**2881537**	**2651476**	**230062**	**220711**
国有企业	204852		278581	278581		8439
集体企业	7402		7394	7394		7
有限责任公司	994754	24234	892151	890585	1566	153341
国有独资公司	635285	24234	514552	514552		131368
其他有限责任公司	359469		377599	376033	1566	21973
股份有限公司	295737		305024	80547	224477	4238
私营企业	1278126	226	1398388	1394369	4019	54686
私营有限责任公司	1278126	226	1398388	1394369	4019	54686
外商投资企业	**95911**		**97283**	**97283**		**5244**
外资企业	95911		97283	97283		5244
零售业合计	**1064322**	**9039**	**1225056**	**44039**	**1181017**	**118824**
国有控股	115359		117688	5068	112620	16678
内资企业	**855471**	**9039**	**1013643**	**43531**	**970112**	**97584**
国有企业	9829		11622	2515	9107	563
集体企业	3367		3710		3710	37
有限责任公司	145882		145686	9068	136618	19405
其他有限责任公司	145882		145686	9068	136618	19405
股份有限公司	2240		3189		3189	253
私营企业	694154	9039	849435	31948	817487	77325
私营独资企业	8518		8797	162	8635	495
私营合伙企业	5849		6293		6293	30
私营有限责任公司	641418	9039	795826	31786	764040	76013
私营股份有限公司	38369		38519		38519	787
港、澳、台商投资企业	**3385**		**3363**		**3363**	**22**
港澳台商独资经营企业	3385		3363		3363	22
外商投资企业	**124075**		**125706**		**125706**	**14981**
中外合资经营企业	15558		15064		15064	2810
外资企业	94725		97722		97722	11300
外商投资股份有限公司	13793		12921		12921	872
个体经营	**81391**		**82345**	**508**	**81837**	**6237**
个体户	80857		81834	508	81326	6136
个人合伙	534		511		511	101

注：本表数据含限额以上法人企业、其他行业法人单位附营的限额以上批发零售业产业活动单位和限额以上个体户数据。

16—6 限额以上批发和零售业商品购进、销售和库存情况（2014年，按行业分）

单位：万元

指标	购进总额	#进口	销售总额	批发	零售	年末库存总额
总计	**3941102**	**33499**	**4203877**	**2792798**	**1411079**	**344779**
批发业合计	**2876780**	**24460**	**2978821**	**2748759**	**230062**	**225955**
食品、饮料及烟草制品批发	394242		514560	514560		19007
米、面制品及信用油批发	6315		6184	6184		317
果品、蔬菜批发	22386		26119	26119		41
烟草制品批发	204852		278581	278581		8439
其他食品批发	160690		203677	203677		10210
纺织、服装及家庭用品批发	3758		4043	3500	543	927
家用电器批发	3758		4043	3500	543	927
文化、体育用品及器材批发	3909		4029	3055	974	874
其他文化用品批发	3909		4029	3055	974	874
医药及医疗器材批发	17561	226	29336	26900	2437	1423
中药批发	17561	226	29336	26900	2437	1423
矿产品、建材及化工产品批发	2342584	24234	2317681	2091573	226108	195082
煤炭及制品批发	35676		43268	43268		
石油及制品批发	343709		365686	141209	224477	4539
非金属矿及制品批发	3003		3215	3215		561
金属及金属矿批发	1952581	24234	1897510	1895944	1566	189528
建材批发	4280		4162	4162		280
化肥批发	1265		1352	1287	65	119
其他化工产品批发	2071		2488	2488		56
机械设备、五金产品及电子产品批发	48537		41758	41758		8546
农业机械批发	2139		1939	1939		536
汽车批发	7002		7210	7210		870
汽车零配件批发	36902		30125	30125		7131
其他机械设备及电子产品批发	2493		2484	2484		9
其他批发业	66189		67413	67413		95
再生物资回收与批发	66189		67413	67413		95
零售业合计	**1064322**	**9039**	**1225056**	**44039**	**1181017**	**118824**
综合零售	316669		390517	6054	384463	41651
百货零售	19257		95620	49	95571	5582
超级市场零售	273976		273309	2006	271304	34221
其他综合零售	23437		21588	4000	17588	1849
食品、饮料及烟草制品专门零售	74276		87698	6346	81351	4807
果品、蔬菜零售	720		5991	4577	1414	36
肉、禽、蛋、奶及水产品零售	7322		6964	766	6198	801
营养和保健品零售	2877		3691		3691	538

注：本表数据含限额以上法人企业、其他行业法人单位附营的限额以上批发零售业产业活动单位和限额以上个体户数据。

16—6 续表

单位：万元

指　　标	购进总额	#进　口	销售总额	批　发	零　售	年末库存总　额
酒、饮料及茶叶零售	17023		17654	1003	16651	2495
烟草制品批发	4499		4516		4516	298
其他食品零售	41836		48882		48882	638
纺织、服装及日用品专门零售	11935		12829		12829	2385
服装零售	3440		3675		3675	513
化妆品及卫生用品零售	4276		4682		4682	1800
自行车零售	3418		3692		3692	51
其他日用品零售	801		781		781	21
文化、体育用品及器材专门零售	20710		24729	1504	23225	4296
文具用品零售	1621		1737		1737	810
图书、报刊零售	15104		17183	53	17130	2274
珠宝首饰零售	1064		2004		2004	937
工艺美术品及收藏品零售	1239		1838		1838	164
照相器材零售	1682		1967	1451	516	111
医药及医疗器材专门零售	117975		127049	21740	105309	15178
药品零售	117975		127049	21740	105309	15178
汽车、摩托车、燃料及零配件专门零售	319019	9039	370837	3794	367043	38398
汽车零售	290630	9039	339964	674	339290	36362
汽车零配件零售	422		553		553	239
摩托车及零配件零售	962		1178		1178	258
机动车燃料零售	27005		29142	3120	26022	1539
家用电器及电子产品专门零售	135516		138496	4600	133895	10507
家用视听设备零售	88873		88973	2833	86141	5510
日用家电设备零售	31731		33251	31	33219	3902
计算机、软件及辅助设备零售	14911		16272	1736	14535	1095
五金、家具及室内装饰材料专门零售	61567		66208		66208	1517
五金零售	560		530		530	130
家具零售	51793		55427		55427	653
卫生洁具零售	765		654		654	169
其他室内装饰材料零售	8449		9597		9597	565
货摊、无店铺及其他零售业	6657		6695		6695	85
互联网零售	488		559		559	3
生活用燃料零售	6169		6137		6137	83

16—7 限额以上批发和零售业主要商品分类销售额（2014年）

单位：万元

指　　标	合　计	批　发	零　售
总　　计	**4291110**	**2866871**	**1424240**
粮油、食品、饮料、烟酒类	789720	527961	261759
粮油、食品类	440794	246696	194098
#粮油类	46063	5968	40096
肉禽蛋类	25446	452	24994
水产品类	6604	13	6591
蔬菜类	33364	26132	7231
干鲜果品类	10517	13	10505
饮料类	16994	222	16772
烟酒类	331932	281043	50889
服装鞋帽、针、纺品类	76618	128	76490
服装类	51135	24	51111
鞋帽类	15049	98	14951
针、纺织品类	10433	6	10428
化妆品类	16976	52	16924
金银珠宝类	29023		29023
日用品类	53538	407	53131
#洗涤用品类	13100	33	13067
儿童玩具类	3313	6	3307
五金、电料类	3927	15	3912
体育、娱乐用品类	5236	3009	2226
书报杂志类	19085	53	19032
电子出版物及音像制品类	1429	2	1427
家用电器和音像器材类	126997	6327	120670
中西药品类	158886	55993	102894
#西　药	91894	15487	76407
中草药及中成药	66947	40506	26441
文化、办公用品类	25562	2600	22962
家具类	48720		48720
通讯器材类	8784		8784
煤炭及制品类	51531	43542	7989
石油及制品类	401996	129716	272281
化工材料类	5323	5323	
#化肥类	5093	5093	
金属材料类	1969212	1969212	
建筑及装璜材料类	20967	3583	17384
机电产品及设备类	3300	2880	420
#农机类	396	396	
汽车类	396516	40519	355997
其他类	77765	75551	2215

注：本表为月报累计数。

16—8 限额以上批发和零售业主要财务指标（2014年，按登记注册类型分）

指　　标	法人企业数（个）	流动资产合　计	#存　货	固定资产合　计	固定资产原　价
总　　计	**226**	**1244705**	**287556**	**173797**	**248156**
批发业合计	**50**	**928810**	**194278**	**57960**	**87590**
国有控股	6	484595	130450	29543	49309
内资企业	**49**	**920170**	**189034**	**57773**	**87366**
国有企业	1	100725	7229	11053	18120
集体企业	1	343	7	284	312
有限责任公司	7	220402	134253	6615	9837
国有独资公司	1	139412	112281	218	780
其他有限责任公司	6	80989	21973	6397	9057
股份有限公司	3	270004	3753	17364	28850
私营企业	37	328696	43792	22459	30247
私营有限责任公司	37	328696	43792	22459	30247
外商投资企业	**1**	**8641**	**5244**	**187**	**224**
外资企业	1	8641	5244	187	224
零售业合计	**176**	**315895**	**93278**	**115837**	**160566**
国有控股	9	44641	9066	8944	15569
内资企业	**169**	**294025**	**89778**	**91475**	**123288**
国有企业	1	856	468	182	606
集体企业	4	162	76	66	106
有限责任公司	12	47978	10857	10094	17406
其他有限责任公司	12	47978	10857	10094	17406
股份有限公司	1	1263	245	470	655
私营企业	151	243766	78132	80663	104516
私营独资企业	7	1076	405	1211	1307
私营合伙企业	2	278	48	463	583
私营有限责任公司	140	240616	77164	75916	98121
私营股份有限公司	2	1795	515	3073	4505
港、澳、台商投资企业	**1**	**1625**	**20**	**587**	**868**
港澳台商独资经营企业	1	1625	20	587	868
外商投资企业	**6**	**20245**	**3481**	**23775**	**36410**
中外合资经营企业	1	2774	2126	1565	4917
外资企业	4	14348	483	22183	31442
外商投资股份有限公司	1	3122	872	27	52

单位：万元

累计折旧	#本年折旧	资产总计	流动负债合计	负债合计	所有者权益	#实收资本	#国家资本	主营业务收入
74366	**12563**	**1641026**	**1183065**	**1199280**	**441746**	**251158**	**17215**	**3576064**
29630	**4256**	**1150176**	**796422**	**804087**	**346089**	**168908**	**14210**	**2621595**
19765	2611	569054	333018	337537	231518	34305	14210	927435
29593	**4226**	**1136004**	**787738**	**795403**	**340602**	**162468**	**14210**	**2538447**
7068	649	113492	3812	3812	109680	365		238103
28	23	645	601	601	44	30		7059
3222	562	249453	179188	183462	65991	15574	6200	788728
562	13	159096	99643	102834	56262	5000	5000	439788
2660	550	90357	79546	80628	9729	10574	1200	348940
11486	1844	325696	255589	256630	69066	32740	8010	264077
7789	1149	446719	348548	350898	95821	113759		1240480
7789	1149	446719	348548	350898	95821	113759		1240480
37	**30**	**14172**	**8684**	**8684**	**5488**	**6440**		**83148**
37	30	14172	8684	8684	5488	6440		83148
44736	**8307**	**490850**	**386643**	**395193**	**95657**	**82250**	**3006**	**954469**
6626	793	57014	54360	54800	2215	5546	2866	101884
31820	**6258**	**429539**	**328903**	**337453**	**92086**	**79415**	**3006**	**847556**
424	38	1442	484	484	958	958	958	2670
40	9	230	94	94	136	126		3171
7312	794	61206	64832	65342	-4135	5566	2008	127808
7312	794	61206	64832	65342	-4135	5566	2008	127808
185	29	2037	537	537	1500	350		2674
23859	5388	364624	262956	270996	93628	72415	40	711232
96	42	3840	1674	1709	2132	645		7519
120	54	834	271	271	563	70		5384
22211	5128	354151	260092	268090	86061	71065	40	664854
1432	164	5798	919	926	4872	635		33476
281	**66**	**2670**	**1324**	**1324**	**1346**	**1152**		**3699**
281	66	2670	1324	1324	1346	1152		3699
12636	**1983**	**58641**	**56417**	**56417**	**2225**	**1683**		**103214**
3352	391	4608	4561	4561	47			11382
9258	1592	50881	49264	49264	1617	1612		84790
25		3152	2592	2592	561	71		7042

16—8 续表

指　　标	主营业务成　本	主营业务税金及附加	其他业务利　润	销售费用
总　计	**3270864**	**22457**	**11252**	**194513**
批发业合计	**2416112**	**17796**	**2668**	**132870**
国有控股	839847	14866	2159	13226
内资企业	**2336503**	**17777**	**2668**	**129891**
国有企业	175087	14410		2009
集体企业	6706	135		239
有限责任公司	772478	1002	1916	6303
国有独资公司	434614	135		
其他有限责任公司	337864	867	1916	6303
股份有限公司	248284	248	244	8219
私营企业	1133947	1982	509	113121
私营有限责任公司	1133947	1982	509	113121
外商投资企业	**79610**	**19**		**2979**
外资企业	79610	19		2979
零售业合计	**854752**	**4661**	**8584**	**61643**
国有控股	88701	372	2905	12637
内资企业	**763816**	**4090**	**6590**	**48983**
国有企业	2200	10	77	192
集体企业	3012	26		26
有限责任公司	112739	554	2786	15035
其他有限责任公司	112739	554	2786	15035
股份有限公司	2187	2	42	200
私营企业	643679	3499	3686	33531
私营独资企业	6557	74	2	156
私营合伙企业	5069	30		29
私营有限责任公司	602398	3277	3557	29661
私营股份有限公司	29656	118	126	3685
港、澳、台商投资企业	**3615**	**10**		**1**
港澳台商独资经营企业	3615	10		1
外商投资企业	**87321**	**561**	**1994**	**12659**
中外合资经营企业	9662	106		2411
外资企业	71849	423	1994	9348
外商投资股份有限公司	5811	32		900

单位：万元

管理费用	#税　　金	财务费用	#利息支出	营业利润	利润总额	应交所得税	应付职工薪酬	应交增值税
61043	**3810**	**15488**	**15205**	**29714**	**34365**	**14160**	**74613**	**49927**
29906	**2171**	**9625**	**9620**	**20134**	**23839**	**10760**	**35309**	**33845**
16874	1576	-3637	56	50241	50221	9995	15172	12804
29702	**2124**	**8772**	**8486**	**20650**	**24334**	**10760**	**35220**	**33646**
11490	268	-3607		38889	38782	9989	6957	10144
15	8			-36	315		36	1200
5357	507	3734	3456	3419	3599	241	4649	7903
1171	295	-210	4	5726	5910		471	
4185	212	3944	3453	-2307	-2310	241	4178	7903
2485	959	80	38	5004	4910	31	5195	2222
10355	383	8565	4992	-26625	-23273	499	18382	12177
10355	383	8565	4992	-26625	-23273	499	18382	12177
204	**47**	**853**	**1134**	**-516**	**-495**		**89**	**200**
204	47	853	1134	-516	-495		89	200
31137	**1639**	**5863**	**5585**	**9580**	**10526**	**3400**	**39304**	**16082**
3095	154	1494	1484	-1553	-1182		5982	2027
27307	**1233**	**5769**	**5575**	**6239**	**7267**	**2681**	**33339**	**14470**
129		1	1	183	184		224	11
58	4			50	50	7	68	91
3714	190	1531	1485	-2690	-2307	16	6485	2582
3714	190	1531	1485	-2690	-2307	16	6485	2582
134	10	-4		178	180		204	51
23272	1030	4240	4089	8518	9161	2658	26358	11735
310	26	39	12	384	384	41	351	100
183				73	73		87	15
22427	971	4109	4077	8061	8779	2449	24879	11003
352	33	91			-75	168	1041	617
17	**4**	**-37**	**10**	**100**	**100**	**23**	**211**	**82**
17	4	-37	10	100	100	23	211	82
3813	**401**	**131**		**3241**	**3159**	**696**	**5755**	**1530**
274	2			47	47	9	598	
3454	392	151		2961	2883	631	4969	1514
86	7	-20		233	229	56	188	16

16—9 限额以上批发和零售业主要财务指标（2014年，按行业分）

指标	法人企业数（个）	流动资产合计	#存货	固定资产合计	固定资产原价
总计	**226**	**1244705**	**287556**	**173797**	**248156**
批发业合计	**50**	**928810**	**194278**	**57960**	**87590**
食品、饮料及烟草制品批发	4	152584	22186	11333	18533
米、面制品及食用油批发	1	1359	281	48	87
果品、蔬菜批发	1	3974	312	221	313
烟草制品批发	1	100725	7229	11053	18120
其他食品批发	1	46527	14365	12	12
纺织、服装及家庭用品批发	1	1280	927	1	2
家用电器批发	1	1280	927	1	2
文化、体育用品及器材批发	1	1642	1523	24	67
其他文化用品批发	1	1642	1523	24	67
医药及医疗器材批发	1	12843	1423	72	125
中药批发	1	12843	1423	72	125
矿产品、建材及化工产品批发	31	715382	159781	43529	64584
煤炭及制品批发	1	41761		133	207
石油及制品批发	3	229278	4054	21811	34349
非金属矿及制品批发	1	6540	480	45	89
金属及金属矿批发	23	435819	154787	16557	24291
建材批发	1	758	280	3453	3571
化肥批发	1	636	121	964	1390
其他化工产品批发	1	589	61	565	687
机械设备、五金产品及电子产品批发	5	29923	8064	1499	2303
农业机械批发	1	608	440	382	438
汽车批发	2	11360	212	30	79
汽车零配件批发	1	15626	7127	478	1079
其他机械设备及电子产品批发	1	2329	285	609	707
其他批发业	7	15157	374	1504	1976
再生物资回收与批发	7	15157	374	1504	1976
零售业合计	**176**	**315895**	**93278**	**115837**	**160566**
综合零售	31	79152	29660	59494	86214
百货零售	7	17791	6343	15796	21620
超级市场零售	23	59310	21707	42833	63551
其他综合零售	1	2051	1610	865	1042

单位：万元

累计折旧	#本年折旧	资产总计	流动负债合计	负债合计	所有者权益	#实收资本	#国家资本	主营业务收入
74366	**12563**	**1641026**	**1183065**	**1199280**	**441746**	**251158**	**17215**	**3576064**
29630	**4256**	**1150176**	**796422**	**804087**	**346089**	**168908**	**14210**	**2621595**
7200	694	172174	69369	70689	101484	21365		483472
39	1	1407	945	945	462	500		5473
93	43	4194	2929	2929	1265	500		26119
7068	649	113492	3812	3812	109680	365		238103
1	1	53081	61683	63004	-9922	20000		213778
		1281	1041	1041	240	200		3547
		1281	1041	1041	240	200		3547
44	2	1666	1360	1360	306	500		3443
44	2	1666	1360	1360	306	500		3443
53	3	13309	13003	13006	303	300		25466
53	3	13309	13003	13006	303	300		25466
21055	3146	912151	666487	672559	239592	141120	13710	2011083
74	34	46884	41417	41417	5467	5000		36981
12537	2156	285504	217194	218234	67270	30740	8010	315925
43	1	6642	5596	5596	1046	1200		2748
7734	784	564090	398492	403130	160960	102414	5000	1648403
118	66	4788	1755	1765	3023	700		3558
426	65	2755	1551	1647	1108	366		1343
122	39	1488	483	770	718	700	700	2126
804	233	31486	26828	27098	4388	3633	500	30418
56	21	990	550	820	170	100		1386
49	13	11392	9099	9099	2294	2366		5773
601	101	16166	14908	14908	1258	500	500	20322
98	98	2938	2272	2272	667	667		2937
473	178	18110	18335	18335	-225	1791		64167
473	178	18110	18335	18335	-225	1791		64167
44736	**8307**	**490850**	**386643**	**395193**	**95657**	**82250**	**3006**	**954469**
26720	4084	169874	143656	146384	23490	30160	100	320683
5824	1114	44676	25470	26320	18356	18730		72771
20718	2961	122283	116873	118750	3532	10950	100	226325
177	9	2916	1314	1314	1602	480		21588

16—9 续表1

指　　标	主营业务成　本	主营业务税金及附加	其他业务利　润	销售费用
总　计	**3270864**	**22457**	**11252**	**194513**
批发业合计	**2416112**	**17796**	**2668**	**132870**
食品、饮料及烟草制品批发	351902	15524		85322
米、面制品及食用油批发	5342	2		141
果品、蔬菜批发	25081	20		609
烟草制品批发	175087	14410		2009
其他食品批发	146392	1092		82564
纺织、服装及家庭用品批发	3393	1		124
家用电器批发	3393	1		124
文化、体育用品及器材批发	3137	8	8	313
其他文化用品批发	3137	8	8	313
医药及医疗器材批发	17448	114		8227
中药批发	17448	114		8227
矿产品、建材及化工产品批发	1952861	920	745	34312
煤炭及制品批发	35676	12		786
石油及制品批发	298988	271	244	8770
非金属矿及制品批发	2202	18		237
金属及金属矿批发	1609722	604	501	24385
建材批发	3137	11		25
化肥批发	1259			70
其他化工产品批发	1877	4		40
机械设备、五金产品及电子产品批发	25252	87	1916	3891
农业机械批发	1320	1		8
汽车批发	5548	3		94
汽车零配件批发	15660	81	1916	3744
其他机械设备及电子产品批发	2724	2		46
其他批发业	62121	1143		680
再生物资回收与批发	62121	1143		680
零售业合计	**854752**	**4661**	**8584**	**61643**
综合零售	272358	2479	6540	34918
百货零售	61465	1109	1250	2960
超级市场零售	191483	1191	5290	30534
其他综合零售	19410	178		1423

单位：万元

管理费用	#税　　金	财务费用	#利息支出	营业利润	利润总额	应交所得税	应　付职工薪酬	应交增值税
61043	**3810**	**15488**	**15205**	**29714**	**34365**	**14160**	**74613**	**49927**
29906	**2171**	**9625**	**9620**	**20134**	**23839**	**10760**	**35309**	**33845**
14041	298	-3885	1	20748	23564	10009	20131	18967
55	10	5	1	-72	2		105	15
248	20	-9		170	170	20	802	
11490	268	-3607		38889	38782	9989	6957	10144
2248		-273		-18239	-15390		12267	8808
		-1		30	30	12	30	2
		-1		30	30	12	30	2
9		12	11	-27	-27		156	59
9		12	11	-27	-27		156	59
53	1	-145		-238	-226	34	2029	1145
53	1	-145		-238	-226	34	2029	1145
12040	1839	11129	7073	2524	3035	683	8828	5512
373		-91		225	225	31	80	121
2610	1077	207	78	5323	5229	132	5275	2497
251		96	51	-55	-55		102	117
8264	714	10798	6824	-3039	-2430	480	3161	2646
230	1	20	20	137	137	34	106	85
146	18	86	86	-90	-95		39	2
167	30	14	14	23	23	6	66	44
2317	25	167	204	666	677	13	2854	549
65				-8	-8		76	
158		-18		37	37	13	91	18
1933	25	-5		824	820		2563	516
161		191	204	-187	-173		124	16
1446	8	2346	2332	-3570	-3214	9	1281	7611
1446	8	2346	2332	-3570	-3214	9	1281	7611
31137	**1639**	**5863**	**5585**	**9580**	**10526**	**3400**	**39304**	**16082**
14071	797	1272	780	5507	6073	2006	16955	5965
4973	336	286		3759	3780	1139	2172	1414
8532	429	985	780	1737	2282	858	14447	4030
565	32	1		11	11	9	336	521

16—9 续表2

指　　标	法人企业数（个）	流动资产合计	#存货	固定资产合计	固定资产原价
食品、饮料及烟草制品专门零售	18	12340	3928	4979	5898
果品、蔬菜零售	1	475	36	2890	3246
肉、禽、蛋、奶及水产品零售	4	2269	919	164	386
营养和保健品零售	2	983	471	78	215
酒、饮料及茶叶零售	8	3948	2018	1750	1916
烟草制品零售	1	483	237	6	31
其他食品零售	2	4183	247	91	104
纺织、服装及日用品专门零售	7	2011	782	3864	4706
服装零售	3	1692	639	3777	4553
化妆品及卫生用品零售	3	219	109	85	151
其他日用品零售	1	100	35	2	2
文化、体育用品及器材专门零售	12	9413	3362	3301	5712
文具用品零售	1	770	693	14	62
图书、报刊零售	6	7344	1935	3075	5422
珠宝首饰零售	2	525	496	19	27
工艺美术品及收藏品零售	2	399	127	185	188
照相器材零售	1	374	111	8	14
医药及医疗器材专门零售	13	70994	9868	8226	12276
药品零售	13	70994	9868	8226	12276
汽车、摩托车、燃料及零配件专门零售	57	91170	36969	22909	30040
汽车零售	43	87457	35900	21421	27876
汽车零配件零售	1	700	239	16	39
摩托车及零配件零售	1	36	36	1	3
机动车燃料零售	12	2978	794	1471	2123
家用电器及电子产品专门零售	29	26660	7463	5850	7890
家用视听设备零售	11	14422	3755	5101	6723
日用家电设备零售	9	9382	2511	631	943
计算机、软件及辅助设备零售	9	2856	1197	119	224
五金、家具及室内装饰材料专门零售	6	22237	1161	6554	6709
家具零售	3	20832	526	6319	6411
卫生洁具零售	1	374	169	147	165
其他室内装饰材料零售	2	1030	466	88	133
货摊、无店铺及其他零售业	3	1919	84	661	1121
互联网零售	1	38	4	17	24
生活用燃料零售	2	1881	80	644	1098

单位：万元

累计折旧	#本年折旧	资产总计	流动负债合计	负债合计	所有者权益	#实收资本	#国家资本	主营业务收入
919	263	17896	8258	8275	9621	3729		32652
357	198	3364	846	846	2518	700		5121
222	6	2832	1388	1388	1444	700		6584
137	25	1061	804	804	257	230		3185
166	27	5832	2123	2129	3703	911		9586
25	2	489	430	430	59	50		3860
13	4	4316	2666	2677	1640	1138		4317
842	153	6068	793	958	5110	1098		7255
777	119	5589	620	770	4820	885		2074
66	33	376	172	187	189	113		4514
		102	1	1	101	100		667
2412	283	14903	6436	6436	8467	4483	2336	20004
47	2	786	689	689	97	100		1485
2347	271	11795	4543	4543	7252	2933	2336	14138
8	4	1326	634	634	692	1100		1169
4	4	615	318	318	296	230		1571
6	2	382	253	253	129	120		1642
4049	744	81710	76078	78148	3562	4437	540	102797
4049	744	81710	76078	78148	3562	4437	540	102797
7131	2159	126072	98037	101196	24876	22863		330540
6455	2015	119221	95142	98266	20954	20952		313264
23		715	537	537	178	200		472
1		37			37	30		503
652	144	6099	2359	2393	3706	1681		16301
2047	428	41602	29940	30351	11251	9622	30	89952
1622	274	27238	20393	20579	6659	4861	30	56524
319	145	10517	7680	7906	2611	2841		19264
106	9	3848	1867	1867	1981	1920		14164
156	118	29641	21869	21869	7772	4356		43886
93	88	27667	21029	21029	6638	3256		40908
18	9	521	275	275	246	100		559
45	21	1454	566	566	888	1000		2419
461	75	3085	1577	1577	1508	1502		6700
7		78	152	152	-74	120		546
454	75	3007	1424	1424	1583	1382		6154

16—9 续表3

指　　标	主营业务成　本	主营业务税金及附加	其他业务利　润	销售费用
食品、饮料及烟草制品专门零售	27907	187	30	1899
果品、蔬菜零售	4581			180
肉、禽、蛋、奶及水产品零售	6208	11		149
营养和保健品零售	2617	10	30	356
酒、饮料及茶叶零售	8440	128		363
烟草制品批发	3776	1		44
其他食品零售	2286	37		807
纺织、服装及日用品专门零售	5779	144		253
服装零售	1544	28		64
化妆品及卫生用品零售	3622	115		165
其他日用品零售	613			23
文化、体育用品及器材专门零售	16676	111	413	1669
文具用品零售	1281	2		165
图书、报刊零售	11596	36	182	1145
珠宝首饰零售	1021	44		226
工艺美术品及收藏品零售	1239	28	231	92
照相器材零售	1540	2		41
医药及医疗器材专门零售	91425	201	159	5606
药品零售	91425	201	159	5606
汽车、摩托车、燃料及零配件专门零售	312252	409	511	10873
汽车零售	296233	307	511	10610
汽车零配件零售	435	1		8
摩托车及零配件零售	482			9
机动车燃料零售	15102	100		246
家用电器及电子产品专门零售	80357	385	931	5861
家用视听设备零售	49229	349	715	4939
日用家电设备零售	17916	16	212	338
计算机、软件及辅助设备零售	13212	20	5	584
五金、家具及室内装饰材料专门零售	41771	715		409
家具零售	39279	711		365
卫生洁具零售	428	2		22
其他室内装饰材料零售	2064	1		21
货摊、无店铺及其他零售业	6227	30		157
互联网零售	532			
生活用燃料零售	5695	30		157

单位：万元

管理费用	#税　　金	财务费用	#利息支出	营业利润	利润总额	应交所得税	应　　付 职工薪酬	应交增值税
1127	11	138	77	1424	1582	273	1804	914
230		63	63	67	237		625	
104	1	4	4	108	108	3	93	18
81	2	23		129	128	62	136	86
218	4	27	9	409	354	26	385	115
6		24		8	8	1	77	10
488	4	-4		704	748	182	488	685
299	2	29	17	753	753	74	780	141
55	1	18	17	365	365	16	357	32
214	1	10		387	387	58	363	107
29				1	1		60	2
1368	46	34	37	317	536	9	1888	265
40		1		-4	2	1	61	17
1067	44	32	37	457	670	1	1511	113
119	1	2		-243	-242	1	138	19
112	1	1		100	100	5	98	109
30	1			6	6		80	7
3254	207	1870	1841	567	473	65	4722	1791
3254	207	1870	1841	567	473	65	4722	1791
7692	433	2151	2650	-381	-616	625	8434	4376
7072	424	2133	2650	-637	-833	575	7941	4168
26				3	3		25	4
8				4	4		21	
586	9	18		250	211	50	447	204
2196	137	335	90	1276	1612	318	3039	1288
1232	127	204	75	1032	1391	279	2041	909
589	5	129	14	291	265	30	501	105
375	4	2		-46	-45	9	498	275
788	2	72	84	132	130		1288	1256
436	1	47	59	69	68		917	1233
85		3	3	19	19		73	20
267	1	22	22	44	44		298	4
343	4	-37	10	-15	-17	29	393	86
148				-135	-135		41	
196	4	-37	10	120	118	29	353	86

16—10 限额以上住宿和餐饮业主要财务指标（2014年）

指 标	法人企业数（个）	流动资产合计	#存 货	固定资产合 计	固定资产原 价
总 计	**71**	**61862**	**4967**	**40511**	**68440**
住宿业合计	**21**	**34487**	**1215**	**24587**	**42951**
按登记注册类型分					
国有控股	3	3493	126	4755	10681
内资企业	**21**	**34487**	**1215**	**24587**	**42951**
国有企业	1	40	3	318	585
有限责任公司	2	3453	123	4438	10096
国有独资公司	1	3024	87	4438	10096
其他有限责任公司	1	429	35		
私营企业	18	30994	1089	19831	32270
私营有限责任公司	18	30994	1089	19831	32270
按国民经济行业分					
旅游饭店	15	31340	1066	23277	40545
一般旅店	5	3037	148	1288	2382
其他住宿业	1	110		22	24
餐饮业合计	**50**	**27375**	**3752**	**15925**	**25489**
按登记注册类型分					
国有控股					
内资企业	**48**	**25687**	**2808**	**15151**	**23963**
集体企业	1	103	34	4	16
有限责任公司	1	292	19	3324	4210
其他有限责任公司	1	292	19	3324	4210
私营企业	46	25292	2755	11823	19737
私营独资企业	2	122	22	429	474
私营有限责任公司	44	25170	2733	11394	19264
港、澳、台商投资企业	**1**	**16**	**12**	**8**	**9**
港澳台商独资经营企业	1	16	12	8	9
外商投资企业	**1**	**1672**	**933**	**766**	**1518**
外商投资股份有限公司	1	1672	933	766	1518
按国民经济行业分					
正餐服务	46	26855	3677	15172	24675
快餐服务	2	490	71	631	657
饮料及冷饮服务	2	29	4	122	157

单位：万元

累计折旧	#本年折旧	资产总计	流动负债合计	负债合计	所有者权益	#实收资本	#国家资本	主营业务收入
27929	**5650**	**171783**	**105227**	**114439**	**57344**	**54725**	**1072**	**60892**
18364	**4080**	**73105**	**47911**	**50739**	**22366**	**12806**	**1072**	**24103**
5925	238	9330	1237	1237	8093	1072	1072	3640
18364	**4080**	**73105**	**47911**	**50739**	**22366**	**12806**	**1072**	**24103**
267	13	396	414	414	-18	279	279	327
5658	225	8933	823	823	8110	793	793	3313
5658	225	8504	439	439	8065	748	748	2460
		429	384	384	45	45	45	853
12439	3842	63776	46674	49502	14274	11734		20463
12439	3842	63776	46674	49502	14274	11734		20463
17268	3835	67452	43271	46099	21354	10863	1072	21928
1094	244	5521	4538	4538	983	1913		1899
2	1	132	102	102	30	30		276
9564	**1569**	**98678**	**57317**	**63700**	**34978**	**41919**		**36789**
8812	**1314**	**63902**	**40100**	**46483**	**17419**	**21909**		**35848**
13	1	106	395	395	-289	32		316
885		5319	1885	1885	3434	3000		1559
885		5319	1885	1885	3434	3000		1559
7914	1312	58477	37819	44203	14274	18877		33972
45	9	577	147	229	347	150		566
7870	1303	57900	37673	43974	13927	18727		33406
1		**25**	**15**	**15**	**10**	**10**		**401**
1		25	15	15	10	10		401
752	**255**	**34751**	**17202**	**17202**	**17549**	**20000**		**541**
752	255	34751	17202	17202	17549	20000		541
9503	1551	97317	56517	62810	34507	41591		35352
26	7	1147	745	836	311	170		935
35	12	213	54	54	159	158		502

16—10 续表

指标	主营业务成本	主营业务税金及附加	其他业务利润	销售费用
总计	**28049**	**3164**	**1104**	**18026**
住宿业合计	**7529**	**1324**	**-176**	**7962**
按登记注册类型分				
国有控股	1629	203		935
内资企业	**7529**	**1324**	**-176**	**7962**
国有企业	296	15		
有限责任公司	1332	188		935
国有独资公司	600	138		935
其他有限责任公司	733	50		
私营企业	5900	1121	-176	7026
私营有限责任公司	5900	1121	-176	7026
按国民经济行业分				
旅游饭店	6731	1211	-179	7167
一般旅店	609	98	3	787
其他住宿业	189	14		7
餐饮业合计	**20520**	**1840**	**1280**	**10065**
按登记注册类型分				
国有控股				
内资企业	**20041**	**1798**	**1280**	**10054**
集体企业	160	18		178
有限责任公司	715	122	611	396
其他有限责任公司	715	122	611	396
私营企业	19167	1658	669	9480
私营独资企业	405	29		28
私营有限责任公司	18762	1629	669	9453
港、澳、台商投资企业	**203**	**14**		
港澳台商独资经营企业	203	14		
外商投资企业	**276**	**29**		**11**
外商投资股份有限公司	276	29		11
按国民经济行业分				
正餐服务	19597	1785	1280	9919
快餐服务	634	40		55
饮料及冷饮服务	290	15		91

单位：万元

管理费用	#税　金	财务费用	#利息支出	营业利润	利润总额	应交所得税	应付职工薪酬
15816	**577**	**4508**	**4150**	**-7750**	**-7747**	**298**	**17474**
9299	**318**	**2663**	**2713**	**-4677**	**-4952**	**46**	**6547**
1382	25	-90		-419	-256		1217
9299	**318**	**2663**	**2713**	**-4677**	**-4952**	**46**	**6547**
8		2		6	3		99
1374	25	-92		-424	-259		1118
1141	25	-94		-260	-259		683
233		2		-164			435
7917	294	2753	2713	-4259	-4696	46	5330
7917	294	2753	2713	-4259	-4696	46	5330
9082	306	2499	2561	-4762	-5058	24	5979
195	12	163	152	41	63	22	471
22		1		43	43		97
6517	**258**	**1846**	**1437**	**-3073**	**-2795**	**252**	**10927**
6154	**179**	**1843**	**1437**	**-3117**	**-2842**	**208**	**10543**
2				-41	-41		169
861		12		65	102		373
861		12		65	102		373
5292	179	1831	1437	-3142	-2903	208	10001
31	4	5	2	68	66	5	108
5260	175	1826	1435	-3210	-2969	203	9893
6				**178**	**178**	**44**	**135**
6				178	178	44	135
358	**80**	**2**		**-134**	**-132**		**249**
358	80	2		-134	-132		249
6385	258	1834	1436	-3237	-2958	245	10016
56		10		135	135	6	664
76	1	2	1	29	29	1	247

16—11 限额以上批发和零售业连锁经营情况（2014年）

指　　标		合　计	直营店	加盟店
门店总数	（个）	199	192	7
年末从业人员数	（人）	1892	1786	106
年末零售营业面积	（平方米）	159732	156419	3313
连锁门店商品购进额	（万元）	282183	277270	4913
＃自有配送中心配送商品购进额		264506	263679	827
连锁门店商品销售额	（万元）	284261	280422	3839
＃零售额		237608	233768	3839

16—12 限额以上住宿和餐饮业连锁经营情况（2014年）

指　　标		合　计	直营店
门店总数	（个）	12	12
年末从业人员数	（人）	803	803
年末零售营业面积	（平方米）	21000	21000
餐位数	（位）	7615	7615
连锁门店商品购进（采购）额	（万元）	3628	3628
＃统一配送商品购进（采购）额		3628	3628
＃自有配送中心配送商品购进（采购）额		3628	3628
连锁门店营业额	（万元）	8066	8066
＃餐费收入		7315	7315
商品销售额		462	462

16—13 各县区限额以上批发和零售业连锁经营情况（2014年）

地 区	门店总数（个）	从业人员（人）	零售营业面积（平方米）	商品购进总额（万元）	#统一配送商品购进额	#自有配送中心配送	商品销售额（万元）	零售额
全 市	**199**	**1892**	**159732**	**282183**	**267926**	**264506**	**284261**	**237608**
花山区	91	965	30894	36087	33547	30127	35393	30284
雨山区	88	815	125848	222660	222660	222660	227280	189736
博望区								
含山县								
和 县								
当涂县	20	112	2990	23437	11719	11719	21588	17588

注：本表分县区数据为按法人经营地汇总数据（下同）。

16—14 各县区限额以上住宿和餐饮业连锁经营情况（2014年）

地 区	门店总数（个）	从业人员（人）	餐饮营业面积（平方米）	餐位数（位）	商品购进额（万元）	营业额（万元）	餐费收入	商品销售额
全 市	**12**	**803**	**21000**	**7615**	**3628**	**8066**	**7315**	**462**
花山区	12	803	21000	7615	3628	8066	7315	462
雨山区								
博望区								
含山县								
和 县								
当涂县								

16—15　各县区限额以上批发和零售业主要财务指标（2014年）

地　区	法人企业数（个）	流动资产合　计	#存　货	固定资产合　计	固定资产原　价
全　市	**226**	**1244705**	**287556**	**173797**	**248156**
花山区	66	257753	44306	74858	108801
雨山区	59	801681	205932	50361	77845
博望区	9	4765	1081	1682	1860
含山县	31	20275	7215	9947	12563
和　县	20	27360	8508	12769	15758
当涂县	41	132871	20515	24179	31329

16—16　各县区限额以上住宿和餐饮业主要财务指标（2014年）

地　区	法人企业数（个）	流动资产合　计	#存　货	固定资产合　计	固定资产原　价
全　市	**71**	**61862**	**4967**	**40511**	**68440**
花山区	30	32086	2263	13987	26244
雨山区	14	7669	850	1858	4529
博望区	6	1977	228	1498	1905
含山县	2	1587	30	561	1626
和　县	7	6550	1108	2856	5543
当涂县	12	11994	488	19751	28592

单位：万元

累计折旧	#本年折旧	资产总计	流动负债合计	负债合计	所有者权益	#实收资本	#国家资本	主营业务收入
74366	**12563**	**1641026**	**1183065**	**1199280**	**441746**	**251158**	**17215**	**3576064**
33943	4543	458506	356744	359054	99452	111096	8919	1034428
27484	4473	919399	633476	643763	275636	100393	6000	1920848
185	71	7243	4819	5066	2178	1510		28759
2616	453	31491	14251	15993	15498	6070	599	79558
2988	787	45661	30093	30371	15290	7923	958	89612
7150	2237	178726	143681	145033	33692	24167	740	422860

单位：万元

累计折旧	#本年折旧	资产总计	流动负债合计	负债合计	所有者权益	#实收资本	#国家资本	主营业务收入
27929	**5650**	**171783**	**105227**	**114439**	**57344**	**54725**	**1072**	**60892**
12257	1050	62382	31080	33543	28839	14439	1027	33167
2671	337	13933	14148	14148	-215	4061	45	12082
407	118	4717	1026	3270	1447	488		2053
1065	163	3251	2921	2921	329	1200		1714
2687	463	46652	22074	23541	23111	26002		4062
8841	3519	40849	33978	37016	3833	8537		7815

16—15 续表

地　区	主营业务成　本	主营业务税金及附加	其他业务利　润	销售费用	管理费用
全　市	**3270864**	**22457**	**11252**	**194513**	**61043**
花山区	970058	3125	7623	48933	18175
雨山区	1733218	16677	2420	113966	31048
博望区	26629	179		783	367
含山县	69528	1051	2	3392	2494
和　县	81686	370	203	4315	2133
当涂县	389746	1055	1005	23124	6827

16—16 续表

地　区	主营业务成　本	主营业务税金及附加	其他业务利　润	销售费用	管理费用
全　市	**28049**	**3164**	**1104**	**18026**	**15816**
花山区	14097	1778	1291	9922	6926
雨山区	5925	590	13	4899	2093
博望区	1221	98		178	120
含山县	617	94		745	375
和　县	2067	165		152	1611
当涂县	4122	440	-200	2132	4690

单位：万元

#税　　金	财务费用	#利息支出	营业利润	利润总额	应交所得税	应　　付 职工薪酬	应交增值税
3810	**15488**	**15205**	**29714**	**34365**	**14160**	**74613**	**49927**
1218	8808	5361	-5454	-4082	2056	21660	13466
2050	4025	8404	27591	30387	10903	36928	26117
12	9	1	793	1131	60	439	1307
38	441	358	2708	2201	89	2942	1673
41	91	33	1721	1733	308	3946	752
450	2113	1049	2355	2995	745	8698	6612

单位：万元

#税　　金	财务费用	#利息支出	营业利润	利润总额	应交所得税	应　　付 职工薪酬
577	**4508**	**4150**	**-7750**	**-7747**	**298**	**17474**
117	3109	2997	-1771	-1646	169	8640
31	340	296	-1754	-1533	41	3968
	38		400	400	33	296
104	3		-120	-46		490
98	285	150	-199	-177		1110
227	733	706	-4307	-4745	55	2969

16—17 各县区限额以上批发零售、住宿餐饮业从业人数（2014年）

单位：人

地　区	合　计	批发和零售业	零售业	住宿和餐饮业	餐饮业
全　市	**25237**	**17851**	**12437**	**7386**	**4981**
花山区	10059	6508	5778	3551	2575
雨山区	7847	5942	2337	1905	1354
博望区	476	235	202	241	203
含山县	1497	1144	1117	353	171
和　县	1755	1359	1039	396	225
当涂县	3603	2663	1964	940	453

注：本表从业人员含法人企业、其他行业法人单位附营的限额以上批发零售业、住宿餐饮业产业活动单位和限额以上个体户数据。

16—18 各县区限额以上批发和零售商品购进、销售和库存（2014年）

单位：万元

地　区	购进总额	#进　口	销售总额	批　发	零　售	年末库存总　额
全　市	**3941102**	**33499**	**4203877**	**2792798**	**1411079**	**344779**
花山区	1105853		1230373	712682	517691	63021
雨山区	2103942	33273	2162560	1675748	486812	241081
博望区	39530		38242	25587	12655	1717
含山县	93124		92604	10886	81718	6914
和　县	120290		128231	30281	97951	6366
当涂县	478365	226	551866	337614	214252	25679

注：本表从业人员含法人企业、其他行业法人单位附营的限额以上批发零售业产业活动单位和限额以上个体户数据。

16—19 亿元以上商品交易情况（2014年）

指　　标	市场个数（个）	年末摊位数（个）	总成交额（万元）
总　　计	**5**	**1658**	**647791**
综合市场	**3**	**1028**	**334371**
＃农业品综合市场	3	1028	334371
专业市场	**2**	**630**	**313420**
金属材料市场	1	70	300320
肉食禽蛋市场			
蔬菜市场	1	560	13100

16—20 亿元以上商品交易市场摊位分类情况（2014年）

指　　标	年末摊位数（个）	总成交额（万元）
总　　计	**1658**	**647791**
食品、饮料、烟酒类	1531	345840
粮油、食品类	1527	345834
＃粮油类	3	330
肉禽蛋类	182	54456
水产品类	97	58002
蔬菜类	863	137238
干鲜果品类	382	95808
饮料类	2	1
烟酒类	2	5
服装、鞋帽、针纺织品类	57	1631
服装类	34	850
鞋帽类	13	352
针纺织品类	10	429
金属材料类	70	300320

16—21 各县区亿元以上商品交易市场情况（2014年）

地区	市场个数（个）	年末摊位数（个）	营业面积（平方米）	总成交额（万元）
全市	**5**	**1658**	**182200**	**647791**
花山区	1	126	2700	11817
雨山区	2	690	35500	610120
博望区				
含山县				
和县	2	842	144000	25854
当涂县				

16—22 各县区社会消费品零售总额（2014年）

单位：万元

地区	社会消费品零售总额	城镇	城区	乡村	批发和零售业	住宿和餐饮业
全市	**3735329**	**3423220**	**2086869**	**312109**	**3244166**	**491163**
花山区	1353170	1332872	1285515	20298	1224654	128516
雨山区	783742	763901	744555	19841	637985	145757
博望区	144561	113207	56799	31354	129982	14579
含山县	368532	292749		75783	311569	56963
和县	469558	401542		68016	395284	74274
当涂县	615766	518949		96817	544692	71074

主要统计指标解释

社会消费品零售总额

指国民经济各行业直接售给城乡居民和社会集团的消费品总额。它是反映各行业通过多种商品流通渠道向居民和社会集团供应的生活消费品总量，是研究国内零售市场变动情况、反映经济景气程度的重要指标。

社会消费品零售总额包括：⑴售给城乡居民作为生活用的商品和修建房屋用的建筑材料；⑵售给社会集团的各种办公用品和公用消费品；⑶售给机关、团体、学校、部队、企业、事业单位的职工食堂和旅店（招待所）附设专门供本店旅客食用，不对外营业的食堂的各种食品、燃料；企业、单位和国营农场直接售给本单位职工和职工食堂的自己生产的产品；⑷售给部队干部、战士生活用的粮食、副食品、衣着品、日用品、燃料；⑸售给来华的外国人、华侨、港澳台同胞的消费品；⑹居民自费购买的中、西药品、中药材及医疗用品；⑺报社、出版社直接售给居民和社会集团的报纸、图书、杂志，集邮公司出售的新、旧纪念邮票、特种邮票、首日封、集邮册、集邮工具等；⑻旧货寄售商店自购、自销部分的商品；⑼煤气公司、液化石油气站售给居民和社会集团的煤气灶具和罐装液化石油气；⑽农民售给非农业居民和社会集团的商品。不包括售给国民经济各部门企业、事业单位（包括国有经济的农场）生产经营用的各种原材料、燃料、设备、工具等和售给批发零售贸易业、餐饮业作为转卖用的商品，旧货寄售商店受托寄售卖出的商品，服务业的营业收入，邮局出售邮票的收入，自来水、电力、煤气生产（供应）单位的产品供应收入，也不包括农民之间的商品销售。

批发零售业商品购进、销售、存存总额

指各种登记注册类型的批发、零售业（不包括个体）企业（单位）以本企业（单位）为总体的商品购进、销售、库存总额。

商品购进总额

指从本企业（单位）以外的单位和个人购进（包括从境外直接进口）作为转卖或加工后转卖的商品总额。它反映批发零售业从国内、国外市场上购进商品的总量。商品购进总额包括：⑴从工农业生产者购进的商品；⑵从出版社、报社的出版发行部门购进的图书、杂志和报纸；⑶从各种登记注册类型的批发零售贸易企业（单位）购进的商品；⑷从其他单位购进的商品，如从机关、团体、企业等单位购进的剩余物资，从餐饮业、服务业购进的商品，从海关、市场管理部门购进的缉私和没收的商品，从居民手中收购的废旧商品等；⑸从国（境）外直接进口的商品。不包括企业（单位）为自身经营用和未通过买卖行为而收入的商品以及销售退回、商品升溢等。

商品销售总额

指对本企业（单位）以外的单位和个人出售（包括对境外直接出口）的商品总额。它反映批发零售业在国内市场上销售商品以及出口商品的总量。商品销售总额包括：⑴售给城乡居民和社会集团消费用的商品；⑵售给工业、农业、建筑业、运输邮电业、批发零售业、餐饮业、服务业等作为生产、经营使用的商品；⑶售给批发零售业作为转卖或加工后转卖的商品；⑷对国（境）外直接出口的商品。不包括出售本企业（单位）自用的废旧包装用品；未通过买卖行为付出的商品；经本单位介绍，由买卖双方直接结算，本单位只收取手续费的业务；购货退出的商品以及商品损耗和损失等。

批发零售业库存

指报告期末各种登记注册类型的批发零售企业

（单位）已取得所有权的商品。它反映批发零售企业（单位）的商品库存情况和对市场商品供应的保证程度。期末库存包括：⑴存放在批发零售贸易业经营单位（如门市部、批发站、经营处）仓库、货场、货柜和货架中的商品；⑵挑选、整理、包装中的商品；⑶已记入购进而尚未运到本单位的商品，即发货单或银行承兑凭证已到而货未到的部分；⑷寄放他处的商品，如因购货方拒绝承付而暂时存放在购货方的商品和已办完加工成品收回手续而未提回的商品；⑸委托其他单位代销（未作销售或调出）尚未售出的商品；⑹代其他单位购进尚未交付的商品。不包括所有权不属于本单位的商品、拨付除批发零售贸易业以外的其他行业所属独立核算加工厂等加工生产尚未收回成品的商品、代国家物资储备部门保管的商品等。

库存总额采用的计算价格是：农副产品采购单位按购进价计算；批发单位按进货价计算；零售单位按核算价格计算，即按什么价格核算就按什么价格计算。

十七

对外经济贸易

简要说明

一、本篇资料反映我市进出口贸易、利用外资、对外承包工程和劳务合作等情况。

二、资料来源于市商务局、招商局、工商局。

三、本篇资料由市统计局商贸外经科整理。

17—1 主要年份对外经济贸易基本情况

指　　标		1995	2000	2005	2010	2013	2014
进出品总额	**（万美元）**	**16457**	**25082**	**128810**	**307302**	**362512**	**297185**
出口总额		10983	11350	35874	68760	138632	124558
进口总额		5474	13732	92936	238542	223880	172627
进出口差额		5509	-2382	-57062	-169782	-85248	-48069
对外签订利用外资（合同）项目	**（个）**	**25**	**6**	**31**	**24**	**14**	**15**
#外商直接投资		25	6	31	24	14	15
对外签订利用外资（合同）金额	**（万美元）**	**1660**	**1549**	**18549**	**16975**	**9462**	**30167**
#外商直接投资		1660	1549	18549	16975	9462	30167
实际利用外资金额	**（万美元）**	**612**	**1889**	**14630**	**81478**	**174655**	**176231**
对外借款				2390		3888	100
外商直接投资		612	1889	4798	79852	147895	176131
外商其他投资				7442	1626	22872	
外商投资企业基本情况							
年底登记户数	（户）	144	72	117	142	167	160
投资总额	（万美元）	90784	91697	168631	283386	348813	426147
注册资本	（万美元）	86684	85777	127128	209702	219038	236409
#外　方		27155	28233	59409	105800	125867	137843
对外承包工程和劳务合作							
合同金额	（万美元）			2716	10587	7311	34432
完成营业额	（万美元）			1384	26093	34124	41472

注：1、进出口2005年及以后含含山、和县数据；
2、外商投资企业基本情况2011年及以后含含山、和县数据；
3、对外承包工程和劳务合作2012年含含山、和县数据；
4、其余指标2010年及以后含含山、和县数据；
5、本表中外商投资企业含本市在安徽省工商行政管理局登记企业。

17—2　主要年份海关出口商品分类金额

单位：万美元

指　　标	2000	2005	2010	2013	2014
总　　额	**11350**	**35874**	**68760**	**138632**	**124558**
初级产品		**4202**	**4237**	**1545**	**4366**
食品及主要供食用的活动物		10	1838	893	798
非食品原料		4192	2399	499	3533
矿物燃料、润滑油有关原料				94	35
动植物油、脂及蜡				59	
工业制成品	**11350**	**31672**	**64523**	**137087**	**120192**
化学品及有关产品	168	2607	7634	9636	8270
轻纺产品、橡胶制品、矿冶产品及其制品	8363	22828	33391	59895	65358
机械及运输设备	899	4237	14142	28413	22137
杂项制品	1920	2000	9330	39143	24427
未分类的商品			26		

17—3　主要年份海关进口商品分类金额

单位：万美元

指　　标	2000	2005	2010	2013	2014
总　　额	**13732**	**92936**	**238542**	**223880**	**172627**
初级产品	**9705**	**65108**	**51927**	**205087**	**156879**
食品及主要供食用的活动物			6161	4514	7540
饮料及烟类				10	3
非食品原料	9703	59985	16012	192564	136369
矿物燃料、润滑油有关原料	2	5123	29754	7918	12643
动植物油、脂及蜡				81	323
工业制成品	**4027**	**27828**	**186615**	**18793**	**15748**
化学品及有关产品	44	221	1547	1006	4086
轻纺产品、橡胶制品、矿冶产品及其制品	631	3801	3464	998	8607
机械及运输设备	3232	23315	181133	11980	1619
杂项制品	120	491	471	4809	1436

17—4 海关进出口商品分类金额

单位：万美元

指标	2013		2014	
	出口	进口	出口	进口
总值	**138632**	**223880**	**124558**	**172627**
初级产品	**1544**	**205087**	**4366**	**156879**
食品及活动物	893	4514	799	7540
活动物				1084
鱼、甲壳及软体类动物及其制品	24		25	
谷物及其制品	3			765
蔬菜及水果	31	197	31	304
糖、糖制品及蜂蜜	830	4	740	4
咖啡、茶、可可、调味料	3		1	
饲料（不包括未碾磨谷物）		4176		5228
杂项食品	2	137	1	156
饮料及烟类	1	10		3
饮　料	1	10		3
非食用原料（燃料除外）	497	192564	3533	136369
生皮及生毛皮				
油籽及含油果实		79		474
生橡胶（包括合成橡胶及再生橡胶）	18		21	
纸浆及废纸	14	12446	44	18244
纺织纤维（羊毛条除外）及其原料	56		2	
天然肥料及矿物（煤、石油及宝石除外）	82		24	
金属矿砂及金属废料	326	180039	3442	117616
其他动、植物原料	1			35
矿物燃料、润滑油及有关原料	94	7918	35	12643
煤、焦炭及煤砖	93	6656	31	9571
石油、石油产品及有关原料		1155	3	2538
天然气及人造气	1	107		535
动植物油、脂及蜡	59	81		323
动物油、脂		81		323
植物油、脂	59			
工业制品	**137088**	**18793**	**120192**	**15748**
化学成品及有关产品	9635	1006	8270	4086
有机化学品	4357	732	4248	621
无机化学品	939	17	337	172

17—4 续表

单位：万美元

指　　标	2013		2014	
	出　口	进　口	出　口	进　口
染料、鞣料及着色料	133	16	237	57
医药品	276		292	
精油、香料及盥洗、光洁制品	1678	15	1696	1
初级形状的塑料	20	98		
非初级形状的塑料	722	35	348	20
其他化学原料及产品	1510	93	1108	3115
轻纺产品、橡胶制品、矿冶产品及其制品	59895	998	65339	1620
皮革、皮革制品及已鞣毛皮	85		11	2
橡胶制品	887	57	205	65
软木及木制品（家具除外）	141	9	64	9
纸及纸板、纸浆、纸及纸板制品	1976	50	697	57
纺纱、织物、制成品及有关产品	5007	535	4897	915
非金属矿物制品	7591	108	1797	132
钢　铁	23600	110	44625	307
有色金属	1999	2	1092	5
金属制品	18609	127	11949	126
机械及运输设备	28414	11980	22137	8607
动力机械及设备	1527	1822	1447	551
特种工业专用机械	3370	1041	3477	1287
金工机械	3234	3958	2650	472
通用工业机械设备及零件	4776	3035	4951	4086
办公用机械及自动数据处理设备	1330	156	1300	208
电信和声音的录制及重放装置设备	3216	2	1268	2
电力机械、器具及其电气零件	2784	1675	1861	1875
陆路车辆（包括气垫式）	3079	245	907	120
其他运输设备	5098	46	4456	5
杂项制品	39144	4809	24427	1436
活动房屋、卫生水道、供热及照明装置	5018	3	2577	1
家具及其零件、褥垫及类似填充制品	5825	113	1685	19
旅行用品、手提包及类似品	3404		1146	
服装及衣着附件	5862	110	6739	
鞋　靴	2807		1109	
专业、科学及控制用仪器装置	6400	4487	2176	1241
摄影器材、光学物品及钟表	503	22	137	3
杂项制品	9325	74	5859	172

17—5　马鞍山市同各国（地区）进出口总额

单位：万美元

国别（地区）	2013			2014		
	进出口总额	出口总额	进口总额	进出口总额	出口总额	进口总额
合　计	**362512**	**138632**	**223880**	**297185**	**124558**	**172627**
亚　洲	**104159**	**79965**	**24194**	**92975**	**76634**	**16341**
巴　林	386	386		220	220	
孟加拉国	1628	1628		1069	1069	
文　莱	197	197		17	17	
缅　甸	85	85		211	211	
柬埔寨	177	177		102	102	
塞浦路斯	107	107		3	3	
朝　鲜	1059	391	668	276	29	247
香　港	8435	8175	260	7593	7560	33
印　度	4516	4263	253	3217	3154	63
印度尼西亚	6339	5764	575	1816	1074	742
伊　朗	4384	390	3994	9714	6547	3167
伊拉克	355	355		75	75	
以色列	540	480	60	1044	1044	
日　本	20342	11618	8724	17663	12714	4919
约　旦	177	177		534	534	
科威特	561	561		525	525	
老　挝	1	1		18	18	
黎巴嫩	268	268		376	376	
澳　门	651	651		57	57	
马来西亚	7418	7050	368	4554	4256	298
马尔代夫	22	22		3	3	
阿　曼	316	316		248	248	
巴基斯坦	1225	1225		1696	1677	19
巴勒斯坦	39	39		5	5	
菲律宾	5105	4717	388	5018	4773	245

17—5 续表1

单位：万美元

国别（地区）	2013			2014		
	进出口总额	出口总额	进口总额	进出口总额	出口总额	进口总额
卡塔尔	362	362		104	104	
沙特阿拉伯	1835	1739	96	1038	1038	
新加坡	7689	7689		2818	2818	
韩 国	9013	7305	1708	10203	7239	2964
斯里兰卡	264	264		53	53	
叙利亚	137	137		32	32	
泰 国	2838	2653	185	3383	2526	857
土耳其	767	760	7	2760	2750	10
阿联酋	7235	2311	4924	5307	3655	1652
也门共和国	69	69		70	70	
越 南	5555	5304	251	8832	8640	192
台 湾	3642	1996	1646	2209	1420	789
东帝汶	26	26				
哈萨克斯坦	148	148				
乌兹别克斯坦	157	157				
亚洲其他	89	2	87	146	2	144
非 洲	**8963**	**8247**	**716**	**8025**	**6657**	**1368**
阿尔及利亚	1094	1094		1389	1389	
安哥拉	418	418		280	280	
贝 宁	72	72		156	156	
博茨瓦那				15	15	
喀麦隆	333	333		68	68	
刚 果	56	56		2	2	
吉布提	75	75		134	134	
埃 及	395	395		321	321	
埃塞俄比亚	160	138	22	458	458	
加 蓬	115	115		4	4	
加 纳	174	174		230	230	
几内亚	651	19	632	10	10	
科特迪瓦	29	29		100	100	
肯尼亚	588	588		1111	663	448
利比亚	521	521		282	282	

17—5 续表2

单位：万美元

国别（地区）	2013			2014		
	进出口总额	出口总额	进口总额	进出口总额	出口总额	进口总额
马达加斯加	61	61		2	2	
马拉维	54	54		22	22	
马　里	51	51		39		39
毛里塔尼亚	34	34		65	65	
毛里求斯	66	66		61	61	
摩洛哥	312	312		115	115	
莫桑比克	197	164	33	94	37	57
纳米比亚	35	35				
尼日尔	707	707				
留尼汪	8	8		54	54	
塞内加尔	149	149		63	63	
南　非	1075	1071	4	952	952	
塞拉利昂				4	3	1
苏　丹	394	394		229	48	181
坦桑尼亚	262	239	23	142	106	36
多　哥	612	612		323	323	
突尼斯	28	28		18	18	
乌干达	42	42		151	9	143
布基纳法索	38	38		12	12	
扎伊尔	31	31		8	8	
赞比亚	19	19		2	2	
津巴布韦	32	32		32	32	
非洲其他	75	73	2	1076	613	463
欧　洲	**30991**	**22362**	**8629**	**32304**	**19525**	**12779**
比利时	1183	578	605	1151	674	477
丹　麦	566	300	266	348	266	82
英　国	6222	5785	437	6616	4157	2459
德　国	7009	2926	4083	5417	1928	3489
法　国	1769	1553	216	2013	1731	282
爱尔兰	184	179	5	334	334	
意大利	3094	1100	1994	4022	1270	2752
荷　兰	2503	2280	223	2001	1037	964
希　腊	540	453	87	462	250	212
葡萄牙	166	157	9	2308	2291	17
西班牙	1748	1746	2	2319	1456	863

17—5 续表3

单位：万美元

国别（地区）	2013			2014		
	进出口总额	出口总额	进口总额	进出口总额	出口总额	进口总额
阿尔巴尼亚	15	15		7	7	
奥地利	325	148	177	136	101	35
保加利亚	58	57	1	62	62	
芬　兰	237	113	124	576	97	479
匈牙利	17	17		39	39	
马耳他	350	350		48	48	
挪　威	231	229	2	200	200	
波　兰	524	518	6	268	265	3
罗马尼亚	95	95		168	168	
瑞　典	592	334	258	500	64	436
瑞　士	263	183	80	159	123	36
爱沙尼亚	51	51		80	80	
拉脱维亚	19	19		84	84	
立陶宛	129	129		105	105	
格鲁吉亚	123	123		3	3	
亚美尼亚	3	3		2	2	
白俄罗斯	79	79		24	24	
俄罗斯	1926	1926		2306	2138	168
乌克兰	266	266		136	116	20
斯洛文尼亚	71	71		13	13	
克罗地亚	70	70		27	27	
捷克共和国	330	276	54	322	322	
斯洛伐克	108	108		38	33	5
黑　山	97	97				
安道尔	1	1		3	3	
摩尔多瓦	11	11				
塞尔维亚	14	14				
欧洲其他	2	2		7	7	
拉丁美洲	**45514**	**9046**	**36468**	**45917**	**6006**	**39911**
阿根廷	704	704		245	245	
玻利维亚	4	4		4	4	
巴　西	36802	1805	34997	37292	1192	36100
智　利	1817	1348	469	1248	939	309
哥伦比亚	642	642		719	719	

17—5 续表4

单位：万美元

国别（地区）	2013			2014		
	进出口总额	出口总额	进口总额	进出口总额	出口总额	进口总额
哥斯达黎加	28	28		50	46	4
多米尼加	65	65		4	4	
厄瓜多尔	240	240		221	221	
危地马拉	318	318		107	107	
海　地	141	141		129	129	
洪都拉斯	62	52	10	90	90	
牙买加	304	304		4	4	
墨西哥	1526	904	622	3578	1165	2413
尼加拉瓜	94	94		104	104	
巴拿马	797	797		266	266	
巴拉圭	58	58		20	20	
秘　鲁	1283	913	370	377	377	
波多黎各	34	34		22	22	
圣文格林纳	5	5		19	19	
萨尔瓦多	29	29		77	77	
苏里南	63	63		3	3	
特立尼达和多巴哥	15	15		39	39	
乌拉圭	204	204		1162	78	1084
委内瑞拉	246	246		75	75	
拉丁美洲其他	33	33		62	61	1
北美洲	**32936**	**15742**	**17194**	**29972**	**12916**	**17056**
加拿大	4666	1948	2718	4524	1312	3212
美　国	28270	13794	14476	25448	11604	13844
大洋洲	**139949**	**3270**	**136679**	**87992**	**2820**	**85172**
澳大利亚	139551	2872	136679	87672	2500	85172
斐　济	4	4		3	3	
新喀里多尼	10	10				
新西兰	311	311		296	296	
巴布亚新几内亚	34	34		21	21	
大洋洲其他	39	39				

17—6 进出口商品贸易方式总值（2014年）

单位：万美元

指标	进出口		出口		进口	
	金额	增幅(%)	金额	增幅(%)	金额	增幅(%)
总计	**297185**	**-18.1**	**124558**	**-10.0**	**172627**	**-23.1**
一般贸易	287092	-18.2	116689	-10.9	170403	-22.7
国家间、国际组织无偿援助和赠送的物资						
其他境外捐赠物资						
补偿贸易						
来料加工装配贸易	1574	34.0	1011	23.9	563	-57.2
进料加工贸易	5735	-35.2	4218	-27.9	1517	-49.4
加工贸易进口设备						
寄售代销贸易						
边境小额贸易						
对外承包工程出口货物	721	61.7	721	61.7		
租赁贸易						
外商投资企业作为投资进口的设备、物品	17	-97.1			17	-97.1
出料加工						
易货贸易						
免税外汇商品						
保税仓库进出境货物	1955	521.3	1877	990.1	78	-44.9
保税区仓储转口货物						
出口加工区进口设备						
其他	91	-90.2	42	-94.8	49	-59.7

17—7 对外承包工程和劳务合作

年 份	合 同 金 额 (万美元)	完成营业额 (万美元)
总 计		
2008	20587	10616
2009	25471	18537
2010	10587	26093
2011	65656	30278
2012	71499	33487
2013	7311	34124
2014	34432	41472
对外承包工程		
2008	19304	5270
2009	23128	12866
2010	8691	13799
2011	60540	19631
2012	71239	27333
2013	7210	28988
2014	34415	34623
对外劳务合作		
2008	286	50
2009	366	455
2010	244	2437
2011	1061	2538
2012	260	6154
2013	101	5136
2014	17	6849

17—8 外商投资企业年末企业数、投资总额及注册资本（2014年）

指　　标	企业数（个）	投资总额（万美元）	注册资本（万美元）	#外　方
总　计	**160**	**426147**	**236409**	**137843**
按投资方式分				
中外合资	65	173932	75071	48823
中外合作	1	774	387	310
外资企业	91	157668	67178	67178
外商投资股份制	3	93773	93773	21532
按国民经济行业分				
农林牧渔业	3	218	205	86
采矿业	2	2687	1104	1104
制造业	101	337507	193315	102139
电力、热力、燃气及水的生产和供应业	12	33045	12237	9808
建筑业	2	1657	844	844
批发和零售业	5	13331	6445	6445
交通运输、仓储及邮政业	1	6000	3500	3500
住宿和餐饮业	2	2861	2727	2714
信息传输、软件和信息技术服务业	2	85	26	26
金融业	1	3500	3500	1654
房地产业	8	6668	3402	2477
租赁和商务服务业	6	3169	2029	1438
科学研究和技术服务业	12	14561	6622	5234
水利、环境和公共设施管理业	1	774	387	310
居民服务、修理和其他服务业	2	84	66	64

17—9　外国和港澳台地区直接投资（按投资方式和行业）（2014年）

指　　标	新签协议		实际投资合　计（万美元）	期末实有企业数（个）	
	合同数（个）	投资额（万美元）			#本期新增企业
总　　计	**15**	**30167**	**176131**	**160**	**10**
按投资方式分					
中外合资	8	23175	146157	65	6
中外合作	1	490	1887	1	1
外资企业	6	6502	24076	91	3
外商投资股份制			4011	3	
按国民经济行业分					
农林牧渔业				3	
采矿业			4182	2	
制造业	9	24449	78940	101	6
电力、热力、燃气及水的生产和供应业	2	1713	12334	12	1
建筑业			506	2	
批发和零售业	2	2790	7611	5	1
交通运输、仓储及邮政业			6543	1	
住宿和餐饮业				2	
信息传输、软件和信息技术服务业			2941	2	
金融业		709	709	1	
房地产业			58514	8	
租赁和商务服务业	2	506		6	2
科学研究和技术服务业			1377	12	
水利、环境和公共设施管理业			2474	1	
居民服务、修理和其他服务业				2	

17—10　外国和港澳台地区直接投资（按国别和地区）（2014年）

国别（地区）	新签协议 合同数（个）	新签协议 投资额（万美元）	实际投资合计（万美元）	期末实有企业数（个）	#本期新增企业
合　计	**15**	**30167**	**176131**	**160**	**10**
亚　洲	**12**	**9514**	**114393**	**94**	**10**
香　港	8	8816	86141	55	7
印　度			570		
日　本			2029	9	
新加坡		325	6505		
韩　国	1	98	20	2	1
台　湾	3	275	19128	18	2
亚洲其他国家（地区）				10	
非　洲			**1305**	**2**	
毛里求斯			1305	1	
塞舌尔				1	
欧　洲		**18962**	**31674**	**23**	
比利时			2092		
英　国				4	
德　国			2861	4	
法　国			3255	2	
爱尔兰		18744	18976	2	
意大利			1986		
荷　兰		218			
西班牙			2504		
俄罗斯				1	
欧洲其他国家（地区）				10	
拉丁美洲	**1**	**600**	**19192**	**16**	
阿根廷			1522		
开曼群岛	1	600	5175		
英属维尔京群岛			12495	15	
拉丁美洲其他国家（地区）				1	
北美洲	**1**	**741**	**7999**	**15**	
加拿大					
美　国	1	741	7999	15	
大洋洲	**1**	**350**	**1568**	**5**	
新西兰			1408		
澳大利亚				2	
萨摩亚	1	350	160	2	
大洋洲其他国家（地区）				1	
其　他				5	

17—11 各县区外国和港澳台地区直接投资（2014年）

地　　区	新签协议		实际投资合计（万美元）	期末实有企业数（个）	
	合同数（个）	投资额（万美元）			#本期新增企业
全　　市	**15**	**30167**	**176131**	**160**	**10**
花山区		-70	54820	33	
雨山区	7	22024	75996	63	5
博望区	3	959	3338	10	3
含山县	1	489	10141	10	
和　　县	1	1196	14234	21	
当涂县	3	5569	17602	23	2

17—12 各县区商品进出口总额

单位：万美元

地　　区	2013			2014			比上年增长（%）
	进出口总额	出口总额	进口总额	进出口总额	出口总额	进口总额	
全　　市	**362512**	**138632**	**223880**	**297185**	**124558**	**172627**	**-18.1**
花山区	51071	22049	29022	54313	15524	38789	6.3
雨山区	250931	60506	190425	188208	60801	127407	-25.0
博望区	9962	9416	546	6925	6787	138	-30.5
含山县	7099	7016	83	9605	9128	477	35.3
和　　县	25686	22302	3384	19590	14360	5230	-23.7
当涂县	17763	17343	420	18544	17958	586	4.4

17—13 各县区外商直接投资

地　　区	项目（个）			合同外资额（万美元）		实际利用外交额（万美元）		
	2013	2014	比上年增长（%）	2013	2014	2013	2014	比上年增长（%）
全　　市	**14**	**15**	**7.1**	**9462**	**30167**	**147895**	**176131**	**19.1**
花山区				-155	-70	45792	54820	19.7
雨山区	6	7	16.7	7296	22024	64024	75996	18.7
博望区	1	3	200.0	89	959	2821	3338	18.3
含山县	1	1		61	489	8631	10141	17.5
和　　县	3	1	-66.7	1145	1196	11407	14234	24.8
当涂县	3	3		1026	5569	15220	17602	15.7

主要统计指标解释

进出口总额

指实际进出我国国境的货物总金额。包括对外贸易实际进出口货物，来料加工装配进出口货物，国家间、联合国及国际组织无偿援助物资和赠送品，华侨、港澳台同胞和外籍华人捐赠品，租赁期满归承租人所有的租赁货物，进料加工进出口货物，边境地方贸易及边境地区小额贸易进出口货物（边民互市贸易除外），中外合资企业、中外合作经营企业、外商独资经营企业进出口货物和公用物品，到、离岸价格在规定限额以上的进出口货样和广告品（无商业价值、无使用价值和免费提供出口的除外），从保税仓库提取在中国境内销售的进口货物，以及其他进出口货物。进出口总额用以观察一个国家在对外贸易方面的总规模。我国规定出口货物按离岸价格统计，进口货物按到岸价格统计。

利用外资

指我国各级政府、部门、企业和其他经济组织通过对外借款、吸收外商直接投资以及用其他方式筹措的境外现汇、设备、技术等。

外商直接投资

指外国企业和经济组织或个人（包括华侨、港澳台胞以及我国在境外注册的企业）按我国有关政策、法规，用现汇、实物、技术等在我国境内开办外商独资企业、与我国境内的企业或经济组织共同举办中外合资经营企业、合作经营企业或合作开发资源的投资（包括外商投资收益的再投资），以及经政府有关部门批准的项目投资总额内企业从境外借入的资金。

对外借款

是我国利用外资的重要部分。指通过对外正式签订借款协议，从境外筹措的资金，包括外国政府贷款、国际金融组织贷款、外国银行商业贷款、出口信贷以及对外发行债券等。1996 年及以前还包括对外发行股票。

外商其他投资

指除对外借款和外商直接投资以外的各种利用外资的形式。包括企业在境内外股票市场公开发行的以外币计价的股票（目前主要是在香港证券市场发行的 H 股和在境内证券市场发行的 B 股）发行价总额，国际租赁进口设备的应付款，补偿贸易中外商提供的进口设备、技术、物料的价款，加工装配贸易中外商提供的进口设备、物料的价款。

对外承包工程

指各对外承包公司以招标议标承包方式承揽的下列业务：⑴承包国外工程建设项目，⑵承包我国对外经援项目，⑶承包我国驻外机构的工程建设项目，⑷承包我国境内利用外资进行建设的工程项目，⑸与外国承包公司合营或联合承包工程项目时我国公司分包部分，⑹对外承包兼营的房屋开发业务。对外承包工程的营业额是以货币表现的本期内完成的对外承包工程的工作量，包括以前年度签订的合同和本年度新签订的合同在报告期内完成的工作量。

对外劳务合作

指以收取工资的形式向业主或承包商提供技术和劳动服务的活动。我国对外承包公司在境外开办的合营企业，中国公司同时又提供劳务的，其劳务部分也纳入劳务合作统计。劳务合作营业额按报告期内向雇主提交的结算数（包括工资、加班费和奖金等）统计。

十八

旅　游

简要说明

一、本篇资料反映我市旅游业发展情况。

二、本篇资料来源于市文旅委，由市统计局商贸外经科整理。

18—1　主要年份旅游事业发展

指　　标		1995	2000	2005	2010	2013	2014
旅行社总数	（个）	1	18	19	38	57	58
组团社					1	3	3
国内旅行社		1	18	19	37	54	55
旅行社职工人数	（人）	5	158	165	324	392	415
国际旅行社					60	109	117
国内旅行社		5	158	165	264	283	298
入境旅游人数	（人次）	1028	4340	12452	43567	104156	110230
国内旅游人数	（万人次）		124.66	216.09	750.89	1810.77	2016.72
旅游收入							
国际旅游外汇收入	（万美元）	45.00	261.41	1077.60	5135.42	6818.78	4275.30
国内旅游收入	（亿元）		6.50	11.24	37.11	120.00	138.51
旅游部门基本情况							
旅游管理机构	（个）	1	2	2	2	2	2
职工人数	（人）	3	6	11	13	11	11
旅游星级宾馆	（个）	3	8	18	20	19	21
五星级						2	2
四星级			1	1	5	5	6
三星级			1	2	9	8	10
二星级			5	14	6	4	3
一星级			1	1			
旅游星级宾馆							
客　房	（间）		1142	1128	1661	2233	2345
床　位	（张）		2454	2113	2917	3844	4047
客房出租率	（%）		45.7	66.1	70.6	48.9	51.3

注：1、2010年及以前不含含山县、和县数据。
　　2、国际旅游外汇收入不包含旅游商品创汇数。

18—2 主要年份国内旅游主要经济指标

年份	人数（万人次）	总收入（亿元）
2000	124.66	6.50
2002	175.37	7.02
2003	138.80	7.19
2004	187.77	10.26
2005	216.09	11.24
2006	269.41	13.60
2007	339.39	17.54
2008	430.00	22.07
2009	535.61	26.03
2010	750.89	37.11
2011	1323.16	76.66
2012	1552.17	102.32
2013	1810.77	120.00
2014	2016.72	138.51

18—3 各县区旅游星级饭店（宾馆）情况（2014年）

地区	饭店（宾馆）（个）	五星级	四星级	三星级	二星级
全市	**21**	**2**	**6**	**10**	**3**
花山区	10	1	3	4	2
雨山区	4		2	1	1
博望区					
含山县	2			2	
和县	2		1	1	
当涂县	3	1		2	

18—4　省级以上文物保护单位

名　称	级 别	类　别	年　代	地　址	批 次
古遗址					
含山凌家滩遗址	国保	古遗址	新石器	含山县铜闸镇长岗村凌家滩自然村	第五批
和县猿人遗址	国保	古遗址	旧石器	和县善厚镇陶店汪家山北坡	第三批
烟墩山遗址	省保	古遗址	新石器、西周	雨山区佳山乡平山行政村烟墩山自然村南侧50米	第五批
琉璃瓦遗址	省保	古遗址	明代	当涂县护河镇园艺行政村吴马自然村	第五批
大城墩遗址	省保	古遗址	新石器、商周、隋唐	含山县仙踪镇柴庄村南约300米处	第三批
古昭关遗址	省保	古遗址	春秋时期	含山县城以北7.5公里昭关街以南50米处	第三批
古墓葬					
朱然家族墓地	国保	古墓葬	东吴	雨山区朱然路3号	第五批
李白墓	国保	古墓葬	唐代	当涂县太白镇太白行政村谷家自然村西	第六批
宋山墓	省保	古墓葬	东吴	雨山区佳山乡宋山村宋山窑厂	第四批
青山晋墓群	省保	古墓葬	六朝	当涂县护河镇园艺行政村南起小坝自然村，北至姑孰河	第七批
青山六朝墓群	省保	古墓葬	六朝	当涂县太白镇太白行政村谷家自然村青山西麓。	第六批
古建筑					
太白楼	国保	古建筑	清代	雨山区采石风景区内	第七批
黄山塔	省保	古建筑	宋代	当涂县姑孰镇黄山居委会黄山之巅	第三批
叶家桥	省保	古建筑	明代	当涂县新市镇叶家桥行政村朱盖自然村丹阳河上	第四批
金柱塔	省保	古建筑	明代	当涂县姑孰镇宝塔行政村北侧，姑溪河流入长江南岸的堤埂上	第五批
霸王祠	省保	古建筑	唐代	和县乌江镇凤凰山（原乌江中学）	第二批
陋　室	省保	古建筑	唐代	和县城中	第二批
镇淮楼	省保	古建筑	宋代	和县城中	第三批
万寿塔	省保	古建筑	宋代	和县历阳镇高庄行政村	第四批
江淮桥	省保	古建筑	明代	含山县仙踪镇东边	第四批
华阳洞	省保	古建筑	宋明	含山县环峰镇褒山行政村华阳寺自然村以北200米处	第五批
薛氏作坊	省保	古建筑	清、民国	含山县运漕镇漕川社区幸福街14号（薛瑞丰砻坊）	第六批
佘氏祠堂	省保	古建筑	清代	含山县运漕镇漕川社区上大街43号	第六批
近现代重要史迹及代表性建筑					
林散之墓	省保	近现代文物	现代	雨山区采石风景区林散之艺术馆内	第五批

主要统计指标解释

入境旅游人数

指来中国（大陆）观光、度假、探亲访友、就医疗养、购物、参加会议或从事经济、文化、体育、宗教等活动的外国人、港澳台同胞的人数。不包括外国在我国的常驻机构，如使领馆、通讯社、企业办事处的工作人员；来我国常住的外国专家、留学生。

国内旅游人数

指在中国（大陆）观光游览、度假、探亲访友、就医疗养、购物、参加会议或从事经济、文化、体育、宗教等活动的中国（大陆）居民，其出游目的不是通过所从事的活动谋取报酬。包括在中国（大陆）境内常住1年以上的外国人、港澳台同胞。但不包括到各地巡视工作的部以上领导、驻外地办事机构的临时工作人员、调遣的武装人员、到外地学习的学生、到基层锻炼的干部、到境内其他地区定居的人员和无固定居住地的无业游民。

国际旅游（外汇）收入

指入境游客在中国（大陆）境内旅游、游览过程中用于交通、参观游览、住宿、餐饮、购物、娱乐等全部花费。

国内旅游收入

指国内游客在国内旅行、游览过程中用于交通、参观游览、住宿、餐饮、购物、娱乐等全部花费。

十九

教育和科技

简要说明

一、教育统计资料包括公办教育和民办教育、学历教育和非学历教育。具体有高等教育（研究生教育、普通高等教育和成人高等教育）、中等教育（高中阶段教育和初中阶段教育）、初等教育（小学）、学前教育、特殊教育（盲聋哑和弱智儿童学校等）以及教育经费等资料，主要指标包括学校数、在校生数、招生数、毕业生数、教职工数和专职教师数、教育经费等。

教育事业统计资料由市教育局及各高等院校提供；技工学校的资料由市人力资源和社会保障局提供。

二、科技统计资料主要内容包括：全社会及规模以上工业企业、政府部门属研究机构研究与试验发展（R&D）活动情况；国内外专利申请和授权情况；技术市场交易情况；开发区高新技术企业主要经济指标；科协系统科技活动情况；气象、质量监督检验检疫等综合技术服务部门业务活动情况；大中型工业企业试验与发展（R&D）活动情况等。资料来源：全市综合资料、企业及有关行业企事业单位的研究与试验发展（R&D）活动情况资料由市科技局提供；科协系统活动资料由市科协提供；技术市场资料、产品质量监督抽查、专利等资料，分别由市质量监督局、市知识产权局等部门提供。

三、本篇资料由市统计局人口社会科技科整理。

19—1　主要年份教育事业基本情况

指　　标		1995	2000	2005	2010	2013	2014
学校数	**(所)**	**484**	**454**	**451**	**386**	**659**	**645**
普通高等学校		2	2	3	6	6	6
中等学校		93	82	81	70	116	115
普通中等专业学校		8	6	16	10	5	5
中等技术学校		8	6	16	10	4	4
中等师范学校						1	1
普通中学		69	65	64	57	102	104
高　中			18	19	19	26	26
初　中			47	45	38	76	78
职业中学		16	11	1	3	9	6
小　学		363	272	236	142	293	274
幼儿园		23	95	127	166	241	247
特殊教育		3	3	4	2	3	3
专任教师	**(人)**	**9652**	**10403**	**11919**	**14067**	**22142**	**22323**
普通高等学校		567	641	1286	2408	2959	3066
中等学校		3649	4030	4974	5597	9200	9236
普通中等专业学校		405	361	597	747	566	544
中等技术学校		405	361	597	747	446	427
中等师范学校						120	117
普通中学		3026	3395	4343	4757	8395	8499
高　中			767	1440	1678	2965	2930
初　中			2628	2903	3079	5430	5569
职业中学		218	274	34	93	239	193
小　学		4457	4816	4902	4665	7900	7806
幼儿园		932	851	700	1340	2020	2152
特殊教育		47	65	57	57	63	63
招生数	**(人)**	**253633**	**46680**	**71324**	**71789**	**103827**	**96245**
普通高等学校		1450	3373	6149	13474	15542	15711
中等学校		22198	25200	38500	31400	42429	39911
普通中等专业学校		2382	2182	9152	5880	2699	2568
中等技术学校		2382	2182	9152	5880	2070	1930
中等师范学校						629	638

注：表中普通高等学校数含研究生（包括独立学院）。

19—1 续表

指　　标	1995	2000	2005	2010	2013	2014
普通中学	17898	22263	29194	23246	36594	34456
高　中		4008	8179	9351	14650	13612
初　中		18255	21015	13895	21944	20844
职业中学	1918	755	154	2274	3136	2887
小　学	18790	19800	11760	12101	20367	19559
幼儿园	211115	18067	14866	14776	25421	21043
特殊教育	80	38	49	38	68	21
在校学生　（人）	**193932**	**104910**	**242156**	**243173**	**363871**	**349144**
普通高等学校	4550	8681	21532	43582	52521	54157
中等学校	66000	67900	107400	100900	137315	126253
普通中等专业学校	6179	5520	20498	12139	10395	8333
中等技术学校	6179	5520	20498	12139	8323	6399
中等师范学校					2072	1934
普通中学	55000	59703	86092	78671	116399	108455
高　中		11409	22955	29751	48100	44343
初　中		48294	63137	48920	68299	64112
职业中学	4821	2677	810	10090	10521	9465
小　学	88792	11400	91442	71028	123496	120808
幼儿园	34351	28047	21377	27277	50170	47578
特殊教育	239	271	405	386	369	348
毕业生数　（人）	**46208**	**56735**	**65709**	**66709**	**104284**	**100708**
普通高等学校	1084	1496	4327	10899	12537	13434
中等学校	19100	17500	29400	32600	49740	47503
普通中等专业学校	1640	1486	3246	3431	3580	3790
中等技术学校	1640	1486	3246	3431	2957	3014
中等师范学校					623	776
普通中学	16300	14548	25937	24905	41616	40052
高　中		3164	5523	9320	14569	16804
初　中		11384	20414	15585	27047	23248
职业中学	1160	1466	217	4264	4544	3661
小　学	15367	18963	20751	13523	22436	21505
幼儿园	10637	18759	11184	9671	19551	18227
特殊教育	20	17	47	16	20	39

19—2 主要年份研究生数

单位：人

年份	研究生数					
	在学人数	#硕士	招生数	#硕士	毕业生数	#硕士
1995	11	11	11	11		
2000	69	69	37	37	11	11
2005	545	545	223	223	117	117
2010	1178	1178	458	458	341	341
2011	1337	1337	513	408	346	346
2012	1529	1529	580	580	415	415
2013	1632	1632	610	610	483	483
2014	1731	1725	655	649	571	571

19—3 普通高等学校分科在校学生数

单位：人

项目	2013			2014		
	合计	本科	专科	合计	本科	专科
合计	**50867**	**36351**	**14516**	**52426**	**37103**	**15323**
经济学	4656	2527	2129	4934	2508	2426
法学	235	235		238	238	
教育学	4068		4068	3844		3844
文学	673	673		621	621	
理学	978	978		882	882	
工学	30352	23065	7287	31324	23459	7865
管理学	849		849	9468	8620	848
其他	9056	8873	183	1115	775	340

19—4 普通高等学校分科招生数

单位：人

项目	2013			2014		
	合计	本科	专科	合计	本科	专科
合计	**14926**	**9288**	**5638**	**15056**	**9539**	**5517**
经济学	1506	672	834	1463	672	791
法学	61	61		59	59	
教育学	1282		1282	1151		1151
文学	165	165		153	153	
理学	221	221		201	201	
工学	8989	5905	3084	8881	5855	3026
管理学	304		304	2662	2280	382
其他	2398	2264	134	486	319	167

19—5 普通高等学校分科毕业生数

单位：人

项目	2013			2014		
	合计	本科	专科	合计	本科	专科
合计	**12048**	**7472**	**4576**	**12863**	**8332**	**4531**
经济学	1490	842	648	1233	649	584
法学	64	64		57	57	
教育学	1847		1847	1492		1492
文学	200	200		178	178	
理学	247	247		230	230	
工学	6255	4506	1749	7283	5141	2142
管理学	332		332	2310	1997	313
其他	1613	1613		80	80	

19—6 普通高等学校分科专任教师数（2014年）

单位：人

项目	合计	正高级	副高级	中级	初级	无职称
合计	**3066**	**294**	**839**	**1273**	**605**	**55**
哲学	72	8	29	27	8	
经济学	200	27	45	78	43	7
法学	59	2	15	23	18	1
教育学	302	15	83	120	74	10
文学	503	15	92	223	168	5
历史学	5		2	3		
理学	279	22	74	129	45	9
工学	1267	169	419	505	157	17
农学	7		1	3	3	
医学	9		1	4	3	1
管理学	262	34	64	118	42	4
艺术学	101	2	14	40	44	1

19—7 普通中等专业学校分科学生数（2014年）

单位：人

项目	毕业生数	招生数	在校学生数
合计	**3790**	**2568**	**8333**
农林牧渔类			
资源环境类			
能源与新能源类			
土木水利类		34	34
加工制造类	727	375	1457
石油化工类			
轻纺食品类			
交通运输类	447	365	1140
信息技术类	850	466	1555
医药卫生类	190	122	238
休闲保健类			
财经商贸类	233	89	394
旅游服务类	97	147	340
文化艺术类			
体育与健身	45	63	179
教育类	931	787	2345
司法服务类			
公共管理与服务类	40		
其他	230	120	651

注：以上数据为普通中等专业，不含成人中专（下表同）。

19—8 普通中等专业学校分科专任教师数（2014年）

单位：人

项目	合计	正高级	副高级	中级	初级	无职称
合计	**544**		**165**	**203**	**166**	**10**
文化基础课	204		63	77	61	3
专业课：小计	328		98	122	101	7
农林牧渔类						
资源环境类						
能源与新能源类						
土木水利类						
加工制造类	148		53	63	29	3
石油化工类						
轻纺食品类	2			2		
交通运输类	28		10	11	7	
信息技术类	32		11	9	12	
医药卫生类	9			3	4	2
休闲保健类						
财经商贸类	13		3	6	4	
旅游服务类	10		6	2	2	
文化艺术类	8		6		2	
体育与健身	30		2	11	17	
教育类	48		7	15	24	2
司法服务类						
公共管理与服务类						
其他						
实习指导课	12		4	4	4	

19—9 主要年份技工学校数和学生数

年份	学校数（所）	在校学生数（人）	毕业生数（人）	招生数（人）	教职工数（人）
1995	7	2245	1022	766	366
2000	7	3559	1129	830	248
2005	4	7010	1662	3345	267
2010	4	5672	2184	1580	616
2011	4	4707	2434	1513	624
2012	4	3735	1522	1230	768
2013	4	3522	968	1108	768
2014	4	2828	1181	935	665

19—10 主要年份初中毕业生和小学毕业生升学率及小学学龄儿童入学率

年份	初中毕业生升学率			小学毕业生升学率			小学学龄儿童入学率		
	初中毕业生数（人）	高级中等学校招生数（人）	升学率（%）	小学毕业生数（人）	初级中等学校招生数（人）	升学率（%）	学龄儿童数（人）	已入学学龄儿童数（人）	入学率（%）
2000	11384	6863	60.29	18963	18255	96.27	114148	114022	99.89
2005	20631	13982	67.77	20751	21169	102.01	88083	88052	99.96
2010	15600	17600	112.81	13500	13900	102.75	68000	68020	99.99
2011	31632	33883	107.12	24171	24317	100.50	131213	131210	100.00
2012	30795	31300	101.64	24591	23879	97.10	124133	124133	100.00
2013	27047	24743	91.48	22436	21944	97.81	120859	120859	100.00
2014	23248	21213	91.25	21505	20844	96.93	118680	118598	99.93

19—11 主要年份平均每万人口在校学生数和大中小学学生构成

年份	各级学校在校学生数占全市人口（%）	平均每万人口中（人）			大中小学学生占学生总数（%）		
		大学生	中学生	小学生	大学生	中学生	小学生
2000	15.24	73	500	952	4.77	32.80	62.43
2005	16.19	172	689	731	10.80	43.27	45.93
2010	14.15	310	576	520	22.56	40.71	36.73
2011	13.60	159	447	470	14.80	41.53	43.67
2012	13.79	218	604	557	15.81	43.82	40.37
2013	12.80	230	510	541	17.96	39.81	42.23
2014	12.45	238	476	531	19.11	38.27	42.63

注：中学生数中不包括中等专业学校在校学生数。

19—12 主要年份各级学校教师负担学生数

单位：人

年 份	普通高等学校		中等学校		小 学	
	教师数	平均每个教师负担学生数	教师数	平均每个教师负担学生数	教师数	平均每个教师负担学生数
1995	567	8.11	3469	18.09	4457	19.92
2000	641	13.57	4030	16.85	4816	23.67
2005	1286	16.72	4974	21.59	4902	18.65
2010	2408	17.61	5597	21.63	4665	15.22
2011	2621	18.06	10635	15.55	8072	16.82
2012	2750	18.12	9242	16.12	8083	15.75
2013	2959	17.75	9200	14.93	7900	15.63
2014	3066	17.66	9236	13.67	7806	15.48

19—13 主要年份各级学校女学生和女教师数

指 标		2005	2010	2013	2014
女学生数	**(人)**				
普通高等学校			16065	20289	27079
普通中等专业学校		6251	9000	5456	4557
普通中学		39118	35700	53040	49984
职业中学				4094	3874
小 学		41657	32700	55619	54479
女学生占学生总数的百分比	**(%)**				
普通高等学校			36.86	38.63	50.00
普通中等专业学校		29.35	40.54	52.49	54.69
普通中学		45.43	45.36	45.57	46.09
职业中学				38.91	40.93
小 学		45.58	46.06	45.04	45.10
女教师数	**(人)**				
普通高等学校			992	1208	1259
普通中等专业学校		126	530	264	257
普通中学		1568	2100	3073	3135
职业中学				66	62
小 学		2711	2700	3991	4031
女教师占教师总数的百分比	**(%)**				
普通高等学校			41.20	40.82	41.06
普通中等专业学校		19.97	63.10	46.64	47.24
普通中学		36.10	44.15	36.61	36.89
职业中学				27.62	32.12
小 学		55.30	57.88	50.52	51.64

19—14 各县区普通高等学校和中等专业学校情况（2014年）

单位：人

地区	学校数（所）		毕业生数		招生数		在校学生数	
	高等	中等	高等	中等	高等	中等	高等	中等
全市	**6**	**5**	**13434**	**3790**	**15711**	**2568**	**54157**	**8333**
花山区	2	2	6498	235	7137	185	27222	417
雨山区	4	2	6936	2779	8574	1745	26935	5982
博望区								
含山县								
和县		1		776		638		1934
当涂县								

19—15 各县区特殊教育情况（2014年）

单位：人

地区	学校数（所）	毕业生数	招生数	在校学生数	教职工数	#专任教师
全市	**3**	**39**	**21**	**348**	**69**	**63**
花山区	1	39	17	339	57	52
雨山区						
博望区						
含山县	1			5	4	4
和县						
当涂县	1		4	4	8	7

19—16　各县区普通中学分城乡学校数和在校学生数（2014年）

地　区	学校数（所）							
	合　计	#高　中	城　市	#高　中	县　镇	#高　中	农　村	#高　中
全　市	**104**	**26**	**25**	**8**	**48**	**15**	**31**	**3**
花山区	14	4	13	4			1	
雨山区	10	3	7	2	1		2	1
博望区	7	3	5	2			2	1
含山县	23	5			13	5	10	
和　县	30	6			19	5	11	1
当涂县	20	5			15	5	5	

地　区	在校学生数（人）							
	合　计	#高　中	城　市	#高　中	县　镇	#高　中	农　村	#高　中
全　市	**108455**	**44343**	**33995**	**13335**	**56487**	**25723**	**17973**	**5285**
花山区	19784	7661	19674	7661			110	
雨山区	17011	9312	9242	5057	205		7564	4255
博望区	6651	1324	5079	617			1572	707
含山县	21527	7960			18580	7960	2947	
和　县	22546	8190			19513	7867	3033	323
当涂县	20936	9896			18189	9896	2747	

19—17 各县区普通中学分城乡招生数和毕业生数（2014年）

地 区	招 生 数（人）							
	合 计	#高 中	城 市	#高 中	县 镇	#高 中	农 村	#高 中
全 市	**34456**	**13612**	**10976**	**4087**	**17560**	**7767**	**5920**	**1758**
花山区	6364	2315	6333	2315			31	
雨山区	5117	2812	2930	1612	38		2149	1200
博望区	2183	395	1713	160			470	235
含山县	6549	2340			5522	2340	1027	
和 县	7953	2835			6549	2512	1404	323
当涂县	6290	2915			5451	2915	839	

地 区	毕 业 生 数（人）							
	合 计	#高 中	城 市	#高 中	县 镇	#高 中	农 村	#高 中
全 市	**40052**	**16804**	**11489**	**4530**	**21782**	**10607**	**6781**	**1667**
花山区	6768	2597	6731	2597			37	
雨山区	5699	3181	3010	1635	239	170	2450	1376
博望区	2378	589	1748	298			630	291
含山县	8601	3237			6906	3237	1695	
和 县	8683	3039			7611	3039	1072	
当涂县	7923	4161			7026	4161	897	

19—18　各县区小学分城乡学校数和在校学生数（2014年）

地　　区	学校数（所）	城市	县镇	农村	在校学生数（人）	城市	县镇	农村
全　市	**274**	**41**	**79**	**154**	**120808**	**39486**	**48600**	**32722**
花山区	24	23		1	23548	23305		243
雨山区	12	9	2	1	12293	8647	1385	2261
博望区	23	9	1	13	10894	7534	567	2793
含山县	87		27	60	24128		15324	8804
和　县	72		25	47	28045		17636	10409
当涂县	56		24	32	21900		13688	8212

地　　区	毕业生数（人）	城市	县镇	农村	招生数（人）	城市	县镇	农村
全　市	**21505**	**6657**	**8155**	**6693**	**19559**	**6492**	**8105**	**4962**
花山区	3981	3939		42	3803	3767		36
雨山区	2093	1498	268	327	2107	1486	223	398
博望区	1763	1220	88	455	1783	1239	95	449
含山县	4209		2476	1733	4060		2649	1411
和　县	5877		3219	2658	4239		2859	1380
当涂县	3582		2104	1478	3567		2279	1288

19—19 各县区职业中学基本情况（2014年）

单位：人

地区	学校数（所）	毕业生数	招生数	在校学生数	教职工数	#专任教师
全市	**6**	**3661**	**2887**	**9465**	**201**	**193**
花山区		333	102	456		
雨山区		808	623	2793		
博望区						
含山县	2	1025	1363	3923	92	89
和县	3	695	83	593	21	20
当涂县	1	800	716	1700	88	84

19—20 各县区幼儿园基本情况（2014年）

单位：人

地区	园数（所）	毕业生数	招生数	幼儿数	教职工数	#教师
全市	**247**	**18227**	**21043**	**47578**	**4238**	**2152**
花山区	59	3635	3909	10639	1484	729
雨山区	33	2088	1956	5453	793	393
博望区	22	1951	2096	4777	342	147
含山县	50	3046	2981	6985	526	302
和县	22	4057	5802	10120	165	129
当涂县	61	3450	4299	9604	928	452

19—21 各级各类学校教育经费收入情况（2014年）

单位：万元

指　　标	合　　计	国家财政性教育经费	#预算内教育经费	民办学校中举办者投入	社会捐赠经费	事业收入	其他收入
总　　计	**409756**	**325563**	**323660**	**1098**	**136**	**80449**	**2509**
高等教育	38794	7014	7013		2	31461	317
普通高等学校	38794	7014	7013		2	31461	317
本科学校	23999	1593	1593		2	22167	236
专科学校	14795	5421	5420			9293	81
职业学校	8159	2346	2346			5813	
成人高等学校							
中等职业学校	34295	29674	29674			4336	286
中等专业学校	24346	22002	22002			2343	1
职业高中	7945	7374	7374			286	285
#农　村	7945	7374	7374			286	285
技工学校	1651					1651	
成人中等专业学校	353	298	298			55	
中　　学	185974	156903	156904	12	25	28060	973
普通中学	185974	156903	156904	12	25	28060	973
普通高中	104536	83284	83284		8	21046	198
#农　村	72948	56652	56652		2	16120	174
普通初中	81438	73619	73619	12	17	7014	775
#农　村	56951	52889	52890	12	16	3770	263
小　　学	113871	111722	111722	60	39	1722	327
普通小学	113871	111722	111722	60	39	1722	327
#农　村	75983	75641	75641	60	28	70	184
成人小学							
特殊教育	1060	1059	1059				1
特殊教育学校	1060	1059	1059				1
工读学校							
幼儿园	21851	7449	7194	1026		13315	61
教育行政单位	2742	2741	2741				1
教育事业单位	5516	4844	4844		70	96	505
其　　他	5653	4157	2509			1459	38

19—22　主要年份科技活动基本情况

指　　标		1995	2000	2005	2010	2013	2014
科技活动							
科技机构数	（个）	13	14	21	30	156	219
科技活动人员	（人）	2579	5517	4859	6186	15551	15874
#高中级技术职称		479	2463	2592	2924	5468	4897
#大学本科及以上学历						3862	
科技经费筹集额	（亿元）	0.75	3.03	20.49			
#政府资金			0.04	0.10			
企业资金			2.74	12.14			
科技经费内部支出	（亿元）	0.45	2.95	20.41	37.14	51.95	46.36
#劳务费			0.04	2.16	4.29	8.97	10.19
固定资产购建费			1.19	9.01	6.24	8.10	8.54
研究与试验发展经费支出	（亿元）	0.44	0.30	1.35	10.98	23.64	26.99
#基础研究							
应用研究			0.07	0.29	0.05	0.64	0.11
试验发展			0.21	1.06	10.93	23.00	26.88
#政府资金				0.01	0.08	2.11	3.06
企业资金				1.33	10.90	21.39	23.79
#相当于GDP比例	（%）	0.47	0.23	0.36	1.16	1.83	2.02
技术市场成交额	**（万元）**				**13510**	**80656**	**100358**
专　　利							
专利申请受理量	（件）	80	98	324	1356	6404	6231
发　明		11	15	113	336	2221	3089
实用新型		67	80	168	719	3941	2822
外观设计		2	3	43	301	242	320
专利申请授权量	（件）	50	63	105	874	4127	3066
发　明		2	5	5	92	280	385
实用新型		47	56	97	554	3398	2502
外观设计		1	2	3	228	449	179

注：科技活动指标统计口径为，2000年是全社会R&D资源清查数据，2005年是大中型工业企业数据，2010年是大中型工业企业数据（包括含山县、和县），2013年以后为规上工业企业数据

19—23 县以上政府部门属研究与开发机构及科技信息与文献机构数、人员数

年份	合计		自然科学技术领域			社会、人文科学技术领域			科技信息和文献机构		
	机构（个）	从业人员（人）	机构（个）	从业人员（人）	科技活动人员	机构（个）	从业人员（人）	科技活动人员	机构（个）	从业人员（人）	科技活动人员
2010	8	2195	7	2188	888				1	7	7
2011	8	2107	7	2100	986				1	7	7
2012	10	2473	8	2442	1421				2	31	27
2013	12	2245	10	2175	1535				2	70	30
2014	14	2327	12	2290	1617				2	37	30

19—24 县以上政府部门属研究与开发机构及科技信息与文献机构科技经费筹集和支出总额

单位：万元

年份	合计		自然科学技术领域			社会、人文科学技术领域			科技信息和文献机构		
	科技经费筹集总额	科技经费支出经费	科技经费筹集总额	政府科技拨款	科技经费支出经费	科技经费筹集总额	政府科技拨款	科技经费支出经费	科技经费筹集总额	政府科技拨款	科技经费支出经费
2008	8165	7196									
2009	9547	7800									
2010	14466	8337	14403	3361	8274				63	55	63
2011	24135	18214	24051	4315	18214				84	75	89
2012	59113	29872	58793	5439	29786				320	320	86
2013	43669	26631	43356	5675	26562				313	313	69
2014	24313	24970	23932	7510	24676				381	381	294

19—25 自然科学和技术领域经费收入（2014年）

单位：万元

指　　标	科技活动收　入	政府资金	非政府资金	生产经营活动收入	其他收入
总　计	**23932**	**7510**	**16422**	**207891**	**6288**
按隶属关系分					
省级部门属	1502	1047	455	29481	2867
地市级部门属	2486	1200	1286		2
县　属	1442	637	805		112
中央部门属	18502	4626	13876	178410	3307
中国科学院					
按学科领域分					
自然科学	23932	7510	16422	207891	6288
农业科学					
医学科学					
工程科学与技术					
社会、人文科学					

19—26 自然科学和技术领域经费支出（2014年）

单位：万元

指　　标	科技经费内部支出	人员劳务费	其　他	设　备	生产经营支　出	其他支出
总　计	**24676**	**14285**	**8829**	**1562**	**134189**	**10398**
按隶属关系分						
省级部门属	5039	3286	1699	54	2534	2752
地市级部门属	1940	499	943	498		
县　属	1252	716	436	100		
中央部门属	16446	9785	5752	909	131654	7646
中国科学院						
按学科领域分						
自然科学	24676	14285	8829	1562	134189	10398
农业科学						
医学科学						
工程科学与技术						
社会、人文科学						

19—27　科协系统科技活动情况（2014年）

指　　标		科协合计	市科协	市级学会
机构数	**（个）**	**7**	**1**	**44**
直属单位		1	1	
人员数	**（人）**	**865**	**16**	**15600**
机　关		39	15	
直属单位		1	1	
学会理事		825		825
学术活动				
国内学术会议				
次　数	（次）	5	5	45
参加人员	（人次）	500	500	2500
交流论文数	（篇）	40	40	360
国际学术会议				
次　数	（次）			
参加人员	（人次）			
交流论文数	（篇）			
国际民间科技交流				
接待来访科技团组	（个）			
接待总人数	（人次）			
外派科技团组	（个）			
外派总人数	（人次）	1	1	
科技培训				
院校培训人数	（人次）			
科普活动				
讲座次数	（次）	450	90	300
听讲座人数	（人次）	93870	7200	20000
展览次数	（次）	145	10	
参观展览人数	（人次）	115500	3000	
青少年科技竞赛次数	（次）	2	2	
咨询活动				
完成合同	（项）	7	7	
合同实现金额	（万元）	108	108	
出　版				
科技期刊种数	（种）			
论文集种数	（种）			
论文集发行量	（册）			
科技报纸种数	（种）			

19—28 研究与试验发展（R&D）经费支出情况（2014年）

单位：万元

指标	R&D经费支出	经费支出按活动类型分			#人员劳务费
		基础研究支出	应用研究支出	试验发展支出	
总计	**269940.5**		**1117.9**	**268822.6**	**54225.2**
按隶属关系分					
中央	1485.0		501.4		1485.0
地方	268455.5		616.5	268822.6	52740.2
按国民经济行业大类分组					
采矿业	**11051.9**		**206.8**	**10845.1**	**6289.2**
黑色金属矿采选业	11051.9		206.8	10845.1	6289.2
非金属矿采选业					
制造业	**256162.4**		**911.1**	**255251.3**	**47197.6**
农副食品加工业	4093.4			4093.4	922.4
食品制造业	106.4			106.4	86.4
酒、饮料和精制茶制造业	349.9			349.9	90.0
纺织业	443.3			443.3	121.3
纺织服装、服饰业					
皮革、毛皮、羽毛及其制品和制鞋业	36.4			36.4	14.3
木材加工及木、竹、藤、棕、草制品业					
家具制造业					
造纸和纸制品业	12248.9			12248.9	2045.0
印刷和记录媒介复制业	1875.7			1875.7	452.1
文教、工美、体育和娱乐用品制造业	1003.2			1003.2	168.0
石油加工、炼焦及核燃料加工业	1666.0			1666.0	74.1
化学原料和化学制品制造业	24142.1		786.4	23355.7	5917.8
医药制造业	2481.8			2481.8	631.5
橡胶和塑料制品业	3144.5			3144.5	590.1
非金属矿物制品业	9271.8			9271.8	1990.8
黑色金属冶炼和压延加工业	69552.9			69552.9	13024.6
有色金属冶炼和压延加工业	3022.7			3022.7	691.7
金属制品业	12324.2			12324.2	2359.9
通用设备制造业	42255.7			42255.7	7649.9
专用设备制造业	14963.2			14963.2	2434.2
汽车制造业	28288.5		124.7	28163.8	3923.1
铁路、船舶、航空航天和其他运输设备制造业	4.3			4.3	2.0
电气机械及器材制造业	13664.7			13664.7	1512.1
计算机、通信和其他电子设备制造业	4815.9			4815.9	1022.4
仪器仪表制造业	530.9			530.9	202.9
其他制造业	5876.0			5876.0	1271.0
废弃资源综合利用业					
金属制品、机械和设备修理业					
电力、热力、燃气及水的生产和供应业	**2726.2**			**2726.2**	**738.4**
电力、热力的生产和供应业	49.5			49.5	30.0
燃气生产和供应业					
水的生产和供应业	2676.7			2676.7	708.4

19—29　研究与试验发展（R&D）人员情况（2014年）

单位：人

指　　标	R&D人员合　计	#女　性	#研究人员	#全时人员	非全时人员
总　计	**9175**	**1267**	**2852**	**5156**	**4019**
按隶属关系分					
中　央	223	29	159	94	129
地　方	8952	1238	2693	5062	3890
按国民经济行业大类分组					
采矿业	**831**	**177**	**541**	**525**	**306**
黑色金属矿采选业	831	177	541	525	306
非金属矿采选业					
制造业	**8143**	**2036**	**2177**	**4558**	**3585**
农副食品加工业	292	28	91	164	128
食品制造业	43		3		43
酒、饮料和精制茶制造业	62	8	8	17	45
纺织业	19	5	4	11	8
纺织服装、服饰业					
皮革、毛皮、羽毛及其制品和制鞋业	14	1	1	4	10
木材加工及木、竹、藤、棕、草制品业					
家具制造业					
造纸和纸制品业	215	13	49	123	92
印刷和记录媒介复制业	40	10	8	13	27
文教、工美、体育和娱乐用品制造业	23	5	5	18	5
石油加工、炼焦及核燃料加工业	31	7	13	10	21
化学原料和化学制品制造业	1232	174	263	789	443
医药制造业	238	81	28	203	35
橡胶和塑料制品业	114	30	30	66	48
非金属矿物制品业	524	102	102	295	229
黑色金属冶炼和压延加工业	1173	603	603	558	615
有色金属冶炼和压延加工业	246	25	25	161	85
金属制品业	529	118	118	272	257
通用设备制造业	1587	360	360	882	705
专用设备制造业	438	144	144	286	152
汽车制造业	619	159	159	303	316
铁路、船舶、航空航天和其他运输设备制造业	4	1	1	3	1
电气机械及器材制造业	326	37	37	130	196
计算机、通信和其他电子设备制造业	255	92	92	149	106
仪器仪表制造业	38	32	32	20	18
其他制造业	81	1	1	81	
废弃资源综合利用业					
金属制品、机械和设备修理业					
电力、热力、燃气及水的生产和供应业	**201**	**32**	**134**	**73**	**128**
电力、热力的生产和供应业	102	14	102	13	89
燃气生产和供应业					
水的生产和供应业	99	18	32	60	39

19—29 续表

单位：人年

指 标	R&D人员折合全时当量	#研究人员	基础研究	应用研究	试验发展
总 计	**5797.9**	**1729.1**		**19.9**	**5778.0**
按隶属关系分					
中 央	97.4	44.1			97.4
地 方	5700.5	1685.0		19.9	5680.6
按国民经济行业大类分组					
采矿业	**233.6**	**152.2**		**1.0**	**232.6**
黑色金属矿采选业	233.6	152.2		1.0	232.6
非金属矿采选业					
制造业	**5478.6**	**1546.9**		**18.9**	**5459.7**
农副食品加工业	206.2	70.3			206.2
食品制造业	38.7	2.7			38.7
酒、饮料和精制茶制造业	5.2	0.8			5.2
纺织业	16.4	3.6			16.4
纺织服装、服饰业					
皮革、毛皮、羽毛及其制品和制鞋业	13.7	0.7			13.7
木材加工及木、竹、藤、棕、草制品业					
家具制造业					
造纸和纸制品业	163.8	47.1			163.9
印刷和记录媒介复制业	37.4	7.5			37.4
文教、工美、体育和娱乐用品制造业	23.0	5.1			23.0
石油加工、炼焦及核燃料加工业	30.6	13.2			30.6
化学原料和化学制品制造业	945.4	179.8		18.0	927.4
医药制造业	26.6	2.7			26.6
橡胶和塑料制品业	52.3	11.5			52.3
非金属矿物制品业	276.9	54.8			276.9
黑色金属冶炼和压延加工业	879.6	480.0			879.6
有色金属冶炼和压延加工业	164.3	15.9			164.3
金属制品业	282.0	67.7			282.0
通用设备制造业	1075.9	240.0			1075.9
专用设备制造业	282.6	72.9			282.6
汽车制造业	531.0	148.9		0.9	530.0
铁路、船舶、航空航天和其他运输设备制造业	0.3	0.1			0.3
电气机械及器材制造业	150.4	14.5			150.4
计算机、通信和其他电子设备制造业	191.4	79.9			191.4
仪器仪表制造业	29.2	26.4			29.2
其他制造业	55.7	0.8			55.7
废弃资源综合利用业					
金属制品、机械和设备修理业					
电力、热力、燃气及水的生产和供应业	**85.7**	**30.0**			**85.7**
电力、热力的生产和供应业	4.5	4.5			4.5
燃气生产和供应业					
水的生产和供应业	81.2	25.5			81.2

19—30 研究与试验发展（R&D）产出情况（2014年）

指　　标	专利申请数（件）	发明专利	有效发明专利数（件）	境外授权	专利所有权转让及许可数（项）
总　　计	**2552**	**798**	**1441**	**11**	**66**
按隶属关系分					
中　央	46	9	17		
地　方	2506	789	1424		66
按国民经济行业大类分组					
采矿业	**161**	**56**	**55**		**31**
黑色金属矿采选业	160	55	54		31
非金属矿采选业	1	1	1		
制造业	**2363**	**735**	**1372**	**11**	**35**
农副食品加工业	46	24	71		
食品制造业	8	8	8		
酒、饮料和精制茶制造业	83	1	13		
纺织业	5	2	8		
纺织服装、服饰业					
皮革、毛皮、羽毛及其制品和制鞋业					
木材加工及木、竹、藤、棕、草制品业	10	10	10		5
家具制造业					
造纸和纸制品业	2	2	6		
印刷和记录媒介复制业			6		
文教、工美、体育和娱乐用品制造业	54	19	8	6	
石油加工、炼焦及核燃料加工业	31	9	2		
化学原料和化学制品制造业	124	53	142		
医药制造业	13	11	36		2
橡胶和塑料制品业	63	38	45		8
非金属矿物制品业	109	38	44		1
黑色金属冶炼和压延加工业	390	158	241		8
有色金属冶炼和压延加工业	69	9	17		
金属制品业	120	32	139		1
通用设备制造业	463	120	236		2
专用设备制造业	155	33	103		8
汽车制造业	388	95	70		
铁路、船舶、航空航天和其他运输设备制造业	3	3	3		
电气机械及器材制造业	129	51	98	5	
计算机、通信和其他电子设备制造业	82	19	58		
仪器仪表制造业	10		8		
其他制造业	6				
废弃资源综合利用业					
金属制品、机械和设备修理业					
电力、热力、燃气及水的生产和供应业	**28**	**7**	**14**		
电力、热力的生产和供应业	19	4			
燃气生产和供应业					
水的生产和供应业	9	3	14		

19—30 续表

指　　标	专利所有权转让及许可收入（万元）	发表科技论文（篇）	拥有注册商标数（件）	境外注册	形成国家或行业标准数（项）
总　计	**40**	**505**	**603**	**49**	**74**
按隶属关系分					
中　央		59	1	1	
地　方	40	446	602	48	74
按国民经济行业大类分组					
采矿业		**64**			**1**
黑色金属矿采选业		64			1
非金属矿采选业					
制造业	**40**	**386**	**602**	**49**	**73**
农副食品加工业		14	45		4
食品制造业			5		1
酒、饮料和精制茶制造业	10		32		1
纺织业			1	1	
纺织服装、服饰业					
皮革、毛皮、羽毛及其制品和制鞋业			1		
木材加工及木、竹、藤、棕、草制品业	20	12	1		
家具制造业			1		
造纸和纸制品业			1		
印刷和记录媒介复制业					
文教、工美、体育和娱乐用品制造业		2	3		
石油加工、炼焦及核燃料加工业		2	2		
化学原料和化学制品制造业		16	205		6
医药制造业			4		
橡胶和塑料制品业			9		2
非金属矿物制品业		5	15		3
黑色金属冶炼和压延加工业		268	47	3	18
有色金属冶炼和压延加工业			5		
金属制品业		7	26	3	2
通用设备制造业		24	74	8	22
专用设备制造业		10	28	3	2
汽车制造业		3	56	24	3
铁路、船舶、航空航天和其他运输设备制造业	10		1		
电气机械及器材制造业		1	34	4	2
计算机、通信和其他电子设备制造业		22	6	3	7
仪器仪表制造业					
其他制造业					
废弃资源综合利用业					
金属制品、机械和设备修理业					
电力、热力、燃气及水的生产和供应业		**55**	**1**		
电力、热力的生产和供应业		47			
燃气生产和供应业					
水的生产和供应业		8	1		

19—31　各县区研究与试验发展（R&D）人员情况（2014年）

地　　区	R&D人员合　计（人）	#女　　性	#研究人员	#全时人员	非全时人员
全　　市	**9175**	**1267**	**2852**	**5156**	**4019**
花 山 区	1114	136	232	586	528
雨 山 区	4389	662	1728	2512	1877
博 望 区	727	101	162	446	281
含 山 县	199	22	36	93	106
和　　县	898	142	259	554	344
当 涂 县	1848	204	435	965	883

地　　区	R&D人员折合全 时 当 量（人年）	#研究人员	基础研究	应用研究	试验发展
全　　市	**5797.9**	**1729.1**		**19.9**	**5778.0**
花 山 区	681.3	136.8			681.3
雨 山 区	2914.1	1095.5		1.0	2913.1
博 望 区	438.8	95.9			438.8
含 山 县	111.7	8.7		0.9	110.8
和　　县	637.4	190.7			637.4
当 涂 县	1014.5	201.5		18.0	996.5

19—32 各县区研究与试验发展（R&D）产出情况（2014年）

地区	专利申请数（件）	发明专利	有效发明专利数（件）	境外授权	专利所有权转让及许可数（项）
全市	**2552**	**798**	**1441**	**11**	**66**
花山区	212	68	91		1
雨山区	1048	360	597		41
博望区	232	55	69		
含山县	165	48	111		
和县	470	147	185	11	5
当涂县	425	120	388		19

地区	专利所有权转让及许可收入（万元）	发表科技论文（篇）	拥有注册商标数（件）	境外注册	形成国家或行业标准数（项）
全市	**40**	**505**	**603**	**49**	**74**
花山区		8	26	2	6
雨山区		400	150	33	35
博望区		13	70	7	13
含山县		4	45		4
和县	30	22	273	4	2
当涂县	10	58	39	3	14

19—33　各县区研究与试验发展（R&D）经费支出情况（2014年）

单位：万元

地　区	R&D经费	按活动类型类			支出用途分	
		基础研究支出	应用研究支出	试验发展支出	#人员劳务费	仪器设备
全　市	**269940.5**		**1117.9**	**268822.6**	**54225.2**	**33961.9**
花山区	32839.2			32839.2	8665.9	5295.8
雨山区	147096.9		206.8	146890.1	29704.0	13038.1
博望区	20358.8			20358.8	5398.7	1034.5
含山县	13734.7		124.7	13610.0	1451.7	934.7
和　县	19346.1			19346.1	3134.5	8034.4
当涂县	36564.8		786.4	35778.4	5870.4	5624.4

19—34　各县区科协系统科技活动情况（2014年）

地　区	国内学术会议		科普活动			
	次　数（次）	人　数（人）	次　数（次）	人　数（人）	展　览（次数）	参观展览（人次）
全　市	**5**	**500**	**450**	**93870**	**145**	**115500**
花山区			109	5500	32	3800
雨山区			113	4000	50	30000
博望区			32	5000	8	1500
含山县			58	12000	26	63500
和　县	1	80	16	2000	12	10000
当涂县			32	4500	7	3700

19—35 主要年份大中型工业企业科技活动基本情况

指　　标		1995	2000	2005	2010	2013	2014
有研究与试验发展活动的企业	（个）		10	12	22	44	48
有研究与试验发展活动的企业占全部企业的比重	（%）		31.25	38.71	36.07	48.35	53.94
科技机构数	（个）	25	14	21	30	46	63
科技活动人员	（人）	3549	5221	4859	6186	11286	10412
#高中级技术职称		1418	2501	2529	2924	4572	3723
研究与试验发展折合全时人员	（人年）			749	1586	3797	3463
#高中级技术职称							
科技机构科技活动人员	（人）	531	1129	1859	2898	3087	3453
#高中级技术职称		394	507				
科技经费筹集额	（亿元）	0.70	2.93	20.49			
#政府资金			0.04	0.01			
企业资金			2.73	12.14			
金融机构贷款			0.20	8.21			
科技经费内部支出	（亿元）	0.62	2.77	20.41	37.14	40.61	34.56
#开发新产品经费支出		0.09		31.34	30.52	28.78	27.96
研究与试验发展经费支出	（亿元）	0.44	0.29	1.35	10.98	15.82	18.09
#政府资金				0.01	0.08	1.39	1.79
企业资金				13.32	10.90	14.33	16.25
研究与试验发展经费支出占主营业务收入的比重	（%）	0.49	0.26	0.29	0.97	0.98	1.32
技术引进经费支出	（亿元）		0.07	2.60	0.27	0.54	0.49
消化吸收经费支出	（亿元）		0.002	0.46	0.12	0.83	1.32
购买国内技术支出	（亿元）		0.03	0.02	0.18	0.15	0.16
专利申请数	（件）		14	54	353	789	1029
#发明专利数			4	20	103	322	365
拥有发明专利数	（件）		17	18	148	519	584

19—36　各县区大中型工业企业R&D基本情况（2014年）

地　　区	企业数（个）	#有R&D活动	#有科技活动	新产品销售收入（万元）	R&D人员合计（人）	#参加项目人员
全　　市	**89**	**48**	**32**	**2338829.1**	**5479**	**5037**
花山区	14	6	4	331787.7	597	568
雨山区	31	19	13	1710586.6	3239	2996
博望区	5	3	4	39519.1	238	225
含山县	7	3	2	9684.2	33	32
和　　县	8	6	5	58146.1	486	451
当涂县	24	11	4	189105.4	886	765

地　　区	#女　　性	#研究人员	#全时人员	R&D人员折合全时当量合计（人年）	#研究人员	应用人员	试验发展
全　　市	**743**	**1924**	**3075**	**3463.4**	**1143.2**	**19**	**3444.5**
花山区	54	129	334	460	96.8		460
雨山区	501	1375	1799	2053.6	837.6	1	2052.5
博望区	46	26	172	127.6	7.1		127.6
含山县	3	10	18	7.8	1.3		7.8
和　　县	87	184	323	327.2	135		327.2
当涂县	52	200	429	487.3	65.4	18	469.3

19—37 各县区大中型工业企业R&D经费情况（2014年）

单位：万元

地区	R&D经费内部支出	按活动类型分组			按支出用途分组				
		基础研究支出	应用研究支出	试验发展支出	经常费支出	#人员劳务费	资产性支出	#土建工程	仪器仪表
全市	**180903.7**		**993.2**	**179910.5**	**155659.8**	**37855.4**	**25243.9**	**895.1**	**24348.8**
花山区	22757.9			22757.9	19046.4	6129.0	3711.5	251.2	3460.3
雨山区	118734.9		206.8	118528.1	106950.8	25860.7	11784.1	527.2	11256.9
博望区	8146.2			8146.2	7880.9	2309.4	265.3	11.0	254.3
含山县	1923.2			1923.2	1383.8	167.1	539.4		539.4
和县	10615.9			10615.9	4344.8	1279.8	6271.1	18.4	6252.7
当涂县	18725.6		786.4	17939.2	16053.1	2109.4	2672.5	87.3	2585.2

地区	按资金来源分组				R&D经费外部支出	对境外研究机构支出	对境内高等学校支出	对境外支出
	政府资金	企业资金	境外资金	其他资金				
全市	**17871.1**	**162543.0**	**11.2**	**478.4**	**11452.0**	**4477.7**	**1559.7**	**5399.7**
花山区	252.5	22505.4			16.2		16.2	
雨山区	12549.5	106174.2	11.2		11280.3	4474.7	1403.0	5399.7
博望区	775.6	7370.6			13.8		13.8	
含山县	73.1	1850.1			12.0			
和县	834.9	9664.1		116.9	18.8		18.8	
当涂县	3385.5	14978.6		361.5	110.9	3.0	107.9	

19—38 各县区大中型工业企业全部R&D项目和政策情况（2014年）

地区	项目数 （项）	项目人员折合全时当量 （人年）	全部项目经费内部支出 （万元）
全市	**492**	**3254.2**	**157043.9**
花山区	37	7.5	20782.0
雨山区	339	120.6	107653.4
博望区	25	301	7601.5
含山县	5	440	1843.4
和县	30	461.3	4462.4
当涂县	56	1923.8	14701.2

地区	来自政府部门的科技活动资金 （万元）	研究开发费用计扣除减免税 （万元）	高新技术企业减免税 （万元）
全市	**20975.1**	**5956.4**	**13512.3**
花山区	307.2	175.0	771.2
雨山区	14711.7	5473.4	5270.9
博望区	781.5	62.2	205.3
含山县	464.0		
和县	1162.0	101.6	4523.5
当涂县	3548.7	144.2	2741.4

19—39　各县区大中型工业企业自主知识产权和技术情况（2014年）

地　　区	专利申请数（件）	发明专利	有效发明专利数（件）	境外授权	专利所有权转让及许可数（项）	专利所有权转让及许可收入（万元）	发表科技论文（件）
全　　市	**1029**	**365**	**584**	**5**	**41**		**443**
花山区	33	13	31				4
雨山区	791	300	417		41		368
博望区	37	9	12				9
含山县	9	1	1				
和　　县	64	10	69	5			6
当涂县	95	32	54				56

地　　区	拥有注册商标数（件）	境外注册	形成国家或行业标准数（项）	引进及时经费支出（万元）	消化吸收经费支出（万元）	购买国内技术经费支出（万元）	技术改造经费支出（万元）
全　　市	**416**	**40**	**44**	**4871.2**	**13209.1**	**1596.7**	**274810.4**
花山区	3		1	4133.2	3326.0	776.0	72443.7
雨山区	118	33	28	58.5	6134.9	752.8	189005.5
博望区	33	3	8				
含山县	2				2500.0		680.0
和　　县	256	4	2	49.7	1248.1	67.9	4361.2
当涂县	4		5	629.8	0.1		8320.0

19—40 省级以上开发区主要经济指标

指　标		2013	2014
全区经营（销售）收入	**（万元）**	**16106259**	**17684212**
#规模以上工业销售收入		11134110	12753332
资质以内建筑业经营收入		419751	508851
限额以上贸易企业销售（经营）收入		1571042	1833977
房地产业经营收入		125611	91375
限额以上服务业企业销售（经营）收入		873514	635918
#主导产业经营（销售）收入		7287220	8501931
工业总产值	**（万元）**	**12565744**	**14105607**
#规模以上工业总产值		11465414	12986932
#高新技术产业产值		4625292	5826707
第二产业增加值	**（万元）**	**3358424**	**3806852**
#工业增加值		3231508	3659701
#规模以上工业增加值		2940999	3363808
第三产业增加值	**（万元）**	**523469**	**561454**
#现代服务业增加值		223403	174150
进出口总额	**（万美元）**	**86881**	**73500**
出口额		72440	54990
进口额		14441	18510
税收财政收入情况			
税收总额	（万元）	502875	524821
国税收入		302076	307483
地税收入		200799	217338
财政收入	（万元）	826182	635734
#土地收入		212038	94098
固定资产投资总额	**（万元）**	**6426348**	**7500700**
#工业投资		4248039	5168083
基础设施投资		943039	1003816
#财政投入		400316	374326
银行贷款		523272	579759
利用外商直接投资情况			
当年新批进区外商投资企业	（个）	14	9
当年建成投产企业	（个）	7	10
新批外商投资项目投资总额	（万美元）	54291	67496
#合同外资金额		24845	24012
当年实际利用外商直接投资额	（万美元）	105560	107587
利用内资情况			
当年新批进区省外境内项目	（个）	376	384
当年建成投产项目	（个）	239	223
在建省外境内投资项目个数	（个）	334	386
#亿元以上省外境内投资项目个数		214	260
在建省外境内投资项目总投资额	（万元）	15591475	15101782
#亿元以上省外投资项目投资总额		14016653	13728987
当年实际利用省外境内资金额	（万元）	6075149	6248477
#亿元以上项目到位省外资金额		4732529	4843421
专利申请授权情况			
专利申请量	（件）	4239	3948
专利授权量	（件）	2612	2025

19—41 部分开发区主要经济指标（2014年）

指标		市开发区	慈湖高新区	含山工业园	和县开发区	当涂开发区
全区经营（销售）收入	**（万元）**	**4162964**	**3465113**	**1017220**	**514274**	**4437196**
#规模以上工业销售收入		2865192	2487127	769500	493755	3494221
资质以内建筑业经营收入		97670	231821			53751
限额以上贸易企业销售（经营）收入		595397	488269	55147		531628
房地产业经营收入		20363				20399
限额以上服务业企业销售（经营）收入		288436	133540		3010	72826
#主导产业经营（销售）收入		2127015	1785427	767100	309601	1538116
工业总产值	**（万元）**	**3080993**	**2642117**	**961850**	**530076**	**3725856**
#规模以上工业总产值		2915232	2534069	769500	511226	3549399
#高新技术产业产值		1749139	1035896	192435	252289	1702365
第二产业增加值	**（万元）**	**829821**	**749805**	**259000**	**121851**	**966072**
#工业增加值		804819	715032	259000	121851	945817
#规模以上工业增加值		791351	655442	208800	117591	920974
第三产业增加值	**（万元）**	**134700**	**93271**	**19130**	**1210**	**134295**
#现代服务业增加值		35199			820	15014
进出口总额	**（万美元）**	**19262**	**17657**	**510**	**6778**	**8706**
出口额		7519	12311	510	5946	8607
进口额		11743	5346		832	99
税收财政收入情况						
税收总额	（万元）	147060	75291	18280	13777	83829
国税收入		97634	55293	15045	7001	57348
地税收入		49426	19998	3235	6776	26481
财政收入	（万元）	155510	104478	20280	17937	133662
#土地收入		1475	29123	2000	2447	48499
固定资产投资总额	**（万元）**	**1631000**	**1882309**	**172000**	**202750**	**802957**
#工业投资		1219000	1472108	159200	165830	640583
基础设施投资		88000	103670	12800	13150	154009
#财政投入		40000	43326	7000	13150	104009
银行贷款		4800	60334	5800		50000
利用外商直接投资情况						
当年新批进区外商投资企业	（个）	2				1
当年建成投产企业	（个）	4				1
新批外商投资项目投资总额	（万美元）	60727				1500
#合同外资金额		19889				600
当年实际利用外商直接投资额	（万美元）	44695	25050	1065		7636
利用内资情况						
当年新批进区省外境内项目	（个）	59	48	18	14	21
当年建成投产项目	（个）	17	30	16	8	25
在建省外境内投资项目个数	（个）	44	65	6	23	56
#亿元以上省外境内投资项目个数		44	54	6	20	37
在建省外境内投资项目总投资额	（万元）	2315807	2756356	96000	380000	3053200
#亿元以上省外投资项目投资总额		2315807	2162201	96000	357000	2518600
当年实际利用省外境内资金额	（万元）	1100806	880508	182500	220200	803304
#亿元以上项目到位省外资金额		1100806	745160	126800	183410	642476
专利申请授权情况						
专利申请量	（件）	625	638	95	280	1485
专利授权量	（件）	472	313	67	193	564

19—42 主要年份市级监督抽查产品质量情况

年份	抽查企业（个）	无不合格品企业数（个）	抽查产品（类）	抽查产品（种）	合格产品（批次）	样品合格率（%）
1995	234				197	73.51
2000	121				125	79.11
2005	268	216	6	22	289	82.80
2006	272	257	6	30	257	94.14
2007	265	258	6	42	281	96.56
2008	259	250	6	32	353	97.51
2009	572	564	7	61	777	97.98
2010	391	366	6	19	831	96.97
2011	479	426	8	21	655	93.97
2012	704	612	9	29	947	90.27
2013	703	644	9	25	926	92.97
2014	289	277	9	26	313	96.30

19—43 技术市场成交情况

指标	成交项目（项）		成交金额（万元）	
	2013	2014	2013	2014
合计	**345**	**352**	**80655.55**	**100358.09**
按卖方分				
企业法人	187	211	73674.17	82066.19
事业法人	156	141	6931.39	18291.90
社团法人				
自然人				
机关法人				
其他	2		50.00	
按买方分				
企业法人	300	284	76309.89	92902.53
事业法人	18	31	3533.96	3299.16
社团法人				
自然人		3		176.00
机关法人	27	34	811.70	3980.40
其他				

19—44　产品质量监督检查情况（2014年）

指　　标	产　品　质　量		
	监督检验企业数（个）	有不合格产品企业所占比例（%）	批次合格率（%）
合　计	**307**	**4.00**	**96.30**
农用产品	**1**		**100.00**
农用化肥	1		100.00
化学农药			
饲　料			
农用薄膜			
种　子			
加工食品和饮料			
食用植物油			
糕点糖果			
乳制品			
罐　头			
白　酒			
啤　酒			
冷冻饮料			
家用电器			
电风扇			
电热水器			
厨房电器具			
轻工产品	**53**	**1.80**	**98.24**
纸			
纸制品			
家　具	2		100.00
铝制品压力锅			
眼睛（架、片）	51	2.00	98.15
灯光灯管			
燃气灶具			
纺织、鞋类产品			
布（印染、色织、坯布）			
丝麻织品			
针织品			
鞋			
化工产品	**8**	**12.50**	**87.50**
涂料、油漆	8	12.50	87.50
化学试剂			
建材产品	**45**	**6.60**	**93.75**
水　泥	6		100.00
水泥预制构件	21		100.00
砖　瓦	18	16.60	84.20
水暖管件			
机械、电器产品	**24**		**100.00**
轴　承			
阀门、泵			
电线、电缆、	5		100.00
低压电器元件	4		100.00
电动工具	15		100.00
电动机柴油机			
冶金产品及金属制品	**20**		**100.00**
线　材	12		100.00
型　材	8		100.00
其他产品	**147**	**3.40**	**97.80**
其他产品（服装）	**9**	**22.00**	**77.78**

19—45 三种专利申请受理、授权量、技术成果和国家奖励

指标	2008	2009	2010	2011	2012	2013	2014
申请受理量合计	**547**	**729**	**1356**	**2449**	**4412**	**6404**	**6231**
发明	175	157	336	493	1092	2221	3089
实用新型	246	412	719	1441	2774	3941	2822
外观设计	126	160	301	515	546	242	320
申请授权量合计	**260**	**405**	**874**	**1379**	**2293**	**4127**	**3066**
发明	48	66	92	102	160	280	385
实用新型	175	254	554	911	1980	3398	2502
外观设计	37	85	228	366	153	449	179
技术成果和国家奖励							
重大科学技术成果							
国家发明奖							
国家科学技术进步奖	1						
获国家自然科学奖							

19—46 各县区三种专利申请受理、授权量、技术成果和国家奖励（2014年）

指标	全市	花山区	雨山区	博望区	含山县	和县	当涂县
申请受理量合计	**6231**	**700**	**805**	**454**	**810**	**646**	**1329**
发明	3089	282	285	94	405	321	1096
实用新型	2822	409	498	317	399	138	225
外观设计	320	9	22	43	6	187	8
申请授权量合计	**3066**	**429**	**527**	**226**	**324**	**186**	**550**
发明	385	103	67	16	2	15	103
实用新型	2502	320	455	187	318	95	425
外观设计	179	6	5	23	4	76	22
技术成果和国家奖励							
重大科学技术成果							
国家发明奖							
国家科学技术进步奖							
获国家自然科学奖							

注：全市合计中包括市经济技术开发区、慈湖高新区、示范园区。

主要统计指标解释

普通高等学校

指按照国家规定的设置标准和审批程序批准举办，通过国家统一招生考试，招收高中毕业生为主要培养对象，实施高等教育的全日制大学、独立设置的学院和高等专科学校、短期职业大学。

成人高等学校

指按照国家有关规定审批，招收通过全国成人高教统一招生考试的具有高中毕业或同等学历的在职从业人员，利用脱产、半脱产、业余或函授等多种形式对其实施高等学历教育，培养高等教育专科或本科毕业水平的专门人才，修业年限、课程设置和总学时数均按高等学历教育要求付诸实施的学校。包括广播电视大学、职工高等学校、农民高等学校、管理干部学院、教育学院、独立设置的函授学院等。

小学学龄儿童入学率

指调查范围内已入小学学习的学龄儿童占校内外学龄儿童总数（包括弱智儿童，不包括盲聋哑儿童）的比重。计算公式为：

小学学龄儿童入学率＝已入学的小学学龄儿童数/校内外小学学龄儿童总数×100%

独立研究与开发机构

指有明确的任务和研究方向，有一定学术水平的业务骨干和一定数量的研究人员，具有研究、开发、开展学术工作的基本条件，主要进行科学研究与技术开发活动，并且在行政上有独立的组织形式，财务上独立核算盈亏，有权与有其他单位签订合同，在银行有单独户头的单位。包括国务院各部门、中国科学院、中国社会科学院和各省、自治区、直辖市以及地（市）以上（含地（市））各部门所属的国有科学研究与技术开发机构。

独立研究与开发机构职工

指在独立研究与开发机构工作，并由其支付工资的人员。包括长期职工、临时职工和招聘人员，不包括编制以外的离休、退休人员和停薪留职人员。

研究与发展经费支出

指用于研究与发展课题活动（基础研究、应用研究、实验发展）的全部实际支出，包括用于研究与发展课题活动的直接支出和间接用于研究与发展活动的支出（如研究院、所管理费，维持研究院、所正常运转的必需费用和与研究发展有关的基本建设支出）。

科学家和工程师

指具有大学本科及以上学历和不具备上述学历但有高、中级职称的人员。

其他科技人员

指大专、中专毕业和具有初级职称的从事科技活动人员。

专业技术人员

指已取得科学技术职称，或大学、中专的理、工、农、医科系毕业，以及国民经济各部门从工作实践中提拔，从事理、工、农、医等自然科学技术的研究、教学、生产的专业人员和在机关、企业、事业中从事科学技术业务管理工作的专业人员。

工程技术人员

指在国民经济各行业中从事工程技术工作的自然科学技术专业人员，包括高级工程师、工程师、助理工程师、技术员和未评定的技术人员。

发明

是专利法及其实施细则所称的发明，指对有关产品、方法或其改进所提出的新的技术方案。

实用新型

是专利法及其实施细则所称的实用新型，指对产品的形状、构造或者其结合所提出的适于实用的新的技术方案。

外观设计

是专利法及其实施细则所称的外观设计，指对产品的形状、图案、色彩或者其结合所作出的富有美感并适于工业上应用的新设计。

二十

卫生和社会服务

简要说明

一、本篇主要反映卫生、民政、劳动保障事业的发展情况。

卫生部分主要包括卫生机构、卫生人员、卫生设施、医疗服务，农村和社区卫生、妇幼保健、医疗保障制度等情况。

民政事业和劳动保障统计资料主要包括社会服务企事业机构、人员、床位情况，优抚和社会救济情况，社区服务设施和农村社会保障网络情况，婚姻服务情况等。

二、卫生部分资料来自市卫计委。民政事业和劳动保障统计资料分别由市民政局、市人力资源和社会保障局依据统计制度整理提供。

三、本篇资料由市统计局人口社会科技科、服务业科整理。

20—1 主要年份卫生机构数

单位：个

年份	总计	医院卫生院	#县及县以上医院	疗养院、所	门诊部、所
2007	1009	95	33		213
2008	1100	92	33		217
2009	1098	93	38		229
2010	796	92	40		191
2011	814	90	44		198
2012	860	93	49		231
2013	971	91	48		233
2014	993	96	53		244

年份	专科防治所、站	疾病预防控制中心（防疫站）	妇幼保健院（所、站）	医学科学研究机构	其他卫生机构
2007	3	8	7	1	4
2008	4	8	7	1	6
2009	4	8	7	1	6
2010	4	7	7	1	7
2011	5	7	7	1	8
2012	5	7	7	1	5
2013	5	7	7	1	4
2014	5	8	7	1	4

注：表内数据不包括村卫生室等数据。

20—2 主要年份卫生机构人员数

单位：人

年份	人员合计	#卫生技术人员	#执业（助理）医师	#注册护士	每万人口专业卫生技术人员数
2007	10330	8670	3600	2911	38.6
2008	11113	9220	3819	3070	40.8
2009	11266	9252	4060	3458	40.8
2010	11473	9445	3602	3685	41.5
2011	12370	9387	3456	3949	41.1
2012	13047	10047	3639	4297	44.0
2013	13433	10476	3919	4412	45.7
2014	14063	11058	4107	4794	48.4

20—3　卫生机构、床位、人员数（2014年）

指　　标	机构数（个）	床位数（张）	人员数（人）	#卫生技术人员
总　　计	**993**	**8019**	**14063**	**11058**
医　　院	53	6516	8206	6794
综合医院	29	4873	6652	5591
中医医院	9	992	1007	829
专科医院	14	501	517	361
口腔医院	1	1	13	11
眼科医院	1	20	20	16
妇产(科)医院	3	84	138	83
儿童医院	1			
精神病医院	2	104	43	28
传染病医院	1	160	161	137
麻风病医院	1	12	3	1
骨科医院	1	30	29	19
康复医院	1	50	27	20
美容医院	1	20	58	26
其他专科医院	1	20	25	20
护理院	1	150	30	13
社区卫生服务中心(站)	104	191	1108	979
社区卫生服务中心	29	191	486	436
社区卫生服务站	75		622	543
卫生院	43	1042	1354	1175
乡镇卫生院	43	1042	1354	1175
中心卫生院	14	549	645	566
乡卫生院	29	493	709	609
门诊部	23	6	159	143
诊所、卫生所、医务室	257		473	464
急救中心（站）	1		80	47
采供血机构	1		47	41
妇幼保健院（所、站）	7	264	606	474
专科疾病防治院（所、站）	4		113	78
疾病预防控制中心	8		248	197
卫生监督所(中心)	7		121	103
医学科学研究机构	1		22	13
医学在职培训机构	2		17	7
健康教育所（站、中心）	1		9	4
其他卫生机构	11		224	143

注：本表分项目未包括村卫生室等数据。

20—4 卫生机构各类人员数（2014年）

单位：人

指　　标	合　计	按设置主办单位分		
		政府办	社会办	个人办
总　计	**14063**	**7706**	**4529**	**1828**
卫生技术人员	11058	6458	3224	1376
其他技术人员	625	427	87	111
管理人员	558	261	180	117
工勤技能人员	977	519	314	144
乡村医生和卫生员	845	41	724	80
卫生技术人员	**11058**	**6458**	**3224**	**1376**
执业（助理）医师	4107	2248	1223	636
#执业医师	3419	1893	988	538
注册护士	4794	2817	1454	523
药师（士）	507	282	177	48
技师（士）	660	369	239	52
#检验师	517	277	213	27
其　他	990	742	131	117

20—5 各县区医院卫生机构人员数（2014年）

单位：人

地　区	合　计（在岗职工）	#卫生技术人员	#执业（助理）医　师	#执业医师	注册护士
全　市	**14063**	**11058**	**4107**	**3419**	**4794**
市　区	8358	6807	2448	2237	3189
花山区	6071	4997	1722	1631	2400
雨山区	1877	1525	585	523	697
博望区	410	285	141	83	92
含山县	1628	1222	414	300	465
和　县	1982	1454	539	368	551
当涂县	2095	1575	706	514	589

20—6 各县区医院卫生机构、床位数（2014年）

地　　区	机构合计（个）	医　院、卫 生 院	疾病预防控制中心	妇 幼 保健所、站	门 诊 部	床位合计（张）	#医　院、卫 生 院
全　　市	**993**	**96**	**8**	**7**	**23**	**8019**	**7558**
市　　区	420	38	5	4	21	4381	4043
花 山 区	220	15	3	2	13	2848	2515
雨 山 区	132	13	1	1	8	1318	1313
博 望 区	68	10	1	1		215	215
含 山 县	161	16	1	1		1035	1015
和　　县	139	19	1	1	0	1328	1286
当 涂 县	273	23	1	1	2	1275	1214

20—7 卫生机构门诊、住院服务情况（2014年）

指　　标	总 诊 疗 人 次 数（人次）	#门、急诊	入院人数（人）	出院人数（人）	每百人门、急诊入院人数（人）
总　　计	**9556101**	**8961785**	**220355**	**218974**	**3.67**
医　　院	3659509	3571905	192999	191896	5.40
社区卫生服务中心（站）	974585	905544	756	744	0.08
卫生院	1161325	1159398	14526	14287	1.25
门诊部	75096	61192			
诊所、卫生所、医务室	759398	754748			
妇幼保健院（所、站）	712732	360835	12073	12046	3.35
专科疾病防治院（所、站）	889	889			

注：表内数据总计中不包括卫生室等数据。

20—8 主要年份重大传染病救治及求助情况

指标		2010	2011	2012	2013	2014
重大传染病救治财政投入	（万元）	93.20	101.80	110.02	122.98	122.87
艾滋病		8.20	17.30	18.72	19.68	23.91
结核病		17.50	17.50	33.30	33.30	32.76
晚期血吸虫病		67.50	67.00	58.00	70.00	66.20
重大传染病免费救治	（人）	510	538	604	581	602
艾滋病		32	55	65	66	87
结核病		337	339	385	375	373
晚期血吸虫病		141	144	154	140	142

20—9 医疗机构病床使用情况（2014年）

医院类别	病床周转次数（次）	病床工作日（日）	病床使用率（%）	出院者平均出院日（日）
总计	**28.50**	**258.50**	**70.84**	**8.40**
医院	30.90	288.40	79.00	8.70
社区卫生服务中心（站）	3.90	25.00	6.84	6.20
卫生院	14.00	106.50	29.18	6.70
妇幼保健院（所、站）	48.30	315.70	86.49	6.40

20—10 主要年份医院病床使用情况

年份	实有床位（张）	出院人数（人）	病床周转次数（次）	病床工作日（日）	病床使用率（%）	出院者平均出院日（日）
2007	3382	93307	29.20	297.30	81.70	9.10
2008	3781	105846	27.80	291.10	80.10	9.70
2009	4477	127847	28.90	278.60	76.10	9.30
2010	4591	137857	30.10	291.90	81.30	9.70
2011	4853	160888	34.20	317.90	87.10	8.50
2012	5273	172143	34.40	318.60	87.05	9.40
2013	5848	178747	31.63	293.79	80.49	8.84
2014	6516	191896	30.86	288.37	79.00	8.68

20—11 各县区医院病床使用情况（2014年）

地　　区	实有床位（张）	出院人数（人）	病床周转次数（次）	病床工作日（日）	病床使用率（%）	出院者平均出院日（日）
全　　市	**6516**	**191896**	**30.86**	**288.37**	**79.00**	**8.68**
市　　区	3866	107587	28.30	303.40	83.13	9.80
花山区	2485	76120	31.04	315.55	86.45	9.97
雨山区	1278	30248	24.33	293.19	80.33	9.30
博望区	103	1219	11.86	137.98	37.80	8.71
含山县	775	27267	35.20	254.70	69.78	6.47
和　　县	926	27046	38.39	309.68	84.84	7.96
当涂县	949	29996	31.90	239.30	65.56	7.42

20—12 主要年份乡镇卫生院病床使用情况

年　　份	实有床位（张）	出院人数（人）	病床周转次数（次）	病床工作日（日）	病床使用率（%）	出院者平均出院日（日）
2007	1279	17342	12.40	83.90	24.10	6.80
2008	1236	24953	22.90	167.60	42.10	6.80
2009	1296	35713	32.60	184.70	49.10	5.60
2010	1217	20747	18.70	119.50	32.30	6.10
2011	1123	10687	10.00	93.30	25.60	7.20
2012	1020	13521	13.80	100.10	27.36	6.30
2013	999	15451	15.91	109.89	30.11	6.04
2014	1042	14287	14.00	106.50	29.18	6.70

20—13 各县区乡镇卫生院病床使用情况（2014年）

地　　区	实有床位（张）	出院人数（人）	病床周转次数（次）	病床工作日（日）	病床使用率（%）	出院者平均出院日（日）
全　　市	**1042**	**14287**	**14.00**	**106.50**	**29.20**	**6.70**
花山区	30	36	1.20	6.30	1.80	5.30
雨山区	35			5.90	1.60	
博望区	112	1260	11.30	86.30	23.60	7.10
含山县	240	2353	9.80	95.20	26.10	5.80
和　　县	360	4376	12.90	97.50	26.70	7.20
当涂县	265	6262	23.70	161.60	44.30	6.70

20—14 主要年份村卫生室基本情况

年份	机构数（个）	按设置、主办单位分					人员数（人）		
		村办	乡卫生院设点	联合办	私人办	其他		乡村医生	卫生员
2007	622	476	8		138		803	767	35
2008	701	333	3	1	357	7	981	958	23
2009	684	297	85		297	5	1078	1040	38
2010	397	164	153	7	72	1	1018	992	26
2011	392	167	168	7	47	3	1046	1016	30
2012	396	250	144			2	954	920	34
2013	435	395	1	1	38		879	850	29
2014	437	367	23		47		1112	822	23

20—15 各县区卫生室基本情况（2014年）

地区	机构数（个）	按设置、主办单位分					人员数（人）		
		村办	乡卫生院设点	联合办	私人办	其他		乡村医生	卫生员
全市	**437**	**367**	**23**		**47**		**1112**	**822**	**23**
市区	75	75					191	135	1
花山区	16	16					29	25	
雨山区	18	18					48	31	1
博望区	41	41					114	79	
含山县	96	73	23				247	196	9
和县	92	92					339	251	12
当涂县	174	127			47		335	240	1

20—16　主要年份民政行业单位基本情况

指　　标	单位数（个）		职工人数（人）	
	2013	2014	2013	2014
民政行业单位				
民政行政机关	7	7	123	135
民政事业单位				
优抚安置单位	7	7	29	34
救灾储备单位				
社区服务中心	40	40	119	119
婚姻登记服务类单位	6	6	17	17
收养类单位	83	83	603	603
救助类单位	1	4	14	39
殡仪类单位	12	12	226	225
福利彩票发行单位	1	1	31	32
慈善团体	5	5	23	23
老龄行政机构	7	7	22	21
其他事业单位	1	1	3	3
民间组织				
社会团体	552	557	1674	1710
基金会	1	1	5	5
民办非企业单位	454	507	7709	8019
基层群众自治组织				
社区居委会	161	145	877	839
村委会	400	385	1556	1478
福利企业	45	45	2808	2808

20—17 主要年份社会福利救济主要费用情况

单位：万元

指　　标	2000	2005	2010	2013	2014
总　计	**3100**	**6114**	**17781**	**47011**	**47757**
国家支出	3100	6114	17781	47011	47757
优抚对象补助金额	548	1237	3716	11771	12161
国家支出	548	1237	3716	11771	12161
集体供给					
困难户得救济金额	2202	4098	12355	32211	32082
国家支出	2202	4098	12355	32211	32082
社会散居孤老残幼供养金额	207	388	1186	1521	1546
国家支出	207	388	1186	1521	1546
集体供给					
城乡各种福利院支出					
光荣院				298	206
国家支出					206
城乡社会福利院	144	392	524	1211	1762
国家支出	144	392	524	1211	1762

20—18 社会福利事业单位基本情况（2014年）

指　　标	单位数（个）	工作人员（人）	床　位（张）	年末收养人数（人）
总　计	**94**	**676**	**13734**	**7364**
收养性福利事业单位	83	603	13484	7158
国家办	1	47	500	165
集体和民办	82	556	12984	6993
#光荣院	2	21	250	152
社会福利院	3	71	790	324
儿童福利院	2	35	166	88
城镇老年性福利机构	19	111	2047	1299
农村老年性福利机构	55	319	9703	6020
优抚安置单位	7	34		149
求助类单位	4	39	250	57

20—19 主要年份享受补助、救济人员情况

单位：人、户

指标	2000	2005	2010	2013	2014
城乡居民最低生活保障人数		**31100**	**51647**	**96525**	**82779**
城镇居民最低生活保障人数		23555	33728	49157	41652
农村居民最低生活保障人数		7545	17919	47368	41127
传统救济情况					
农村定期救济户数					
#困难户	335	485	185	189	189
#五保户（人）	1547	4970	4736	9874	9780

20—20 主要年份婚姻服务情况

年份	内地居民登记结婚（对）	初婚（人）	再婚（人）	登记离婚数（对）	离婚率（‰）
2000	8598	15965	1231	1000	1.7
2005	8958	15581	2335	2063	3.3
2010	13468	17536	9400	4843	7.5
2011	24533	39631	9435	6104	5.4
2012	23834	38983	8685	5409	4.3
2013	25378	41306	9450	6345	2.7
2014	24125	39047	9203	6098	2.6

20—21 各县区婚姻服务情况（2014年）

地区	内地居民登记结婚（对）	初婚（人）	再婚（人）	登记离婚数（对）	离婚率（‰）
全市	**24125**	**39047**	**9203**	**6098**	**2.6**
花山区	3968	5676	2260	1760	4.7
雨山区	2794	3408	2180	1170	4.3
博望区	1840	3250	430	308	1.6
含山县	4472	7835	1109	786	1.7
和县	6064	10829	1299	936	1.7
当涂县	4987	8049	1925	1138	2.4

20—22　主要年份城乡居民最低生活和社会保障网络基本情况

年份	城镇社区服务设施数（个）	#社区服务单位个数	城镇便民、利民服务网点（个）	城乡居民最低生活保障			
				城镇低保人数（万人）	保障金额（万元）	农村低保人数（万人）	保障金额（万元）
2000	991	10	375				
2005	910	127	500	2.35	2520.9	0.75	205.9
2006	902	126	495	2.43	2630.8	1.41	770.8
2007	902	126	495	2.88	3522.9	1.90	986.4
2008	902	126	495	2.67	5405.9	2.01	1902.3
2009	905	121	439	3.46	7084.1	1.76	2308.4
2010	880	120	450	3.37	7984.8	1.79	2645.6
2011	312	120	460	4.25	14534.4	5.16	8356.9
2012	459	108	255	4.88	15834.2	4.59	10959.1
2013	570	122	255	4.91	19365.7	4.73	12236.5
2014	654	201	260	4.16	18735.8	4.11	13345.7

注：1．因统计口径的变化，表中城镇社区服务设施指标数不可比。
　　2．表中各项数据均包括含山县、和县数据。

20—23　各县区城乡居民最低生活和社会保障网络基本情况（2014年）

地区	城镇社区服务设施数（个）	#社区服务单位个数	城镇便民、利民服务网点（个）	城乡居民最低生活保障			
				城镇低保人数（人）	保障金额（万元）	农村低保人数（人）	保障金额（万元）
全　市	**654**		**260**	**41652**	**18735.8**	**41127**	**13345.7**
花山区	254		107	12737	5007.7		
雨山区	145		66	9757	4168.6		
博望区	23		7	6921	3200.8		
含山县	29		1	3095	1930.6	11597	3472.6
和　县	24		10	4307	1946.2	15260	4407.1
当涂县	179		69	4835	2481.9	14270	5466.0

20—24 主要年份工伤保险情况

单位：人、万元

指标	2005	2010	2013	2014
参保人数	141478	250544	301974	305215
农民工人数		90488	115161	124213
享受伤残待遇人数	482	4224	9774	9829
享受工伤保险待遇的职业病人数				
因工死亡人数	6	84	39	36
供养亲属人数	59	135	457	442
基金收入	1165	3045	11316	14747
基金支出	333	2744	10347	11831
累计结余	858	4472	8678	11595
储备金	357	807	2067	3915

20—25 各县基本医疗保险情况（2014年）

地区	参保人数（人）			资金（万元）			
	合计	职工小计	退休人员小计	收入	支出	累计结余	个人帐户
全市	**473007**	**308498**	**164509**	**120560**	**115666**	**74824**	**57928**
市本级	362860	232178	130682	95914	91706	49744	47076
含山县	36115	23367	12748	6152	6011	9054	1783
和县	28746	21733	7013	7240	7181	6002	2933
当涂县	45286	31220	14066	11254	10768	10024	6136

20—26 主要年份基本养老保险情况

年份	参保职工（人）		离休、退休退职人员年末人数（人）	基金收支情况（万元）		
	年末数	#企业		基金收入	基金支出	累计可用结余基金
1995	162068	162068	35429	12817	10609	10058
2000	195291	195291	63218	41256	41377	6301
2005	215812	188626	85957	85983	75431	48869
2006	222327	186263	88918	111414	93752	66531
2007	240556	196370	94098	135596	109575	92552
2008	258566	208475	114395	197171	136289	153434
2009	292344	239068	12685	207490	184980	175944
2010	320537	253298	131544	239135	212485	202594
2011	358475	262919	150128	276131	281563	229600
2012	383317	282138	161715	264794	304010	190384
2013	417105	307943	171672	403923	370643	223663
2014	403400	306662	179575	340425	430960	133129

20—27 各县基本养老保险情况（2014年）

地区	参保职工（人）		离休、退休退职人员年末人数（人）	基金收支情况（万元）		
	年末数	#企业		基金收入	基金支出	累计可用结余基金
全市	**403400**	**306662**	**179575**	**340425**	**430960**	**133129**
市本级	306380	246346	135726	289235	349314	88390
含山县	33743	16946	12637	14656	24465	14606
和县	28133	14092	12485	13505	24340	14104
当涂县	35144	29278	18727	23029	32841	16029

20—28　主要年份城镇居民参加医疗保险情况

年　份	参保人数（人）	基金收支情况（万元）		
		基金收入	基金支出	累计结余
2007	94308	3620	689	2931
2008	384902	3498	1669	4760
2009	385518	8890	4962	8688
2010	385518	5942	9520	5110
2011	504112	15371	12398	10605
2012	502945	15567	16374	9797
2013	506004	19143	18468	10470
2014	501000	21336	21196	10609

20—29　各县城镇居民参加医疗保险情况（2014年）

地　区	参保人数（人）	基金收支情况（万元）		
		基金收入	基金支出	累计结余
全　市	**501000**	**21336**	**21196**	**10609**
市本级	313600	12820	13299	36
含山县	60000	2708	2585	1573
和　县	66800	3104	2863	2016
当涂县	60600	2704	2449	6984

20—30 主要年份新型农村合作医疗基本情况

年份	参合人口（万人）	参合率（%）	补偿受益（万人次）	住院率（%）	住院实际补偿率（%）	基金总额（万元）	当年筹集（万元）	农民缴纳	基金支出（万元）	#住院
2005	45.4	83.8	0.9	1.9	20.6	1392.6	1392.6	454.2	935.4	935.4
2008	53.6	98.9	11.8	5.0	44.0	6804.1	5329.6	1043.6	4349.4	4195.1
2009	53.7	99.6	74.6	6.5	46.5	7825.9	5371.3	1073.5	7326.9	6571.3
2010	54.4	100.0	95.0	6.1	46.7	8739.2	8240.2	1637.3	8555.3	7431.5
2011	146.3	98.5	133.9	7.3	48.3	34745.8	33286.6	4382.4	29297.3	26012.8
2012	137.6	101.4	209.3	6.9	54.7	45296.4	39788.3	6788.7	38029.6	32003.1
2013	138.0	101.3	193.8	7.6	55.9	53792.0	47056.6	8104.8	46129.0	36559.8
2014	138.3	101.6	139.5	8.3	52.2	68275.8	56866.3	9681.9	54533.7	40963.2

20—31 各县区新型农村合作医疗基本情况（2014年）

地区	参合人口（万人）	参合率（%）	补偿受益（万人次）	住院率（%）	住院实际补偿率（%）	基金总额（万元）	当年筹集（万元）	农民缴纳	基金支出（万元）	#住院
全市	**138.3**	**101.6**	**139.5**	**8.3**	**52.2**	**68275.8**	**56866.3**	**9681.9**	**54533.7**	**40963.2**
花山区										
雨山区										
博望区										
含山县	36.4	101.0	25.2	8.8	54.8	18677.2	14526.3	2545.1	14473.7	11601.9
和县	46.6	101.9	31.0	8.0	50.8	24591.9	19765.8	3261.4	18719.3	14810.4
当涂县	55.4	101.8	83.3	8.2	51.8	25006.7	22574.2	3875.3	21340.7	14551.0

20—32　各县失业保险基本情况（2014年）

地　　区	本年参保职工（人）					领取失业金人数（人）	资　　金（万元）		
	合　　计	企　　业	#国　　有	集　　体	事业单位		收　　入	支　　出	累计结余
全　　市	**246226**	**214643**	**109661**	**104982**	**31583**	**9199**	**29468**	**16513**	**63569**
市本级	189970	177230	90727	86503	12740	6949	24694	14988	50857
含山县	19985	11516	4952	6564	8469	930	1463	748	1538
和　　县	16784	11806	6321	5485	4978	730	1428	463	5203
当涂县	19487	14091	7661	6430	5396	590	1883	314	5971

20—33　主要年份农村社会养老保险情况

单位：万人、万元

指　　标	2005	2010	2013	2014
参保人数	2.86	40.80	100.36	99.74
本年领取养老金人数	0.039	10.500	28.290	29.550
本年保险资金收入	442.3	20992.0	52691.0	45991.0
本年保费收入	342.5	20762.0	44571.0	44077.0
个人缴费	122.2	9439.0	14395.0	13960.0
集体补贴	220.3			
政府补贴		11323.0	30176.0	30117.0
本年基金运营收益	99.8	160.0	3109.0	1901.0
其他收入			5011.0	13.0
本年保险金支出	164.5	12323.0	35949.0	33349.0
养老金支出	164.5	12323.0	35949.0	33349.0
本年提取管理费				
年末基金滚存结余	3540.4	32431.0	92039.0	104683.0

20—34　规模以上服务业企业分行业主要经济指标（2014年）

单位：亿元

指　　标	企业数（个）	资产总计	营业收入	营业税金及附加	营业利润	应付职工薪酬	年平均从业人员（人）
总　　计	**199**	**1202.24**	**181.22**	**3.17**	**32.91**	**20.71**	**36937**
交通运输、仓储和邮政业	77	55.27	34.34	0.21	1.13	6.24	10648
信息传输、软件和信息技术服务业	14	28.51	23.52	0.33	3.09	2.24	3443
房地产业	8	0.33	0.64	0.04	0.01	0.31	2243
租赁和商务服务业	43	1017.31	83.68	2.26	26.15	4.31	9826
科学研究和技术服务业	23	81.99	27.37	0.22	2.02	3.87	3629
水利、环境和公共设施管理业	7	8.12	1.29	0.04	0.17	0.18	414
居民服务、修理和其他服务业	7	1.31	1.33	0.04	0.03	0.79	2466
教　　育	7	1.91	1.47	0.02	0.12	0.41	1072
卫生和社会工作	4	5.94	6.24	0.00	0.03	2.10	2744
文化、体育和娱乐业	9	1.56	1.34	0.02	0.16	0.26	452

主要统计指标解释

卫生机构

指从卫生行政部门取得《医疗机构执业许可证》，或从民政、工商行政、机构编制管理部门取得法人单位登记证书，为社会提供医疗保健、疾病控制、卫生监督服务或从事医学科研和教育等工作的单位。卫生机构包括医院、疗养院、社区卫生服务中心（站）、卫生院、门诊部、诊所（卫生所、医务室）、急救中心（站）、采供血机构、妇幼保健院（所、站）、专科疾病防治院（所、站）、疾病预防控制中心（防疫站）、卫生监督所、卫生监督监测机构、医学科研机构、医学在职培训机构、健康教育所（站）等其他卫生机构。

医疗机构

指从卫生行政部门取得《医疗机构执业许可证》的机构，包括医院、疗养院、社区卫生服务中心（站）、卫生院、门诊部、诊所（卫生所、医务室）、妇幼保健院（所、站）、专科疾病防治院（所、站）、急救中心（站）和临床检验中心。

社区卫生服务中心（站）

指为本社区居民提供预防、医疗、保健、康复、健康教育、计划生育技术服务等的基层卫生机构。包括社区卫生服务中心和社区卫生服务站。

卫生人员

指在医疗、预防保健、医学科研和在职教育等卫生机构工作的职工，包括卫生技术人员、其他技术人员、管理人员和工勤人员。

卫生技术人员

包括执业（助理）医师、注册护士、药师（士）、检验和影像人员等卫生专业人员。不包括从事管理工作的卫生技术人员。

执业医师

指《医师执业证》“级别”为“执业医师”且实际从事医疗、预防保健工作的人员，不包括实际从事管理工作的执业医师。执业医师类别分为临床、中医、口腔和公共卫生四类。

执业助理医师

指《医师执业证》“级别”为“执业助理医师”且实际从事医疗、预防保健工作的人员，不包括实际从事管理工作的执业助理医师。执业助理医师类别同样分为临床、中医、口腔和公共卫生四类。

每万人口执业（助理）医师

每万人口执业（助理）医师=（执业医师数+执业助理医师数）/人口数×10000。

每万人口医院、卫生院床位数

每万人口医院卫生院床位数=（医院床位数+卫生院床位数）/人口数×10000。

每万人口卫生技术人员

每万人口卫生技术人员=卫生技术人员数/人口数×10000。

参加新农合人数

指根据本地新农合实施方案到年内新农合筹资截止时已缴纳新农合资金的人口数。

新农合当年基金支出

指本年度实际从新农合基金帐户中支出用于新农合补偿的资金。

新农合补偿支出受益人次

指年内新农合参合人员因病就医获得补偿的人次数，包括住院、家庭帐户形式、门诊、特殊病种大额门诊、住院正常分娩、体检和其他补偿人次之和。

新农合本年度筹资总额

指为本年度筹集的、实际进入新农合专用帐户的基金数额。包括本年度中央及地方财政配套资金、农民个人交纳资金（含民政部门及其他相关部门代缴的救助资金）、新农合基金本年度产生的全部利息收入及其他渠道实际筹集到的新农合基金额。筹资数额以进入新农合专用帐户的基金数额为准，不含上年结转额资金。

城市居民最低生活保障人数

指在报告期末家庭平均收入在当地规定的最低生活保障线以下的城镇居民数。包括“三无”对象，失业人员和在职、下岗、退休人员等。

农村居民最低生活保障人数

指报告期末在建立农村最低生活保障制度的地区，得到当地政府或集体给予最低生活保障的农业人口家庭人数。

五保户

指无法定抚养义务人，或者虽有法定抚养义务人，但是抚养人无抚养能力的；无劳动能力的；无生活来源的老年人、残疾人和未成年人。

离婚率

指当年离婚人数占户籍人口的比重，计算公式为：

离婚率＝当年离婚人数/户籍人数×1000‰。

社会福利企业

指以集中安置有一定劳动能力的残疾人员就业为目的（残疾职工占生产人员 10%以上）、带有社会福利性质的企业总称。主要包括福利工厂、假肢厂和其他福利企业。

社区服务设施数

指报告期末设立的以非营利为目的，为本社区居民服务，特别是为老年人、残疾人、儿童服务的社区服务中心、活动站、服务站、养老院、老年公寓（托老所），残疾人工疗站、残疾儿童日托所、家务服务站、婚姻介绍所等福利性设施以及职工社会保险管理服务的机构数。几种不同类型的社区服务单位，共用一个场所的，只能统计为一个社区服务设施。成为社区服务设施的条件：（1）是独立核算单位；（2）有固定的从业人员；（3）有一定的服务项目；（4）有一定的场所。

城镇职工基本养老保险

1.（参保）职工人数

指报告期末按照国家法律、法规和有关政策规定参加基本养老保险并在社保经办机构已建立缴费记录档案的职工人数，包括中断缴费但未终止养老保险关系的职工人数，不包括只登记未建立缴费记录档案的人数。

2.（参保）离退休人员人数

指报告期末参加基本养老保险的离休、退休和退职人员的人数。

3.基金收入

指根据国家有关规定，由纳入基本养老保险范围的缴费单位和个人按国家规定的缴费基数和缴费比例缴纳的养老保险基金，以及通过其他方式取得的形成基金来源的收入。包括单位和职工个人缴纳的基本养老保险费、基本养老保险基金利息收入、上级补助收入、下级上解收入、转移收入、财政补贴和其他收入。

4.基金支出

指按照国家政策规定的开支范围和开支标准从养老保险基金中支付给参加基本养老保险的个人的

养老金、丧葬抚恤补助，以及由于保险关系转移、上下级之间调剂资金等原因而发生的支出。包括离休金、退休金、退职金、各种补贴、医疗费、死亡丧葬补助费、抚恤救济费、社会保险经办机构管理费、补助下级支出、上解上级支出、转移支出、其他支出等。

5.基金累计结余

指截止报告期末基本养老保险基金收支相抵后的累计余额。

基本医疗保险

1.参保人数

指报告期末按国家有关规定参加相应基本医疗保险的人数。

2.基金收入

指由用人单位和个人按照国家规定的缴费基数、缴费比例或缴费标准缴纳的基本医疗保险基金，财政补助资金以及通过其他方式取得的形成基金来源的款项，包括：单位缴纳收入、个人缴纳收入、财政补助收入（含医疗救助补助个人收入）、财政补贴收入、利息收入和其他收入。

3.基金支出

指按照国家政策规定的开支范围和开支标准，从基本医疗保险基金中支付给参保人员的医疗保险待遇支出，以及其他支出。包括住院医疗费用支出、门急诊医疗费用支出、个人账户基金支出、其他支出。

4.基金累计结余

指截止报告期末基本医疗保险基金累计结余金额。

失业保险

1.参保人数

指报告期末按照国家法律、法规和有关政策规定参加了失业保险的城镇企业、事业单位的职工及地方政府规定参加失业保险的其他人员的人数。

2.基金收入

指报告期内筹集的失业保险基金的总额，包括失业保险费收入、利息收入、财政补贴收入、其他收入、转移收入、上级补助收入、下级上解收入。

3.基金支出

指报告期内为保障失业人员基本生活、促进其再就业等支出的基金总额，包括失业保险金支出、医疗补助金支出、丧葬补助金和抚恤金支出、职业培训和职业介绍补贴支出、农民合同制工人一次性生活补助支出、其他支出、转移支出、上级补助支出、下级上解支出。

4.基金累计结余

指截止报告期末失业保险基金收支相抵后的累计余额。

工伤保险

1.参加保险人数

指报告期末依据国家有关规定参加工伤保险的职工人数和有雇工的个体工商户的雇工数。

2.享受保险待遇人数

指年初至报告期末因工伤或职业病而享受工伤保险待遇的人数。为享受工伤医疗待遇中未评定等级的人数、享受伤残待遇人数以及享受因工死亡待遇人数之和。

3.基金收入

指根据国家有关规定，由参加工伤保险的单位按国家规定的缴费基数和缴费比例缴纳的工伤保险基金，以及通过其他形式取得的形成基金来源的款项。包括：单位缴纳的社会统筹基金收入、财政补贴收入、利息收入、其他收入。

4.基金支出

指按照国家政策规定的开支范围和开支标准从工伤保险基金中支付给参加工伤保险的人员及供养直系亲属工伤保险待遇支出及其他支出。包括工伤医疗费、伤残补助金、工亡补助金、护理费、丧葬补助费、工伤预防费用、职业康复费用和其他支出。

5.基金累计结余

指截止报告期末工伤保险基金累计结余金额。

二十一

文化和体育

简要说明

一、本篇主要反映文化、体育、新闻出版、广播电影电视事业的发展情况。

文化部分主要包括艺术表演团体、艺术表演场所、公共图书馆、文化馆、文化站、广播、电视、新闻出版以及文物等文化事业的机构、人员、经费和业务活动情况。体育部分主要包括群众体育和竞技体育，主要内容有体育系统职工情况、竞技体育成绩、群众体育活动等情况。

二、根据各部门制定的统计报表制度汇总加工整理而成。艺术业、图书馆业、群众文化服务业等资料主要来自市文旅委；广播、电视资料来自市广播电视台；体育部分的资料来自市体育局。

三、本篇资料由市统计局人口社会科技科整理。

21—1　文化艺术和文物事业机构、人员情况（2014年）

指　　标	机　构　数 （个）	从业人员 （人）
文化及相关产业	**624**	**4114**
艺术事业	20	728
艺术表演团体	16	598
话剧、儿童剧、滑稽剧团		
歌剧、舞剧、歌舞剧团		
歌舞团、轻音乐团	2	130
戏曲剧团	14	468
#京　剧		
曲艺、杂技、木偶、皮影团		
艺术表演场所	4	130
剧场、影剧院	4	130
图书馆事业	6	113
群众文化事业	53	237
省级文化馆、群众艺术馆		
地市级文化馆、群众文化馆	1	16
县、市文化馆	5	58
文化站	47	163
镇文化站	35	113
艺术教育事业		
艺术市场经营单位	530	2833
文艺科研	1	6
文化科技研究	1	6
综合性艺术研究		
文物业	14	197
文物机构合计	4	20
文物保护管理机构	4	20
文物科研机构		
其他文物机构		
博物馆合计	10	177
艺术类博物馆	1	7
综合性博物馆	3	90
历史类博物馆	6	80
文物商店		

21—2　艺术表演团体演出情况（2014年）

指　　标	演出场所（场）	#到农村演出	国内演出观众人数（千人次）
总　　计	**1818**	**1212**	**1235**
国有剧团	351	86	400
集体经营剧团（私营）	1467	1126	835
按剧种分			
话剧、儿童剧、滑稽剧团			
歌剧、舞剧、歌舞剧团			
歌舞团、轻音乐团	535	124	470
文工团、文宣队、乌兰牧骑			
戏曲剧类	1283	1088	765
曲艺、杂技、木偶、皮影团			

21—3　群众艺术馆、文化馆站业务活动及经费情况（2014年）

指　　标		总　　计	群众艺术馆、文化馆	文 化 站
单位数	（个）	53	6	47
举办展览	（个）	168	67	101
组织文艺活动	（次）	861	383	478
举办训练班				
班　次	（次）	999	729	270
培训人次	（人次）	73230	52750	20480
群众艺术馆、文化馆负责指导单位				
农村集镇文化中心	（个）	558	168	390
文化户	（户）	90	4	86
馆办文艺团体	（个）	17	17	
群众业余演出团、队	（个）	621	119	502
总支出	（万元）	2925	1674	1251

21—4 公共图书馆业务活动及经费情况（2014年）

指　　标		总　　计	市级公共图书馆	县级公共图书馆
公共图书馆	（个）	6	1	5
总藏量	（千册）	1117	569	548
图　书		1056	539	517
#古　籍		6	5	1
报　刊		3	1	2
开架书刊	（千册）	664	250	414
发放借书证数	（千个）	67	59	8
图书流通情况				
总流通人次	（千人次）	1456	963	493
书刊文献外借册次	（千册次）	879	516	363
为读者服务举办各种活动				
次　数	（次）	264	103	161
参加人数	（千人次）	137	50	87
总支出	（万元）	1088	670	418
#基本支出		667	330	337
#新增藏量购置费		169	130	39
本年新增藏量	（千册）	77	47	30
公用房屋建筑面积	（千平方米）	28	20	8
#书　库		3	1	2
阅览室		8	6	2
阅览室坐席数	（千个）	2	1	1

21—5 博物馆、文物机构业务活动及经费情况（2014年）

指　　标		文物保护管理机构	文物科研机　　构	其　　他文物机构	博 物 馆
藏　品	（件）	804			10151
#一级品		11			28
业务活动					
陈列展览	（个）	2			42
参观人数	（千人次）	85			1740
总支出	（万元）	554			18181
#基本支出		199			601
修缮费					

21—6 主要年份广播、电视事业发展情况

指　　标		2000	2005	2010	2013	2014
职工人数	（人）	544	642	659	765	756
广播电台	（座）	4	4	1	4	4
中波发射台及转播台	（座）	1	1	1	1	1
中波发射机功率	（千瓦）	3	3	3	7	20
县广播电视台	（座）	3	1	1	3	3
广播人口覆盖率	（%）	90.94	92.10	100.00	100.00	100.00
电视台	（座）	4	4	1	4	4
电视发射台及转播台	（座）	5	5	7	8	8
电视发射机功率	（千瓦）	6.0	10.0	17.0	21.1	29.0
电视人口覆盖率	（%）	93.28	92.91	100.00	99.90	100.00

21—7 群众艺术馆、文化馆站业务活动及经费情况（2014年）

指　　标	覆盖人口（万人）		覆盖率（%）	
	2013	2014	2013	2014
广　　播				
中央台第一套节目	228.36	228.40	100.00	100.00
省台第一套节目	228.36	228.40	100.00	100.00
地市台第一套节目	228.36	228.40	100.00	100.00
县级台节目	164.69	146.05	100.00	100.00
电　　视				
中央电视台第一套节目	228.36	228.40	99.90	100.00
省电视台第一套节目	228.36	228.40	99.90	100.00
地市级电视台节目	228.36	228.40	99.90	100.00
县级电视台节目	164.69	146.05	100.00	100.00

21—8　主要年份广播、电视节目制作时间

单位：小时

指　　标	2013	2014
广播节目制作	**9033**	**9480**
新　闻	1520	970
专　题	1183	1449
综　艺	4555	3003
广播剧	29	108
广　告	996	434
其　他	750	3515
电视节目制作	**3279**	**3087**
新　闻	829	880
专　题	546	627
综　艺	305	324
影视剧	4	5
广　告	1335	750
其　他	260	500

21—9　广播、电视宣传基本情况（2014年）

指　　标	节目套数（套）	全年公共节目播出时间（小时）	制作节目时　间（小时）			
				#新闻节目	专题节目	综艺节目
无线广播合计	**5**	**25013**	**9480**	**970**	**1449**	**3003**
地方台	5	25013	9480	970	1449	3003
电视播映合计	**5**	**23478**	**3087**	**880**	**627**	**324**
地方台	5	23478	3087	880	627	324

21—10 主要年份图书、杂志和报纸出版数量

年份	杂志				报纸			
	种类（种）	每期平均印数（万册）	总印数（万份）	总印张数（万印张）	种类（种）	每期平均印数（万册）	总印数（万份）	总印张数（万印张）
2000	7	2	18	102	6	62	9046	13165
2005	7	2	18	116	6	66	9049	13166
2006	7	2	18	116	6	66	9060	13172
2007	7	2	18	116	6	66	9058	13170
2008	7	2	18	107	6	67	9069	13175
2009	7	2	31	217	6	67	9242	14322
2010	7	2	32	192	6	68	9387	11833
2011	7	2	17	147	6	68	9350	11736
2012	7	2	20	146	6	68	11887	133070
2013	7	2	16	146	6	69	12430	14510
2014	7	2	17	156	6	69	11872	13832

21—11 主要年份出版物发行机构数和网点数

年份	发行机构合计（处）	国有书店及国有发行点	网上书店	文化教育广电邮政系统	新华书店系统外批发点	集体个体零售	新华书店系统出版社自办发行从业人数(人)	
							全部职工	国有书店及发行点
2000	137	1		1		135	789	108
2005	142	1		1	3	137	802	108
2006	136	1		1	3	131	780	112
2007	138	1		1	3	133	789	110
2008	140	1		1	4	134	826	118
2009	146	1		1	4	140	846	109
2010	149	1	2	1	4	141	886	116
2011	155	1	2	1	4	147	901	116
2012	186	1	2	1	4	181	1078	186
2013	168	2	2	1	4	159	1058	168
2014	261	2	5	1	4	259	1443	261

21—12 主要年份出版印刷生产情况

年份	企业数（个）	工业销售产值（万元）	印刷产量		装订产量（万令）	用纸量（万令）	用纸量（万吨）
			黑白（万令）	彩色（万对开色令）			
2000	86	5251	2.30	1.86	3.16	3.26	0.14
2005	94	33104	16.11	6.10	22.21	22.34	0.96
2006	98	45861	22.35	10.31	32.66	32.81	1.41
2007	104	54627	25.12	12.31	37.43	37.70	1.62
2008	103	58472	112.35	54.50	166.85	167.09	7.18
2009	106	33210	19.92	8.11	28.03	28.16	1.21
2010	105	40901	114.32	57.21	171.53	171.75	7.38
2011	151	58907	138.19	68.12	206.31	206.66	8.88
2012	146	53700	141.20	62.58	198.27	226.15	8.90
2013	143	49818	11.04	165.90	5.22	512.24	12.38
2014	140	53204	10.89	143.25	4.88	498.52	11.22

21—13 主要年份体育活动基本情况

指标		2005	2010	2013	2014
举办全民健身活动次数	（次）	72	156	180	180
现代体育项目活动		72	90		
民间传统体育活动			60		
参加全民健身活动人数	（人）	22650	8690	355950	356000
现代体育项目活动		22650	31630		
民间传统体育活动			58260		
等级运动员	（人）	38	48	106	106
运动健将					
一级运动员					
二级运动员		38	48	106	106
等级裁判员	（人）		66	213	245
国际、国家级裁判员				14	14
一级裁判员			7	70	70
二级裁判员			81	129	161
在国内外比赛中获奖牌数	（枚）	194	190	252	279
金牌		64	93	83	125
银牌		70	53	92	67
铜牌		60	45	77	87
体育俱乐部	（个）	1	1	45	48
青少年体育俱乐部		1		29	30
社区体育健身俱乐部			1	16	18
其他体育俱乐部					

21—14　主要年份体育场地数

单位：个

指　标	2010		2013		2014	
	总　计	体育系统	总　计	体育系统	总　计	体育系统
总　计	**561**	**16**	**639**	**19**	**733**	**22**
体育场	7	2	9	2	15	2
体育馆	4	2	7	3	7	2
游泳跳水馆					8	
室内外游泳池	7	2	10	3	10	1
有固定看台的灯光球场	3		3		10	3
运动场	3		3		3	
小运动场	80		81	1	105	2
篮、排球场	274	8	341	8	390	10
其　他	183	2	185	2	185	2

21—15　体育系统职工人数（2014年）

单位：人

指　标	合　计	体育局机关	体育局直属单位			
			合　计	少儿体育运动学校	市体育场馆	其　他
从业人员总数	**78**	**11**	**67**	**42**	**20**	**5**
公务员	10	10				
专职教练员	37			37		
运动员						
科研人员						
医务人员						
文体教师						
管理人员	18			5	8	5
其　他	13	1			12	

21—16　等级运动员、等级裁判员发展人数（2014年）

单位：人

运动项目	等级运动员	运动健将	一　级	二　级	等级裁判员	国　际、国家级	一　级	二　级
总　计	**106**			**106**	**245**	**14**	**70**	**161**
田　径	9			9	31	4	25	2
游　泳	9			9	7			7
跳　水								
蹦　床								
举　重					1	1		
拳　击								
国际式摔跤	12			12	1	1		
柔　道	2			2	1	1		
跆拳道	2			2				
击　剑	15			15	7	1	2	4
赛　艇	5			5				
皮划艇	1			1				
射　击								
足　球					23		1	22
篮　球	12			12	48	1	19	28
排　球	4			4	4		2	2
乒乓球					24	4	8	12
羽毛球	13			13	6			6
网　球								
手　球								
技　巧								
武　术	22			22	45	1	5	39
国际象棋								
中国象棋					11		8	3
围　棋								
其　他					36			36

主要统计指标解释

文化及相关产业

指为社会公众提供文化、娱乐产业和服务的活动以及与这些活动有关联的活动集合。根据提供文化、娱乐产品和服务活动的属性特点，划分为公益性文化活动和经营性文化活动两大类。

文化及相关产业是第三产业的重要组成部分。是在我国《国民经济行业分类》基础上的派生分类，有文化服务和相关文化服务两大类。

艺术表演团体

指由文化部门主办或实行行业管理（经文化市场行政部门审批或已申报登记并领取相关许可证），专门从事表演艺术等活动的各类专业艺术表演团体，含民间职业剧团。如话剧团、方言话剧团、滑稽剧团、儿童剧团、歌剧团、木偶团、皮影团等以及由若干剧种组成的综合性专业艺术表演团体。不包括群众业余文艺表演团体。

艺术表演场所

指由文化部门主办或实行行业管理（经文化市场行政部门审批或已申报登记并领取相关许可证），有观众席、舞台、灯光设备、公开售票、专供文艺团体演出的文化活动场所。附属于文化部门机构内非独立核算的剧场、排演场、公开营业的也应单独统计。

广播节目综合人口覆盖率

指根据国家广电总局制定的《广播电视人口覆盖率统计技术标准和方法》进行统计调查的，在对象区内采用无线、有线、卫星等技术手段能够收听到包括中央、省、地市、县广播节目其中任意一套的人口数占全省总人口数的百分比。

电视节目综合人口覆盖率

指根据国家广电总局制定的《广播电视人口覆盖率统计技术标准和方法》进行统计调查的，在对象区内采用无线、有线、卫星等技术手段能够收看到包括中央、省、地市、县广播节目其中任意一套的人口数占全省总人口数的百分比。

等级运动员人数

指经考核正式批准授予等级运动员称号的人数。运动员等级分为国际级运动健将、运动健将、一级运动员、二级运动员、三级运动员、少年级运动员。

等级裁判员人数

指经考核正式批准授予等级裁判员称号的人数。裁判员等级分为国际裁判、国家级裁判、一级裁判、二级裁判、三级裁判。

体育场

指有 400 米跑道（中心含足球场），有固定道牙，跑道 6 条以上，并有固定看台的室外田径场地。体育场按看台容纳观众人数分为：甲级 25000 人以上，乙级 15000-25000 人，丙级 5000-15000 人，丁级 5000 人以下。

体育馆

指有固定看台，可供篮球、排球、羽毛球、乒乓球、体操等项目训练比赛活动用的室内运动场地。体育馆按看台容纳观众人数分为：甲级 6000 人以上，乙级 4000-6000 人，丙级 2000-4000 人，丁级 2000 人以下。

二十二

公共管理及其他

简要说明

本篇主要包括社会活动参与、公检法司、残疾人事业和妇联干部情况等内容。

一、社会活动参与的内容主要包括历届人大用政协委员情况以及工会组织和妇联组织情况。

二、公检法司的资料主要包括公安机关的刑事案件立案情况和治安案件查处情况，交通、火灾事故情况，人民检察院的办案情况，人民法院审理案件和收结案情况，以及律师、公证、调解工作等情况。

三、本篇资料由市统计局人口社会科技科整理。

22—1　历届全市人民代表大会代表人数

单位：人

	代表总数	#女 代 表	占代表总数(%)	少数民族代表	占代表总数(%)
十　届	299	65	21.74	14	4.68
十一届	295	76	25.76	10	3.39
十二届	283	68	24.03	8	2.83
十三届	282	51	18.09	8	2.84
十四届	357	82	22.97	11	3.08
十五届	327	64	19.57	10	3.06

22—2　历届全市政协委员人数

单位：人

	代表总数	#女 代 表	占代表总数(%)	少数民族代表	占代表总数(%)
六　届	265	151	56.90	11	4.15
七　届	265	105	39.62	14	5.28
八　届	323	122	37.77	14	4.33
九　届	324	129	39.81	16	4.94

22—3 主要年份妇联组织及工作情况

指 标		2005	2010	2013	2014
妇联组织数	(个、所)	44	55	52	51
妇女儿童活动中心	(个)	1	1	1	1
妇联兴办各类家长学校	(个)	285	393	210	210
家长人数	(万人)	14.40	15.34	30.90	30.00
妇联自办托幼园所	(所)	5	2	3	3
入托儿童数	(人)	540	700	1083	1134
资助女童入学或返校数	(人)	385	1044	588	533
社会捐助总额	(万元)	14.00	65.00	94.18	69.82
妇联陪审员人数	(人)	4	10	5	12
妇联维权干部中取得律师资格证书的人数	(人)				
来信件数	(件)	12	14	6	10
来访人数	(人)	421	357	361	401
双学双比活动					
接受技术培训人数	(万人)		1	1	1
获绿色证书人数	(人)				
女农民技术员人数	(人)	394	205	218	218
妇代会主任是农民技术员数	(人)	214	185	197	197
建立各类农业科技指导合作性组织					
农村妇女科技指导中心	(个、所)	15	5	6	6
农村妇女专业技术协会	(个、所)	2	70	9	9
专业合作社	(个、所)		9	9	28
妇联自(联)办农业基地	(亩)		2		
三八绿色工程					
基地个数	(个)	2	96	41	62
基地亩数	(亩)	562.4	52000.0	10760.0	41300.0
巾帼扶贫					
脱贫户数	(户)	89			
扶贫项目数	(个)	2		1	
农村妇女学校数	(所)	27		44	44
失业妇女再就业					
妇联培训失业妇女人数	(人)	5027	6200	2000	2000
建立培训基地或学校数	(个、所)	26	1	1	3
帮助失业妇女就业人数	(人)	6643	5000	1100	500
巾帼创业带头人数	(人)	123	65	500	100
获职业资格证书人数	(人)	42	350	91	416
社区妇女工作					
妇联建立及管理的巾帼社区服务实体数	(个、所)	21	96	145	200
中华巾帼志愿者数	(人)	7286	4500	4013	4520
受表彰情况					
“双学双比”女能手数	(人)		213		
科技致富带头人数	(人)	19			
评选巾帼建功标兵数	(人)		56	10	62
巾帼文明示范岗数	(个、所)	48	37	75	24
三八红旗手	(人)	26	20	58	102
三八红旗集体	(个)	13	10	11	21
五好文明家庭	(户)	3508	127716	1327	758
十星级家庭	(户)	2987			

注：自2010年起数据包括含山县、和县。

22—4　主要年份工会组织情况

年份	工会基础组织数（个）	全市已建工会组织的基层单位职工与会人数（人）					工会专职工作人员人数（人）
		职工人数	#女职工	#农民工	会员人数	#女会员	
2005	1843	312223	107555		263573	98032	633
2010	2932	418247	134860	135978	382970	130185	697
2011	3123	428570	142358	162426	401114	138951	636
2012	6400	528131	157180	151258	431338	155103	724
2013	7095	580037	168080	175377	461018	165730	600
2014	7101	582843	166034	181869	466767	163581	596

24—5　主要年份妇女参政议政状况

单位：人

指标	2005	2010	2011	2012	2013	2014
市人大代表数	281	284	357	327	324	314
#女　性	51	59	82	64	64	64
市政协委员数	265	274	323	324	323	323
#女　性	65	72	81	77	77	77
市级党政班子负责人数	15	15	14	15	15	13
#女　性	1	2	2	2	1	1
县处级女干部人数	103	147	171	179	178	183
#正　职	14	21	21	23	23	25
中共党员人数　（万人）	8.4	10.0	14.1	14.3	14.7	14.9
#女　性	1.4	1.9	2.7	2.8	2.9	3.0
干部人数　（万人）	2.4	2.2	3.7	3.7	3.7	3.7
#女　性	0.9	0.8	1.3	1.4	1.4	1.4

22—6 主要年份妇女儿童教育培训情况

指标		2005	2010	2011	2012	2013	2014
成人识字率（15岁以上）	（%）						
#女　性		89.77	92.01	91.09	91.54	91.54	91.54
小学学龄儿童净入学率	（%）						
女　性		99.90	100.00	99.81	106.29	100.00	99.94
男　性		99.90	99.98	100.00	95.35	100.00	99.92
小学辍学率	（%）						
女　性		0.02	0.02	0.02	0.01	0.02	0.00
男　性		0.03	0.03	0.01	0.03	0.01	0.00
普通中学辍学率	（%）						
女　性		2.26	0.94	0.68	0.09	0.43	0.08
男　性		2.31	0.91	0.61	0.07	0.44	0.17

22—7 主要年份妇女卫生保健状况

指标		2005	2010	2011	2012	2013	2014
居民户合格碘盐食用率	（%）	98.13	98.84	98.60	99.40	99.41	98.57
农村改水受益人口普及率	（%）	100.00	100.00	99.81	99.84	99.84	99.85
农村享有卫生厕所的户数	（万户）	8.85	11.54	19.72	20.43	21.19	30.68
覆盖率（以户数为统计单位）	（%）	43.87	63.36	47.15	48.62	50.43	73.02
妇幼保健机构病床数	（张）		184	184	180	200	260
妇幼保健机构医生数	（人）		168	173	122	144	140
孕产妇系统管理率	（%）	23.51	31.77	29.10	52.70	74.90	78.24
住院分娩率	（%）	99.30	100.00	100.00	99.95	99.99	99.99
孕产妇死亡率	（1/10万）	56.16	9.88	15.61	24.54	15.03	5.38
非住院分娩消毒接生率	（%）	92.00	100.00	100.00	99.97	100.00	100.00
已婚育龄妇女避孕率	（%）	88.69	88.24		88.04	87.00	89.97
婚前医学检查率	（%）	3.05	87.45	86.60	91.48	92.31	93.71

22—8 主要年份儿童卫生保健状况

项　　目		2005	2010	2011	2012	2013	2014
婴儿死亡率	(‰)	9.55	8.20	8.48	6.67	6.41	5.92
5岁以下儿童死亡率	(‰)	11.51	10.97	11.50	8.98	8.57	8.39
住院分娩出生缺陷发生率	(‰)	4.90	7.13	7.63	8.03	6.39	12.12
四苗全程免疫接种率	(%)	99.61	97.61	99.00	99.00	99.00	99.00
乙肝疫苗接种率	(%)	100.00	97.61	99.93	99.00	99.00	99.00
7岁以下儿童保健管理率	(%)	57.37	78.36	66.83	86.81	94.75	93.47
新生儿访视率	(%)	54.68	65.20	64.62	80.55	89.83	91.96

22—9 主要年份残疾人事业基本情况

指　　标		2005	2010	2011	2012	2013	2014
康　复							
白内障复明手术							
白内障复明手术	(例)	885	1265	697	749	508	500
低视力配用助视器	(人)	53	44	27	156	150	403
聋儿康复							
年收训聋儿	(人)	18	24	15	82	33	57
培训家长	(人)	20	26	17	82	35	55
精神病防治康复							
开展工作县区数	(个)	1	2	4	3	3	3
综合防治康复精神病人数	(人)	4300	1634	2361	2493	2794	2798
监护率	(%)	97.00	92.58	95.10	96.00	96.00	96.00
显好率	(%)	83.80	79.06	76.00	76.50	77.00	77.00
社会参与率	(%)	82.60	62.79	64.50	66.00	67.20	67.20
肇事率	(%)						
康复训练与服务	(人)						
肢体残疾康复训练数		54	806	6016	7122	7471	7504
智残儿童康复训练数		16	43	29	39	166	150
脑瘫儿童康复训练数		10	3	5	15	57	63

22—9 续表

指　　标		2005	2010	2011	2012	2013	2014
教　育							
未入学适龄残疾儿童少年	(人)	407	236	201	198	188	106
特教学校、特教班就读学生数	(人)	277	324	721	361	364	365
残疾人职业培训机构数	(个)	1	1	1	1	1	1
职业技术年培训借用	(人次)	822	960	907	705	915	731
城　镇		483	643	409	255	301	175
村		538	547	498	450	614	556
就　业							
城镇残疾人就业状况							
就业人数合计	(人)	5141	4673	7650	8334	8512	6942
当年安排就业人员		616	639	570	411	470	449
#按比例就业		215	1006	1541	1684	1174	1228
集中就业		200	1051	2242	2138	2029	598
个体就业		1609	2678	2934	3617	5218	4995
农村残疾人就业状况	(人)	18337	16368	31647	29572	20802	19946
#女　性		11525	10630	19334	18066	9501	9100
#从事农业生产劳动		23614	22154	25764	24785	14383	13646
从事其他形式就业		2035	3334	5883	4787	6419	6300
残疾人就业服务机构	(个)						
市		1	1	1	1	1	1
县		3	3	3	3	3	3
市辖区		3	3	3	3	3	3
残联组织建设							
残疾人工作者数	(人)	48	70	73	78	82	86

注：1. 白内障复明手术：过去统计按实际复明手术人数计算，2011年根据中残联统计要求，仅统计在本市医院手术人数；
2. 肢体残疾康复训练数：过去未开展社区康复，自2011年开始，肢体残疾人康复纳入社区康复服务。

22—10 主要年份律师、公证、调解工作基本情况

指　　标		2005	2010	2011	2012	2013	2014
律师工作							
律师事务所	（个）	14	14	17	15	17	20
律　师	（人）	159	217	245	251	255	286
专职律师		111	169	194	198	207	239
兼职律师		22	19	24	27	25	23
公职律师		26	20	18	17	15	15
公司律师			6	6	6	6	6
法援律师			3	3	3	2	3
聘请担任常年法律顾问的单位	（处）	513	639	636	615	629	879
民事、经济诉讼代理	（件）	2247	3893	4005	4211	4815	5469
刑事诉讼辩护及代理	（件）	1023	832	918	710	975	1052
行政诉讼代理	（件）	78	77	63	72	93	104
非诉讼法律事务	（件）	324	659	491	453	510	853
解答法律询问	（件）						
代写法律事务文书	（件）						
公证工作							
公证处	（个）	4	4	4	4	4	4
公证人员	（人）	35	31	35	37	33	33
#公证员		16	15	16	16	15	14
公证员助理		7	2	7	5	4	3
办理公证文书	（件）	8402	8297	8402	9214	9662	9027
涉外及港澳台公证文书	（件）	2574	2569	2574	2850	3330	3200
人民调解工作							
司法助理员	（人）	90	121	138	140	178	187
人民调解委员会	（个）	1091	755	708	672	627	634
调解人员	（人）	7141	6255	5685	5387	5379	3950
调解民间纠纷	（件）	6976	7683	9702	11976	13537	14380
法律援助工作							
机　构	（个）	4	7	7	7	7	7
实有人员	（人）	9	23	22	31	30	26
案件合计	（件）	367	1160	1520	2019	2122	2363
#民事案件		213	935	1330	1783	1771	1940
刑事案件		154	117	108	125	326	415
行政案件			108	82	111	25	8
代写法律文书	（件）	36	165	105	102	140	123
接待咨询	（件）	3642	6040	6471	6028	7770	8006

22—11　劳动争议仲裁委员会受理及处理案件情况（2014年）

单位：件

案件类别	合　计	国有企业	城镇集体企业	外商投资及港澳台投资企业	私营企业	其　他
上期未结案件数	**8**				**8**	
案件受理情况						
案件数	936	70		5	852	
#集体争议案件数						
劳动者当事人数（人）	936	70		5	852	
#集体争议劳动者当事人数						
案件处理情况						
结案件数	916	70		5	832	
处理方式						
仲裁调解	534	56		5	467	
仲裁裁决	241	4			237	
其他方式	141	10			128	
处理结果						
用人单位胜诉	80	3			77	
劳动者胜诉	561	20			539	
双方部分胜诉	227	37		5	181	
本期未结案数	**28**				**28**	
案外调解争议数						

22—12　公安机关立案的刑事案件情况

案件类别	立　案（起）		构　成（%）	
	2013	2014	2013	2014
总　计	**10969**	**10828**	**100.0**	**100.0**
#杀　人	10	11	0.1	0.1
伤　害	222	168	2.0	1.6
抢　劫	77	67	0.7	0.6
强　奸	20	33	0.2	0.3
拐卖妇女儿童	91	73	0.8	0.7
盗　窃	7906	8165	72.1	75.4
诈　骗	861	970	7.9	9.0
伪造、变造货币，持有使用伪造货币		3		0.0
其　他	1782	1338	16.3	12.4
总计中：青少年刑事案件作案成员占全部作案比重			30.2	59.3

22—13　公安机关受理、查处治安案件情况

单位：起

案件类别	2013		2014	
	受　理	查　处	受　理	查　处
总　计	**15225**	**15199**	**15897**	**15815**
#扰乱单位、公共场所秩序	115	115	118	118
寻衅滋事	94	94	57	57
阻碍执行职务	34	34	23	23
非法携带枪支、弹药、管制刀具	76	76	105	105
违反危险物质管理规定	35	35	78	77
殴打他人	4522	4516	4206	4194
盗　窃	6832	6820	7718	7656
诈骗、抢夺、敲诈勒索财物	504	501	453	447
哄　抢				
卖淫、嫖娼	43	43	52	52
赌　博	432	432	345	345
其　他	2538	2533	2742	2741

22—14　各县区公安机关立案的刑事案件情况（2014年）

单位：起

地区	总计	#杀人	伤害	抢劫	强奸	拐卖人口
全　市	**10828**	**11**	**168**	**67**	**33**	**73**
花山区	3765	2	44	24	11	8
雨山区	2240	2	28	18	6	17
博望区	422		10	6	3	2
含山县	1105	3	26	2	5	12
和　县	1237	2	32	11	6	31
当涂县	1321	2	22	6	2	3

地区	盗窃	诈骗	伪造、变造货币，持有使用伪造货币	其他	青少年刑事案件作案成员占全部作案成员比重(%)
全　市	**8165**	**970**	**3**	**1338**	**59.3**
花山区	3078	326	1	271	13.1
雨山区	1690	289	1	189	10.2
博望区	269	31		101	4.8
含山县	845	41		171	7.3
和　县	841	104	1	209	8.7
当涂县	977	140		169	11.2

注：全市数据包含楚江分局、开发区分局相关数据（下表同）。

22—15　各县区公安机关受理治安案件情况（2014年）

单位：起

地　区	总　计	#扰乱单位、公共场所秩序	寻衅滋事	阻碍执行职务	非法携带枪支、弹药、管制刀具	违反危险物质管理规定
全　市	**15897**	**118**	**57**	**23**	**105**	**78**
花山区	5660	15	6	3	2	1
雨山区	3231	13	12	3	4	
博望区	663	4	5	1	5	14
含山县	2007	30	8	5	12	23
和　县	1520	13	13	9	75	24
当涂县	2130	36	11	2	7	14

地　区	殴打他人	盗　窃	诈骗、抢夺、敲诈勒索财物	哄　抢	卖淫、嫖娼	赌　博	其　他
全　市	**4206**	**7718**	**453**		**52**	**345**	**2742**
花山区	392	4062	263		29	58	829
雨山区	538	1933	83		11	77	557
博望区	329	110	13		4	42	136
含山县	1233	242	19		3	43	389
和　县	586	380	14		1	72	333
当涂县	1077	456	44		3	43	437

22—16 检察机关直接立案侦查案件情况（2014年）

案件类别	受案（起）	立案合计				结案合计	
		件	人	大案（件）	要案（人）	件	人
总计	**113**	**95**	**101**	**92**	**5**	**90**	**97**
贪污贿赂案件小计	**76**	**76**	**82**	**76**	**3**	**69**	**76**
贪污	10	10	15	10		11	17
贿赂	60	60	60	60	2	52	52
挪用公款	6	6	7	6	1	6	7
集体私分							
巨额财产来源不明							
渎职案件小计	**37**	**19**	**19**	**16**	**2**	**21**	**21**
滥用职权	18	15	15	14		16	16
玩忽职守	18	3	3	1		4	4
徇私舞弊	1	1	1	1		1	1
其他							

22—17 检察机关处理申诉案件情况（2014年）

单位：件

案件类别	受理	立案复查	结案
总计	**87**	**10**	**8**
不服刑事拘留			
不服不立案	11		
不服逮捕			
不服不批捕	4	4	3
不服不起诉	7	4	3
不服撤案			
不服原免于起诉			
不服刑事判决	35		
不服劳教			
其他	30	2	2

22—18 人民法院行政一审案件收结案情况（2014年）

单位：件

项目	收案	结案						结案中单独提起行政赔偿
			维持	撤销	驳回起诉	撤诉	其他	
总计	**155**	**148**	**21**	**3**	**13**	**80**	**11**	**7**
公安	20	20	3			11	3	
资源	27	27		1	9	13	1	1
城建	43	37			3	30	2	4
工商	7	6		1		3	2	
卫生								
环保	1	1						
交通	2	2	1			1		
税务								
劳动	43	43	17	1	1	20	1	1
民政	4	4				1		
其他	8	8				1	2	1

22—19 人民法院刑事一审案件收结案情况（2014年）

单位：件

案件类别	收案	结案
总计	**1361**	**1354**
危害公共安全罪	244	245
破坏社会主义市场经济秩序罪	63	57
侵犯公民人身权利、民主权利罪	233	235
侵犯财产罪	361	358
妨碍社会管理秩序罪	382	385
危害国防利益罪		
贪污贿赂罪	73	71
渎职罪	5	3
其他		

22—20 人民法院合同纠纷一审案件收结案情况（2014年）

单位：件

指标	收案	结案					
			判决	驳回起诉	撤诉	调解	其他
总计	**7928**	**7893**	**2878**	**40**	**2695**	**2223**	**29**
买卖合同	1365	1436	565	12	374	472	7
房地产开发经营合同	179	174	51	1	15	107	
供用电、水、气、热力合同	1	1	1				
借款合同	3771	3746	1457	10	1355	899	17
租赁合同	354	365	166	3	124	72	
建设工程合同	314	281	130	3	62	83	1
承揽合同	166	174	65		53	55	1
运输合同	48	49	18		17	14	
知识产权合同							
经营合同	48	52	13		23	13	1
农村承包合同	20	11	9	1			1
电信合同	1						
服务合同	738	716	99	1	510	106	
劳动争议	550	545	168	5	59	309	
劳务合同	60	54	12		11	29	
其他	313	289	124	4	92	64	1

22—21 人民法院婚姻家庭、继承、权属、侵权纠纷及其他民事一审案件收结案情况（2014年）

单位：件

指标	收案	结案					
			判决	驳回起诉	撤诉	调解	其他
总计	**7818**	**7923**	**2313**	**24**	**1114**	**3976**	**475**
婚姻家庭	2407	2435	963	8	509	941	4
继承	91	84	27		14	43	
所有权及与所有权相关权利纠纷	296	324	170	5	93	54	2
票据、证券权益纠纷							
股东权纠纷	34	37	17	1	14	5	
知识产权	12	13	9	1		3	
不正当竞争纠纷							
人身权纠纷	4159	4233	1005	1	410	2813	1
特殊侵权纠纷	191	183	48	2	25	108	
不当得利	45	43	23		15	5	
无因管理							
适用特别程序案件	542	535	31	6	22		468
其他	41	36	20		12	4	

22—22 主要年份交通和火灾发生情况

指 标		2005	2010	2011	2012	2013	2014
交通事故发生数	(起)	1112	410	633	850	753	710
一次性死亡三人以上事故		1	3	1			2
重 大		160	119	119	126	127	109
一 般		951	288	513	724	626	599
交通事故损失	(万元)	184.3	70.5	92.3	166.1	274.1	185.4
一次性死亡三人以上事故		0.5	4.5	20.0			3.5
重 大		24.8	27.0	19.6	33.0	32.5	62.1
一 般		159.0	39.0	52.7	133.1	241.6	119.8
火灾事故发生数	(起)	179	360	257	709	872	890
特 大							
重 大		1					
一 般		179	360	257	709	872	890
火灾事故损失	(万元)	448.0	179.0	611.9	643.2	959.5	646.4
特 大							
重 大		97.7					
一 般		350.3	179.0	611.9	643.2	959.5	646.4

22—23 交 通 事 故 情 况(2014年)

指 标	发 生 数 (起)	死亡人数 (人)	受伤人数 (人)	损失折款 (万元)
总 计	**111**	**131**	**34**	**66**
#一次性死亡三人以上事故	2	12	2	4
机 动 车	100	110	29	61
汽 车	80	87	25	56
摩托车	11	12	4	2
拖拉机	5	7		2
农业运输车	4	4		1
非机动车	9	9	3	1
#自行车	7	7	2	1
#其它非机动车	2	2	1	
行人、乘车人				

注：机动车其中数的受伤人数及损失折款有重复计算。

22—24 主要年份火灾发生情况

年　份	发生数（起）	死亡人数（人）	受伤人数（人）	直接经济损失（万元）	人口火灾发生率（1/10万人）
2005	180	2	3	448.0	7.85
2006	72	1	2	74.6	3.15
2007	651	4		143.6	28.55
2008	694	5		342.0	30.43
2009	886	1	1	1985.0	38.85
2010	360			179.0	15.78
2011	257		1	611.9	11.27
2012	709			643.2	31.10
2013	872	1	2	959.5	38.20
2014	890			646.4	38.60

注：本表历年死亡人数、受伤人数不包括含山县、和县数据，其余都包括。

22—25 火灾事故发生情况（2014年）

指　标		合　计	按事故发生程度分		
			特　大	重　大	一　般
发　生	（起）	890			890
死　亡	（人）				
受　伤	（人）				
损失折款	（万元）	646			646
平均每起事故损失	（元）	7263			7263

22—26 各县区交通事故情况（2014年）

地　区	合计发生数（起）	死亡人数（人）	受伤人数（人）	损失折款（万元）
全　市	**710**	**131**	**693**	**185**
市　区	330	57	351	81
花山区	168	16	175	27
雨山区	151	27	171	52
博望区	11	14	5	2
含山县	73	7	61	11
和　县	153	35	118	55
当涂县	154	32	163	38

注：全市数据包括马钢产区和高速公路。

22—27 各县区火灾事故情况（2014年）

地　　区	发生数（起）	死亡人数（人）	受伤人数（人）	直接经济损失（万元）	人口火灾发生率（1/10万人）
全　　市	**890**	**2**		**646.4**	**38.60**
市　　区	527			301.0	67.50
花山区	205			57.4	45.30
雨山区	151			144.8	46.10
博望区	23			31.4	11.90
含山县	66	2		47.2	15.90
和　　县	179			61.0	34.30
当涂县	118			236.6	25.80

22—28 灾　害　情　况（2014年）

指　　标	自然灾害直接经济损失（亿元）		农作物灾害（万公顷）		受灾人口（万人）
		农业经济损失	受灾面积	绝收面积	
总　　计	**0.29**	**0.25**	**0.78**		**11.50**
旱　灾					
洪涝灾	0.29	0.25	0.78		11.50
雪　灾					

22—29 救　灾　情　况

指　　标	财政资金投入		救灾物资投入（折款）		接受捐赠下拨	
	2013	2014	2013	2014	2013	2014
总　　计	**1159**	**759**				
中　央	1070	710				
省　级		25				
地　市	25	6				
县　级	64	18				

22—30 民生工程完成情况（2014年）

指标		数量	
县级公立医院药品零差率补助	（个）	6	
重大传染病医疗救治			
救治艾滋病病人	（人）	76	
救治贫困结核病病人	（人）	373	
救治晚血病病人	（人）	142	
妇女儿童健康水平提升工程			
免费婚检	（人）	44752	
农村孕产妇住院分娩补助	（人）	12506	
儿童一类疫苗接种	（万针次）	46.26	
新型农村合作医疗(参合人数)	（万人）	138.32	
基本公共卫生服务			
居民健康档案规范化电子建档率	(%)	84.68	
65岁以上老年人规模管理率	(%)	83.52	
高血压患者规范管理率	(%)	59.65	
Ⅱ型糖尿病患者规范管理率	(%)	79.49	
孕产妇保健管理	(%)	78.24	
3岁以下儿童系统管理率	(%)	82.89	
7岁以下儿童保健覆盖率	(%)	93.47	
城乡居民大病保险			
城镇居民大病保险	（万人）	50.10	参保人数
新农合大病保险	（人）	1932	
城乡居民社会养老保险	（万人）	99.74	参保人数
就业促进工程			
就业技能培训	（人）	20453	
公益性岗位	（个）	2924	
基层社会管理和公共服务特定岗位	（个）	211	
高校毕业生就业见习岗位	（个）	975	
城镇居民基本医疗保险	（万人）	50.10	参保人数
农村五保供养及敬老院建设			
农村五保供养	（人）	9780	
敬老院建设	（个）	4	新增230张床位
社会养老服务体系建设			
社会办养老床位	（张）	1522	
新增社区养老床位	（张）	500	
农村居民最低生活保障	（人）	41127	
生活无着人员社会救助			
发放孤儿基本生活费	（万元）	573.40	
救助流浪乞讨人员	（人次）	4294	
城乡医疗救助	（人次）	18524	

22—30　续表

指　　标		数　量
保障性安居工程		
续建廉租住房	（套）	2400
基本建成		
竣　工		704
续建公租房	（套）	11952
新　建		640
基本建成		5887
竣　工		780
续建棚户区改造	（套）	33867
新　建		11967
基本建成		4342
竣　工		2135
农村危房改造	（户）	3353
农村清洁工程	（个）	2
一事一议财政奖补	（个）	382
政策性农业保险		
承保农作物	（万亩）	265.72
承保牲畜	（头）	26212
建设美好公共服务体系奖补	（万元）	7504.30
义务教育经费保障机制	（万元）	18455.67
高校和中职学校家庭困难学生资助	（万元）	7278.84
乡镇公办幼儿园建设	（所）	7
公共文化服务信息化建设	（个）	16
农村文化建设专项补助		
农村文艺演出	（场）	397
放映电影	（场次）	4851
开展体育活动	（次）	2437
农家书屋更新出版物	（册）	44861
小型农田水利设施改造提升工程		
除险加固小型水库	（座）	17
更新改造小型泵站	（千瓦）	14045
加固新建小型水闸	（座）	45
改造灌区	（处）	4
扩挖塘坝	（口）	4889
整治河沟	（条）	362
改造灌区末级渠系	（万亩）	13.30
农村饮水安全工程	（万人）	农村居民2.81万人，农村学校师生0.09万人
农村公路危桥加固改造	（座）	20
贫困残疾人救助与康复		
贫困残疾人生活补助	（万元）	1265.44
贫困白内障患者复明工程	（人）	330
贫困精神残疾人药物治疗费用补助	（万元）	267.50
贫困残疾儿童抢救性康复工程	（人）	385
计划生育家庭特别扶助制度	（人）	1805
广播电视村村通	（个）	294

注：本表由市民生办提供。

主要统计指标解释

律师

指受聘参加法律顾问处工作，担任法律顾问、刑（民）事代理人、刑事辩护人，办理非诉讼事件、解答法律询问，代写法律事务文书等主要从事律师业务的专职法律工作者和兼职律师。

公证人员

指在国家公证机关依法办理公证事务的司法人员，包括公证员、助理公证员和在公证处工作的其他人员。

公证文书

指公证处根据当事人申请，依照事实和法律，按照法定程序制作，具有法律效力的司法证明文书。

调解人员

指在人民调解委员会担负调解民间一般民事纠纷和轻微违法行为引起纠纷的工作人员，包括调解委员会的委员和调解小组的调解员。

调解民间纠纷

指调解委员会依照法律规定，根据自愿原则，用说服教育的方法调解民间发生的有关民事权利和义务的争执，促成当事双方达到协议和谅解，解决纠纷。包括婚姻家庭纠纷，财产权益纠纷等，不包括法院受理调解的民事案件数。

特大火灾

指造成30人以上死亡，或者100人以上重伤，或者1亿元以上直接财产损失的火灾。

重大火灾

指造成10人以上30人以下死亡，或者50人以上100人以下重伤，或者5000万元以上1亿元以下直接财产损失的火灾。

一般火灾

指造成3人以下死亡，或者10人以下重伤，或者1000万元以下直接财产损失的火灾。

人民检察院直接立案侦查案件

指按照管辖的规定，由人民检察院直接立案的贪污贿赂犯罪、渎职犯罪、国家机关工作人员利用职权实施的侵犯公民人身权利和民主权利的犯罪，以及经省级人民检察院决定立案侦查的国家机关工作人员利用职权实施的其他重大犯罪案件。

立案

指检察机关对犯罪线索进行初步调查后，认为存在职务犯罪事实并需要追究刑事责任时，依法决定作为刑事案件进行侦查的诉讼活动，是追究犯罪的开始。

大案

贪污贿赂犯罪案件指贪污、贿赂数额在5万元以上，挪用公款案在10万元以上，其他案件在50万元以上。渎职犯罪大案一般为直接经济损失5万元以上，死亡1人以上或者重伤3人以上的案件；或虽然没有造成经济损失和伤亡，但犯罪情节恶劣或造成严重后果的案件。

要案

指县、处级以上干部的犯罪案件。该指标主要反映职务犯罪案件中县、处级以上干部被人民检察院依法立案侦查的情况。

青少年罪犯

指人民法院在报告期内判决发生法律效力的有罪判决中14周岁以上不满25周岁的罪犯。其中14周岁以上不满18周岁的罪犯为未成年罪犯。

行政案件

指公民、法人和其他组织不服行政机关作出的具体行政行为，向人民法院提起行政公诉，人民法院依法审理的案件。

单独赔偿

指单独提起行政赔偿的案件。当事人对行政行为的合法性没有争议，就行政侵权造成的损害赔偿单独提起赔偿诉讼。

受理劳动争议案件数

指劳动争议仲裁委员会根据国家有关规定，对劳动争议当事人的申请予以审查，符合受理条件而正式立案，准备处理的劳动争议案件数。

收案

指人民法院在报告期（月、季、年）内对符合诉讼法规定的立案条件，已决定立案的案件数。

结案

指人民法院在统计报告期内，审理完毕或认为不需要再审理，决定结束审理或者做出实体或程序方面处理的案件数。

二十三

区域经济

简要说明

本篇资料均为初步统计数，由市统计局综合核算科搜集整理。

23—1　省内各市主要经济指标（2014年）

地　区	地区生产总值		第一产业增加值	
	实　绩（亿元）	增　幅（%）	实　绩（亿元）	增　幅（%）
全　省	20848.8	9.2	2392.4	4.6
马鞍山	**1333.1**	**9.7**	**77.0**	**3.7**
合　肥	5158.0	10.0	257.6	4.8
芜　湖	2307.9	10.7	136.2	4.8
铜　陵	716.3	10.0	13.2	4.6
安　庆	1544.3	9.3	225.6	4.7
淮　北	747.5	9.6	60.1	4.9
亳　州	850.5	7.8	204.9	5.1
宿　州	1126.1	9.7	270.0	5.2
蚌　埠	1108.4	10.1	182.1	5.1
阜　阳	1146.1	8.6	289.4	5.0
淮　南	789.3	-0.4	69.5	4.7
滁　州	1184.8	9.4	218.4	4.9
六　安	1086.3	7.9	220.6	4.6
宣　城	912.5	9.0	126.9	4.5
池　州	503.7	9.2	71.7	4.6
黄　山	507.2	7.6	54.6	4.2

地　区	第二产业增加值		第三产业增加值	
	实　绩（亿元）	增　幅（%）	实　绩（亿元）	增　幅（%）
全　省	11204.0	10.3	7252.4	8.8
马鞍山	**831.1**	**10.7**	**425.0**	**8.0**
合　肥	2872.0	11.4	2028.3	8.5
芜　湖	1516.0	11.1	655.7	10.8
铜　陵	512.9	11.0	190.2	7.5
安　庆	828.9	11.4	489.8	7.3
淮　北	497.8	10.6	189.6	8.0
亳　州	341.2	8.3	304.4	8.9
宿　州	474.6	11.1	381.5	10.8
蚌　埠	572.2	12.0	354.1	9.4
阜　阳	471.4	11.0	385.3	7.8
淮　南	453.2	-4.0	266.6	7.5
滁　州	633.7	11.1	332.7	8.9
六　安	516.1	9.8	349.5	7.0
宣　城	477.7	10.4	307.9	8.4
池　州	244.5	10.3	187.5	9.2
黄　山	234.2	7.9	218.4	8.0

23—1 续表1

地区	规模以上工业增加值		工业用电量	
	实绩（亿元）	增幅（%）	实绩（亿千瓦时）	增幅（%）
全省	9530.9	11.2	1120.8	6.0
马鞍山	**625.8**	**11.9**	**149.3**	**10.3**
合肥	2126.6	12.3	123.4	13.0
芜湖	1404.8	12.3	116.3	7.9
铜陵	476.3	11.7	58.6	3.1
安庆	686.8	12.6	64.2	8.4
淮北	540.0	11.2	40.8	5.0
亳州	224.0	10.2	20.8	0.7
宿州	336.0	11.8	33.1	5.4
蚌埠	599.9	12.8	37.1	7.8
阜阳	445.6	11.5	55.9	5.2
淮南	403.0	-5.8	56.0	-2.3
滁州	564.2	12.2	87.2	16.4
六安	441.0	10.6	38.0	6.2
宣城	402.7	11.3	66.1	3.0
池州	166.3	12.5	37.1	10.8
黄山	130.7	10.1	11.8	0.6

地区	战略性新兴产业产值		固定资产投资	
	实绩（亿元）	增幅（%）	实绩（亿元）	增幅（%）
全省	8378.9	22.5	21256.3	16.5
马鞍山	**543.6**	**18.6**	**1674.7**	**17.0**
合肥	2553.9	28.2	5302.6	16.9
芜湖	1533.4	22.4	2392.6	17.2
铜陵	583.5	22.2	767.6	18.0
安庆	343.1	16.7	1394.8	17.6
淮北	404.7	20.2	840.8	20.0
亳州	223.5	18.2	650.9	20.2
宿州	79.6	19.7	945.8	22.3
蚌埠	616.7	24.7	1244.2	17.3
阜阳	158.8	27.2	805.1	24.8
淮南	76.6	-3.3	755.3	-5.7
滁州	421.9	15.6	1248.2	16.0
六安	255.9	15.8	1003.8	18.8
宣城	342.9	21.9	1140.1	16.6
池州	95.3	17.2	538.0	16.6
黄山	145.3	12.0	551.7	5.1

注：规模以上工业增加值为快报数。

23—1 续表2

地 区	社会消费品零售总额 实 绩（亿元）	社会消费品零售总额 增 幅（%）	财政收入 实 绩（亿元）	财政收入 增 幅（%）
全 省	7320.8	13.0	3663.0	8.9
马鞍山	**340.3**	**13.3**	**202.7**	**-10.3**
合 肥	1666.8	12.9	880.7	14.6
芜 湖	632.7	13.4	426.0	11.6
铜 陵	174.6	12.6	132.2	1.6
安 庆	589.8	13.1	230.8	17.1
淮 北	219.8	12.8	91.3	-1.8
亳 州	388.4	13.0	115.7	11.8
宿 州	344.2	13.6	114.3	14.0
蚌 埠	481.5	13.7	208.4	14.0
阜 阳	573.3	13.2	180.2	14.7
淮 南	316.3	9.0	125.8	-26.0
滁 州	382.3	13.3	203.6	13.8
六 安	487.0	12.5	142.1	11.3
宣 城	342.3	13.1	174.9	10.9
池 州	161.2	13.5	92.1	10.2
黄 山	220.3	12.7	90.2	11.4

地 区	城镇居民人均可支配收入 实 绩（元）	城镇居民人均可支配收入 增 幅（%）	农村居民人均可支配收入 实 绩（元）	农村居民人均可支配收入 增 幅（%）
全 省	24839	9.0	9916	12.0
马鞍山	**32560**	**9.0**	**14969**	**11.9**
合 肥	29348	9.4	14407	12.2
芜 湖	27384	9.3	14606	12.2
铜 陵	29234	9.1	16405	11.8
安 庆	22109	9.5	9024	12.3
淮 北	23787	8.2	9116	11.8
亳 州	21192	8.6	8967	12.0
宿 州	21941	9.2	8332	12.4
蚌 埠	24147	9.3	10511	11.8
阜 阳	21715	9.2	8213	12.3
淮 南	26267	7.5	10547	11.0
滁 州	22091	9.1	9171	12.1
六 安	20610	9.1	8287	11.9
宣 城	26289	9.6	11251	11.1
池 州	22295	7.8	10629	12.5
黄 山	24194	8.1	10942	12.0

23—2　皖江城市带承接产业转移示范区城市主要经济指标（2014年）

指　　标		合　肥	滁　州	六　安	**马鞍山**	芜 湖	宣　城	铜　陵	池　州	安　庆
土地面积	（平方公里）	11433	13523	17986	**4049**	5988	12364	1113	8272	15398
年末户籍人口	（万人）	712.8	449.6	720.5	**227.7**	384.5	279.8	73.8	160.6	620.9
地区生产总值	（亿元）	5158.0	1184.8	1086.3	**1333.1**	2307.9	912.5	716.3	503.7	1544.3
比上年增长	（%）	10.0	9.4	7.9	**9.7**	10.7	9.0	10.0	9.2	9.3
第一产业增加值	（亿元）	257.6	218.4	220.6	**77.0**	136.2	126.9	13.2	71.7	225.6
第二产业增加值	（亿元）	2872.0	633.7	516.1	**831.1**	1516.0	477.7	512.9	244.5	828.9
第三产业增加值	（亿元）	2028.3	332.7	349.5	**425.0**	655.7	307.9	190.2	187.5	489.8
规模以上工业增加值	（亿元）	2126.6	564.2	441.0	**625.8**	1404.8	402.7	476.3	166.3	686.8
财政收入	（亿元）	880.7	203.6	142.1	**202.7**	426.0	174.9	132.2	92.1	230.8
固定资产投资	（亿元）	5302.6	1248.2	1003.8	**1674.7**	2392.6	1140.1	767.6	538.0	1394.8
社会消费品零售总额	（亿元）	1666.8	382.3	487.0	**340.3**	632.7	342.3	174.6	161.2	589.8
进出口总额	（亿美元）	152.5	22.0	6.9	**29.7**	64.5	16.9	52.4	4.1	22.6
实际利用外商直接投资	（亿美元）	22.6	9.2	3.5	**17.6**	20.0	6.9	2.0	3.0	2.7
城镇居民人均可支配收入	（元）	29348	22091	20610	**32560**	27384	26289	29234	22295	22109
农村居民人均可支配收入	（元）	14407	9171	8287	**14969**	14606	11251	16405	10629	9024

23—3 南京都市圈城市主要经济指标（2014年）

指　　标		南　京	镇　江	杨　州	淮　安	**马鞍山**	芜 湖	滁　州
地区生产总值	（亿元）	8820.8	3252.4	3697.9	2455.4	**1333.1**	2307.9	1184.8
第一产业		224.0	122.2	240.0	309.4	**77.0**	136.2	218.4
第二产业		3671.4	1662.6	1886.3	1119.7	**831.1**	1516.0	633.7
第三产业		4925.4	1467.6	1571.6	1026.3	**425.0**	655.7	332.7
规模以上工业增加值	（亿元）	2999.4	1883.2	2145.7	1266.4	**625.8**	1404.8	564.2
工业用电量	（亿千瓦时）	289.0	162.4	147.9	106.9	**149.3**	116.3	87.2
固定资产投资	（亿元）	5430.8	2142.3	2416.7	1795.7	**1674.7**	2392.6	1248.2
社会消费品零售总额	（亿元）	3958.0	976.6	1232.0	814.8	**340.3**	632.7	382.3
进出口总额	（亿美元）	572.2	103.1	100.1	41.1	**29.7**	64.5	22.0
实际利用外商直接投资	（亿美元）	32.9	12.9	13.9	11.8	**17.6**	20.0	9.2
财政收入	（亿元）	1771.9	656.1	726.3	551.8	**202.7**	426.0	203.6
#地方财政收入		903.5	277.8	295.2	308.5	**121.1**	233.7	123.6
年末金融机构存款余额	（亿元）	20733.4	3598.7	4323.5	2036.9	**1475.6**	2322.9	1424.4
城乡居民储蓄存款余额		5135.7	1578.4	2127.4	1047.2	**819.4**	1124.4	839.2
年末金融机构贷款余额	（亿元）	16448.6	2730.2	2766.2	1635.6	**1103.3**	2182.6	1045.4
城镇居民人均可支配收入	（元）	42568	35752	30322	25798	**32560**	27384	22091
农村居民人均可支配收入	（元）	17661	17617	15283	12010	**14969**	14606	9171

23—4 长江三角洲城市主要经济指标（2014年）

城　市	地区生产总值		规模以上工业增加值（亿元）	固定资产投资（亿元）	社会消费品零售总额（亿元）	地方财政收入（亿元）	城镇居民人均可支配收入（元）	农村居民人均可支配收入（元）
	实绩（亿元）	增幅（%）						
马鞍山	**1333.1**	**9.7**	**625.8**	**1674.7**	**340.3**	**121.1**	**32560**	**14969**
合　肥	5158.0	10.0	2126.6	5302.6	1666.8	500.3	29348	14407
芜　湖	2307.9	10.7	1404.8	2392.6	632.7	233.7	27384	14606
淮　南	789.3	-0.4	403.0	755.3	316.3	75.4	26267	10547
滁　州	1184.8	9.4	564.2	1248.2	382.3	123.6	22091	9171
上　海	23560.9	7.0	7163.4	6016.4	8718.7	4585.6	47710	21192
南　京	8820.8	10.1	2999.4	5430.8	3958.0	903.5	42568	17661
无　锡	8205.3	8.2	3017.5	4634.2	3054.8	768.0	41731	22266
常　州	4901.9	10.1	2460.4	3310.1	1804.2	433.9	39483	20133
苏　州	13760.9	8.3	6227.9	6054.0	4061.1	1443.8	46677	23560
南　通	5652.7	10.5	2864.2	3896.4	2153.5	550.0	33374	15821
扬　州	3697.9	11.0	2145.7	2416.7	1232.0	295.2	30322	15283
镇　江	3252.4	10.9	1883.2	2142.3	976.6	277.8	35752	17617
泰　州	3370.9	10.8	2169.7	2200.2	937.2	283.0	31346	15076
淮　安	2455.4	10.9	1266.4	1795.7	814.8	308.5	25798	12010
盐　城	3835.6	10.9	1799.9	2751.4	1314.0	418.0	25855	14414
徐　州	4963.9	10.5	2514.0	3671.6	1664.5	472.3	24080	12811
连云港	1965.9	10.2	989.8	1716.6	740.5	261.8	23595	11698
宿　迁	1930.7	10.8	892.4	1559.2	498.0	210.1	20396	11677
杭　州	9201.2	8.2	2805.3	4952.7	3838.7	1027.3	44632	23555
宁　波	7602.5	7.6	2540.2	3989.5	2992.0	860.6	44155	24283
嘉　兴	3352.8	7.5	1328.3	2221.2	1347.0	307.1	42143	24676
湖　州	1956.0	8.4	700.6	1242.9	871.2	167.8	38959	22404
绍　兴	4265.8	7.5	1517.9	2304.7	1487.1	317.3	43167	23539
舟　山	1021.7	10.2	316.6	960.9	376.6	101.0	41466	23783
台　州	3387.5	7.5	831.5	1765.9	1646.3	265.2	39763	19362
金　华	3206.6	8.3	945.3	1594.8	1592.7	268.9	39807	18544
衢　州	1121.0	7.4	363.1	782.1	503.8	80.3	30583	15354
温　州	4302.8	7.2	976.6	3052.8	2410.4	352.5	40510	19394
丽　水	1051.0	7.0	358.0	665.1	476.4	81.0	30413	13635

附　录

简要说明

一、安徽省 2014 年国民经济和社会发展统计公报资料来源于安徽省统计局。

二、统计法律法规由市统计局法规科整理。

三、2014 年统计大事记由市统计局办公室整理。

附录一

安徽省2014年国民经济和社会发展统计公报[1]

安徽省统计局　国家统计局安徽调查总队

（2015年2月17日）

2014年，面对复杂严峻的宏观环境和艰巨繁重的改革发展任务，全省上下在省委、省政府坚强领导下，深入贯彻落实党的十八大和十八届三中、四中全会和习近平总书记系列重要讲话精神，坚持稳中求进工作总基调，统筹做好稳增长、促改革、调结构、惠民生、防风险各项工作，主动作为，精准发力，保持了经济社会平稳健康发展。

一、综　　合

年末全省常住人口6082.9万人，比上年增加53.1万人。城镇化率49.2%，比上年提高1.3个百分点。全年人口出生率12.86‰，比上年下降0.02个千分点；死亡率5.89‰，下降0.17个千分点；自然增长率6.97‰，上升0.15个千分点。

2014年末全省常住人口及构成

单位：万人

指　　标	年末数	比重%
年末常住人口	6082.9	
其中：城　镇	2989.7	49.2
乡　村	3093.2	50.8
其中：0-15岁	1200.7	19.7
16-59岁	3851.3	63.3
60岁及以上	1030.9	17.0
其中：65岁及以上	692.8	11.4

初步核算，全年生产总值（GDP）[2]20848.8亿元，按可比价格计算，比上年增长9.2%。分产业看，第一产业增加值2392.4亿元，增长4.6%；第二产业增加值11204亿元，增长10.3%；第三产业增加值7252.4亿元，增长8.8%。三次产业结构为11.5:53.7:34.8，其中工业增加值占GDP比重为46%。全社会劳动生产率

48559元/人，比上年增加3221元/人。人均GDP34427元（折合5604美元），比上年增加2426元。全年民营经济[3]增加值11946.3亿元，比上年增长9.2%，占GDP比重由上年的57%提高到57.3%。

2014年全省生产总值及增长速度

单位：亿元

指　　标	绝对数	比上年增长%
地区生产总值	20848.8	9.2
其中：第一产业[4]	2392.4	4.6
第二产业	11204.0	10.3
第三产业	7252.4	8.8
其中：农林牧渔业	2481.9	4.7
工　业	9581.4	10.8
建筑业	1638.3	7.1
批发和零售业	1500.3	8.7
交通运输、仓储和邮政业	784.4	6.2
住宿和餐饮业	347.7	7.4
金融业	1046.7	13.6
房地产业	755.1	3.8
其他营利性服务业	1165.6	16.8
其他非营利性服务业	1547.4	4.9

年末全省从业人员4311万人，比上年增加35.1万人。其中，第一产业1415.3万人，减少54.4万人；第二产业1211.1万人，增加41.9万人；第三产业1684.6万人，增加47.6万人；城乡私营企业从业人员和个体劳动者816.4万人，增加111.3万人。全年城镇实名制新增就业67.1万人，下岗失业人员再就业25.6万人。年末城镇登记失业率3.2%，比上年下降0.2个百分点。全省农民工总量1850.2万人，其中外出农民工1320.3万人。

全年居民消费价格比上年上涨1.6%，其中食品价格上涨2.5%。商品零售价格上涨0.4%。工业生产者出厂价格下降2.6%，工业生产者购进价格下降2.8%。固定资产投资价格上涨0.3%，农业生产资料价格下降0.4%。

2014年全省居民消费价格比上年涨跌幅度

单位：%

指　　标	全　省	城 市	农 村
居民消费价格	1.6	1.7	1.5
其中：食　品	2.5	2.6	2.3
烟酒及用品	-2.5	-2.4	-2.7
衣　着	1.0	1.1	0.8
家庭设备用品及维修服务	1.3	1.2	1.6
医疗保健和个人用品	1.6	1.3	2.3
交通和通信	-0.8	-0.8	-0.7
娱乐教育文化用品及服务	2.4	2.6	2.0
居　住	2.0	2.0	2.1

二、农　　业

全年粮食作物种植面积6628.9千公顷，比上年扩大3.6千公顷，其中优质专用小麦面积2142千公顷，扩大35.2千公顷。油料种植面积788.4千公顷，减少13.6千公顷。棉花种植面积265.2千公顷，减少19.9千公顷。蔬菜种植面积862.1千公顷，扩大26.1千公顷。

全年粮食产量3415.8万吨，比上年增产136.2万吨，增长4.2%。其中，夏粮1400万吨，增产61.5万吨，增长4.6%；秋粮1887.5万吨，增产77.2万吨，增长4.3%。油料产量228.8万吨，增长1.5%。棉花产量26.3万吨，增长4.8%。

年末全省生猪存栏1585.3万头，比上年下降1.7%；全年生猪出栏3089.2万头，增长4%。肉类总产量414万吨，增长2.5%，其中猪牛羊肉产量298.2万吨，增长4.1%。禽蛋产量122.5万吨，下降1.6%。牛奶产量27.9万吨，增长10%。水产品产量223.7万吨，增长3.8%。

年末全省农业机械总动力6365.8万千瓦，比上年增长3.7%。农用拖拉机238.8万台，减少1.7%；农用运输车66.5万辆，减少1.4%。全年化肥施用量（折纯）341.4万吨，增长0.9%。农村用电量147.5亿千瓦时，增长6.6%。有效灌溉面积4342.3千公顷，新增36.7千公顷；新增节水灌溉面积41.3千公顷。

2014 年全省主要农产品产量及增长速度

单位：万吨

产品名称	绝对数	比上年增长%
粮　食	3415.8	4.2
油　料	228.8	1.5
#花　生	94.4	6.4
油菜籽	125.5	-3.5
棉　花	26.3	4.8
烤　烟	4.3	1.1
蚕　茧	3.1	-3.6
茶　叶	11.1	10.2
蔬　菜	2551.0	5.5
水　果	965.3	6.7

年末全省生猪存栏 1585.3 万头，比上年下降 1.7%；全年生猪出栏 3089.2 万头，增长 4%。肉类总产量 414 万吨，增长 2.5%，其中猪牛羊肉产量 298.2 万吨，增长 4.1%。禽蛋产量 122.5 万吨，下降 1.6%。牛奶产量 27.9 万吨，增长 10%。水产品产量 223.7 万吨，增长 3.8%。

年末全省农业机械总动力 6365.8 万千瓦，比上年增长 3.7%。农用拖拉机 238.8 万台，减少 1.7%；农用运输车 66.5 万辆，减少 1.4%。全年化肥施用量（折纯）341.4 万吨，增长 0.9%。农村用电量 147.5 亿千瓦时，增长 6.6%。有效灌溉面积 4342.3 千公顷，新增 36.7 千公顷；新增节水灌溉面积 41.3 千公顷。

三、工业和建筑业

年末全省规模以上工业企业[5]16372 户，比上年净增 1258 户。全年规模以上工业增加值比上年增长 11.2%，其中国有及国有控股企业增长 5.6%，股份制企业增长 10.9%，外商及港澳台商投资企业增长 15.8%。

规模以上工业中，40 个工业行业有 39 个增加值保持增长，其中计算机、通信和其他电子设备制造业增长 43.8%，石油加工业增长 31.2%，有色金属冶炼和压延加工业增长 17%，黑色金属冶炼和压延加工业增长 14.7%，非金属矿物制品业增长 12.8%，医药制造业增长 10.9%，通用设备制造业增长 10.8%，化学原料和化学制品制造业增长 10.1%，农副食品加工业增长 8.7%，电气机械和器材制造业增长 7.1%，汽车制造业增长 7%，电力、热力生产和供应业增长 3.9%，煤炭开采和洗选业下降 2.6%。六大工业主导产业增加值增长 11%，装备制造业增长 12.3%，高新技术产业增长 13.6%；战略性新兴产业产值增长 22.5%。

规模以上工业统计的主要产品产量中，原煤下降 7.7%，发电量增长 1.5%，粗钢、钢材分别增长 3.9%和 3.6%，水泥增长 1.6%，彩色电视机增长 7.4%，家用洗衣机、家用电冰箱、房间空调器分别下降 12.5%、7.1%和 0.2%，汽车下降 7.1%。

2014 年全省规模以上工业企业主要产品产量及增长速度

产品名称	单 位	绝对数	比上年增长%
纱	万吨	104.0	10.3
布	亿米	11.6	8.9
化　纤	万吨	23.1	-28.4
饮料酒	亿升	20.5	-12.6
卷　烟	亿支	1329.8	1.3
彩色电视机	万部	602.2	7.4
家用洗衣机	万台	1528.7	-12.5
家用电冰箱	万台	2765.8	-7.1
房间空调器	万台	3040.6	-0.2
能源生产总量	万吨标准煤	9256.2	-7.5
原　煤	万吨	12799.3	-7.7
发电量	亿千瓦时	1992.9	1.5
柴　油	万吨	303.3	34.7
生　铁	万吨	1998.6	-1.7
粗　钢	万吨	2451.4	3.9
钢　材	万吨	3265.7	3.6
十种有色金属	万吨	137.5	7.1
水　泥	万吨	12913.1	1.6
平板玻璃	万重量箱	2545.0	-15.3
硫　酸	万吨	636.3	8.9
纯　碱	万吨	66.5	21.6
化　肥	万吨	299.2	-8.6
化学农药	万吨	17.4	-21.8
合成洗涤剂	万吨	84.3	-6.1
金属切削机床	万台	8.2	5.9
汽　车	万辆	95.5	-7.1
电力电缆	百万米	4007.1	2.7
橡胶轮胎外胎	万条	3308.9	11.7

全年规模以上工业企业实现利润 1775.2 亿元，增长 0.1%，其中国有企业增长 4%，股份制企业下降 0.8%，外商及港澳台企业增长 6.1%，中小企业增长 5.8%，民营企业增长 4.6%。电气机械和器材制造业、非金属矿物制品业、电力热力生产和供应业、农副食品加工业、通用设备制造业、化学原料和化学制品制造业、计算机通信和其他电子设备制造业、汽车制造业、橡胶和塑料制品业、黑色金属冶炼和压延加工业、专用设备制造业、金属制品业以及酒、饮料和精制茶制造业等 13 个利润超 50 亿元的行业，合计实现利润 1463 亿元，

增长6.4%，占全部规模以上工业的82.4%。

全年资质内建筑企业实现利税总额390.8亿元，增长14.7%。房屋建筑施工面积39488.4万平方米，比上年增加3214.4万平方米；房屋竣工面积15339.4万平方米，增加488.3万平方米。

四、固定资产投资

全年固定资产投资[6]21256.3亿元，比上年增长16.5%。其中，工业及信息化产业技术改造投资5031亿元，增长16.5%；民间投资14681亿元，增长20.9%。分区域看，皖江示范区投资14700.2亿元，增长17%；皖北六市投资5242.1亿元，增长15.9%。分产业看，第一产业投资增长39.2%，第二产业增长13.9%，第三产业增长17.7%。分行业看，工业投资增长13.2%，其中制造业增长14.6%，制造业中装备制造业增长17%。六大高耗能行业投资增长6.5%。

2014年全省分行业固定资产投资额及增长速度

单位：亿元

行　业	投资额	比上年增长%
农、林、牧、渔业	542.0	39.2
采矿业	319.2	-6.4
制造业	8372.9	14.6
电力、热力、燃气及水生产和供应业	573.0	7.8
建筑业	152.6	83.4
交通运输、仓储和邮政业	1098.7	35.2
信息传输、软件和信息技术服务业	150.5	30.0
批发和零售业	793.6	67.4
住宿和餐饮业	233.7	-15.5
金融业	102.4	12.7
房地产业	5405.7	7.8
租赁和商务服务业	335.8	65.4
科学研究和技术服务业	219.5	45.3
水利、环境和公共设施管理业	1905.6	21.0
居民服务、修理和其他服务业	93.1	46.3
教　育	235.8	-1.9
卫生和社会工作	171.2	26.7
文化、体育和娱乐业	195.1	3.9
公共管理、社会保障和社会组织	355.9	38.7

全年房地产开发投资 4339 亿元，比上年增长 10%。商品房销售面积 6202.2 万平方米，下降 1%；商品房销售额 3345.2 亿元，增长 5.1%。全年开工建设城镇保障性安居工程住房 46.64 万套，基本建成 27.49 万套。全年共安排“861”行动计划项目 4180 个，当年完成投资 9798.2 亿元。开工建设中国（合肥）国际智能语音产业园、合肥三利谱 TFT 偏光片、芜湖科沃斯年产 500 万台智能机器人等 1863 个项目；建成投产合肥鑫晟触摸屏生产线、蚌埠方兴科技电容式触摸屏、芜湖三山格力空调、铜陵有色高导铜材、马鞍山山鹰高档纸生产线等 922 个项目。

全年建成或基本建成 2 对矿井，新增煤炭产能 740 万吨、电力装机容量 393 万千瓦。

五、国内贸易

全年社会消费品零售总额 7320.8 亿元，比上年增长 13%，扣除价格因素，实际增长 12.5%。按经营地统计，城镇消费品零售额 6002.9 亿元，增长 12.9%；乡村消费品零售额 1317.9 亿元，增长 13.1%。按消费形态统计，商品零售额 6551 亿元，增长 12.9%；餐饮收入 769.8 亿元，增长 13.2%。全省纳入统计的 83 家开展网络零售业务的限额以上企业，实现网上零售额 70 亿元，增长 84.7%。

限额以上企业商品零售额中，吃、穿、用类商品零售额分别比上年增长 15.1%、10.3%和 10.6%，粮油类增长 10.4%，肉禽蛋类增长 15.5%，服装类增长 11%，化妆品类增长 13.9%，日用品类增长 8.4%，中西药品类增长 10.7%，家用电器和音像器材类增长 10.5%，家具类增长 25.1%，通讯器材类增长 23.1%，石油及制品类增长 6.5%，建筑及装潢材料类增长 19.6%，汽车类增长 11%。

六、对外经济

全年进出口总额 492.7 亿美元，比上年增长 8.2%。其中，出口 314.9 亿美元，增长 11.5%；进口 177.8 亿美元，增长 3%。从出口经营主体看，生产型企业出口增长 11.7%，贸易型企业出口增长 9.4%。从出口商品看，机电产品、高新技术产品出口分别增长 25%和 1.2 倍。

全省亿元以上在建省外投资项目 5564 个，当年实际到位资金 7942.4 亿元，比上年增长 16.9%。全年新批外商投资项目 256 个，增长 4.1%；合同利用外资 31.1 亿美元，增长 15.7%；实际利用外商直接投资 123.4 亿美元，增长 15.5%。到 2014 年底，来皖投资的境外世界 500 强企业增加到 71 家，其中当年新引进 5 家。全年对外承包工程新签合同金额 26.7 亿美元，比上年下降 3%；完成营业额 32.3 亿美元，增长 10.7%；当年外派劳务人员 14139 人，增长 11.8%。全年新批境外企业（机构）100 个，实际对外投资 4.7 亿美元，下降 32%。

2014年全省出口主要分类及地区分布

单位：亿美元

指　　标	绝对数	比上年增长%
出口额	314.9	11.5
其中：机电产品	160.3	25.0
其中：高新技术产品	60.9	116.4
其中：一般贸易	219.6	-0.9
加工贸易	87.6	64.1
其中：对亚洲	142.7	20.3
对欧洲	62.5	9.6
对北美洲	56.2	19.4
对非洲	21.7	-13.3
对拉丁美洲	25.7	-11.8
对大洋洲	6.0	9.7

七、交通、邮电和旅游

全年旅客运输量[7]14亿人，货物运输量43.4亿吨，比上年分别增长10.1%和9.6%；旅客运输周转量1416.7亿人公里，货物运输周转量13486.1亿吨公里，分别增长10.1%和9.4%。全年港口货物吞吐量4.4亿吨，增长10.8%，其中外贸货物吞吐量419.6万吨，增长26.6%。全省民航机场旅客吞吐量723.5万人次，增长7.8%，其中合肥新桥机场旅客吞吐量597.5万人次，增长6.2%。

年末全省民用汽车拥有量437.3万辆，比上年增长16.3%，其中私人汽车348.2万辆，增长20.3%。民用轿车拥有量226.1万辆，增长21.2%，其中私人轿车205.1万辆，增长24.8%。

全年新增高速公路231公里、一级公路343公里、铁路营业里程35.2公里。到2014年末，全省高速公路达3752公里、一级公路达2623公里、铁路营业里程达3478.2公里。

全年邮电业务总量630.1亿元，比上年增长18%。其中，电信业务总量549.3亿元，增长15.2%；邮政业务总量80.8亿元，增长40.5%。年末本地固定电话交换机总容量723.1万门，比上年减少121.3万门。本地固定电话用户839.8万户，比上年减少136.9万户；移动电话用户4215.9万户，增加257.1万户。每百人拥有电话（含移动）83.8部，增加1.4部。年末基础电信运营企业计算机互联网宽带接入用户725.4万户，增加82.8万户。

全年入境旅游人数405.1万人次，比上年增长13%，其中外国人232.9万人次、增长16.1%，港澳台172.2万人次、增长9%。国内游客3.8亿人次，增长12.8%。旅游总收入3430.1亿元，增长13.9%。其中，旅游外汇收入19.6亿美元，增长13.2%；国内旅游收入3309.7亿元，增长14%。年末全省有A级及以上旅游景点（区）499处。

2014年全省各种运输方式完成旅客运输量及增长速度

指　标	单 位	绝对数	比上年增长%
旅客运输量	亿　人	14.0	10.1
其中：铁　路	亿　人	0.8	10.5
公　路	亿　人	13.1	10.0
水　运	万　人	178	161.8
旅客运输周转量	亿人公里	1416.7	10.1
其中：铁　路	亿人公里	617.0	11.8
公　路	亿人公里	799.4	8.9
水　运	亿人公里	0.3	68.7

2014年全省各种运输方式完成货物运输量及增长速度

指　标	单 位	绝对数	比上年增长%
货物运输量	亿　吨	43.4	9.6
其中：铁　路	亿　吨	1.0	-9.7
公　路	亿　吨	31.5	10.8
水　运	亿　吨	10.9	8.3
货物运输周转量	亿吨公里	13486.1	9.4
其中：铁　路	亿吨公里	795.5	-8.0
公　路	亿吨公里	7392.4	13.0
水　运	亿吨公里	5298.2	7.8

八、财政和金融

全年财政收入3663亿元，比上年增长8.9%，其中地方财政收入2218.4亿元，增长6.9%。全部财政收入中，增值税增长7.6%，营业税增长7.5%，企业所得税增长15%。财政支出4663.6亿元，增长7.2%，其中民生支出3833亿元，增长7.9%。从重点支出项目看，社会保障与就业支出增长7.8%，医疗卫生支出增长

3.5%，城乡社区事务支出增长 19%，科学技术支出增长 17.6%，教育支出增长 0.6%。全年 33 项民生工程累计投入 686.3 亿元，惠及 6000 多万城乡居民。

全年社会融资规模 4262.2 亿元，比上年减少 706.8 亿元。年末全省金融机构人民币各项存款余额 29817.7 亿元，比上年增加 3078.4 亿元，增长 11.5%。其中，单位存款余额 13643.2 亿元，增长 10.3%；居民储蓄存款余额 14599.4 亿元，增长 13%。金融机构人民币各项贷款余额 22088.3 亿元，比上年增加 2999.5 亿元，增长 15.7%。其中，短期贷款余额 7698.1 亿元，增长 4.8%；中长期贷款余额 13164.3 亿元，增长 20.2%，中长期贷款中个人贷款余额 5246.8 亿元，增长 24.9%。

2014 年末全省金融机构人民币各项存贷款余额及增长速度

单位：亿元

指　标	年末数	比上年末增长%
各项存款余额	29817.7	11.5
其中：单位存款	13643.2	10.3
个人存款	15138.1	13.4
其中：居民储蓄存款	14599.4	13.0
各项贷款余额	22088.3	15.7
其中：短期贷款	7698.1	4.8
中长期贷款	13164.3	20.2

全年上市公司通过境内市场累计筹资 190.1 亿元，其中 A 股再筹资（包括配股、公开增发、非公开增发、认股权证）173.9 亿元；上市公司通过发行可转债、可分离债、公司债筹资 5 亿元。到 2014 年末，全省有上市公司 80 家，上市公司市价总值 7041.6 亿元，比上年增长 48.8%。

全年发行中小企业私募债 10.5 亿元。企业发行短期融资券 479 亿元。

全年我省境内证券经营机构证券交易量 26532.9 亿元，期货经营机构代理交易量 150375.6 亿元。

全年保险业保费收入 572.3 亿元，比上年增长 18.5%。其中，财产险业务保费收入 241.4 亿元，增长 18.5%；人身险业务保费收入 330.8 亿元，增长 18.5%。赔款和给付 234.4 亿元，增长 5.1%。其中，财产险业务赔款支出 127.4 亿元，增长 10.5%；人身险业务赔款和给付支出 107 亿元，下降 0.7%。

九、人民生活和社会保障

全年城镇常住居民人均可支配收入 24839 元，比上年增长 9%，扣除价格因素，实际增长 7.2%。人均消费性支出 16107 元，增长 10.4%。其中，食品支出增长 9.5%，衣着增长 6%，居住增长 6%，家庭设备用品及服务增长 26.9%，医疗保健增长 23.7%，交通通信增长 8.8%，教育文化娱乐服务增长 11.8%。城镇常住居民恩格尔系数[8]为 33.3%，比上年下降 0.2 个百分点。年末城镇常住居民人均住房建筑面积 35.1 平方米，比上年增加 1.3 平方米。

全年农村常住居民人均可支配收入 9916 元，比上年增长 12%，扣除价格因素，实际增长 10.3%。人均生活消费支出 7981 元，增长 10.8%。其中，食品支出增长 7.6%，衣着增长 9.5%，居住增长 9.6%，家庭设备用品及服务增长 2.9%，医疗保健增长 24.6%，交通通讯增长 14%，教育文化娱乐用品及服务增长 14.8%。农村常住居民恩格尔系数为 35.6%，比上年下降 1.1 个百分点。年末农村常住居民人均住房建筑面积 44.7 平方米，比上年增加 2.9 平方米。

年末全省参加城镇基本养老、医疗保险人数分别为 829.1 万人和 1756 万人。参加失业保险人数为 422 万人，全年为 12.2 万名失业人员发放了不同期限的失业保险金。全省参加工伤、生育保险人数分别为 508.5 万人和 482.7 万人。城乡居民养老保险参保人数 3337.2 万人。参加新型农村合作医疗的农业人口 5190.4 万人，参合率为 101%。

年末 72.4 万人享受城市居民最低生活保障，208.9 万人享受农村居民最低生活保障，农村五保供养 43.1 万人。全年医疗救助 366.7 万人次，抚恤补助各类优抚对象 47.7 万人。

十、教育、科学技术和文化

年末全省有研究生培养单位 21 个，在学研究生 46590 人。普通高校 107 所，普通本专科在校生 108.1 万人。各类中等职业教育（不含技工学校）431 所，在校生 91.5 万人。普通高中 694 所，在校生 120.1 万人，高中阶段毛入学率 91.9%，比上年上升 1.9 个百分点。初中 2905 所，在校生 192.4 万人，初中阶段适龄人口入学率 99.8%。小学 10547 所，在校生 415.1 万人，小学学龄儿童入学率 99.98%。各级各类成人学校毕业生 98.4 万人。

2014 年全省各级各类教育发展情况

单位：万人

指　标	招生数	在校生数	毕业生数
研究生	1.6	4.7	1.4
普通本专科	33.4	108.1	30.0
中等职业教育	33.4	91.5	32.6
普通高中	37.1	120.1	42.9
初中阶段	63.2	192.4	66.6
小学	73.1	415.1	63.4

年末全省有各类专业技术人员 215 万人，比上年增长 10.8%。科研机构 3484 个，其中大中型工业企业办机构 967 个。从事研发活动人员 18.1 万人。全年用于研究与试验发展（R&D）经费支出 408.7 亿元，增长 16.1%；相当于全省生产总值的 1.96%，比上年提高 0.13 个百分点。全省有国家大科学工程 5 个；有国家实

验室 2 个，国家重点（工程）实验室 19 个，省级（含重点）实验室 111 个，部属（含院属）实验室 51 个；有省级以上工程（技术）研究中心 554 家，其中国家级 24 家。有高新技术产业开发区 16 个，其中国家级 4 个。有高新技术企业 2361 家，其中当年新认定 671 家。

全年取得省部级以上科技成果 740 项。主要科技成果有航空遥感系统环境大气成分探测系统、紫金山金铜矿复杂岩土灾变控制及预测关键技术研究等。受理申请专利 99160 件，比上年增长 6.2%；授权专利 48380 件，下降 1%。共签订各类技术合同 7093 项，成交金额 169.8 亿元，比上年增长 29.8%。

年末全省有县以上产品质量检验机构 830 个，其中系统内 109 个，国家质量监督检验中心 23 个；有产品质量、体系认证机构 1 个，累计完成强制性产品认证的企业 2148 个；法定计量技术机构 81 个，全年强制检定计量器具 82.8 万台（件）。累计制定、修订地方标准 2387 项。有国家地理标志产品 52 个、安徽名牌产品 1377 个。

全年省测绘档案资料馆为社会各界提供各种比例尺地形图 24700 幅，测绘基准成果 5301 点（次），航空航天遥感数据 71.3 万平方千米，数据量 14921GB；完成国家基本比例尺地形图生产与更新 44756 幅、地理国情动态监测 4100 平方千米、“天地图·安徽”地图网站数据更新[9]5.6GB。

年末全省有文化馆 120 个，公共图书馆 109 个，博物馆 162 个（含民营博物馆），乡镇街道综合文化站 1437 个。全国重点文物保护单位 130 处、合并国保项目 2 处，省级重点文物保护单位 708 处。国家级非物质文化遗产名录 72 项，省级名录 343 项。广播电台 14 座，中波发射台和转播台 23 座，广播节目综合人口覆盖率 98.6%。电视台 14 座，有线电视用户 768.1 万户，电视节目综合人口覆盖率 98.7%。全年出版报纸 98 种，总印数 11.7 亿份；期刊（杂志）180 种，总印数 0.6 亿册；图书 10142 种，总印数 2.7 亿册。有各级国家档案馆 137 个，馆藏档案资料 2217.4 万卷（件、册），库馆总建筑面积 26.5 万平方米。

十一、卫生、体育和社会服务

年末全省有医疗卫生机构 24838 个，其中医院 969 个、基层医疗卫生机构 22026 个、专业公共卫生机构 1757 个，其他卫生机构 86 个。基层医疗卫生机构中，卫生院 1394 个，社区卫生服务中心（站）1947 个，村卫生室 15297 个；专业公共卫生机构中，疾病预防控制中心 121 个，专科疾病防治院(所、站)48 个，妇幼保健院（所、站）121 个，卫生监督所(中心)113 个。全省卫生技术人员 26.4 万人，其中执业（助理）医师 10.3 万人，注册护士 10.9 万人。乡村医生和卫生员 4.8 万人。医疗卫生机构床位 24.9 万张，其中医院、卫生院床位 22.7 万张。全年医疗卫生机构共诊疗 2.67 亿人次。

全年在国际国内重大比赛中，我省运动健儿共获得 30 枚金牌、41 枚银牌、34 枚铜牌。其中，在第十七届仁川亚运会上，获得 7 枚金牌、3 枚银牌、2 枚铜牌，创造了我省境外亚运会的最好成绩。“全民健身、健康安徽”系列主题活动蓬勃开展，全年共举办百人以上的群众体育健身活动 2318 次，参加活动总人数 270 万人次。

年末全省有各类提供住宿的社会服务机构[10]997 个，床位 11.9 万张，收养各类人员 7.2 万人。不提供住宿的社会服务机构 8252 个，其中社区服务中心 1360 个，社区服务站 2850 个，社区日间照料床位 19713 张。

全年销售社会福利彩票69.3亿元，筹集社会福利资金19.4亿元。

十二、资源、环境和安全生产

全省已发现的矿种为159种（含亚矿种）。查明资源储量的矿种123种（含亚矿种），其中能源矿种6种，金属矿种21种，非金属矿种94种，水气矿种2种。全年地质勘查部门新立项各类地质（科研）项目（省级）36项。新增查明资源储量的大中型矿产地12处，新增探明储量矿种1种。

年末全省有省、市、县级环境监测站87个。全省16个省辖市空气质量平均优良天数比例为88.1%，比上年上升1.5个百分点；有9个市空气质量达到二级标准。全省PM10年均浓度为95微克/立方米，比上年下降4%。已建成自然保护区39个，其中国家级7个、省级30个、市级2个。当年人工造林面积150.9千公顷。年末森林面积4488千公顷，活立木总蓄积量25200.9万立方米，森林蓄积量22619.6万立方米。

全年能源消费量1.24亿吨标准煤，比上年增长2.7%。电力消费量增长3.7%。单位GDP能耗下降5.97%。

淮河干流安徽段水质以Ⅲ类为主，总体水质优。长江干流安徽段以Ⅱ类水质为主，总体水质优；主要支流总体水质良好。巢湖湖区整体水质轻度污染，9条主要环湖支流整体水质中度污染。新安江干、支流水质优。全省城市集中式饮用水水源地水质达标率为96.5%。

全年亿元GDP生产安全事故死亡人数为0.145人，比上年下降11.5%；工矿商贸从业人员十万人生产安全事故死亡人数为0.984人，下降8%；道路交通万车事故死亡人数为2.162人，下降1.1%；煤矿百万吨死亡人数为0.385人，上升143.7%。全年发生道路交通事故16491起，发生火灾事故12274起。

注：

[1]本公报数据为初步统计数。

[2]生产总值及各产业增加值绝对数按现价计算，增长速度按可比价格计算。

[3]民营经济统计的范围为集体经济（不包括第一产业中的集体经济）、私营经济、港澳台经济和个体经济。

[4]国家统计局对三次产业和行业实行相对分离的划分标准，第一产业指农林牧渔业（不含农林牧渔服务业），第二产业指工业（不含开采辅助活动，金属制品、机械和设备修理业）和建筑业，第三产业指除第一产业、第二产业以外的其他行业。

[5][6]2011年国家统计制度改革，规模以上工业统计范围为年主营业务收入2000万元及以上的企业，固定资产投资统计范围为计划总投资500万元及以上项目和房地产。

[7]交通运输部根据交通运输行业专项调查，对我省2013年公路与水路的客、货运量数据进行了调整。

[8]恩格尔系数是指居民食品消费支出占全部消费性支出的比重。

[9]天地图数据2014年更新的是文字附注数据，2013年为影像数据，记录格式不同，数据量与上年相差较大。

[10]2014年社会服务机构仅指有组织机构代码证的机构。

附录二

中华人民共和国统计法

（1983 年 12 月 8 日第六届全国人民代表大会常务委员会第三次会议通过；根据 1996 年 5 月 15 日第八届全国人民代表大会常务委员会第十九次会议《关于修改〈中华人民共和国统计法〉的决定》修正；2009 年 6 月 27 日第十一届全国人民代表大会常务委员会第九次会议修订）

第一章　总　　则

第一条　为了科学、有效地组织统计工作，保障统计资料的真实性、准确性、完整性和及时性，发挥统计在了解国情国力、服务经济社会发展中的重要作用，促进社会主义现代化建设事业发展，制定本法。

第二条　本法适用于各级人民政府、县级以上人民政府统计机构和有关部门组织实施的统计活动。

统计的基本任务是对经济社会发展情况进行统计调查、统计分析，提供统计资料和统计咨询意见，实行统计监督。

第三条　国家建立集中统一的统计系统，实行统一领导、分级负责的统计管理体制。

第四条　国务院和地方各级人民政府、各有关部门应当加强对统计工作的组织领导，为统计工作提供必要的保障。

第五条　国家加强统计科学研究，健全科学的统计指标体系，不断改进统计调查方法，提高统计的科学性。

国家有计划地加强统计信息化建设，推进统计信息搜集、处理、传输、共享、存储技术和统计数据库体系的现代化。

第六条　统计机构和统计人员依照本法规定独立行使统计调查、统计报告、统计监督的职权，不受侵犯。

地方各级人民政府、政府统计机构和有关部门以及各单位的负责人，不得自行修改统计机构和统计人员依法搜集、整理的统计资料，不得以任何方式要求统计机构、统计人员及其他机构、人员伪造、篡改统计资料，不得对依法履行职责或者拒绝、抵制统计违法行为的统计人员打击报复。

第七条　国家机关、企业事业单位和其他组织以及个体工商户和个人等统计调查对象，必须依照本法和国家有关规定，真实、准确、完整、及时地提供统计调查所需的资料，不得提供不真实或者不完整的统计资料，不得迟报、拒报统计资料。

第八条　统计工作应当接受社会公众的监督。任何单位和个人有权检举统计中弄虚作假等违法行为。对检举有功的单位和个人应当给予表彰和奖励。

第九条　统计机构和统计人员对在统计工作中知悉的国家秘密、商业秘密和个人信息，应当予以保密。

第十条　任何单位和个人不得利用虚假统计资料骗取荣誉称号、物质利益或者职务晋升。

第二章　统计调查管理

第十一条　统计调查项目包括国家统计调查项目、部门统计调查项目和地方统计调查项目。

国家统计调查项目是指全国性基本情况的统计调查项目。部门统计调查项目是指国务院有关部门的专业性统计调查项目。地方统计调查项目是指县级以上地方人民政府及其部门的地方性统计调查项目。

国家统计调查项目、部门统计调查项目、地方统计调查项目应当明确分工，互相衔接，不得重复。

第十二条　国家统计调查项目由国家统计局制定，或者由国家统计局和国务院有关部门共同制定，报国务院备案；重大的国家统计调查项目报国务院审批。

部门统计调查项目由国务院有关部门制定。统计调查对象属于本部门管辖系统的，报国家统计局备案；统计调查对象超出本部门管辖系统的，报国家统计局审批。

地方统计调查项目由县级以上地方人民政府统计机构和有关部门分别制定或者共同制定。其中，由省级人民政府统计机构单独制定或者和有关部门共同制定的，报国家统计局审批；由省级以下人民政府统计机构单独制定或者和有关部门共同制定的，报省级人民政府统计机构审批；由县级以上地方人民政府有关部门制定的，报本级人民政府统计机构审批。

第十三条　统计调查项目的审批机关应当对调查项目的必要性、可行性、科学性进行审查，对符合法定条件的，作出予以批准的书面决定，并公布；对不符合法定条件的，作出不予批准的书面决定，并说明理由。

第十四条　制定统计调查项目，应当同时制定该项目的统计调查制度，并依照本法第十二条的规定一并报经审批或者备案。

统计调查制度应当对调查目的、调查内容、调查方法、调查对象、调查组织方式、调查表式、统计资料的报送和公布等作出规定。

统计调查应当按照统计调查制度组织实施。变更统计调查制度的内容，应当报经原审批机关批准或者原备案机关备案。

第十五条　统计调查表应当标明表号、制定机关、批准或者备案文号、有效期限等标志。

对未标明前款规定的标志或者超过有效期限的统计调查表，统计调查对象有权拒绝填报；县级以上人民政府统计机构应当依法责令停止有关统计调查活动。

第十六条　搜集、整理统计资料，应当以周期性普查为基础，以经常性抽样调查为主体，综合运用全面调查、重点调查等方法，并充分利用行政记录等资料。

重大国情国力普查由国务院统一领导，国务院和地方人民政府组织统计机构和有关部门共同实施。

第十七条　国家制定统一的统计标准，保障统计调查采用的指标涵义、计算方法、分类目录、调查表式和统计编码等的标准化。

国家统计标准由国家统计局制定，或者由国家统计局和国务院标准化主管部门共同制定。

国务院有关部门可以制定补充性的部门统计标准，报国家统计局审批。部门统计标准不得与国家统计标准相抵触。

第十八条　县级以上人民政府统计机构根据统计任务的需要，可以在统计调查对象中推广使用计算机网络报送统计资料。

第十九条　县级以上人民政府应当将统计工作所需经费列入财政预算。

重大国情国力普查所需经费，由国务院和地方人民政府共同负担，列入相应年度的财政预算，按时拨付，确保到位。

第三章　统计资料的管理和公布

第二十条　县级以上人民政府统计机构和有关部门以及乡、镇人民政府，应当按照国家有关规定建立统计资料的保存、管理制度，建立健全统计信息共享机制。

第二十一条　国家机关、企业事业单位和其他组织等统计调查对象，应当按照国家有关规定设置原始记录、统计台账，建立健全统计资料的审核、签署、交接、归档等管理制度。

统计资料的审核、签署人员应当对其审核、签署的统计资料的真实性、准确性和完整性负责。

第二十二条　县级以上人民政府有关部门应当及时向本级人民政府统计机构提供统计所需的行政记录资料和国民经济核算所需的财务资料、财政资料及其他资料，并按照统计调查制度的规定及时向本级人民政府统计机构报送其组织实施统计调查取得的有关资料。

县级以上人民政府统计机构应当及时向本级人民政府有关部门提供有关统计资料。

第二十三条　县级以上人民政府统计机构按照国家有关规定，定期公布统计资料。

国家统计数据以国家统计局公布的数据为准。

第二十四条　县级以上人民政府有关部门统计调查取得的统计资料，由本部门按照国家有关规定公布。

第二十五条　统计调查中获得的能够识别或者推断单个统计调查对象身份的资料，任何单位和个人不得对外提供、泄露，不得用于统计以外的目的。

第二十六条　县级以上人民政府统计机构和有关部门统计调查取得的统计资料，除依法应当保密的外，应当及时公开，供社会公众查询。

第四章　统计机构和统计人员

第二十七条　国务院设立国家统计局，依法组织领导和协调全国的统计工作。

国家统计局根据工作需要设立的派出调查机构，承担国家统计局布置的统计调查等任务。

县级以上地方人民政府设立独立的统计机构，乡、镇人民政府设置统计工作岗位，配备专职或者兼职统计人员，依法管理、开展统计工作，实施统计调查。

第二十八条　县级以上人民政府有关部门根据统计任务的需要设立统计机构，或者在有关机构中设置统计人员，并指定统计负责人，依法组织、管理本部门职责范围内的统计工作，实施统计调查，在统计业务上受本级人民政府统计机构的指导。

第二十九条　统计机构、统计人员应当依法履行职责，如实搜集、报送统计资料，不得伪造、篡改统计资料，不得以任何方式要求任何单位和个人提供不真实的统计资料，不得有其他违反本法规定的行为。

统计人员应当坚持实事求是，恪守职业道德，对其负责搜集、审核、录入的统计资料与统计调查对象报送的统计资料的一致性负责。

第三十条　统计人员进行统计调查时，有权就与统计有关的问题询问有关人员，要求其如实提供有关情况、资料并改正不真实、不准确的资料。

统计人员进行统计调查时，应当出示县级以上人民政府统计机构或者有关部门颁发的工作证件；未出示的，统计调查对象有权拒绝调查。

第三十一条　国家实行统计专业技术职务资格考试、评聘制度，提高统计人员的专业素质，保障统计队伍的稳定性。

统计人员应当具备与其从事的统计工作相适应的专业知识和业务能力。

县级以上人民政府统计机构和有关部门应当加强对统计人员的专业培训和职业道德教育。

第五章　监督检查

第三十二条　县级以上人民政府及其监察机关对下级人民政府、本级人民政府统计机构和有关部门执行本法的情况，实施监督。

第三十三条　国家统计局组织管理全国统计工作的监督检查，查处重大统计违法行为。

县级以上地方人民政府统计机构依法查处本行政区域内发生的统计违法行为。但是，国家统计局派出的调查机构组织实施的统计调查活动中发生的统计违法行为，由组织实施该项统计调查的调查机构负责查处。

法律、行政法规对有关部门查处统计违法行为另有规定的，从其规定。

第三十四条　县级以上人民政府有关部门应当积极协助本级人民政府统计机构查处统计违法行为，及时向本级人民政府统计机构移送有关统计违法案件材料。

第三十五条　县级以上人民政府统计机构在调查统计违法行为或者核查统计数据时，有权采取下列措施：

（一）发出统计检查查询书，向检查对象查询有关事项；

（二）要求检查对象提供有关原始记录和凭证、统计台账、统计调查表、会计资料及其他相关证明和资料；

（三）就与检查有关的事项询问有关人员；

（四）进入检查对象的业务场所和统计数据处理信息系统进行检查、核对；

（五）经本机构负责人批准，登记保存检查对象的有关原始记录和凭证、统计台账、统计调查表、会计资料及其他相关证明和资料；

（六）对与检查事项有关的情况和资料进行记录、录音、录像、照相和复制。

县级以上人民政府统计机构进行监督检查时，监督检查人员不得少于二人，并应当出示执法证件；未出示的，有关单位和个人有权拒绝检查。

第三十六条　县级以上人民政府统计机构履行监督检查职责时，有关单位和个人应当如实反映情况，提供相关证明和资料，不得拒绝、阻碍检查，不得转移、隐匿、篡改、毁弃原始记录和凭证、统计台账、统计调查表、会计资料及其他相关证明和资料。

第六章　法律责任

第三十七条　地方人民政府、政府统计机构或者有关部门、单位的负责人有下列行为之一的，由任免机关或者监察机关依法给予处分，并由县级以上人民政府统计机构予以通报：

（一）自行修改统计资料、编造虚假统计数据的；

（二）要求统计机构、统计人员或者其他机构、人员伪造、篡改统计资料的；

（三）对依法履行职责或者拒绝、抵制统计违法行为的统计人员打击报复的；

（四）对本地方、本部门、本单位发生的严重统计违法行为失察的。

第三十八条　县级以上人民政府统计机构或者有关部门在组织实施统计调查活动中有下列行为之一的，由本级人民政府、上级人民政府统计机构或者本级人民政府统计机构责令改正，予以通报；对直接负责的主管人员和其他直接责任人员，由任免机关或者监察机关依法给予处分：

（一）未经批准擅自组织实施统计调查的；

（二）未经批准擅自变更统计调查制度的内容的；

（三）伪造、篡改统计资料的；

（四）要求统计调查对象或者其他机构、人员提供不真实的统计资料的；

（五）未按照统计调查制度的规定报送有关资料的。

统计人员有前款第三项至第五项所列行为之一的，责令改正，依法给予处分。

第三十九条　县级以上人民政府统计机构或者有关部门有下列行为之一的，对直接负责的主管人员和其他直接责任人员由任免机关或者监察机关依法给予处分：

（一）违法公布统计资料的；

（二）泄露统计调查对象的商业秘密、个人信息或者提供、泄露在统计调查中获得的能够识别或者推断单个统计调查对象身份的资料的；

（三）违反国家有关规定，造成统计资料毁损、灭失的。

统计人员有前款所列行为之一的，依法给予处分。

第四十条　统计机构、统计人员泄露国家秘密的，依法追究法律责任。

第四十一条　作为统计调查对象的国家机关、企业事业单位或者其他组织有下列行为之一的，由县级以上人民政府统计机构责令改正，给予警告，可以予以通报；其直接负责的主管人员和其他直接责任人员属于国家工作人员的，由任免机关或者监察机关依法给予处分：

（一）拒绝提供统计资料或者经催报后仍未按时提供统计资料的；

（二）提供不真实或者不完整的统计资料的；

（三）拒绝答复或者不如实答复统计检查查询书的；

（四）拒绝、阻碍统计调查、统计检查的；

（五）转移、隐匿、篡改、毁弃或者拒绝提供原始记录和凭证、统计台账、统计调查表及其他相关证明和资料的。

企业事业单位或者其他组织有前款所列行为之一的，可以并处五万元以下的罚款；情节严重的，并处五万元以上二十万元以下的罚款。

个体工商户有本条第一款所列行为之一的，由县级以上人民政府统计机构责令改正，给予警告，可以并处一万元以下的罚款。

第四十二条　作为统计调查对象的国家机关、企业事业单位或者其他组织迟报统计资料，或者未按照国家有关规定设置原始记录、统计台账的，由县级以上人民政府统计机构责令改正，给予警告。

企业事业单位或者其他组织有前款所列行为之一的，可以并处一万元以下的罚款。

个体工商户迟报统计资料的，由县级以上人民政府统计机构责令改正，给予警告，可以并处一千元以下的罚款。

第四十三条　县级以上人民政府统计机构查处统计违法行为时，认为对有关国家工作人员依法应当给予处分的，应当提出给予处分的建议；该国家工作人员的任免机关或者监察机关应当依法及时作出决定，并将结果书面通知县级以上人民政府统计机构。

第四十四条　作为统计调查对象的个人在重大国情国力普查活动中拒绝、阻碍统计调查，或者提供不真实或者不完整的普查资料的，由县级以上人民政府统计机构责令改正，予以批评教育。

第四十五条　违反本法规定，利用虚假统计资料骗取荣誉称号、物质利益或者职务晋升的，除对其编造虚假统计资料或者要求他人编造虚假统计资料的行为依法追究法律责任外，由作出有关决定的单位或者其上级单位、监察机关取消其荣誉称号，追缴获得的物质利益，撤销晋升的职务。

第四十六条　当事人对县级以上人民政府统计机构作出的行政处罚决定不服的，可以依法申请行政复议或者提起行政诉讼。其中，对国家统计局在省、自治区、直辖市派出的调查机构作出的行政处罚决定不服的，向国家统计局申请行政复议；对国家统计局派出的其他调查机构作出的行政处罚决定不服的，向国家统计局在该派出机构所在的省、自治区、直辖市派出的调查机构申请行政复议。

第四十七条　违反本法规定，构成犯罪的，依法追究刑事责任。

第七章　附　　则

第四十八条　本法所称县级以上人民政府统计机构，是指国家统计局及其派出的调查机构、县级以上地方人民政府统计机构。

第四十九条　民间统计调查活动的管理办法，由国务院制定。

中华人民共和国境外的组织、个人需要在中华人民共和国境内进行统计调查活动的，应当按照国务院的规定报请审批。

利用统计调查危害国家安全、损害社会公共利益或者进行欺诈活动的，依法追究法律责任。

第五十条　本法自 2010 年 1 月 1 日起施行。

附录三

统计违法违纪行为处分规定

中 华 人 民 共 和 国 监 察 部
中华人民共和国人力资源和社会保障部　　令
国　　家　　统　　计　　局

第18号

第一条　为了加强统计工作，提高统计数据的准确性和及时性，惩处和预防统计违法违纪行为，促进统计法律法规的贯彻实施，根据《中华人民共和国统计法》、《中华人民共和国行政监察法》、《中华人民共和国公务员法》、《行政机关公务员处分条例》及其他有关法律、行政法规，制定本规定。

第二条　有统计违法违纪行为的单位中负有责任的领导人员和直接责任人员，以及有统计违法违纪行为的个人，应当承担纪律责任。属于下列人员的（以下统称有关责任人员），由任免机关或者监察机关按照管理权限依法给予处分：

（一）行政机关公务员；

（二）法律、法规授权的具有公共事务管理职能的事业单位中经批准参照《中华人民共和国公务员法》管理的工作人员；

（三）行政机关依法委托的组织中除工勤人员以外的工作人员；

（四）企业、事业单位、社会团体中由行政机关任命的人员。

法律、行政法规、国务院决定和国务院监察机关、国务院人力资源社会保障部门制定的处分规章对统计违法违纪行为的处分另有规定的，从其规定。

第三条　地方、部门以及企业、事业单位、社会团体的领导人员有下列行为之一的，给予记过或者记大过处分；情节较重的，给予降级或者撤职处分；情节严重的，给予开除处分：

（一）自行修改统计资料、编造虚假数据的；

（二）强令、授意本地区、本部门、本单位统计机构、统计人员或者其他有关机构、人员拒报、虚报、瞒报或者篡改统计资料、编造虚假数据的；

（三）对拒绝、抵制篡改统计资料或者对拒绝、抵制编造虚假数据的人员进行打击报复的；

（四）对揭发、检举统计违法违纪行为的人员进行打击报复的。

有前款第（三）项、第（四）项规定行为的，应当从重处分。

第四条　地方、部门以及企业、事业单位、社会团体的领导人员，对本地区、本部门、本单位严重失实的统计数据，应当发现而未发现或者发现后不予纠正，造成不良后果的，给予警告或者记过处分；造成严重后果的，给予记大过或者降级处分；造成特别严重后果的，给予撤职或者开除处分。

第五条　各级人民政府统计机构、有关部门及其工作人员在实施统计调查活动中，有下列行为之一的，对有关责任人员，给予记过或者记大过处分；情节较重的，给予降级或者撤职处分；情节严重的，给予开除处分：

（一）强令、授意统计调查对象虚报、瞒报或者伪造、篡改统计资料的；

（二）参与篡改统计资料、编造虚假数据的。

第六条　各级人民政府统计机构、有关部门及其工作人员在实施统计调查活动中，有下列行为之一的，对有关责任人员，给予警告、记过或者记大过处分；情节较重的，给予降级处分；情节严重的，给予撤职处分：

（一）故意拖延或者拒报统计资料的；

（二）明知统计数据不实，不履行职责调查核实，造成不良后果的。

第七条　统计调查对象中的单位有下列行为之一，情节较重的，对有关责任人员，给予警告、记过或者记大过处分；情节严重的，给予降级或者撤职处分；情节特别严重的，给予开除处分：

（一）虚报、瞒报统计资料的；

（二）伪造、篡改统计资料的；

（三）拒报或者屡次迟报统计资料的；

（四）拒绝提供情况、提供虚假情况或者转移、隐匿、毁弃原始统计记录、统计台账、统计报表以及与统计有关的其他资料的。

第八条　违反国家规定的权限和程序公布统计资料，造成不良后果的，对有关责任人员，给予警告或者记过处分；情节较重的，给予记大过或者降级处分；情节严重的，给予撤职处分。

第九条　有下列行为之一，造成不良后果的，对有关责任人员，给予警告、记过或者记大过处分；情节较重的，给予降级或者撤职处分；情节严重的，给予开除处分：

（一）泄露属于国家秘密的统计资料的；

（二）未经本人同意，泄露统计调查对象个人、家庭资料的；

（三）泄露统计调查中知悉的统计调查对象商业秘密的。

第十条　包庇、纵容统计违法违纪行为的，对有关责任人员，给予记过或者记大过处分；情节较重的，给予降级或者撤职处分；情节严重的，给予开除处分。

第十一条　受到处分的人员对处分决定不服的，依照《中华人民共和国行政监察法》、《中华人民共和国公务员法》、《行政机关公务员处分条例》等有关规定，可以申请复核或者申诉。

第十二条　任免机关、监察机关和人民政府统计机构建立案件移送制度。

任免机关、监察机关查处统计违法违纪案件，认为应当由人民政府统计机构给予行政处罚的，应当将有关案件材料移送人民政府统计机构。人民政府统计机构应当依法及时查处，并将处理结果书面告知任免机关、监察机关。

人民政府统计机构查处统计行政违法案件，认为应当由任免机关或者监察机关给予处分的，应当及时将有关案件材料移送任免机关或者监察机关。任免机关或者监察机关应当依法及时查处，并将处理结果书面告知人民政府统计机构。

第十三条　有统计违法违纪行为，应当给予党纪处分的，移送党的纪律检查机关处理。涉嫌犯罪的，移送司法机关依法追究刑事责任。

第十四条　本规定由监察部、人力资源社会保障部、国家统计局负责解释。

第十五条　本规定自2009年5月1日起施行。

附录四

统计上严重失信企业信息公示暂行办法

第一条 为贯彻落实《中共中央关于全面推进依法治国若干重大问题的决定》和《统计法》《企业信息公示暂行条例》《社会信用体系建设规划纲要（2014—2020 年）》，加强依法统计，推进诚信统计，建立保障企业独立真实报送统计信息长效机制，提高统计数据质量和政府统计公信力，制定本办法。

第二条 本办法所称统计上严重失信企业，是指在依法开展的政府统计调查中，有下列情形之一的企业：

（一）编造虚假统计数据；

（二）虚报、瞒报统计数据数额较大或者虚报率、瞒报率较高；

（三）有其他严重统计违法行为，应当受到行政处罚。

第三条 对依法认定的统计上严重失信企业，政府统计机构应当通过中国统计信息网，向社会公示失信企业信息。

公示的失信企业信息包括企业名称、地址、法定代表人或者主要负责人、统计违法行为、依法处理情况等。

第四条 公示失信企业信息应当遵循合法真实、公正及时、鼓励诚信的原则。

第五条 国家统计局组织管理全国统计上严重失信企业信息公示工作，在中国统计信息网上直接公示特别严重的失信企业信息。

省级统计机构在其门户网站建立统计上严重失信企业信息公示专栏，统一链接到中国统计信息网。省、市、县级统计机构按照《统计法》规定的查处统计违法行为职责分工，在本级或者上级统计机构门户网站向社会公示失信企业信息，同时加载到省级统计机构失信企业信息公示专栏。

第六条 政府统计机构自依法认定失信企业之日起 20 个工作日内公示失信企业信息。

对严重失信企业和严重干预企业独立真实报送统计数据的单位、个人，依法追究责任。

第七条 失信企业信息公示期限为 1 年。在公示期间，企业认真整改到位，经企业申请，履行公示职责的政府统计机构核实后，可以从公示网站提前移除失信企业信息，但公示时间不得少于 6 个月。企业整改不到位，公示期限延长至 2 年。

在失信企业信息公示期间，政府统计机构应当重点检查企业遵守统计法情况，再次发现企业有统计违法行为的，公示期限延长至 2 年。

第八条 政府统计机构应当按照《企业信息公示暂行条例》《社会信用体系建设规划纲要（2014—2020 年）》等国家有关规定，将统计上严重失信企业信息纳入金融、工商等行业和部门信用信息系统，与企业融资、政府补贴、工商注册管理等挂钩。

第九条 下级统计机构未按照本办法履行职责的，由上级统计机构责令改正；情节严重的，对负有责任的主管人员和其他直接责任人员依法给予处分。

第十条　政府统计机构发现公示的失信企业信息不准确的，应当及时更正。公民、法人或者其他组织有证据证明政府统计机构公示的失信企业信息不准确的，有权要求政府统计机构予以更正。

第十一条　鼓励公民、法人或者其他组织举报统计上严重失信企业和其他统计违法行为，对举报者依法予以保护。

第十二条　公民、法人或者其他组织认为政府统计机构在公示失信企业信息工作中的具体行政行为侵犯其合法权益的，可以依法申请行政复议或者提起行政诉讼。

第十三条　企业报送的统计资料异常且不能做合理解释的，由政府统计机构列入统计信用异常企业名录，告诫企业自我检查更正。

企业认真整改到位，由政府统计机构从统计信用异常企业名录移除；企业整改不到位，经依法查实具有严重统计违法行为的，将作为统计上严重失信企业，由政府统计机构公示失信企业信息。

第十四条　本办法适用于在各级人民政府、县级以上人民政府统计机构组织实施的统计活动中，统计上严重失信企业的信息公示。

在上述统计活动中严重失信的其他组织，其信息公示参照本办法执行。

第十五条　本办法由国家统计局负责解释。

第十六条　本办法自 2015 年 1 月 1 日起施行。

附录五

2014 年统计大事记

1 月 2 日	市统计局召开全市经济普查宣传工作推进会，通报普查登记阶段各责任单位具体宣传任务及落实情况。
1 月 3 日	市政府召开新闻发布会，市统计局发布 2013 年全市经济社会发展情况。来自省、南京市和本市新闻媒体的三十余名记者参加会议。
1 月 6 日	市政府办印发《关于配合做好第三次全国经济普查登记工作的通知》，要求各级政府有关部门（单位）发挥部门优势，协助普查机构做好经济普查登记工作。
1 月 8 日	市统计局召开三区统计局局长会议，对普查登记阶段各项工作进行再督促、再落实。
1 月 10 日	市经普办召开例会，进一步明确经济普查分片包干联络员工作职责，细化登记阶段各项工作任务。
1 月 13 日	市统计局组织召开全市工业统计年报暨工业经济普查工作培训会议。马钢两公司和各县区统计局、各园区统计机构负责同志及工业统计人员共三十余人参加了会议。市统计局局长徐宏勇、副局长许宏林出席会议。
1 月 16 日	市统计局在市经济技术开发区党员活动中心召开 2013 年工业企业科技统计年报培训会议。
Δ	省经济普查督查组领导李方启、张志勇一行来我市指导普查登记工作。
1 月 17 日	市统计局召开题为《全面深化改革的行动纲领——深入学习党的十八届三中全会精神》的宣讲会，市委宣传部理论科科长齐道明为大家做专题报告。
1 月 18 日	市统计局召开全市经普办主任会议，分析、点评各县区普查登记工作进展情况。
1 月 25 日	市统计局召开全市经普办主任会议，传达贯彻落实全省统计工作会议精神，部署当前经济普查和各项统计工作。
1 月 26 日	市统计局荣获 2013 年度全市对外宣传工作“先进集体”荣誉称号。
2 月 6 日	市统计局荣获 2013 年度招商引资完成任务奖。
2 月 7 日	市统计局召开党组扩大会议，传达学习全市招商引资大会精神。
2 月 10 日	市委宣传部文产办主任曹峰、市文化委副主任郑双武来我局调研文化产业统计工作。
2 月 12 日	市统计局召开党的群众路线教育实践活动动员大会。市统计局召开全局职工大会，部署近期重点工作。
2 月 18 日	市经普办赴南京市玄武区学习交流第三次全国经济普查工作。
2 月 19 日	市统计局召开局务会，贯彻落实市委市政府关于进一步严明工作纪律改进工作作风的通知（党办〔2014〕3 号）精神。
2 月 21 日	市统计局机关支部 4 个党小组分别组织召开专题组织生活会，集中学习中央八项规定、省委 30 项规定和《厉行节约、反对浪费——重要论述摘编》。

2 月 26 日　市统计局在《马鞍山日报》等主流媒体上发布《2013 年马鞍山市国民经济和社会发展统计公报》。

2 月 26 日　市统计局组织全体人员观看党的群众路线教育实践活动专题警示教育片《四风之害》和《权位误区》。

Δ　市统计局召开全市乡镇统计联网直报程序培训会议。市统计局、市经信委联合召开我市部分重点钢铁企业统计工作座谈会，部署相关企业统计工作。

2 月 25 日-26 日　市统计局、市商务局联合召开全市重点商贸企业年报再培训会，部署商贸流通行业经济普查数据质量评估工作。

2 月 26 日　市统计局组织全局职工集中观看市效能办印制的《效能暗访情况》录像，警示、教育全局职工遵守劳动纪律，增强效能意识。

2 月 27 日-28 日　省统计局人社处副处长李方启率省局经济普查督查组来马检查指导普查登记工作。

2 月 27 日　全市统计暨经济普查交流会议在市会议中心召开。会议学习传达了全省统计工作会议精神，贯彻落实市委、市政府和省统计局工作部署，总结我市 2013 年统计工作，部署 2014 年重点工作。

Δ　市城调队被评为“安徽调查队系统 2013 年度综合考核先进单位”。

2 月 28 日　市统计局工委荣获市直机关“2011-2013 年度五好关工委”荣誉称号。

3 月 3 日　市统计局召开普查例会。会议要求全体工作人员要心无旁骛、坚定信心，全天候开展普查登记工作。

3 月 5 日　市统计局荣获马鞍山市第十六届文明单位荣誉称号，这是市统计局连续四届荣获此殊荣。

Δ　市统计局召开党的群众路线教育实践活动第二次党小组专题组织生活会，围绕“践行群众路线怎么干 建设服务型统计怎么办”进行学习讨论。

Δ　市统计局党员志愿者赴开发区开展植树造林党员志愿服务活动。

3 月 6 日　市人大副主任龙李海率人大财经（预算）工委负责人来市统计局，调研全市国民经济和社会发展“十二五”规划纲要实施中期评估情况。

Δ　省统计局工业处处长王维一行来我市调研工业企业生产经营和普查登记情况。

Δ　市统计局与市交通局联合召开全市重点交通运输企业经济普查数据质量评估会议。

3 月 7 日　市统计局组织全局职工参观和县革命烈士纪念馆，缅怀先烈丰功伟绩，接受革命传统教育。

3 月 12 日　市统计局、市委教育实践活动办公室和市委组织部联合召开领导班子和领导干部作风建设情况专项调查工作会议。

Δ　市统计局组织全局职工赴市党风廉政教育基地参观学习。

3 月 13 日　市统计局召开会议，迅速贯彻落实第三次全国经济普查现场登记工作紧急视频会议精神。

3 月 14 日　市统计局局长徐宏勇应邀为市委党校 2014 年春季学期主体班全体学员作统计工作专题讲座。

3 月 20 日　市统计局召开普查登记数据质量评审会，就普查登记数据质量审核提出要求。

3 月 25 日　市统计局召开一季度全市 GDP 核算部门联席会议。市发改委、经信委、住建委、农委、财政局、交运局、商务局、人民银行和国家统计局马鞍山调查队等部门有关负责人参加了会议，会议就如何做好一季度 GDP 核算工作、提升部门基层基础统计数据质量进行了研讨。

3 月 31 日　市统计局被评为 2013 年度党风廉政责任制优秀单位。

4 月 2 日　市统计局召开全市综合、考核、核算统计工作会议。

4 月 3 日　市长魏尧赴市统计局调研指导工作，市政府副秘书长胡建平等陪同调研。魏尧一行分别和市统计局领导班子成员、有关专业科室负责同志研究行业经济发展状况，并就群众路线教育活动征询意见和建议。

Δ　市政府召开全市妇女儿童工作委员会全体成员（扩大）会议，副市长王晓焱对市统计局妇女儿童监测统计工作给予充分肯定。

4 月 4 日　市政务公开办公室印发通报，市统计局被评为 2013 年度政务公开优秀单位。

4 月 8 日　市统计局召开群众路线教育实践活动征求意见座谈会，市统计局党组书记、局长徐宏勇代表市统计局党组征求各县区、园区统计机构对市局工作的意见。

Δ　市统计局召开全市经普办主任会议，全面部署经济普查审核验收工作。

Δ　市统计局组织人员相继收看了国家、省统计局第三次全国经济普查个体户抽样调查战前动员视频会。

4 月 9 日　市统计局集中观看影片《焦裕禄》，学习贯彻习近平总书记在兰考县调研指导党的群众路线教育实践活动时的重要讲话精神。

4 月 10 日　市统计局党员志愿者赴乌溪镇敬老院开展志愿服务，以实际行动践行“关爱空巢（困难）老人、留守儿童、农民工和残疾人学雷锋志愿服务活动”。

4 月 11 日　在市直机关工委“百篇走亲戚日志”评选活动中，市统计局陶英政的“走亲戚”日志被评为优秀日志。

Δ　市统计局召开全市统计政务信息实例分析会，通过实例分析讲解统计政务信息撰写要领。

4 月 12 日　市统计局领导赴雨山区、市开发区和慈湖高新区，开展群众路线教育实践征求意见活动。

4 月 14 日　市统计局领导赴当涂县、博望区和示范园区开展群众路线教育实践征求意见活动。

Δ　副市长季翔在我局撰写的工业统计专报《前 2 个月全市规模以上工业增加值增长 12.8%》上作表扬性批示。

4 月 15 日　市统计局领导赴花山区、含山县、和县和郑浦港新区，开展群众路线教育实践征求意见活动。

Δ　市政府印发文件，将《统计法》列入 2014 年度市政府常务会议学法计划。

Δ　市统计局召开全市经普办主任会议，对全市经济普查数据审核验收阶段工作进行再动员再部署。

4 月 16 日-17 日　省调查总队消价处副处长邓泓一行来我市检查消价专业工作。

4 月 22 日	市统计局农调队、市农委有关专业负责人赴博望区开展村庄变迁情况调研。
4 月 23 日	在市直机关女子 40 岁以上组登山比赛中，市统计局瞿燕、孙燕分获第一名和第三名。
4 月 24 日	蚌埠市统计局副局长马江涛、杨山鹰率综合、核算、服务业、农业、人社及办公室负责同志一行 9 人来我局交流统计工作。
Δ	市委、市政府印发文件，市统计局荣获“2013 年度人口和计划生育综合治理先进单位”称号。
4 月 25 日	副市长季翔在我局撰写的统计专报《一季度我市 GDP 核算情况汇报》上作出批示。
4 月 28 日	市委宣传部、市委组织部、市委讲师团印发文件，市统计局荣获 2013 年度全市县级以上党委（党组）中心组理论学习先进单位。
4 月 29 日	副市长季翔在我局报送的《关于第三产业增加值核算方法调整的汇报》上作出批示。
Δ	在市直机关召开的“寻找身边的典型，传递榜样的力量”先进事迹报告会上，市统计局周济报告了在当涂中渡村挂职期间，勤政为民促发展，自觉践行群众路线的先进事迹。
5 月 4 日	市委书记张晓麟分别在我局报送的《一季度我市主要指标增幅居省内各市前列》、《马鞍山市土地流转调研报告》上作出批示。
5 月 4 日	市统计局局长徐宏勇就一季度全市经济形势接受了马鞍山日报记者专访。
5 月 5 日	市委书记张晓麟在市委教育实践活动领导小组第三次扩大会议上，对市统计局统计服务给予充分肯定，并就如何做好统计服务提出要求。
5 月 7 日	市统计局召开党组（中心组）专题会议，学习贯彻 5 月 5 日市委党的群众路线教育实践活动领导小组扩大会议精神，部署近期教育实践活动。
5 月 8 日	市委书记张晓麟在我局报送的《一季度我市多数指标增幅居长三角城市前列》上作出批示。
5 月 8 日-9 日	省统计局核算处处长杨亚坚等一行 5 人来我检查指导经济普查数据质量工作。
5 月 10 日	副市长杨跃进在市统计局报送的统计分析《马鞍山市土地流转调研报告》上作批示。
5 月 10 日-16 日	全市 2014 年度劳动力抽样调查入户登记工作在全市 6 个调查小区展开。
5 月 12 日-13 日	市城调队在马钢宾馆召开全市 PPI 联网直报工作部署暨培训会议。
5 月 13 日	蚌埠市统计局局长董天放率工业、能源、投资、贸外、法规及普查专业负责同志一行 13 人来我局交流统计工作。
5 月 14 日	市统计局编印《2013 数字马鞍山》和《2013 年度马鞍山市统计工作资料和统计分析汇编》，服务决策咨询。
5 月 15 日	来自马鞍山、芜湖、铜陵和宣城等皖江城市广电系统的 20 余名记者来到市统计局，就一季度全市经济“转型升级、加快发展”中呈现的特点和亮点，联合采访市统计局局长徐宏勇。
5 月 16 日-17 日	市委书记张晓麟、副市长王晓焱分别在市统计局撰写的统计专报《关于我市限额以上商贸企业销售增速下滑情况的汇报》上作批示。
5 月 18 日-20 日	在市直机关工委组织的干部职工六项综合能力大赛中，市统计局倪修刚获电脑应用第三名、健步行走男子组第五名；左雪丽获电脑应用第四名；陶英政获公务处置第八名。

5 月 27 日　市政府副秘书长、市商务局局长周正忍赴花山区调研商务工作，市统计局领导参加调研。

5 月 28 日　市统计局、市经信委联合召开全市培育规模以上工业企业工作会议。

5 月 30 日　副市长王晓焱、副市长季翔分别在市统计局撰写的统计专报《关于 5 月份全市新增企业情况的汇报》上作批示。

5 月 30 日　马鞍山市统计学会召开第四次会员代表大会暨第四届理事会第一次会议，会议选举产生了新一届理事会理事、常务理事、副会长和会长，市统计局局长徐宏勇当选为会长。

6 月 1 日　市统计局组织结对帮扶“小亲戚”游览新三馆。

6 月 3 日　副市长王晓焱在听取市统计局关于全市商贸流通业发展情况汇报后，充分肯定市统计局工作，并就进一步做好商贸统计工作提出要求。

6 月 5 日　市统计局局长徐宏勇应邀赴含山县县委党校，为含山县党外人士代表培训班学员作题为“转型升级、加快发展”的报告。

6 月 10 日-11 日　省统计局人社处副处长李方启一行来我市开展经济普查事后质量抽查。

6 月 16 日　市统计局召开《马鞍山统计》专题会议，研究布置征文事宜。

6 月 21 日　副市长季翔在市统计局报送的《关于第三次经济普查工作开展情况的汇报》统计信息专报上作批示。

6 月 25 日　市统计局召开上半年全市 GDP 核算部门联席会议。市发改委、经信委、住建委、农委、财政局、商务局、交运局、人民银行和国家统计局马鞍山调查队等部门有关负责同志参加会议。

6 月 25 日-27 日　省局党组书记、局长钱晓康来马鞍山市调研经济形势和基层统计工作。调研期间，市委书记张晓麟、市长魏尧，副市长季翔、吴桂林会见了钱晓康一行。

6 月 27 日-28 日　国家统计局能源统计司副司长孟合合一行来马鞍山市调研能源生产、销费及用电情况。副市长季翔陪同调研。

6 月 28 日　市统计局领导赴当涂县黄池镇中渡村慰问结对“亲戚”和困难党员，并组织党员志愿者开展“念党情、送温暖”纪念“七一”党员志愿服务进农村活动。

7 月 1 日　市统计局领导赴安庆市统计局学习交流统计工作。

7 月 2 日　市委书记张晓麟在市统计局撰写的统计专报《关于 6 月份全市新增企业情况的汇报》上作批示。

7 月 3 日　市政府召开统计基层基础工作座谈会，研究讨论进一步加强统计基层基础工作。

7 月 5 日　市统计局召开全局职工大会，分析上半年行业经济形势，部署下半年工作。

Δ　市统计局召开理论学习会，邀请市委党校党建教研室副主任、副教授王春祥为全局职工作题为《坚持党的群众路线做好新形势下群众工作》的专题讲座。

7 月 8 日　市统计局组织全体干部职工观看保密警示教育片《以案为鉴》。

7 月 9 日　市人大常委会副主任龙李海、徐业志一行来我局，专题听取了市统计局关于今年上半年全市经济运行情况的汇报。

7 月 9 日-10 日　市统计局组织业务骨干赴蚌埠市统计局学习交流统计工作。

7 月 11 日　市统计局召开党的群众路线教育实践活动专题民主生活会,市委群众路线教育实践活动

	第三督导组成员参加会议。
7月11日-12日	省统计局贸外处处长汪健一行来我市调研商业企业经营和基层统计基础工作。
7月16日	市统计局有关专业赴雨山区、开发区开展服务业统计执法检查。
7月17日	市统计局领导应邀为全市民政统计培训班作专题讲座。
7月16日-18日	省统计局文化产业处副处长何文泉一行来我市调研规上工业企业科技项目统计情况。
7月17日	戴向京任市统计局服务业统计科科长。
7月21日	市政府召开第38次常务会议，会议听取市统计局局长徐宏勇对《统计法》的解读。
Δ	市统计局召开党组（扩大）会，专题学习市委八届十二次全会精神。
7月23日	市统计局召开局党组专题民主生活会情况通报会。市统计局党组书记、局长、局群众路线教育实践活动领导小组组长徐宏勇向局全体党员通报局党组专题民主生活会情况。
7月24日	市政府召开新闻发布会。市统计局局长徐宏勇发布2014年上半年全市经济社会发展情况。
Δ	市统计局领导赴当涂县护河镇调研指导计划生育工作，并走访慰问计生农户。
7月25日	副市长季翔主持召开部门统计工作联席会议，研究部署当前全市部门统计工作。市统计局领导通报了上半年统计工作开展情况及下一阶段工作安排。
7月26日	市统计局李里、盛寒、张言瑞、倪修刚4人组成的自由泳接力队获得市直机关第五届运动会4×50米游泳比赛第五名。
8月1日	市委书记张晓麟在我局撰写的《上半年全市重点服务业企业发展情况简析》上作批示。
8月4日	市委书记张晓麟在我局撰写的《上半年全市开发园区经济发展情况比较分析》上作批示。
8月8日	市统计局召开全局专题组织生活会。
8月18日	由市统计局、市统计学会联合主办的《马鞍山统计》杂志创刊发行。
8月19日	市统计局召开县区（园区）统计局长会议，及时传达学习市政府第五次全体会议精神。
8月22日	市统计局领导赴芜湖参加第32届全国大中城市统计信息交流会。
8月25日	市统计局领导向市政府常务会专题汇报《关于进一步加强统计基层基础工作的意见》。
8月28日-29日	市统计局组成三个检查组前往县区、开发园区检查统计基础工作。
9月2日	省调查总队生价处处长闵志宏一行来我市检查指导工业品价格调查开展情况。
9月3日-4日	省统计局投资处处长姚俊率省“ 套表”联网直报专项整治检查组一行4人来马，对我市专项整治工作进行督查和指导。
9月3日	历时一个月的全市地税局纳税人满意度调查工作全面结束，市城调队按调查方案要求，完成了1330份调查问卷的调查、审核、录入、汇总和资料整理开发，撰写了《马鞍山市地税局纳税人满意度调查报告》。
9月5日	市委宣传部举办全市文化产业培训班，市统计局服务业统计科负责同志应邀讲授文化产业统计知识。
9月5日	市统计局召开建立全市民营经济指标月报制度会议，研究全市民营经济月报制度。
9月18日	市经普办召开各县区、园区经普办主任会议，座谈讨论第三次全国经济普查资料开发工作方案，部署三经普资料开发应用工作。

9 月 18 日-19 日　省统计局副巡视员胥贤林一行来我市调研商贸流通业发展情况。

9 月 21 日　市统计局圆满完成全市统计从业资格考试工作。

9 月 23 日　市统计局领导赴当涂县护河镇调研指导计划生育工作，并走访慰问计生困难农户。

9 月 25 日　市委、市政府印发文件，市统计局被评为 2013 年度全市党政机关目标管理考核“优秀”单位，并因连续三年以上考核获得“优秀”，记集体三等功一次。

Δ　市统计局总统计师宋必友主持召开三季度全市 GDP 核算部门联席会议，通报全市上半年 GDP 核算情况，分析了我市当前经济形势。

9 月 25 日-29 日　市统计局圆满完成遴选公务员面试、外调工作。

9 月 26 日　市统计局召开全市 2014 年人口与劳动力抽样调查工作会议。

Δ　市统计局领导赴青岛啤酒（马鞍山）有限公司，开展服务企业效能活动。

9 月 29 日　市统计局获市直机关第五届运动会团体总分前五名并获组织奖。

10 月 8 日　市统计局圆满完成了下半年度国家点劳动力抽样调查工作。

10 月 15 日　市统计局召开市统计局党的群众路线教育实践活动总结大会，市委第三督导组到会指导。

10 月 15 日-16 日　省统计局设管处处长王晓岚一行来马，就《安徽省部门统计工作规范（讨论稿）》征求我市有关部门意见。

10 月 20 日　市委组织部印发文件，市统计局周济被评定为全市第五批选派干部到村任职工作“优秀选派干部”。

10 月 21 日　市统计局有关人员应邀为全市安全系统统计人员业务培训会授课，系统讲授统计写作、统计法规和统计行政执法业务知识。

10 月 27 日　市统计局陶英政撰写的《打造发展新平台 铸就转型新支点——马鞍山新区建设与发展的调研报告》在 2013 年度全省优秀统计分析报告评选活动中，荣获市级统计分析二等奖。

10 月 27 日-28 日　省局投资处副调研员吉小军一行赴含山、和县开展房地产专题调研。

10 月 29 日　市长魏尧就进一步扩大统计法制宣传，提高统计数据质量提出具体要求。

10 月 30 日　市统计局报送的《聚焦工业转型 聚力工业倍增——马鞍山工业经济发展现状分析及转型升级对策思考》、《马鞍山新区建设与发展的调研报告》,在市服务企业领导小组办公室开展的《转型升级每周一文》读后感征文活动中荣获优秀征文。

11 月 5 日　市统计局在《马鞍山日报》头版开辟“转型升级中的马鞍山——透过数据看发展”专栏，通过三个专题详细解读前三季度全市经济在“转型升级、加快发展”中呈现的特点和亮点。

11 月 6 日　市政府印发《关于进一步加强统计基层基础工作的意见》，对基层统计机构人员、保障措施、组织领导等方面提出具体要求。

11 月 7 日　市统计局召开全市统计用区划和城乡划分业务培训会议，部署 2014 年度全市统计用区划和城乡划分工作。

11 月 10 日　市统计局领导赴市委党校邀请，为 2014 年秋季学期主体班学员作了《统计法》专题解